Dieser Band will keine Reformvorschläge für ein neues Pensionssystem oder eine neue Regelung des Arbeitslosengeldes machen. Von Zeit zu Zeit ist es notwendig, grundsätzliche Fragen zu stellen: In welchen ethischen und kulturellen Spannungsfeldern steht der Sozialstaat? Welche – vielleicht unvereinbaren – Anforderungen werden an ihn gestellt? Gibt es ein allgemeines „Modell", eine „Vision" des modernen Wohlfahrtstaates, oder sind es nur von aktuellen Meldungen geprägte Anforderungen, die an ihn gestellt werden? Mittels welcher Ideen und Paradigmen wird um seinen Bestand und seine Entwicklung gerungen? An welchen Elementen ist festzuhalten, was ist zur Disposition zu stellen?

Manfred Prisching lehrt Soziologie an der Universität Graz.

ETHIK IM SOZIALSTAAT

PASSAGEN GESELLSCHAFT

Reihe Sozialethik der Österreichischen Forschungsgemeinschaft

Herausgegeben von Manfred Prisching

1

Manfred Prisching (Hg.)
Ethik im Sozialstaat

Reihe Sozialethik der Österreichischen
Forschungsgemeinschaft

Passagen Verlag

Deutsche Erstausgabe

Gedruckt mit freundlicher Unterstützung der
Österreichischen Forschungsgemeinschaft

Die Deutsche Bibliothek – CIP-Einheitsaufnahme

Ethik im Sozialstaat : Reihe Sozialethik der Österreichischen
Forschungsgemeinschaft / Manfred Prisching (Hg.).
– Dt. Erstausg. – Wien : Passagen-Verl., 2000
    (Passagen Gesellschaft)
    ISBN 3-85165-376-9

Inhalt

Vorwort

Die neugegründete Arbeitsgemeinschaft "Sozialethik" der Österreichischen Forschungsgemeinschaft konzentriert sich – aus dem weiten Feld aktueller ethischer Fragestellungen – auf einige Probleme, die mit Fragen wirtschaftlicher Entwicklungen und gesellschaftlicher Integration zusammenhängen.

Der "globalisierte" Turbokapitalismus hat eine neue Stimmungslage auf den Märkten geschaffen, es weht ein härterer Wind. Unternehmen verschwinden in virtuellen Netzwerken, die Finanzmärkte haben sich selbständig gemacht, die Wirtschaftspolitik scheint hilflos. In einer Welle neuer Kritiken an Ausformungen der Marktwirtschaft werden die Grenzen des wirtschaftlichen Handeln – in reformerischer Perspektive – neuerlich thematisiert. Ist es richtig, daß in Anbetracht optimierender Marktgesetzlichkeiten jedes Gerede über "soziale Gerechtigkeit" zu verstummen hat? Verdrängt der ungezähmte, globale Kapitalismus das "korporatistische" oder das "rheinische" Modell? Oder können wir in der "alten" Wohlfahrtsstaatlichkeit weitermachen?

Der "gezähmte Kapitalismus" ist weitgehend mit dem europäischen Sozialstaat ident. Der abendländische Wohlfahrtsstaat verkörpert die Synthese zwischen der Dynamik eines marktwirtschaftlichen Systems und den Ansprüchen eines Lebens in Würde und Sicherheit. Aber er stößt mehrfach an Grenzen, quantitativer und struktureller Art. Fragen nach der "gerechten Verteilung" zwischen den Generationen werden wach, Fragen der Anknüpfungspunkte für sozialstaatliche Leistungen nach dem Niedergang der normalen Arbeitsbiographie, Fragen nach der angemessenen Teilhabe am Wohlstand einer Gesellschaft. Gewährleistet die "Vermarktlichung aller Lebensbereiche" tatsächlich nicht nur eine optimale Güterallokation, sondern auch eine "optimale Gesellschaft"? Gibt es jenseits des Tauschprinzips eine andersgeartete "soziale Lebenswelt"? Bedroht die generalisierte Marktwirtschaft diese Potentiale?

Die Frage nach dem Zusammenhalt einer Gesellschaft hat die Sozialwissenschaftler beschäftigt, seit sie die "Gesellschaft" als eigenständig-dynamische Größe in den Blick bekommen haben. Gesellschaften bedürfen, so haben die meisten von ihnen gemeint, moralischer Bindungen, eines Grundkonsenses. Menschen brauchen materielle Anreize, aber auch Visionen und Ziele. Das "Gemeinschaftliche" aber ist in einer Gesellschaft, die den Individualismus über alles preist, der Erosion preisgegeben. Wie sieht eine "postmoralische Gesellschaft" aus? Weicht der voranschreitende Individualismus die Grundlagen des Zusammenlebens auf? Stimmt es, daß moderne Gesellschaften parasitär von Grundlagen zehren, die sie selbst nicht mehr regenerieren können?

Einen ersten Anlauf zur Untersuchung solcher Fragen hat die Arbeitsgemeinschaft im November 1998 in Wien unternommen, bei einer Tagung über die "Ethischen Grundlagen des Wohlfahrtsstaates". Den engagierten Diskutanten ist ebenso zu danken wie den Referenten, deren Vorträge in diesem Sammelband abgedruckt sind. Dem Passagen-Verlag ist für sein Interesse an der Betreuung der Publikation, der Österreichischen Forschungsgemeinschaft für die Bereitstellung der erforderlichen Ressourcen Dank zu sagen. Für die laufende Betreuung der Arbeitsgemeinschaft und die Organisation der Tagung gebührt Frau Mag. Caroline Hecht Dank.

Ich möchte diesen Band meinem Lehrer und Freund Univ.Prof. Dr. Wolfgang Mantl zum 60. Geburtstag widmen, der nicht nur allezeit ein reges Interesse an meinen wissenschaftlichen und außeruniversitären Aktivitäten genommen hat, sondern auch mein Vorgänger in der Forschungsgemeinschaft gewesen ist. Er ist im sich schwierig gestaltenden Milieu der Universität eines der seltener werdenden Beispiele eines Gelehrten, die Fachkompetenz, Bildung, politisches Interesse, mitmenschliche Sorge und gesellschaftliche Wachheit vereinen.

Manfred Prisching
Graz, Oktober 1999

Sozialethiken und Wohlfahrtskulturen: Grenzen und Schwellen wohlfahrtsstaatlicher Modernität

Eckart Pankoke

1. Strukturen und Kulturen des Wohlfahrtsstaats

Die *„Kulturen des Wohlfahrtsstaates"* sind nach Max Webers verstehender Soziologie in ihrer *„Kulturbedeutung"*, also in den Wechselwirkungen von „Sinngehalt" und „Sozialgestalt" zu deuten, zu verstehen und zu verantworten: So wie in der klassischen Industriekultur arbeitsgesellschaftliche Moralität und Normalität über eine wohlfahrtsstaatlich kontrollierte Modernität durchgesetzt werden sollten, müssen heute an den Grenzen industriellen Wachstums auch neue Lebensentwürfe und Sozialfiguren konstruiert und sozialpolitisch flankiert, stabilisiert bzw. kritisiert oder auch neu konstruiert werden. Dabei wird neben den modernen Steuerungsmedien „Recht", „Macht" und „Geld" auch „Sinn" – etwa über eine reflexive Aktualisierung und Aktivierung der im Projekt der Moderne versprochenen Balance von Liberalität und Solidarität – wirksam werden. Auf diesem Hintergrund rekonstruieren wir die klassischen Systemrationalitäten von Arbeits- und Wohlfahrtsstaat zugleich als kritische Spiegelbilder zu den in heute akuten Krisen von Arbeit und Wohlfahrt geforderten Lern- und Suchprozessen auf dem Weg zu neuer Ordnung und Steuerung.

Die Leit- und Zielbilder sozialpolitischer Verantwortung und ihre Umsetzung in soziale Praxis fanden schon auf den kritischen Schwellen der industriellen Revolution ihren programm- und problemgeschichtlichen Rahmen in den sozialethischen Postulaten, den sozialkritischen Diskursen und ordnungspolitischen Kontroversen um die gesellschaftliche Form von Arbeit und Wohlfahrt:

– Als *„soziale Fragen"* wurden im Gefolge der industriellen Revolution die gesellschaftlichen Bedingungs- und Wirkungszusammenhänge sozialer Ungleichheit, Exklusion und Inklusion zum öffentlichen Problem und Politikum.

– Als *„soziale Bewegungen"* mobilisierten und organisierten sich die vom Industrialisierungsprozess unterschiedlich betroffenen Interessen und Bedürfnisse zu einem spannungsgeladenen *„Labyrinth der Bewegung"* (Lorenz von Stein).

– Als *„soziale Politik"* verantwortete sich die praktische Gestaltung und Entwicklung sozialer Ordnung zwischen staatlicher Intervention und gesellschaftlicher Autonomie. Zum Problem und Politikum wurden damit die Wertfragen der sozialethischen Bindung und Ausrichtung gesellschaftspolitischer Gestaltung und Steuerung.

– *„Soziale Ethik"* und *„soziale Ideen"* markieren den Bezugsrahmen der Legitimation sozialpolitischer Intervention. Dies weist zurück auf klassische Diskurse: Schon an den Schwellen der Moderne orientierten sich Legitimationsfragen an den kameral- und polizeiwissenschaftlichen Entwürfen einer durch „gute Polizey" unter öffentliche Kontrolle zu nehmenden allgemeinen „Wohlfahrt". Spätere Kontroversen verdichteten sich im Streit um das Verhältnis von „Selbsthilfe" und „Staatshilfe". Die Spannung von Sinnfragen und Sachzwängen reflektierten die Werturteilsdebatten im Verein für Sozialpolitik. Heute konfrontieren uns die „Grenzen der Arbeit" mit neuen *„Grenzen der Solidarität"*. Die erfordert aufs Neue die Verständigung auf eine *„Ethik des Wohlfahrtsstaates"*.

– Als *„soziale Wissenschaft"* profilierte sich in der industriellen Moderne ein neues Erkenntnisinteresse der soziologischen Aufklärung sozialer Probleme. Der damit zumeist verbundene Anspruch auf die praktische Wirksamkeit wissenschaftlicher Erkenntnis führte in der Spannung zwischen engagierter Wertung und wertfreier Analyse zu höchst kontroversen Methodenstreiten und Richtungskämpfen.

Die Programm- und Problemgeschichte sozialer Ordnung und ihrer gesellschaftspolitischen Gestaltung gewann ihre Profile auf dem Hintergrund von Modernisierungsprozessen.[1] Legitimationsfragen sozialpolitischer Inter-

14

vention finden historischen Grund etwa in der Konfrontation absolutistischer „Staatsraison" mit einer auf Staatsziele der „Wohlfahrt" und „Glückseligkeit" verpflichteten „guten Polizey". Die damit programmierten Handlungsfelder einer wohlfahrtsstaatlichen „Policy" stießen aber schon im Vorfeld des Europäischen Revolutionszeitalters auf den entschiedenen Widerspruch eines aufgeklärten Liberalismus und Idealismus. Klassisch konstruierte Georg Forster (1792) einen prinzipiellen Gegensatz zwischen absolutistischer „Staatskunst" und dem durch „Freiheit" bestimmten „Glück der Menschheit". Auch Hegels Philosophie der Rechts versuchte „Polizey" und „Corporation" als Institutionen bürgerlicher Freiheit neu zu begründen Lorenz von Stein repräsentiert dann den Übergang von der „Geschichte der sozialen Bewegung" in die institutionelle Balance von „Vereinswesen" und „sozialer Verwaltung". Später wurde die damit „wachsende Staatstätigkeit" (Adolph Wagner) zur Herausforderung, dem „Centralismus" über institutionelle Gegengewichte der Solidarität, der Subsidiarität und der Pluralität gegenzusteuern.

Sozialpolitisch engagiertes Forschungsinteresse richtet sich heute – gerade im Blick auf den „Dritten Sektor" selbstorganisierter und selbstgesteuerter Solidarität – auf neue Konstellationen von „sozialer Bewegung" und „arbeitendem Staat". Damit stellen sich Fragen nach den *gesellschaftlichen Bedingungen sozialpolitischer Intervention*[2], aber auch nach den Entwicklungspotentialen sozialer Selbsthilfe und gesellschaftlicher Selbststeuerung.

Sozialwissenschaftliches Interesse richtet sich aber auch auf die eine soziale Ordnung und ihre gesellschaftspolitische Gestaltung und Steuerung leitenden Werte und Prinzipien. Dies wurde zur Schlüsselfrage der unter der Formel „*Werturteilsstreit*" ausgetragenen Richtungskämpfe, etwa um 1900 im Spannungsfeld zwischen Schmollers „*historisch-ethischer Schule*", der „*christlich-sozialen Bewegung*" Friedrich Naumanns oder der von Max Weber betriebenen Gründung der auf „Wertfreiheit" verpflichteten „*Deutschen Gesellschaft für Soziologie*". Diese im Sinne der Werte „Egalität" und „Liberalität", „Solidarität" und „Subsidiarität" unterschiedlich ge-

prägten „*Bilder des Wohlfahrtstaates*"[3] stehen heute in gesellschaftsge-
schichtlicher und zugleich modernisierungstheoretischer Perspektive neu
zur Diskussion.

2. "*Gute Policey*" und „*sociale Politik*"

„*Gute Policey*": diese Programmformel war die historische Antwort des
aufgeklärten Absolutismus auf das Problem, daß Werte und Ziele moderner
„Staatsraison" in ihren gesellschaftlichen Wirkungen zu verantworten waren. Aus der „*Politia ordinata*", dem ständisch geordneten Gemeinwesen,
war durch Rationalisierung und Ausdifferenzierung einer politischen Verwaltung („*Policey*") der moderne Staat geworden. Doch die im Sinne einer
„*Emanzipation der Macht*" (Plessner) ausdifferenzierte und so rationalisier-
te Staatsraison sah sich bald damit konfrontiert, daß die tradierten Legitima-
tionsformeln des „*Gottesgnadentums*" nur noch bedingt den personalen
Herrschaftsanspruch des Monarchen legitimierten, vor allem aber nicht
mehr die immer einschneidender mit Verwaltung und Verordnung ins soziale Leben eingreifenden Apparate.

„*Politia*" verdichtete sich nun begriffspolitisch zur „*Polizey*" im Sinne
der machtpolitischen Durchsetzung öffentlicher Ordnung. So haben es die
Herrscher mit der Einrichtung „kameralistischer Schulen" gewollt, so wurde
es aber auch von den Lehrern der „*Kameralistik und Polizey-Wissenschaft*"
verstanden, etwa von Justi, wenn er schreibt:

„Die Staatskunst [...] versichert uns vor innerlichen Unruhen und Zerrüttungen des gemeinen Wesens. Die Policey sorgt für die Gesundheit, die Sicherheit des Privatvermögens und
die guten Sitten der Untertanen, und bemühet sich, allenthalben im Lande Nahrung und
Überfluß zu verbreiten. .... Der Hauptzweck der Staatskunst [ist es], dem gemeinen Wesen
eine vollkommene Sicherheit zu verschaffen ... damit der Staat sowohl von außen, als auch
von innen eine vollkommene Ruhe genießen könne."[4]

Auf dem kulturellen Hintergrund der zugleich ablaufenden Säkularisie-
rungsprozesse wurden die Bezugspunkte der Legitimationsfrage umgepolt

vom „*Gottesgnadentum*" auf irdische „*Glückseligkeit*": Der Staat sollte die öffentliche Gewalt seiner Verwaltung rechtfertigen durch öffentliche Wohltaten. Bald verdichteten sich die Kriterien in den Programmformeln der gesellschaftlichen „*Wohlfahrt*": Die Sicherung der sozialen Ordnung sollte zugleich die Förderung der wirtschaftlichen und gesellschaftlichen Entwicklung bewirken. Staatliche „Gewalt" kam damit in Spannung zu ihrem Anspruch, für das „Wohl" und „Glück" der Untertanen „Sorge" zu tragen. Zunehmend verengte sich dieser Ruf nach „Polizei" allerdings auf die Kontrolle der herrschenden Ordnungen und Regeln im Sinne der „nötigen Anstalten zur Erhaltung öffentlicher Ruhe, Sicherheit und Ordnung – und zur Abwendung der dem Publikum ... bevorstehenden Gefahr", wie es das *‚Preußische allgemeine Landrecht"*[5] dann auswies. „Gute Polizey" als Legitimationstitel ordnender und gestaltender Staatsgewalt (vgl. engl. „policy„) verengte sich so im Sinne normalisierender Normalitätskontrolle (vgl. engl. „police") , welche die Abweichungen von der Norm als „Störungsfälle" zu verhüten, verbieten oder auch „auszuschließen" suchte.

Richtungsweisend für die Programmgeschichte moderner Sozialpolitik wurde es, daß ganz im Sinne der Ordnungsfunktion des preußischen Polizei- und Verwaltungsrechts auch die Regulierung der Armut als „polizeiliche" Aufgabe – modern gesprochen als „Policy-Feld" – programmiert wurde. Dazu gehörte „*die Polizei der allgemeinen Sicherheit, der Lebensmittel und andere Gegenstände; das Armenwesen, die Vorsorge zur Abwendung allgemeiner Beschädigungen, die Besserungshäuser, die milden Stiftungen und ähnliche öffentliche Anstalten*".[6]

Die Auseinandersetzung mit der im aufgeklärten Absolutismus beanspruchten Vermittlung von Geld, Macht und Sinn provozierte staatskritische Diskurse, in denen sich modernere Perspektiven radikaler Freiheit eröffneten. Hinzuweisen ist auf Georg Forsters letzte große Studie. „*Über die Bedeutung der Staatskunst für das Glück der Menschheit*" (1792) oder auf Wilhelm von Humboldts „*Ideen zu einem Versuch, die Grenzen der Wirksamkeit des Staates zu bestimmen*" (1792). Die ersten programmatischen Impulse dazu setzte Humboldt in der Berlinischen Monatsschrift mit seiner Forderung, „*daß der Staat sich schlechterdings allen Bestrebens, direkt*

oder indirekt auf die Sitten oder den Charakter der Nation ... zu wirken ...
gänzlich enthalten müsse und daß alles, was diese Absicht befördern kann,
vorzüglich alle besondere Aufsicht auf Erziehung, Religionsanstalten, Lu-
xusgesetze usf. schlechterdings außerhalb der Schranken seiner Wirksam-
keit liege."

3. Bilder des Wohlfahrtsstaates: „Armenfrage" und „Arbeitsfrage"

Eine für die deutsche Sozialpolitik entscheidende Systemgrenze ergab sich
aus der Unterscheidung von *„Armenfrage"* und *„Arbeiterfrage"* und der
damit begründeten institutionellen Arbeitsteilung zwischen einer weithin
privatisierten Fürsorge für „Arme" und einer wohlfahrtsstaatlich regulierten
Daseinsvorsorge für „Arbeiter". Ließ sich die Arbeiterfrage über objektivierbare Kriterien und Steuerungsmedien (Recht und Geld) regeln, so sollte
bei der Bearbeitung der Armenfrage das *„Subjektive der Armut"* (Hegel)
moralisch bewertet und fürsorglich bearbeitet werden.

   Führte die Arbeiterfrage im *„Verein für Sozialpolitik"* zum Verbund von
Staats-, Rechts- und Wirtschaftswissenschaften, so blieb die Armenfrage
lange Zeit eine Domäne von Pädagogen, Theologen und Sozial-Hygieni-
kern. Ohnehin galt Fürsorglichkeit als besonderer Auftrag einer *„sozialen
Mütterlichkeit"*[7] ehrenamtlich engagierter Frauen. Dies bestätigte die für
Deutschland konstitutive Spannung von Systemfragen der Arbeit und Sinnfragen der Armut, von wohlfahrtsstaatlicher Daseinsvorsorge und einer auf
die soziale Nähe der Vereine und Gemeinden heruntergestuften „privaten
Fürsorge".

   Die im Zuge industrieller Modernisierung sich verschärfenden Spannungen und Spaltungen der Gesellschaft sprengten jedoch den Rahmen
personalistisch-altruistischer Fürsorge, sie zerbrachen zugleich das Systemvertrauen in liberale Selbstregulierung. Unter dem Einfluß der zu „Katheder-
sozialisten" gestempelten wissenschaftlichen Vertreter bürgerlicher Sozialpolitik, aber auch als Antwort auf die sich politisch formierende
Arbeiterbewegung sollten die sozialen Fragen der Arbeitsgesellschaft wohl-

fahrtsstaatlich unter Kontrolle kommen. Eine gesellschaftspolitisch entscheidende Weichenstellung setzte dazu die durch Bismarcks Sozialgesetzgebung bestätigte Systemtrennung zwischen „Arbeiterfrage" und „Armenfrage":
Der industrielle Ausbau der Arbeitsgesellschaft sollte stabilisiert werden durch eine auf „Arbeiterfragen" fixierte Wohlfahrtspolitik. Bezugsproblem waren die Standardrisiken des industriellen Arbeitslebens: Krankheit und Alter, Unfälle und Ausfälle, Lohnverfall und Arbeitslosigkeit. Existentielle Unsicherheit aber konnte umschlagen in institutionelle Unruhe. Darauf bezog sich Bismarcks Doppelstrategie: Eine Politik der sozialen Sicherung (Krankenversicherung 1883, Unfallversicherung 1884, Alters- und Hinterbliebenenversicherung 1889) sollte den zum Unruhepotential werdenden Risiken des Arbeitslebens den systemkritischen Stachel nehmen; zugleich aber sollte das Sozialistengesetz die politische Organisationskraft der Arbeiterbewegung brechen. In der Auseinandersetzung um „Sozialistengesetz" und „Sozialgesetzgebung" wurde gleichzeitig deutlich, daß die unter den Programmformeln eines „Rechts auf Arbeit" geforderte „Organisation der Arbeit" mit der durch die „Kaiserliche Botschaft" offiziell eingerichteten Sozialversicherung noch nicht eingelöst war. Die Idee einer „Staatsbürgerversorgung" mußte schließlich zurückgefahren werden auf eine auf Vorleistungen aus dem aktiven Arbeitsleben individuell zurechenbare Versicherung.

4. Sozialpolitik und Sozialwissenschaft:
historisch-ethische Schule, Kathedersozialismus und wertfreie Soziologie

Das im „Verein für Socialpolitik" und im „Deutschen Verein für Armenpflege und Wohltätigkeit" öffentlich werdende Problembewußtsein führte zu Irritationen im bürgerlich-konservativen Lager: Für Heinrich von Treitschke gab das soziale Engagement der „historisch-ethischen Schule" Gustav Schmollers den Anlaß zu bitterer Polemik gegen den „Sozialismus und seine Gönner" (1875). Die sozialwissenschaftliche Beobachtung des „Labyrinths der Bewegung" (Stein) zielte auf die Deutung der „sozialen

Frage" als Strukturfrage bzw. Systemfrage der modernen Gesellschaft und verweist auf einen Kontext der im frühen 19. Jahrhundert neu gebildeten Programm- und Problemformeln im Wortfeld „sozial": auf „soziale Bewegung" als kollektive Mobilisierung sozialer Betroffenheit zu geschichtsbewegender Kraft, auf „soziale Politik" als Programm, die „Macht der Verhältnisse" sozialer Ungleichheit und Unterentwicklung einer sozialen Verwaltung zu überantworten. Den Orientierungsrahmen dazu gab eine moderne „Sozial-Wissenschaft" als Medium der wissenschaftlichen Beobachtung, Beschreibung und kritischen Bewertung gesellschaftlicher Entwicklungen.

Die gesellschaftspolitischen Richtungskämpfe fanden ihr Forum im *„Verein für Socialpolitik"*. Hier machte der Werturteilsstreit um die „historisch-ethische Schule" deutlich, wie sehr mit der paradigmatischen und methodologischen Ausrichtung wissenschaftlicher Beobachtung zugleich auch die Richtung gesellschaftspolitischer Bewertung und Gestaltung programmiert war. Die sich unter dem polemischen Stigma als *„Kathedersozialismus"* nun neu formierende sozialpolitische Verantwortung suchte die Vermittlung von sozialwissenschaftlicher Forschung und gesellschaftspolitischer Gestaltung. Das theoretische Interesse der *„historisch-ethischen Schule"*, ihr Versuch, die Krisen und Kräfte der Gegenwart aus ihren geschichtlichen Grundlagen zu verstehen, verband sich mit dem praktischen Interesse, auf gesellschaftliche Entwicklungen gestaltend und steuernd einzuwirken. Diese Ambivalenz zwischen historischem Verständnis und geschichtlicher Verantwortung präsentiert sich auch im Begriff der *„Sozialreform"*, als Schlüsselbegriff für das geschichtstheoretische wie gesellschaftspolitische Selbstverständnis im *„Verein für Socialpolitik"*. Auf eine sozialwissenschaftliche Begleitung sozialpolitischer Gestaltung und Steuerung zielten die von Schmoller im *„Verein für Socialpolitik"* angeregten Enqueten empirischer Sozialforschung und die damit verbundenen Auseinandersetzungen um methodologische Fragen des Verhältnisses von Erklären und Verstehen, Theorie und Empirie.

Verwiesen sei auf die 1873 in den *„Schriften des Vereins für Socialpolitik"* dokumentierte Diskussion zur *„Methodologie socialwissenschaftlicher*

Enqueten", vor allem aber der Methodenstreit zwischen dem an der Logik der Naturwissenschaften orientierten Positivismus Mengers und dem von Wilhelm Diltheys geisteswissenschaftlicher Hermeneutik beeindruckten „historisch-ethischen Schule" Schmollers.

5. Formwandel des Helfens: Daseinsvorsorge und Sozialfürsorge

Soziologische Aufklärung brachten die Versuche Georg Simmels und Max Webers, den Formwandel des Helfens und die Richtungskämpfe der Sozialpolitik modernisierungstheoretisch abzuklären: Im *Armuts*-Kapitel seiner *Soziologie* (1908) nimmt Georg Simmel die Modernisierungen des Armenrechts zum Anlaß, die Logik moderner Vergesellschaftung zu demonstrieren. Simmel erkannte in der Rationalisierung der helfenden Beziehung einen Abstraktionsschub, insofern soziale Hilfe nun nicht mehr als zwischenmenschliches Verhältnis personalisiert bleiben konnte, sondern in institutionell objektivierbare Regulierungen zu überführen war. Auch im Feld des Helfens werden Leistungsansprüche und Leistungspflichten immer mehr über Recht regelbar und über Geld verrechenbar.

Mit der sozialstaatlichen Regulierung von Armut wurde Armutspolitik zu einem Instrumentarium ordnungspolitischer Systemintegration. Ihr Bezugsproblem der sozialstaatlichen Regulierungen erschien nun nicht mehr die Motivation des Helfens, sondern die Stabilisierung der vorgegebenen Struktur gesellschaftlicher „*Differenziertheit*" (Simmel 1908, 459f.) Entsprechend verlor Armut den Charakter einer moralischen Kategorie und wurde zum sozialrechtlichen Status.

Gerade die „*Kühle und der Abstraktionscharakter*" des modernen Umgangs mit Armut galt so als Indikator für die Modernität einer über Geld und Recht kontrollierten Vergesellschaftung. So wollte Weber die Rationalität wissenschaftlicher „*Entzauberung*" auch für die Verhandlung sozialer Fragen einklagen: Der ökonomisch und organisatorisch durchgesetzte industrielle Rationalismus hatte für ihn jeden tradierten Idealismus und Moralismus außer Kraft gesetzt.

Daß mit der von Simmel soziologisch gespiegelten Modernität im wohlfahrtstaatlichen Ausbau der Arbeitsgesellschaft nicht nur die Spannungen
von „Arbeit" und „Kapital", sondern auch die Relationen von „Staat"
und „Gesellschaft" verschoben, spiegelte sich für den „Staatssozialisten"
Adolph Wagner im *Gesetz der wachsenden Ausdehnung der öffentlichen
bzw. der Staatsthätigkeiten* (1879). Dies bezog sich nicht nur auf die mit
wachsenden öffentlichen Aufgaben steigenden Staatsausgaben, sondern
zugleich auch auf eine neue Qualität öffentlicher Macht. Durch die Angewiesenheit auf öffentliche Unterstützung entstanden neue Abhängigkeiten. Die damit verschärfte *„Gefahr des Centralismus"* sollte institutionelle Gegensteuerung finden, durch die Aufwertung von Selbstverwaltung
und Ehrenamt, von Solidarität und Subsidiarität..

Gegenüber der bei *„wachsender Staatstätigkeit"* gerade im Policy-Feld
der *„Cultur- und Wohlfahrtszwecke"* drohenden *„Gefahr des Centralismus"* galt es,

„durch Decentralisation, namentlich in Richtung vom Staat zu den kleineren räumlichen
Zwangswirthschaften bis zu den Gemeinden hin und durch Selbstregierung und Ehren-
amtssystem, ferner durch Erleichterung und Begünstigung der Gemeinwirtschschaften, des
Vereinswesens, der Veranstaltungen des caritativen Systems u. s. w. hier gewissen Gefah-
ren (jener centralistischen Richtung) möglichst zu steuern."[8]

Die mit der praktischen Relevanz sozialwissenschaftlicher Analyse zum
Problem werdenden *„Wertfragen"* faßte Max Weber als Problem der *Objektivität* sozialwissenschaftlicher und sozialpolitischer Erkenntnis:

„Das Kennzeichen des sozialpolitischen Charakters eines Problems ist es ja geradezu, daß es
nicht aufgrund bloß technischer Erwägungen aus feststehenden Zwecken heraus zu erledigen ist, daß um die regulativen Wertmaßstäbe selbst gestritten werden kann und muß , weil
das Problem in die Region der allgemeinen Kulturfragen hineinragt".[9]

Beim wohlfahrtsstaatlichen Ausbau der Weimarer Republik konnten Ge-
setzgeber und Verwaltung an die sozialpolitischen Auseinandersetzungen
und auch Errungenschaften des Kaiserreichs anknüpfen. Neue Akzente

setzte die mit den sozialen Folgen des Ersten Weltkriegs zwingend gewordene Ausweitung der sozialstaatlichen Intervention in alle gesellschaftlichen Lebensbereiche. Das Reich als die staatliche Zentralinstanz hatte zunehmend Verantwortung für die Wohlfahrt aller Bürger übernommen und die Ansprüche einzelner Gruppen von Bedürftigen auf staatliche Unterstützung grundsätzlich anerkannt Viele der sozialpolitischen Forderungen aus der Vorkriegszeit waren schon im Laufe des Krieges zumindest in Ansätzen verwirklicht worden: Anerkennung der Gewerkschaften, Tarifvertrags- und Schlichtungswesen, staatliche Organisation des Arbeitsmarktes, Erwerbslosenunterstützung, Sozialhygiene und Wohnungspolitik. Auch in der Anerkennung sozialer Kriegsfolgen als „unverschuldete Armut" erwies sich zudem *„der erste Weltkrieg als der große Schrittmacher der Sozialpolitik"*.[10]

Die Demokratisierung von Wirtschaft und Gesellschaft sollte der Demokratisierung des Staates folgen. Für Rudolf Hilferding, den strategischen Denker der Sozialdemokratie und zweimaligen Reichsfinanzminister, war die Wirtschaft im „organisierten Kapitalismus" bereits derart in staatliche Regulierungen eingebunden, daß die wirtschaftlichen und gesellschaftlichen Interessen der Arbeiterschaft durch eine Beteiligung an der politischen Staatsmacht ohne revolutionäre Gewalt durchgesetzt werden könnten. Eduard Heimann entwickelte zum Ende der zwanziger Jahre seine dialektische Theorie vom *„konservativ-revolutionären"* Doppelwesen der Sozialpolitik: „Sozialpolitik ist Abbau der Herrschaft zugunsten der Beherrschten. Sozialpolitik ist also der Einbau des Gegenprinzips in den Bau der Kapitalherrschaft und Sachgüterordnung; es ist die Verwirklichung der sozialen Idee im Kapitalismus gegen den Kapitalismus."[11]

Die sozialpolitischen Konzeptionen der Zentrums-Partei, die insbesondere über den langjährigen Arbeitsminister H. Brauns erheblichen Einfluß auf die Gestaltung des Wohlfahrtsstaates der Republik ausübten, betonten neben dem Gedanken der Solidarität auch das Prinzip der Subsidiarität. Dies sollte die Gestaltungsräume des Staates zugunsten der freien Kräfte der Gesellschaft und der Selbstverantwortung der Individuen beschränken. Doch die explosiven Kosten einer wohlfahrtsstaatlichen Absicherung aller

Lebensrisiken trieben in eine Überforderung der staatlichen Ressourcen. - Zudem konfrontierte dies den Wohlfahrtsstaat mit einer Wirtschaftsordnung, deren Entwicklung er kaum selbst steuern, für deren krisenhafte Folgen er aber in die Verantwortung hineingezogen werden mußte.

6. *Sozialpolitik als Gesellschaftspolitik: „Neue soziale Fragen", „Neue soziale Bewegungen" und neue „Politik im Wohlfahrtsstaat"*

Sozialpolitik als Gesellschaftspolitik: diese längst klassische Programmformel Hans Achingers (1958) bekräftigt ein sozialwissenschaftliches Erkenntnisinteresse, sozialpolitische Programme und Projekte in ihren gesellschaftlichen Bedingungen und Wirkungen zu beobachten, zu beschreiben und zu bewerten. In der *„Deutschen Gesellschaft für Soziologie"* führte dieser Anspruch in den späten 1970er Jahren zur Gründung der Sektion *„Sozialpolitik"*. Damit stellte sich aufs neue die Frage nach der Verwendbarkeit von Soziologie und der Vermittelbarkeit zwischen sozialpolitischer Praxis und sozialwissenschaftlicher Forschung.[12] Für soziologische Theoriebildung wurde dies zur Herausforderung, in sozialpolitischer „Wirkungsanalyse" die Beobachtung und Beurteilung gesellschaftlicher Prozesse theoretisch und methodisch abzuklären. Suchformeln wie *„Moralökonomie"* oder *„Wohlfahrtskultur"* signalisieren dazu den sozialwissenschaftlichen Anspruch, gesellschaftspolitisch systembildende Erwartungen und Bewertungen, Entscheidungen und Unterscheidungen bewußt zu machen. Dies gilt für die in der industriellen Moderne durchgesetzten Systemtrennungen von „Arbeit" und „Armut", „Gesundheit" und „Krankheit", aber auch für die dabei wirksamen Unterscheidungen nach „Handlungsfähigkeit" und „Hilfsbedürftigkeit", „Abhängigkeit" und „Selbständigkeit". Gegenüber einer Fixierung des sozialkritischen und sozialpolitischen Problembewußtseins auf die „Arbeitsfrage" sollte in den 1970er Jahren die Problemformel *„Neue Soziale Frage"* anzeigen, daß jenseits der Fixierung auf die klassische „Arbeiterfrage" die „Armenfrage" neu akut wurde. In den Blick kamen nun auch jene Zielgruppen (so auch Wählerpotentiale), die im Verhältnis zu den

24

straff organisierten Interessen des Produktionsbereichs nur schwach vertreten schienen und deshalb als vernachlässigbar galten (Arme, Alte, Kranke, Kinder, Familien und Haushalte).[13]

Soziale Ungleichheit erscheint so auch als Folge der unterschiedlichen Beteiligungs-, Berücksichtigungs- und Durchsetzungschancen bei der Verteilung sozialstaatlicher Leistungen, beim Zugriff auf öffentliche Güter wie der Chance aktiver Beteiligung am öffentlichen Leben. Gleichfalls *„jenseits der sozialen Frage"[14]* (in ihrer klassischen Fixierung auf die Klassenfrage der industriellen Arbeitsgesellschaft) öffneten sich im sozialwissenschaftlichen Diskurs neue Perspektiven über das Paradigma der gesellschaftlichen „Disparitäten".

7. Disparitäten und Paradoxien

Die klassischen Problemformeln „sozialer Fragen" konzentrierten das sozialkritische und sozialpolitische Problembewußtsein primär auf die Ungleichheiten im Verteilungskampf der sozialökonomischen Schichten und Klassen. Gegenüber der klassischen Frontstellung der industriellen Klasseninteressen sind heute komplexere Interessenlagen und Konfliktfronten zu identifizieren. Schon auf dem Frankfurter Soziologentag 1968 „Spätkapitalismus oder Industriegesellschaft?" verwies eine Forschergruppe um Claus Offe in systemkritischer Auseinandersetzung mit den Grenzen des Wohlfahrtsstaates nicht nur auf die quantitativen Ungleichheiten im vertikalen Verteilungsgefälle der Einkommen und Vermögen, sondern auch auf Störungen der qualitativen Balance *„in der horizontalen Dimension der Disparität von Lebensbereichen, d.h. der ungleichmäßigen Befriedigung der verschiedenen Lebensbedürfnisse"[15]*. Kritisch problematisiert wurden damit - neben der quantitativen Verteilung sozialer Ungleichheit - auch die qualitativen Unterschiede der Betroffenheit durch unterschiedlich geförderte bzw. vernachlässigte Lebensbereiche. Hier wurde nicht nur die Vernachlässigung von Reproduktionsinteressen, sondern auch eine systembedingte Verzerrung gesellschaftlicher Entwicklungschancen (z.B. „privater Reichtum" bei

„öffentlicher Armut") als Systemfrage problematisiert. Neben der monetär determinierten Verteilungssituation ist auch der reale Transfer, etwa durch die Bereitstellung öffentlicher Güter (wie soziale, medizinische oder kulturelle Einrichtungen und Dienstleistungen) in die Analyse mit einzubeziehen: Wie ist im Sinne der Leitbilder sozialer Gerechtigkeit, sozialer Sicherheit und sozialer Wohlfahrt den Disproportionen und Disparitäten der unterschiedlichen Förderung bzw. Belastung von Lebensbereichen gegenzusteuern? Welche Zielgruppen und Zielräume sind zu dabei identifizieren und in ihrer Selbstverantwortung und Selbststeuerung zu aktivieren? Inwieweit werden über wohlfahrtsstaatliche Instrumente und Programme typische Lebenlagen, Lebensweisen, Lebensphasen und Lebenszusammenhänge konditioniert? Wie regeln sich die Statuspassagen zwischen unterschiedlichen Versorgungsniveaus, etwa zwischen ökonomisch eigenständigem Arbeitsleben und der Angewiesenheit auf sozialstaatliche Transferleistungen? Wird Individualisierung mit Vorteilen prämiiert oder aber kann soziale Bindung und Vernetzung durch wohlfahrtsstaatliche Anerkennung und Förderung unterstützt werden? Wie ist gesellschaftliche Freiheit und soziale Sicherheit zu balancieren? Wird die Bereitschaft zur Selbsthilfe und Eigenverantwortung entwertet, wenn einem die Sorgen abgenommen werden?

Als *„unbeabsichtigte Handlungsfolgen"* erscheinen dann die paradoxen Effekte sozialpolitischer Intervention.[16] So ist zu prüfen, unter welcher Bedingung organisierte Fremdhilfe die informellen Selbst- und Solidarhilfen schwächen kann, ob Professionalisierung das Laienpotential entwertet, inwieweit ein auf soziale Sicherung setzendes Systemvertrauen das auf der Sicherheit sozialer Nähe gründende Selbstvertrauen und das Sozialvertrauen durchkreuzt, ob dies die Individualisierung vorantreibt und zugleich die soziale Verbindlichkeit und Selbstverständlichkeit der „naturalen Netze", insbesondere im „Lebenszusammenhang Familie", in Frage stellen und außer Kraft setzen könnte.

Gründe für den nur schwachen Organisationsgrad und das geringe öffentliche Gewicht systembedingt vernachlässigter Lebensbedürfnisse sind darin zu sehen, daß bei einer auf die „Klassenlagen" Kapital und Arbeit fixierten Verteilungspolitik die qualitativ orientierten Bedürfnisse und Interessen, die „quer" zu diesen industriellen Fronten laufen und so auch nicht eindeutigen Gruppen zuzuordnen sind, kaum politisches oder wirtschaftliches Verweigerungspotential mobilisieren können. Die Probleme der kulturellen und ökologischen *„Qualität des Lebens"* wurden zugleich zum Angriffspunkt „post-industriell" motivierter *„Neuer Sozialer Bewegungen".* Es geht also nicht um die Organisation von Gruppeninteressen, sondern um die öffentliche Vertretung der öffentlichen Belange von Gesundheit und Umwelt, Kultur und Bildung, Konsum und Freizeit, Familie und Haushalt. In all diesen Bereichen ergriffen davon betroffene – oder auch dafür bewegte – Bürger nun selbst die Initiative, für eine Änderung der Verhältnisse aktiv zu werden und dazu handlungs- und verhandlungsfähige Organisationsformen zu entwickeln. Im Verhältnis zu den sozial- und wirtschaftspolitisch zentralen Gruppeninteressen kommt es bei den auf die Qualität von Lebensbereichen bezogenen Bedürfnissen zumeist allerdings nur zu reduzierter Organisations- und Durchsetzungsfähigkeit. Eine Darstellung und Durchsetzung der disparitär vernachlässigten Bedürfnisse und Interessen realisiert sich so oft weniger über eine verbandlich organisierte Interessenvertretung als über das mitbetroffene Engagement einer „professionalisierten Intelligenz".

Neue Problemformeln wie *„Gesellschaftsspaltung"* oder *„Zweidrittelgesellschaft"* signalisieren, daß soziale Ungleichheit sich nicht nur über die in Tarifverhandlungen ausgehandelten und in Arbeitsmärkten bestätigten Verrechnungen von Arbeitslohn und Arbeitsleistung reguliert, sondern die Front der Lohnkonflikte durch eine ganz anders gepolte gesellschaftliche Systemspannung überlagert wird: Problematisiert wurde nun eine sich abzeichnende *„Gesellschaftsspaltung"* zwischen dem harten Kern arbeitsgesellschaftlicher Besitzstandswahrer und einem als „Randerscheinung" politisch lange vernachlässigten Weichbild von Grauzonen und Schattenlagen verweigerter oder sich-verweigernder Arbeit. War das Problem der sozialen Ungleichheit lange als „Arbeiterfrage" im Griff, so richtet sich nun sozialpolitische Verantwortung bewußter auch auf die jenseits der Arbeitsgesellschaft und außerhalb der Arbeitswelt zum Problem werdenden gesellschaftliche Unterschiede und Ungleichheiten, etwa in der „Lebensqualität" der Versorgung durch soziale Dienste oder in der Teilnahmechance am sozialen und öffentlichen Leben. Die als „Disparitäten" problematisierten Ungleichheiten gesellschaftlicher Lebenslagen und die Ungleichgewichtigkeit gesellschaftspolitischer Definitionsmacht und Interessendurchsetzung markieren neue Fronten des gesellschaftlichen Verteilungskampfes, nicht nur zwischen „arm" und „reich", sondern auch zwischen „Jungen" und „Alten", „Kranken" und „Gesunden", „Alleinstehenden" und „Familien". Nicht zur zwischen Problemgruppen, sondern auch zwischen Problemzonen kommt es heute – angesichts der fiskalischen und zunehmend auch legitimatorischen Grenzen des Wohlfahrtsstaates – zu dramatischen Spannungen und Bewegungen, etwa in öffentlich aufbrechenden Streit-Fragen zu „Grenzen der Solidarität" [17].

8. Neues Denken und ,Neue Praxis": Netzwerke und Lernprozesse aktiver Gesellschaft

Die unterschiedliche und auch wechselnde Politisierung „sozialer.Fragen" verweist auf die Definitionsmacht öffentlicher (oder auch wissenschaftlicher) Problematisierung. Dies spiegeln ideologiekritische und wissensoziologische Ansätze einer soziologischen „Theorie sozialer Probleme". Als „Beobachtung zweiter Ordnung" (Luhmann) spiegelt dies die „Seinsgebundenheit" sozialkritischen wie sozialpolitischen Problembewußtseins. Soziale Fragen erscheinen dann als Konstrukt gesellschaftlicher Definitions- und Thematisierungsprozesse, wie sie etwa aus der Interessen- und Wertperspektive „moralischer Unternehmer" angestoßen und auch durchgesetzt werden (z.B. „ökonomische" vs. „ökologische" Problemsicht).

Wirksam wird bei solchen Definitionsprozessen immer auch „symbolische Gewalt", die es betreiben oder verweigern kann, ob eine kritische Situation als „Problem" dramatisiert oder ignoriert, privatisiert oder politisiert werden kann. Wissenssoziologische Ansätze einer „Theorie sozialer Probleme" greifen einerseits zurück auf krisentheoretische Analysen sozialer „Anomie", also die destruktive (bedingt auch innovative) Spannung von kulturellem Anspruch und struktureller Gewalt. Besonderes Interesse gewinnen damit wissenssoziologisch orientierte Ansätze einer Rekonstruktion der ein Problem erst zur „sozialen Frage" machenden Thematisierungs-, Problematisierungs- und Politisierungsprozesse.[18]

So zeigt eine „dynamische Armutsforschung"[19], daß „Armut" als Angewiesenheit auf wohlfahrtsstaatliche Unterstützungsleistung nicht mehr nur als der Problemfall einer klar abgrenzbaren und ausgrenzbaren Randgruppe definiert und stigmatisiert werden kann. Auch die Armutsgrenze ist fließend geworden: Armut – wie auch Arbeitslosigkeit – wird zum Standardrisiko, das je nach Lebens- und Familienzyklus nahezu alle Lebenslagen immer wieder betreffen, zumindest bedrohen kann. Doch stehen, um Bindungseffekte politisch-administrativen Entscheidens zu übertragen, nur die begrenzten Möglichkeiten einer Steuerung über Recht und Geld zur Verfügung: Die Rechtsetzung und die Mittelzuweisung setzen den externen Rahmen, das eigene Verhalten auf vorgegebene Erwartungen und Berechnungen einzustellen. Im Anwendungsbezug auf Praxisfelder sozialer Politik und sozialer Arbeit hat Soziologie die grenz- und systembildenden Mechanismen wohlfahrtsstaatlicher Modernisierung zu verdeutlichen. Soziale Politik, soziale Kontrolle und soziale Dienste erscheinen dabei in ihrer gesellschaftlichen Systemfunktion, die Normalitätsstandards arbeitsgesellschaftlicher Modernität (zentral: Erwerbsarbeit, Familienleben) durch Grenzkontrollen und Grenzkorrekturen (Reaktion und Repression, Inklusion und Kompensation, Prävention und Intervention) zu regulieren und zu stabilisieren. So werden die wohlfahrtsstaatlichen Leistungssysteme sozialer Sicherung und sozialstaatlicher „Daseinsvorsorge" immer dann „fällig", wenn die Standardrisiken des Arbeitslebens die Sicherheiten alltäglicher Versorgung bedrohen; so kontrolliert das Gesundheitssystem die auf das Kriterium der Arbeitsfähigkeit abgestellte Unterscheidung von „gesund" und „krank"; so richten sich soziale Dienste auf die Abwehr störender Abweichungen und Gefährdungen.

Der modernen Wohlfahrtsstaat gewinnt seine Dynamik durch das sozialpolitische Prinzip der Inklusion. Für eine *„politische Theorie im Wohlfahrtsstaat"*[20] kann das politische System kollektiv bindende Entscheidungen nur unter Abstimmung mit bereits getroffenen Entscheidungen durchführen. Dabei erzwingt die Dynamik von Modernisierungskrisen eine inhaltliche Offenheit für den raschen Wechsel der Themen bei relativer Konstanz der operationsleitenden Strukturen (z.B. Sozialgesetzgebung, Sozialverwaltung). Die operationale Geschlossenheit wohlfahrtsstaatlicher Systembildung verbindet sich dann mit informationeller Offenheit für jedes politisierbare Thema in der gesellschaftlichen Umwelt, sofern es sich in der öffentlichen Meinung, gemäß den Konsens- und Karrierechancen politisch einflußreicher Personen oder im Medium des Rechts als thematisierungsfähig erweist. Damit tendiert die expansive Dynamik wohlfahrtsstaatlicher Inklusions-Politik zu immer weitergehender Einbeziehung von Bedürfnissen und Interessen. Im Zuge der Problemausweitung dringt gesellschaftspolitische Intervention jedoch immer weiter in Bereiche vor, in denen der zielsichere Einsatz von Recht und Geld an Grenzen stößt. Vor allem, wenn in den Zielgruppen und Zielräumen „sozialer Arbeit" die „personalen Systeme" selbst geändert werden müssen („people processing" wie Sozialisations- oder Rehabiliationsprozesse), fehlt es an sicheren Interventions-„Techniken", über die das politische System mit hinreichender Erfolgswahrscheinlichkeit zentral disponieren könnte. Sozialpolitik steht zudem vor dem Problem, die Einwirkungen des politischen Systems auf die innergesellschaftliche Umwelt in deren Rückwirkungen auf sich selbst einzuplanen, z.B. die hohe Belastung des Wirtschaftssystems oder im Zuge gesellschaftlichen Wertewandels die mit dem Individualisierungsschub verschobenen „Grenzen der Solidarität".

Als Bezugsrahmen einer systemtheoretisch abgeklärten Professionalität sozialer Dienste wird Sozialwissenschaft zum Medium der Reflexion professionellen Handelns. Gefordert ist die „ökologische Kommunikation" (Luhmann) einer problembewußten System-Umwelt-Verantwortung - etwa im komplexen Feld der Intervention und Interferenz zwischen professionell programmierten und organisierten Dienstleistungssystemen und den auf Rat und Hilfe angewiesenen und so von professionellen Eingriffen betroffenen Lebenszusammenhängen des Alltags. Mit dem Anspruch auf Ausgleich sozialer Ungleichheiten werden sozialpolitische Unterscheidungen („gesund" - „krank", „Normallage" - „Risikofall", „Alltag" - „Ausnahme") zum Bezugsraster normierender Grenzsetzung und Systembildung. In der industriellen Moderne wurden die Unterscheidungen jeweils so gesetzt, daß kritische Ungleichheiten und Unterschiede über rationalisierbare Medien sozialpolitischer Systembildung abgearbeitet werden könnten: das System sozialer Sicherheit reguliert sich über die Steuerungsmedien Recht und Geld; die für das Gesundheitssystem entscheidende Indikation „gesund" oder „krank" kommt im Medium medizinalen Wissens unter Kontrolle; die sozialen Dienste versuchen, lebenskritische Störungen und Gefährdungen sozialer Halte und Netze zu „Fällen" zu definieren und nach Konditionalprogrammen (Wenn-Dann-Routinen) bürokratisch abzuarbeiten - oder aber auch im *„Steuerungsmedium Solidarität"* (Kaufmann) die sozialen Handlungspotentiale selbstgesteuerter Problembearbeitung zu aktivieren. Besondere Beachtung verdienen neben dem klassischen „Fallbezug" neuere „feldorientierte" Handlungskonzepte, welche nicht nur auf Fälle sozialer Schwäche reagieren, sondern akzeptierend und aktivierend auf die Stärken im Feld setzen.

So ist auch zu lernen, wie in einer durch die Krisen der Moderne beschleunigten Erosion der sozialen Nähe nicht durch Reduktion von Komplexität, wohl aber durch die Reflexivität einer bewußten Konstruktion und Inszenierung sozialer Netze gegenzusteuern ist. Aktuell wird die „soziale Frage" konfrontiert mit neuen Problemstellungen, welche den bislang als Lösung aller Probleme empfohlenen industriellen Wachstumskurs modernisierungskritisch in Frage stellen. Vor allem eine durch die Risiken des Arbeitslebens sich verschärfende „Neue Armut" des sozialen Falls in prekäre Arbeitsverhältnisse und die damit verbundene Entsicherung der arbeitsgesellschaftlichen und wohlfahrtsstaatlichen Normalitätsstandards fordert neue Verbindungen der Politikfelder sozialer Sicherung und Arbeitsförderung. Dabei wird das arbeitsgesellschaftliche Inklusionsmodell des vollbeschäftigten „Arbeitsbürgers" zu ergänzen sein durch neue Integrations- und Partizipationsmuster von „Bürgerarbeit". Als Problem wie als Potential in den

Blick kommen damit die oft riskanten und prekären Beschäftigungsverhältnisse der Grauzonen von „zweitem Arbeitsmarkt" und „Drittem Sektor" zwischen Markt und Staat.

9. Neue Arbeit" und „anders leben": „Zweiter Arbeitsmarkt" und „Dritter Sektor"

Neues Denken in den Netzwerken und Lernprozessen der sozialpolitischen Praxis wird heute vor allem dadurch herausgefordert, daß mit den Krisen von Arbeitsgesellschaft und Wohlfahrtsstaat sich die klassischen Normalitätsstandards der industriellen Moderne auflösen: die gilt vor allem für die Normalität eines durch Vollbeschäftigung gesicherten Erwerbslebens und die darauf bezogenen Muster von Familie und Wohnen, Gesundheit und Bildung. So weiten sich die Deregulierungen und Entstandardisierungen gesellschaftlicher Arbeit und damit die Grauzonen und Schattenlagen arbeitsrechtlich prekärer und sozialpolitisch ungeschützter Arbeit.

„Grenzen des Wachstums" werden heute zudem markiert durch weltweite Armutsgefälle zwischen West und Ost, Nord und Süd, dessen Brisanz sich mit globalen Flucht- und Wanderungsbewegungen in den 1990er Jahren anzeigt. Dies macht mehr und mehr bewußt, daß die mit der sozialen Fragen herausgeforderten Programme gesellschaftlicher Solidarität sich nicht mehr reduzieren lassen auf die immanenten und exklusiven Verteilungsmechanismen klassischer Industriegesellschaften. Aber auch im alten Westen drohen aus der „Dritten Welt" bekannte sogenannte „brasilianische Verhältnisse"[21], wenn auch hier die durch „Organisation der Arbeit" einst klar abgesteckten „Grenzen der Arbeit"[22] sich zu lösen und aufzulösen beginnen.

Auf die „Krisen der Arbeitsgesellschaft" antworten nun – wie einst in den Krisen der industriellen Revolution die Kontroversen um ‚Selbsthilfe' vs. ‚Staatshilfe' – gegenläufig ausgerichtete Szenarios und Strategien: Die klassisch liberalistische Freisetzung deregulierter und flexibilisierter Arbeitsverhältnisse verspricht bei allem Kapitalinteresse auch spürbare Beschäftigungswirksamkeit. Doch die klassischen Strategien treffen heute auf Grenzen, wenn mit der Globalisierung der Wirtschaft die Beschäftigungs-verhältnisse sich nicht mehr auf nationale Arbeitsmärkte isolieren lassen. Der Globalisierungsprozeß, wie er hier und heute in weltweiten Migrations-prozessen der Arbeitssuche beschäftigungspolitisch spürbar wird, sprengt zugleich auch jeden wohlfahrtsstaatlichen Protektionismus. Es gibt offen-sichtlich kein „Zurück" mehr in die Vollbeschäftigung der alten Arbeits-gesellschaft. Andere Strategien lösen sich deshalb bewußt von der klassi-schen Arbeitsgesellschaft und den durch diese programmierten Lebensplä-nen und Lebensformen: Dies gilt auch für die Lockerung der mit der indu-striellen „Organisation der Arbeit" verbundenen vorgeblichen „Naturschran-ken" (Marx) von Geschlecht, Generation und Gesundheit.

„Arbeit und Leben" sind nun nicht mehr nach der industriellen Logik eines „protestantischen Berufsmenschentums" (Weber) durch klare System-Grenzen zu trennen, sondern über offene und bewegliche Schwellen neu zu mischen. Anders als bei der durch industrielle Arbeit straff regulierten, damit aber auch standardisierten Lebensführung erscheinen nun die sozia-len Formen des Lebens als Konstruktion jeweils bewußter Entscheidung, Verhandlung und Verständigung, Gestaltung und Steuerung. Das gilt auch für die Welt der Arbeit. Die klassisch industrielle „Organisation der Arbeit" wird nun abgelöst durch das „freiere" Prinzip der „Assoziation", in denen die Netzwerke und Lernprozesse gesellschaftlicher Arbeit sich über Prozes-se der Selbstbestimmung und Selbstverständigung sozialer Selbststeuerung entwickeln – gerade auch in den Gestaltungen der Vermittlung von Arbeit und Leben.

Damit kommt es zu neuen selbstbestimmten Kombinationen, etwa zwi-schen Erwerbsarbeit und Lernarbeit, Eigenarbeit und Solidararbeit, Fami-lienarbeit und „Bürgerarbeit". Die auf solche Entwicklungen einer „Neuen Arbeit" bezogenen sozialwirtschaftlichen Analysen[23] werden allerdings zu beachten haben, daß der soziale Wert von Lebensarbeit sich nicht mehr nach dem Marktwert von Erwerbsarbeit wird rechnen lassen. Das bedeutet für die individuelle Lebenplanung, daß die Relativierung der Erwerbsarbeit ökono-misch auch ihren Preis hat. Doch der damit verbundene Einkommensverzicht könnte aufgewogen werden, wenn bei dieser Wahl die freie Zeit und das selbstbestimmte Engagement wichtiger wiegen als expansiver Konsumismus. Für viele könnten auch die klassisch im Modell der Genossenschaft entwickelten Formen einer assoziativen Kooperation attraktiver und letztlich auch sozial effektiver sein als Spitzenlöhne im Stress scharf organisierter Effizienz. Dies bedeutet für die einen frei gewählte, für andere allerdings auch zwingende Umstellungen von „voller" Erwerbsarbeit auf neue Aufteilungen von Arbeit und Leben - bei denen der Zeitgewinn für Familienleben, kulturelles oder öffentliches Leben gewiß oft mit materiellem Einkommensverzicht zu bezahlen ist.

Solche sozialwirtschaftlichen Umschichtungen sind in einer offenen Gesellschaft vor allem dann vertretbar, wenn deren Formen frei wählbar sind. Dies fordert gewiß neue Deregulierung und Flexibilisierung der gesellschaftlichen Organisation von Arbeit. Gefordert ist aber auch ein Überdenken der wohlfahrtsstaatlichen Garantien sozialer Sicherheit: Wenn etwa Bürgerarbeit (oder auch Familienarbeit oder auch kulturelle Arbeit) soziale Werte und kulturelles Kapital schafft, wird dies den „Reichtum" einer Gesellschaft qualitativ prägen. Da jedoch die sozialen, kulturellen oder ökologischen Werte solcher öffentlichen Güter auf den Arbeits- und Gütermärkten sich nach Preis und Lohn kaum auszahlen werden, stellt sich die Frage, inwieweit diese soziale Produktivität einer aktiven Gesellschaft anders zu stützen und zu fördern ist. Der „zweite Arbeitsmarkt"[24] gewinnt dann Interesse in seinen sozialwirtschaftlichen Ressourcen. Damit ist auch der „dritte Sektor" als „dritte Kraft" nun neu zu bewerten[25]. Wer „Bürgerarbeit" fördern will, muß sich auch dem Problem stellen, daß dafür ein „Bürgergeld" zu fordern ist[26]. Dies ist nicht nur eine Frage an den Wohlfahrtsstaat, obwohl die neue „Arbeitsteilung" in Erwerbsarbeit und Eigenarbeit, Solidararbeit und Bürgerarbeit die Bereitschaft fordert, auch im Bereich der materiellen Lebenschancen neu zu teilen. Doch der schnelle Ruf nach dem Staat findet sein Korrektiv in den Versuchen, für die freien Felder selbstorganisierter Kompetenz auch jenseits des Staates „freies Geld" zu aktivieren: hier gewinnen auch traditionelle Formen wie Stiftungen oder Genossenschaften sozialwirtschaftliches Interesse.

In einer ersten Zwischenbilanz ließe sich deshalb formulieren, daß die Krisen der Arbeitsgesellschaft nicht um jeden Preis in ein durch die wirtschaftliche Unterentwicklung in der „Dritten Welt" sich wechselseitig verschärfendes Markt- und Staatsversagen treiben müssen. Von einem sich zwischen Markt und Staat selbst organisierenden „Dritten Sektor" sind zugleich auch neue Initiativen, Impulse und Entwicklungspotentiale zu erwarten. Was bei verweigerter Modernität in der „Dritten Welt" als strukturelle Gewalt spürbar wird, könnte in der Wechselwirkung von kontextueller Steuerung und assoziativer Selbststeuerung einer „aktiven Gesellschaft" durchaus als „Dritte Kraft" über verfestigte Modernität hinausweisen.

Anmerkungen

1 Zu den folgenden Verweisen auf klassische Texte der Gesellschaftslehre und Gesellschaftspolitik vgl. Eckart PANKOKE, Gesellschaftslehre. Bibliothek deutscher Klassiker Band 70, Frankfurt a.m.1991.
2 Franz-Xaver KAUFMANN, Staat, intermediäre Instanzen und Selbsthilfe. Bedingungsanalysen gesellschaftspolitischer Intervention, München–Wien 1987.
3 PRISCHING, Bilder.
4 JUSTI, Johann Heinrich Gottlob: Die Staatswirtschaft oder Systematische Abhandlung aller Oeconomischen und Cameral-Wissenschaften, Leipzig 1775, XII, XXXIII.
5 ALR 1784, Teil II, Titel 17.
6 Königlich Preußische „Verordnung wegen verbesserter Einrichtung der Provinzialbehörden,„ 30.14. 1815, §13.
7 Christoph SACHSSE, Mütterlichkeit als Beruf, Frankfurt a. M. 1986.
8 Adolph WAGNER, Allgemeine und theoretische Volkswirthschaftslehre, Bd. 1, Leipzig, Heidelberg 1879, 312
9 Max WEBER, Die 'Objektivität' sozialwissenschaftlicher und sozialpolitischer Erkenntnis, in: Ders., Gesammelte Werke zur Wissenschaftssoziologie, Stuttgart 1988, 146-214, hier 183 (erstmals 1904).
10 Ludwig PRELLER, Sozialpolitik in der Weimarer Republik, Düsseldorf 1949, 85.
11 HEIMANN 1929/1980, 167.
12 Christian von FERBER, Franz-Xaver KAUFMANN (Hg.), Soziologie und Sozialpolitik, Kölner Zeitschrift für Soziologie und Sozialpolitik, Sonderheft 19, 1977.
13 Heiner GEISSLER, Die Neue Soziale Frage. Armut im Wohlfahrtsstaat. Die Übermacht der Organisierten, Freiburg 1976.
14 Georg VOBRUBA, Jenseits der sozialen Fragen. Modernisierung und Transformation von Gesellschaftssystemen, Frankfurt a.m. 1991.

15 J. BERGMANN, G. BRANDT, K. KÖRBER, E.Th. MOHL, C. OFFE, Herrschaft, Klassenverhältnis und Schichtung, in: Th. W. ADORNO (Hg.), Spätkapitalismus oder Industriegesellschaft? Verhandlungen des 16. Deutschen Soziologentages (Frankfurt 1968), Stuttgart 1969, 82.

16 Vgl. Franz-Xaver KAUFMANN, Herausforderungen des Sozialstaats, Frankfurt a. M. 1997.

17 Eckart PANKOKE, Andreas GÖBEL, Grenzen der Solidarität. Solidaritätsformen und Solidaritätsformeln im Wandel, in: Kurt BAYERTZ (Hg.) Solidarität, Frankfurt a.M. 1998, 463-494.

18 Günther ALBRECHT, Soziale Probleme und soziale Kontrolle. Neue empirische Forschungen, Bestandsaufnahmen und Analysen, Opladen 1982.

19 Stefan LEIBFRIED, Wolfgang VOGES, Armut im modernen Wohlfahrtsstaat, in: Kölner Zeitschrift für Soziologie und Sozialpsychologie, Sonderheft 32, Opladen: Westdeutscher Verlag 1992.

20 Niklas LUHMANN, Politische Theorie im Wohlfahrtsstaat. München 1981.

21 Ulrich BECK, Schöne neue Arbeitswelt. Vision: Weltbürgergesellschaft, Frankfurt a. M. 1999.

22 Eckart PANKOKE, Grenzen der Arbeit. Mobilität und Solidarität in der Beschäftigungskrise Deutschland-Ost, in: Stefan HRADIL (Hg.), Aufstieg für alle?, Opladen 1996, 425-451.

23 Vgl. Achim TRUBE, Zur Theorie und Empirie des Zweiten Arbeitsmarktes. Exemplarische Erörterungen und praktische Versuche zur sozioökonomischen Bewertung lokaler Beschäftigungsförderung, Münster 1997.

24 TRUBE 1987.

25 Rupert Graf STRACHWITZ (Hg.), Dritter Sektor – Dritte Kraft. Versuch einer Standortbestimmung. Stuttgart 1998.

26 BECK, Arbeitswelt.

Wohlfahrtsstaatliche Ideologien
Über Ideen und Argumente beim Rückbau des Sozialstaates
Manfred Prisching

Die meisten westlichen Industrieländer haben Jahrzehnte hinter sich, in denen der Wohlfahrtsstaat, der „dritte Weg" zwischen rein plan- und rein marktwirtschaftlichen Systemen, kräftig ausgebaut wurde.[1] Seit den achtziger Jahren ist – aus unterschiedlichen Gründen, aber vor allem aus jenen mangelnder finanzieller Ressourcen – die Krise dieses allseits geschätzten Systems, das als „institutionelle Verknüpfung zwischen einem ausdifferenzierten, privatkapitalistischen Wirtschaftssystem, einem demokratischen, Wohlfahrtsverantwortung übernehmenden Staatswesen und einem von beiden zu unterscheidenden, staatlich regulierten Wohlfahrtssektor" beschrieben werden kann[2], angesagt. Das Paradies ist „pleite", das „Schlaraffenland ist abgebrannt".[3] Solche kräftigen Worte, die aus dem journalistischen Alltag selbst in wissenschaftliche Quartiere diffundieren, sollen die Lage beschreiben. Der Wohlfahrtsstaat ist gefordert.[4] Blockiert.[5] Befindet sich in der Krise[6], in der Wende[7] oder im Umbau.[8] Steht vor der Zerreißprobe.[9] Ist überhaupt am Ende.[10] Erschöpft.[11] Bankrott.[12] Hat sich als Irrweg erwiesen.[13] Er wird abgelöst vom Wettbewerbsstaat[14] oder von der Leistungsgesellschaft.[15] Politikwechsel ist angesagt.[16]

Aber der Rückbau des wohlausgebauten Sozialversicherungs- und Verteilungssystems, dessen langdauernde Konstruktion und Etablierung als beachtlicher Akt des sozial-institutionellen Designs betrachtet werden kann[17], ist ein schwieriges politisches Unterfangen. Expandieren ist leichter als reduzieren. Die politischen Instanzen haben das immer gewußt, und dennoch haben sie sich, getrieben von ihren kurzfristig-kompetitiven Interessen, lange Zeit darin gefallen, mit vollen Händen Gnadengaben zu verteilen. Aber alle Legislaturperioden haben einmal ein Ende, und auch, wenn man sich über den Wahltag gerettet hat, ist irgendwann einmal Zahltag. Der Wohlstand muß auf Dauer auch bezahlbar sein, denn Kredite sind nicht für die Ewigkeit konzipiert.[18] Dies ist dem Zahler schwer beizubringen, auch wenn er – wohlerfahren und wahlerfahren – den wählerstimmenheischenden Versprechungen ohnehin nicht mehr getraut hat. Gnadengaben wieder zu entziehen, heißt aber im prekären Verhältnis von Politiker und Wähler nicht einfach, daß politische Maßnahmen, über die man sich zunächst freuen konnte, unter dem Druck der Umstände rückgängig gemacht werden; es bedeutet nicht einfach, daß ein bißchen Zufriedenheit über den Zuwachs mit ein bißchen Unzufriedenheit über den Verlust aufgewogen wird. Der Entzug gilt den Bürgern als Skandal, denn alles, was sie einmal bekommen haben, glauben sie auch verdient zu haben. „Volle Kraft zurück" ist allemal riskant.[19] Es geht deshalb bei „Sparkursen" um dreierlei.

Erstens geht es neben der ökonomisch-technokratischen Kompetenz, mit der praktikable, radikale oder schonende Wege bei der Reform des sozialpolitischen Systems ausfindig gemacht werden sollen, auch um die Bildung und Durchsetzung von Argumenten; um eine Änderung der *Bilder des Wohlfahrtsstaates*, die sich in den Köpfen der Bürger finden[20]; um eine Korrektur ihrer eingelebten Wahrnehmungen; um den Aufbau eines neuen Rahmens für die Wirklichkeit, in der sie leben. Die Semantik politischer Reformstrategien ist eine eigene Kategorie politischen Handelns. Bei der Aufgabe, den Wohlfahrtsstaat zu reformieren, werden im Gewoge der politischen Auseinandersetzungen nicht zuletzt auch Begriffe und Metaphern geschaffen, plausible und unplausible Erzählungen über Gegenwart und Zukunft vorgetragen, Notwendigkeiten und Unmöglichkeiten geschildert; es werden die Reichweiten von Werten und Interessen artikuliert, Chancen skizziert und Versagungen geschildert.[21] Das ist wichtig, denn „sowohl für das theoretische Verständnis des Wohlfahrtsstaates als auch für die Erfolgschancen der Versuche, ihn zu reformieren, kommt es auf die handlungsleitenden Wahrnehmungen und Deutungen der in der Praxis relevanten Akteure im Wohlfahrtsstaat an."[22] Wenn diese Akteure meinen, sich in einer "Klassenkampf-Situation" zu befinden, werden sie sich anders verhalten, als wenn sie meinen, der Wohlfahrtsstaat sei ein geeignetes Instrument, ein im

Grunde vorteilhaftes Marktsystem zu „zähmen", und wieder anders werden sie sich verhalten, wenn sie der Auffassung zuneigen, der Sozialstaat sei ein Irrweg, welcher der dynamischen Wachstumsgesellschaft, die noch zu viel größeren Leistungen fähig wäre, Ketten anlege.

Zweitens ist der Prozeß der Sozialstaatsreform *auch* ein *weltanschaulicher Kampf*, ein Kampf mit und um *sozialethische Ideen*. Verschiedene Gruppen und Parteien haben unterschiedliche Vorstellungen darüber, was der Fall ist; sie hegen unterschiedliche Überzeugungen über die Funktionsweise der gesellschaftlichen Ordnung; sie geben Verschiedenes als das öffentliche Interesse aus; und sie divergieren in den Auffassungen darüber, was jenseits des Bestehenden der Fall sein soll. Politische Überredungsstrategien, die den Wählern eine Sanierungsstrategie nahebringen oder Versuche dazu diskreditieren wollen, müssen also die gegenwärtige Welt beschreiben und sie mit einer jeweils anderen, möglicherweise besseren Welt konfrontieren. Bei der Reform des Wohlfahrtsstaates geht es immer auch ein wenig um *Freiheit, Gleichheit, Gerechtigkeit*; darum, wie man (miteinander) leben will. Der Kampf um den Wohlfahrtsstaat ist ein Kampf um die „großen" Werte, auch wenn er seiner Ausgestaltung nach eine antiutopische Konstruktion ist. Er verspricht keine „ganze andere Welt", aber liefert dennoch das Versprechen eines besseren, sicheren Lebens. Hinter den konkreten Reformvorschlägen stecken immer auch Paradigmen, Vorstellungen über das „Wesen" des Wohlfahrtsstaates.

Drittens gibt es Auf-, Ab- und Umschwünge in den Meinungen, *modische Strömungen*, zeitgeistige Präferenzen. Auch Sozialwissenschaftler sind davon nicht ausgenommen. Der Ökonom Kurt Rothschild hat jüngst vermerkt, man sollte eigentlich meinen, daß „wirtschaftliche Analysen und theoriegestützte Empfehlungen (soweit dies möglich ist) sehr gewissenhaft und differenziert auf situationale und institutionelle Bedingungen Rücksicht nehmen würden und stets auch sowohl Effizienz- wie Verteilungsfolgen in ihre Untersuchungen einbeziehen würden." Dem sei aber nicht so: „Je nach ‚Zeitgeist' wird häufig eher plakativ die eine oder die andere Richtung generalisiert."[23] Früher waren es der Keynesianismus und der *Ausbau* des Sozialstaates; am Ende dieses Jahrhunderts sind es eben der Neoliberalismus und der *Abbau* des Sozialstaates. Je unsicherer die Sachlage ist, desto eher orientieren sich Akteure an anderen Akteuren; sie betreiben also „Isomorphie"[24], machen nach, was andere machen, glauben, was andere glauben, und setzen dergestalt „self-fulfilling prophecies" in Gang. Deshalb ist die neoliberale Welle zweierlei: eine Sache der Strukturen *und* eine Sache der Interpretationen. Es ist eine Sache der Strukturen, weil diese das Interventionsversagen des Staates unter den geänderten Bedingungen deutlich gemacht haben; es ist eine Sache der Interpretationen, weil ein Steuerungsversagen erst einmal als ein solches verstanden werden muß und mit den konkreten Ereignissen, die als Folge dessen eintreten, Politik gemacht werden kann.

Das Thema der nachfolgenden Ausführungen ist weder das Repertoire möglicher Instrumente oder Modelle für eine Reform des Wohlfahrtsstaates noch die Berechtigung oder Richtigkeit sozialpolitischer Sparmaßnahmen; denn zu diesen wirtschaftspraktisch überaus wichtigen Fragen gibt es eine Fülle ausgezeichneter Literatur, angefangen von der Genese dieses Systems[25] bis herauf zu aktuellen Fragen. Das Thema ist vielmehr, welche *Argumente* - und welche hinter diesen befindlichen *normativen und ethischen Potentiale* - im politischen Diskurs über die Krise und den Abbau des Wohlfahrtsstaates Verwendung finden. *Worüber streiten die Kritiker und die Verteidiger des Wohlfahrtsstaates?* Wir argumentieren in diesem Disput nicht mit, sondern wir analysieren die vorgetragenen Argumente. Wir verteilen keine Zensuren für die richtigen oder falschen Wertungen, sondern untersuchen die Argumente auf ihre mehr oder minder expliziten normativen Hintergründe oder sozialethischen Grundlagen. Wir machen die Diskussion zum *Objekt* der Untersuchung, betrachten die darin ausgedrückten Werthaltungen als das empirische Material, das sich zum Studium anbietet. Wir werden Äußerungen aus wissenschaftlichen und quasiwissenschaftlichen Publikationen, aus Zeitungen und Zeitschriften sammeln und ordnen, um daraus Belege für eine rudimentäre Typologie von Argumentationszusammenhängen zu gewinnen. Es ist also gewissermaßen ein induktives Verfahren: Wir sammeln die Argumente und sortieren sie zu adäquaten Bündeln. Es sind insgesamt vierzehn Thesen und Gegenthesen, die in der Folge dargelegt und anhand derer wesentliche *normative Konfrontationen* bei der Diskussion um den Sozialstaat analysiert werden.[27] Die jeweils erste These stammt - wie leicht ersichtlich ist - von den Kritikern, die Gegenthese von den Verteidigern des Wohlfahrtsstaates.

Vier kleine Vorbehalte seien noch vorgebracht: Erstens, wie ersichtlich ist, konfrontieren wir in den Thesen nicht gerade die unvernünftigsten oder extremsten Vertreter der jeweiligen Standpunkte miteinander, auch wenn diese in den Erläuterungen zuweilen zu Wort kommen. Zweitens, es wird sich auch zeigen, daß man in Anbetracht dieser kontrastierenden Thesen zuweilen auch genötigt ist, eine begrenzte Wahrheit beider zuzugestehen. Drittens, banalerweise wird sich eine vernünftige Reformpolitik „in der Mitte", in der Balance zwischen den Extremen, abspielen; aber darum, wo diese im Einzelfall zu finden ist, geht ja gerade der Streit. Viertens, wo jene Lösungen, die eine vernünftige Reformpolitik ausmachen, im konkreten zu lokalisieren sind, ist nicht Gegenstand der folgenden Ausführungen; es wäre ein anderes Thema.

1. Zwischen Anpassung und Politisierung

1a. Es ist unsinnig, die Diskussion über den Wohlfahrtsstaat heute in ethischen Kategorien zu führen; de facto geht es um Sachzwänge und Anpassungsnotwendigkeiten. Das „Luxusmodell" des Wohlfahrtsstaates war eine mehr oder minder fabelhafte Konstruktion für eine bestimmte geschichtliche Epoche, aber diese Epoche ist vorüber. Der Druck der Globalisierung zwingt die Industrieländer, wohlfahrtsstaatliche Belastungen abzubauen.

1b. Der Diskussion um den Wohlfahrtsstaat liegen ethische, nicht einfach nur strukturelle Probleme zugrunde. Es hat in den letzten Jahren eine Machtverschiebung zur Kapitalseite gegeben, durch das Ende des Kalten Krieges ebenso wie durch die Verschlechterung der Beschäftigungslage. Weitgehend ist die Globalisierung ein Mythos, nur dazu gedacht, den Sozialabbau zu legitimieren. Soweit das Argument über den Druck der inter-

41

nationalen Märkte berechtigt ist, muß man zudem berücksichtigen, daß der freie Markt über alle Grenzen hinweg nicht zuletzt durch politische Entscheidungen der letzten Jahre bewußt geschaffen wurde.

Am Ende der neunziger Jahre kommt keine wirtschaftliche Diskussion ohne den neuesten Aufsteigerbegriff, die neueste Welteneträtselungsformel, aus: die *Globalisierung.* Sie wird zur Erklärung herangezogen, wenn es um Beschäftigungs- und Sozialpolitik, um Forschungs- und Bildungspolitik, um Umwelt- und Informationspolitik geht. Sie erklärt das Versagen bei der Beschäftigungssicherung und den Erfolg bei den Auslandsinvestitionen. Sie wird von Verteidigern des Sozialstaates als verderbliche Entwicklung angeführt, angesichts derer man den Sozialstaat so bitter nötig habe wie nie zuvor, und von Kritikern des Sozialstaates, die mahnen, angesichts der Globalisierung könne man sich eine luxuriöse Wohlfahrtsstaatlichkeit nicht mehr leisten.[28] „Globalism bites back."[29]

Die Künder des globalen Zeitalters[30], die sich ja durchaus auf „Vorläufer" stützen können, welche die „Weltgesellschaft"[31] schon früher entdeckt haben, können sich in bezug auf ihre Einschätzung der wohlfahrtsstaatlichen Ziele bedeckt halten, auch wenn die meisten von ihnen schon immer den Wohlfahrtsstaat für eine überzogene Konstruktion gehalten haben: Ihre Argumente laufen darauf hinaus, daß, unabhängig von der Wünschbarkeit oder Verderblichkeit wohlfahrtsstaatlicher Programme, *die Zeit für dieses System am Ende des 20. Jahrhunderts ganz einfach vorüber sei.* Man habe sich erlaubt, in jener *Luxusperiode,* als welche man die letzten Jahrzehnte auffassen müsse, eine umfassende Wohlfahrtsstaatlichkeit aufzubauen, die auf Dauer nicht aufrechterhalten werden könne. In einer globalisierten Wirtschaft mit starkem internationalen Konkurrenzdruck sei eine derartige Absicherungspolitik nicht mehr möglich. Man sei nicht nur mit der europäischen Arbeitsteilung konfrontiert, sondern auch mit aufholenden Schwellenländern, und letztlich münde die Entwicklung in einen globalen Arbeitsmarkt. Die Kommunikations- und Transportkosten seien gesunken, insbesondere die Kapitalmobilität setze die Unternehmen unter Druck; denn im Grunde handelt es sich um einen *Mobilitätswettbewerb*: Es sind „,immobile' Produktionsfaktoren, die um ‚mobile' werben müssen"[32] - also muß Arbeit um Kapital werben. Herkömmliche Produktionszweige müssen in immer größerer Geschwindigkeit durch neue ersetzt werden. In der „global hiring hall"[33] werden traditionelle Qualifikationen der Arbeitskräfte rascher entwertet und wenig qualifizierte Arbeitsplätze in ihren Beschäftigungschancen prekär. In der beinharten Konkurrenz um weltweite Standorte, bei der die kleinsten Produktionskostenvorteile zählen, würden ausgedehnte wohlfahrtsstaatliche Programme für einen Standort einen so großen Nachteil bedeuten, daß insgesamt Wachstums- und Wohlstandsverluste zu gewärtigen seien.[34] Der Wohlfahrtsstaat bedeutet *wirtschaftliche Ineffizienz*; oder auch, da er Kennzeichen eines schwachen Staates ist, der machtvollen Interessengruppen nicht Widerstand zu leisten vermag, *politische Ineffizienz*. „Die Globalisierung deckt *politische Ineffizienz* schonungslos auf."[35] Als politische Ineffizienz gilt alles, was Wirtschaftstreibende vergrämt, und deshalb wechselt das staatstheoretische Paradigma: „Die Staatsräson weicht der Standorträson."[36] Der Staat sieht sich als Erfüllungsgehilfe der „nationalen" Wirtschaft, die er gegen den internationalen Ansturm zu unterstützen hat. Staatsbesuche werden zu Wirtschaftsdelegationen umfunktioniert. Die „staatszentrierte Container-Theorie der Gesellschaft", die Vorstellung einer Sammlung abgeschlossener, souveräner Nationalstaaten, ist am Ende.[37] Der soziale Staat wird in der zweiten Moderne zum „local hero".[38]

Die Schlußfolgerung liegt auf der Hand. Es werde und müsse international zu einer *Konvergenz der Sozialpolitik* kommen, und das bedeutet, daß sich die wohletablierten Wohlfahrtsstaaten mit den liberalen oder „rückständigen", jedenfalls wohlfahrtsstaatlich unentwickelten Ländern vielleicht in der Mitte, eher aber wohl auf der liberalen, das heißt „wohlfahrtsferneren" Seite des möglichen Spektrums sozialpolitischer Absicherungsmaßnahmen treffen müßten.[39] Für die sozialpolitischen Luxusversionen geht der Trend deshalb eindeutig in eine bestimmte Richtung: zum *dismantling* des Wohlfahrtsstaates,[40] und kaum einer hat überzeugungskräftige Vorschläge anzubieten, was denn dagegen zu tun wäre.[41]

Die Verteidiger des Wohlfahrtsstaates halten die Kehrtwende, zur „Wohlfahrtstreppe" abwärts, für eine „Rückentwicklung", für eine ethisch und faktisch bedenkliche Perspektive: „Teile der Unterklassen werden als *white trash* an den Rand gedrängt, während die Eliten aus Industrie und Forschung neue grenzüberschreitende Gemeinschaftsbeziehungen aufbauen."[42] Die „kalte Gesellschaft" – mit ihrem „Primat der Ökonomie"[43] – achtet nicht mehr auf ihre Ränder. Das ist nicht jene Gesellschaft, die man sich wünschen kann; aber die Wünsche kollidieren mit den „Sachzwängen", und die Weltgesellschaft kommt mit der Suggestion einer unwiderstehlichen Naturgewalt einher. Somit müssen die Verteidiger des Sozialstaates in den Ring steigen, um zu bestreiten, daß es sich um *Sachzwänge* handelt: In Wahrheit handle es sich um kein „naturwüchsiges" Geschehen, um keinen Sachzwang. Der Neoliberalismus, mit Mathematik und Medienmacht gewappnet, erscheine vielmehr als höchste Form einer „Soziodizee", die sich schon seit Jahrzehnten mit Slogans wie dem „Ende der Ideologien" und dem „Ende der Geschichte" ankündigt: der „Fetischismus der Produktivkräfte", die neue „Mathematik-Theologie".[44]

Zumindest, so lautet das erste Argument, wird die als Sachzwang geschilderte Globalisierung *übertrieben*: Eine derart drastische Entwicklung des grenzüberschreitenden Güter- und Leistungsverkehrs habe es gar nicht gegeben. Globalisierung sei im wesentlichen *Propaganda*, ein Mythos, eine Lüge.[45] Daten belegen, daß der Welthandel in den letzten Jahrzehnten gar nicht so sehr angestiegen sei und es sich letztlich ohnedies im wesentlichen um eine Verflechtung zwischen den fortgeschrittenen Industrieländern handle. Die europäischen Arbeitskräfte stünden keineswegs in unmittelbarer Konkurrenz zu jenen aus den Dritte-Welt-Ländern, denn die europäische Außenhandelsverflechtung betrage nicht einmal zehn Prozent. Die Globalisierung sei möglicherweise im Kommen; aber derzeit handle es sich um kaum mehr als um eine Rechtfertigungsstrategie für die Verschlechterung von Arbeitsbedingungen und den Druck auf die Löhne. Vorderhand müsse man mehr von *politischen* Strategien als von *wirtschaftlichen* Realitäten reden: Die Unternehmerseite benutzt das Argument, um das durchzusetzen, was sie schon immer durchsetzen wollte.[46] Auch empirisch gibt es vorderhand keine wirklich überzeugenden Belege dafür, daß sich Wohlfahrtsstaat-lichkeit als der entscheidende Wettbewerbsnachteil für Industrieländer her-ausstellt.[47]

Wenn die Mobilität der Produktionsfaktoren nicht unbegrenzt ist und andere Charakteristika von Produktionsstandorten eine Rolle spielen, so daß wir niemals von einem vollkommenen, sondern immer nur von einem *seg-mentierten Weltmarkt* sprechen können, erweitern sich die ökonomischen Spielräume der kulturell gebotenen Sozialstaatlichkeit. Der globale Wett-bewerb wird weniger drückend und Sozialpolitik wird wieder möglich. In-dustrieländer, die eine hohe Produktivität aufweisen und technologische Monopolgewinne einstreifen, können sich ein wenig „Luxus" leisten.[48] Die-sem Umstand können die Kritiker des Sozialstaates freilich wiederum ent-gegenhalten, daß sich die *Finanzmärkte* – anders als Güter- und Arbeits-märkte – durch kulturelle Segmentierungen nicht beirren lassen[49]; das um die Welt sausende Kapital, bei dem es sich fast ausschließlich um Spekula-tionsgelder handelt, oktroyiert allen Unternehmungen ein kurzfristiges Pro-fitdenken auf, das andersgeartete nationale Traditionen zerbrechen läßt: Das „geduldige Kapital" (der Banken)[50] im „rheinischen Kapitalismus[51]" wird durch turbokapitalistische Spielregeln ausgehöhlt, durch einen „randalieren-den Kapitalismus"[52], einen „Wildwuchskapitalismus"[53] in das „Joch des Pro-fits"[54] gezwungen – in dieser Sachlage, wenn auch nicht in ihrer Bewertung, sind sich beide Lager, die Kritiker und die Verteidiger des Wohlfahrtsstaa-tes, einig. Ungeduldige Verfechter des Sozialstaates fordern, daß man derlei Tendenzen, die doch schlichter „ökonomischer Imperialismus" seien, beim Namen nennen müsse und nicht mit Worten wie „Globalisierung" verschlei-ern dürfe.[55]

Wenn, so das zweite Argument, die Kehrseite der Globalisierung die politische Handlungsunfähigkeit ist, wenn also nationale Regierungen nur nachvollziehen können, was ihnen durch die internationale Entwicklung auferlegt ist[56], dann haben sie keine Verantwortung für die Demontage des Wohlfahrtsstaates. Aber auch die Internationalisierung des Wirtschaftsle-bens ist zumindest zu einem Teil Sache politischer Entscheidung gewesen:

„Bei den gegenwärtigen wirtschaftlichen Schwierigkeiten in Deutschland",
so vermerkt Franz-Xaver Kaufmann,

„handelt es sich [. . .] weniger um ein Standortproblem als um eine grundsätzliche Ein-
schränkung der wirtschaftspolitischen Handlungsmöglichkeiten im Vergleich zu den vor-
angehenden Jahrzehnten. Dies ist eine *Folge vielfältiger politischer Entscheidungen*, die in
ihrer Konsequenz zu einer weitgehenden Entgrenzung des nationalstaatlichen Raums geführt haben."[57]

Zentrale Schritte waren die Deregulierung des Londoner Finanzmarktes und
die völlige Liberalisierung des Kapitalverkehrs in der EU. Die globalen
Finanzmärkte ließen sich jedoch zähmen[58], wenn man nur wollte; vielleicht
durch eine Tobin-Steuer.[59] Vorderhand aber können sie sich über einen erheblichen Machtgewinn freuen, weil das Urteil der internationalen Finanz-
experten über die wirtschaftliche Lage einzelner Staaten auf der Szene der
entscheidenden wirtschaftlichen Akteure wirksam ist und den Regierungen
dergestalt eine kapitaladäquate Logik aufzwingt.[60] Stephan Schulmeister
listet noch mehr solcher politischen Entscheidungen in der Periode zwischen
der Mitte der sechziger und dem Ende der siebziger Jahre auf: den Übergang vom Wohlfahrtsstaat zum laissez-faire-Staat, den Übergang vom keynesianischen Konsens zu einem allgemeinen wirtschaftspolitischen Dissens,
den Übergang vom korporatistischen Modell der Gestaltung von Arbeits-
beziehungen zu einem System mit zunehmender Dominanz der Unternehmer, den Übergang von regulierten zu deregulierten Finanzmärkten und den
Übergang von stabilen zu instabilen Wechselkursen und Zinssätzen.[61]

Ein drittes Argument: Die Verteidiger des Wohlfahrtsstaates, von denen
viele mit sozialistischen Ideen vergangener Jahre geliebäugelt haben, schreiben den Aufstieg brutalerer Spielregeln im weltwirtschaftlichen System
auch dem *Ende des Kalten Krieges* zu. Die westlichen Industriestaaten hätten sich in der Systemkonkurrenz genötigt gesehen, auch die marktwirtschaftlichen Ordnungen mit einem hinreichenden Maß an sozialer Sicherheit auszustatten, um die Arbeiterschaft gegen die „Versuchung", es allenfalls mit dem konträren Gesellschafts- und Wirtschaftsmodell zu versuchen,
zu immunisieren. Nach dem Zusammenbruch des Kommunismus aber sei

dieser Druck geschwunden, und der Kapitalismus könne wieder sein „wahres Gesicht" zeigen.[62] Fünfzig Jahre habe der Wohlfahrtsstaat gut funktioniert, so gibt Mathias Greffrath zu:

„Das hat einige reich, viele zufrieden und alle ruhig gemacht. Dies ist nun vorbei. Mit dem Ende des kalten Krieges, mit der mikroelektronischen Revolution und der Globalisierung fällt es dem Staat schwerer, dem Kapital Umverteilung und Wohlfahrtsstaat abzutrotzen. Und die Gewerkschaften sind zu geschwächt, um Arbeitszeit und Tarifverträge der neuen Lage anzupassen. Die Folge: Neue Ungleichheit entsteht."[63]

Was somit in den Anfangsgründen der Sozialpolitik ein wichtiges Motiv war – die Immunisierung der Arbeiterschaft gegenüber revolutionären Vorschlägen durch sozialpolitische Beruhigungspillen – habe auch in den letzten Jahrzehnten gegolten; da aber jetzt keine dräuenden Revolutionskonzepte mehr zur Verfügung stünden, brauche man sich um die sozialstaatliche Legitimation der Marktwirtschaft nicht mehr zu kümmern. Die Interessenten auf der Kapitalseite nutzen kaltschnäuzig die Gunst der Stunde. Sie schieben die Globalisierung als Sachzwang vor, wo in Wahrheit ethisch verantwortete Politik gefragt wäre. *Das „Sozialstaatliche" fällt weg, es bleibt die „nackte" Marktwirtschaft.* „Nützlich sein heißt rentabel sein, und Menschen sind unrentabel."[64]

Die drei Argumente sind oft zu hören; oft aber nur halbherzig, denn trotz aller Unbehaglichkeit mit der Entwicklung hat das Gefühl um sich gegriffen: Man kann gegen diese Entwicklungen nichts tun, sie vollziehen sich einfach von selbst. Man scheint einen Film zu beobachten, dessen Handlung abläuft, ohne daß man sie beeinflussen kann. Es ist eine Weltmaschinerie, die ihr Eigenleben gewonnen hat. Die exogenen Zwänge sind so durchschlagend, daß der Wohlfahrtsstaat im nationalen Rahmen nicht mehr machbar ist, daß man die Entwicklungen nicht mehr gestalten oder beeinflussen, sondern sich nur „anpassen" kann,[65] und Anpassung bedeutet in diesem Fall, daß die Produktion der Güter „soziale Sicherheit" und „soziale Gerechtigkeit" zurückzunehmen ist.[66] Das „Modell Deutschland" steht auf dem Prüfstand, und für andere Wohlfahrtsstaaten gilt dies ebenso.[67] Ethische Erwägungen haben dabei keinen Platz.

Eher ist schon die Verweigerung der Anpassung, angesichts schädigender Folgen, ein ethisches Problem. Der Sozialstaat bedarf, wenn sein Problem in den *Kategorien von Naturwüchsigkeit, Sachzwang und Anpassung*[68] formuliert wird, aus ethischen Gründen, aus Gründen der Gleichheit und der Gerechtigkeit, seines *Abbaus*.[69] Wenn die Krise des Sozialstaats jedoch in *Kategorien der Reform und der Gestaltung* formuliert wird, ist auch die Option eines möglichen *Ausbaus* wieder offen, und es stellt sich die Frage nach der *Wiedergewinnung des Politischen*: nach den Bedingungen einer verantwortbaren Politik, ob diese nun Mitte-rechts oder Mitte-links oder gar „Jenseits von Links und Rechts" situiert ist.[70]

2. Zwischen Liberalisierung und Interventionismus

2a. Das Neue Europa hat erfreulicherweise nationalstaatliche Verkrustungen aufgebrochen, es ist ein neoliberales Projekt. Das große „Markteuropa" zerstört Protektionismen, Pfründen und Zünfte. Es wird einen harmonischen Wohlstand für alle herstellen und überzogene sozialstaatliche Programme einzelner Länder beseitigen.

2b. Das Neue Europa bietet die Chance zum Wiedergewinn politischer Handlungsfähigkeit. Sozialpolitik kann zwar nicht mehr auf nationalen „Inseln" gemacht werden, aber ein Vereintes Europa ist mächtig genug, dem globalen Turbokapitalismus wohlfahrtsstaatliche Sicherheit entgegenzusetzen. Der europäische Sozialstaat muß mit Engagement aufgebaut werden.

Ökonomen und Politiker sind zunehmend überzeugt von der *Machtlosigkeit nationalstaatlicher Politik*, die aufgrund neuer technischer Möglichkeiten offenbar wird. „Die Industriegesellschaft in ihrer traditionellen Form hat in einer solchen Situation ausgedient", gibt Helmut Schauer, der stellvertretende Vorsitzende der IG Metall, zu: „Wir haben keine nationale Wirtschaft mehr." Deshalb ist auch mit politischem Druck im Nationalstaat nichts mehr zu erreichen, und der Einfluß der Arbeitnehmervertretungen geht ins Leere.

Sie haben Ruhe zu wahren, sonst gibt es Entlassungen. Sie haben in die Verschlechterung der Arbeitsbedingungen einzuwilligen, sonst wird die Produktionsstätte gleich (und nicht erst später) ins Ausland verlagert. „Nationale Gewerkschaften", so erkennen deren Vertreter, „haben keine Zukunft. Wir müssen sowohl die Politik als auch die Struktur der Gewerkschaft ändern [. . .] Der nächste Schritt muß sein, eine europäische Gewerkschaftsbewegung aufzubauen."[71] Die europäische Ebene wird deshalb auch sozialpolitisch interessant.[72]

Die Internationalisierung, die auf ein großes, vereintes Europa hinausläuft, ist in einen eigenartigen *Konsens unterschiedlicher Erwartungen* geraten. Von „progressiven" Vertretern wurde das größere Europa in der Anfangsphase als im Kern unethisches Projekt abgelehnt, da man es als Triumph eines größeren kapitalistischen Marktes, als ein „Europa der Konzerne" ansah. Wenige Jahre später hat sich die Einschätzung verändert; da die These von der Unwiderstehlichkeit äußerer wirtschaftlicher Zwänge auch in sozialdemokratischen Quartieren weitgehend akzeptiert wird, gilt das größere Europa jetzt als einzig mögliches Bollwerk *gegen* einen globalen Turbokapitalismus, als einzige Ebene, auf der hinfort noch wohlfahrtsstaatliche Politik gemacht werden kann. Auf europäischer Ebene könnte – gerade durch die geringe Außenhandelsverflechtung mit der übrigen Welt – noch funktionieren, was im Nationalstaat nicht mehr machbar ist. Aus radikalliberaler Sicht ist es ein „*Markt-Europa*", das geschaffen wird, ein deregulierter Großmarkt, ein „entfesselter Markt"[73], der Sieg des „Kapitalismus pur". Aus gemäßigt-liberaler Perspektive ist es wenigstens noch ein deutlicher Schritt zu einer liberaleren Wirtschaftsordnung, die nationalstaatlich gewucherte Verkrustungen auflöst. Aus „linker" Sicht, aber auch für Vertreter politischer Mitte-Lösungen, ist es hingegen die Chance zum *Wiedergewinn wirtschaftspolitischer Handlungsfähigkeit*: „Aus der Position eines am Prinzip der Volkssouveränität orientierten politischen Liberalismus", bestärkt der Sozialdemokrat Ewald Nowotny diese Sichtweise, „liegt die Aufgabe der europäischen Integration [...] im Ersatz wirkungslos gewordener nationaler durch wirkungsvollere supranationale Regulierungsmechanismen."[74] Der Wirtschaftswissenschaftler Gunther Tichy bestärkt: „Auf EU-Ebene könnte globale Konjunktur- und Beschäftigungspolitik nach wie vor funktionieren, sogar besser als früher auf nationaler Ebene, weil infolge des geringeren (externen) Außenhandelsanteils die Sickerverluste geringer werden."[75] Joschka Fischer, der prominenteste Vertreter der deutschen Grünen, hat, lange bevor er Außenminister wurde, gesagt: „Wir sagen ganz klar ja zu Europa. Falls Europa nicht zusammenfindet, werden die USA den Takt angeben, und damit würde vieles in Frage gestellt, was ich für verteidigenswert halte, vor allem in den Bereichen Soziales und Ökologie."[76] Dem Abbau des Wohlfahrtsstaates, so fordert in gleicher Weise der französische Soziologe Pierre Bourdieu, der sich neuerdings zum Sprecher kapitalismuskritischer Strömungen in Frankreich macht,

„muß ein europäischer Sozialstaat entgegengestellt werden, wenn es schon kein universeller Staat ist, der einer unumschränkten Herrschaft der Finanzmärkte ein Ende machen könnte. [...] Gegen ein Europa der Banken, gegen ein Europa der Bundesbank, gegen das Europa des Hans Tietmayer gibt es kein anderes Mittel als die Schaffung eines europäischen ,welfare state'. So rasch wie möglich, durch Mobilisierung aller fortschrittlichen Kräfte."[77]

Es gibt ermutigende Indizien, daß dies geht: Stephan Leibfried verweist auf die EU-Gesetzgebung und die Rechtsprechung des Europäischen Gerichtshofes, die wesentliche Schritte zu einem sozialpolitischen Koordinierungsrecht bereits in aller Stille getan hätten[78], und Franz-Xaver Kaufmann sieht hoffnungsvoll auf die Regelungen des Arbeits- und Gesundheitsschutzes sowie auf die Vereinheitlichung von Produktionsstandards, die auf europäischer Ebene dynamisch entwickelt werden[79]– die optimistischen Reformer hoffen, daß das, was sie ersehnen, schon im Werden ist. Im Weltmaßstab seien die europäischen Staaten ohnehin allesamt ziemlich ähnliche Wohlfahrtsstaaten, so daß unterschiedliche sozialpolitische Standards keine wettbewerbliche Bedeutung hätten; dadurch könnte die sozialpolitische Konvergenz nicht nur auf niedrigem, sondern auch auf hohem Niveau stattfinden. Mehr Sorgen bereiten auch in diesem Fall die Finanzmärkte[80], deren Wirken die Grenzen Europas überschreitet: „Der Tummelplatz eines ungehinderten Kapitalismus ist nicht die Ebene der Europäischen Union, sondern die Ebene der Weltfinanzmärkte."[81] Dort regieren Geschwindigkeit, Internationalität, *short termism.* Gegen diese Tendenzen läßt sich auch Europa nicht abschotten. Dennoch ist das Vereinte Europa eine wirtschaftliche "Großmacht", die bessere Chancen hat, sich zu behaupten. „Der Euro", so hofft man, „ist eine Kampfansage an die Finanzjongleure."[82] Damit wird wenigstens der interne Devisenhandel abgeschafft. Die Europäisierung ist in dieser Sichtweise nicht ein Teilprozeß im Rahmen der Globalisierung, sondern kann der Globalisierung entgegengehalten werden. *Das ursprünglich unethische turbokapitalistische Europa wird zur neuen ethischen Hoffnung.* Die Wiedergewinnung des Politischen im Neuen Europa könnte auch den Wohlfahrtsstaat retten oder zu einem neuen sozialpolitischen *Aufschwung* führen; ist dies nicht möglich, bleibt nur der *Abbau* des Wohlfahrtsstaates.

Freilich wird die Hoffnung auf die europäische Handlungsfähigkeit nicht von allen geteilt; von jenen nicht, die meinen, Europa habe hiefür keine Handlungskompetenz, und von jenen nicht, die meinen, auch die europäische Sozialpolitik – Bollwerk hin oder her – werde nicht umhinkommen, zu einer Minimalversion zu schrumpfen.– Die *ersteren* verweisen auf andauernde Versuche, die Sozialstaatlichkeit in den allein nationalen Zuständigkeitsbereich zu verweisen; insbesondere hätten die reichen Länder in der europäischen Gemeinschaft Angst, sie würden bei einer Angleichung der Sozialpolitik mit gewaltigen Umverteilungszahlungen zugunsten der wirtschaftlichen und sozialpolitischen Nachzügler belastet werden. Deutschland verstehe sich als „soziale Trutzburg", das beschworene Prinzip der Subsidiarität diene als „Mauer". „Anpassung an das höchste Niveau wäre für die armen Länder nicht finanzierbar, Anpassung nach unten für die Regierungen der reichen politischer Selbstmord."[83] Allerdings wird die Langsamkeit der Politik zuweilen überholt, etwa durch Entscheidungen des Europäischen Gerichtshofes, der recht beherzt in die nationalen Systeme der Sozialpolitik eingreift.– Die *letzteren* werfen den etablierten Wohlfahrtsstaaten[84] vor, viel zu lange die Zeichen der Zeit zu verdrängen. *Die „soziale" Absicht sei in Wahrheit längst „unsozial" geworden:* Das Festhalten an der Wohlfahrtsstaatlichkeit sei nur ein Festhalten der *Insider* an ihren Privilegien auf Kosten der *Outsider;* eine Verbarrikadierung der Arbeitenden in ihren „Wagenburgen" und eine soziale Ausschließung der Arbeitslosen, denen in einer

Rette-sich-wer-kann-Mentalität jede Chance zum Einstieg – und sei es in gering bezahlte Jobs – genommen werde. Daran wird auch eine Sozialpolitik auf europäischer Ebene nichts ändern. Die Globalisierung wird aber letztlich ohnehin „durchgreifen". Jan Roß hält es für angemessen, sich einzugestehen, daß Vollbeschäftigung mit hohem Lohnniveau und einer großzügigen Alimentierung aller Bedürftigen auf absehbare Zeit vorbei sei:

„Insofern hat mit der Globalisierung wirklich eine neue Epoche der Sozialgeschichte begonnen oder, anders gesagt, eine Rückkehr zu jener Normalität der Ungleichheit, mit der die Menschheit seit den Tagen der Pharaonen und ihrer Fellachen immer leben mußte. Eine zivilisierte Gesellschaft wird sich weiterhin verpflichtet fühlen, keines ihrer Mitglieder verhungern oder in unwürdige Not geraten zu lassen. Aber was darüber hinausgeht, dafür wird jeder zunehmend selbst sorgen müssen. Eine umfassende öffentliche Absicherung des einzelnen gegen alle Daseinsrisiken wird es in Zukunft nicht mehr geben."[85]

3. Zwischen Kosteneindämmung und Rechtswahrung

3a. Der Wohlfahrtsstaat ist eine unglückliche Konstruktion. Seine Regeln sind so geartet, daß demographische und technische Veränderungen zur Kostenexplosion führen. Der Wohlfahrtsstaat ist einfach nicht mehr finanzierbar, und die Spielregeln müssen so geändert werden, daß seine Leistungen auf tragbare Niveaus zurückgeschraubt werden. Besonders der Gedanke der Generationengerechtigkeit erfordert einen Abbau überhöhter Leistungen.

3b. Grundlegende Sicherheiten – wie das Recht auf medizinische Betreuung – dürfen nicht angetastet werden, was immer auch an Aufwand dafür erforderlich ist. Auch Pensionsbezieher haben schließlich ihre Rechte erworben und sollen auf ihren Besitzstand vertrauen dürfen. Und wenn schon die Generationengerechtigkeit angesprochen wird, so drängt sich eher ein weiterer Ausbau des Sozialstaates auf: Es geht darum, unzumutbare Belastungen für Familien zu verhindern, die schließlich zukünftige Pensionen sichern.

Der Wohlfahrtsstaat ist zu teuer geworden, er treibt die Staatsanteile der Industrieländer seit geraumer Zeit in die Höhe. Angesichts dieser Kostendynamik müsse, so lautet die Schlußfolgerung von Kritikern des Wohlfahrtsstaates, die *Notbremse* gezogen werden. Eine weitere Belastung der Wirtschaft sei untragbar: zu hohe Produktionskosten, zu hohe Lohnnebenkosten, zu hohe Steuern. Solche Argumente waren freilich schon zu vernehmen, seit mit sozialpolitischen Maßnahmen begonnen wurde; aber sie erhalten in jenen reichen Ländern, in denen beinahe die Hälfte des Sozialprodukts über die staatlichen Kassen fließt, eine erhöhte Glaubwürdigkeit.

Die Menschen werden immer älter, und man muß sie versorgen; die Medizin wird immer teurer, und man kann ihre Anwendung nicht unterbinden. Diese beiden expansiven Kräfte treiben den Wohlfahrtsstaat über seine finanziellen Grenzen hinaus. Es sind also der demographische und der technische Wandel, die für die Schwierigkeiten verantwortlich sind; obwohl natürlich das hohe Lebensalter, mit dem die Menschen rechnen dürfen, und die Fortschritte der Medizin, die sich in allerlei technischem Wunderwerk ausdrücken, im Grunde erfreuliche Phänomene sind. Man würde die Leistungen gerne weiterhin erbringen, aber das geht nicht mehr. Die Kosten laufen davon. Das Geld geht aus. Die Veränderung in der Bevölkerungsstruktur bringt es zudem mit sich, daß die Kinderzahlen sinken und die Zahler für den steigenden Altenanteil an der Bevölkerung rar werden. Die ältere Bevölkerung erfreut sich, auch durch das frühe Pensionierungsalter, über immer längere Jahre ihrer Pensionsabsicherung; sie ist auch jene Gruppe, die Gesundheitsleistungen in besonders hohem Ausmaß in Anspruch nimmt. Die Pensionskrise läuft – beispielsweise im Falle Österreichs – darauf hinaus, daß der Beitragssatz für die Versicherung um mehr als die Hälfte gesteigert, das Leistungsniveau um nahezu die Hälfte verringert oder das Anfallsalter um fast elf Jahre erhöht werden müßte, wenn die bestehenden Leistungen auf Dauer erbracht werden sollen.[86] Das ist nicht machbar. Die besonders Alten werden als Hochbetagte zu betreuungsintensiven und teuren Pflegefällen. Während die Renten vor dem Absturz stehen,[87] hat der technische Fortschritt bei den medizinischen Dienstleistungen zu einer expansiven Kostenentwicklung geführt, die – wie internationale Vergleiche zeigen

– schwer einzubremsen ist. „Großzügigkeiten" des Systems führen zur „Überversorgung", so etwa die fast unbegrenzte Wahlfreiheit der Patienten oder die „angebotsinduzierte Nachfrage", die in Anbetracht einer Verrechnung einzelner Arztleistungen durch einkommensmaximierende Ärzte erzeugt wird.[88]

Alle sozialen Dienstleistungen werden teuer; nicht zuletzt dadurch, daß die *Frauen* ihre bisher kostenfrei erbrachten Dienste verweigern. Hinter der Kostenexplosion stehen zum Teil ethische Verschiebungen im *Geschlechtervertrag*. Das Sozialversicherungssystem hat die Hausfrauenehe als typischen Normalfall vorausgesetzt, und tatsächlich wurden Pflege-, Betreuungs- und Erziehungsleistungen im überwiegenden Maß im funktionierenden "Haushalt" geleistet. Diesen aber gibt es nicht mehr in jenen Fällen, wo sich beide Partner auf den Arbeitsmarkt begeben und erst des Abends wieder heimkommen. Auch die Betreuung der Kinder wird zunehmend in den professionellen Sektor verlagert, so wie jene der Kranken, Alten und Bettlägrigen. Es bleibt keine Zeit mehr dafür, wenn die Eingliederung in den kapitalistischen Arbeitsprozeß, wie dies neuerdings und in Umkehrung der Auffassungen von vor dreißig Jahren geschieht, nicht mehr als vermarktlichende Denaturierung von Lebensbeziehungen, sondern als essentieller Akt der Emanzipation gesehen wird. Im Zuge der Umdefinition des Geschlechtervertrags wird sorgfältig jede ethische Diskussion darüber, zu wessen Lasten die neuen Vertragsbedingungen gehen, vermieden. Die Frauen sind immer weniger bereit, die herkömmliche „stille Reserve" des Sozialstaates zu bilden und allein alle Nachteile von Erziehungs- und Betreuungsleistungen auf sich zu nehmen,[89] und es arrangieren sich die männlichen und weiblichen Gesellschaftsmitglieder mittleren Alters. Sie setzen ihre Rechte zu Lasten aller Gesellschaftsmitglieder durch, die weniger stark sind: zu Lasten der Kinder und der Alten.

Die Verteidiger des Wohlfahrtsstaates haben in dieser Frage allerdings einen schweren Stand; denn am Befund, daß die Kosten stark zunehmen, ist ebenso wenig zu deuten wie an der geänderten Lebensperspektive der Frauen, die einschlägige Dienstleistungen nicht mehr übernehmen. Manche flüchten auf eine ethisch-normative Ebene: Die Alten, die ein Leben lang hart gearbeitet haben, hätten ganz einfach ein Recht auf ihre Altersversorgung. Pensionsleistungen werden ja nicht als karitative Leistungen der Gesellschaft gesehen, sondern als Gelder, auf die Pensionisten, die ihr Lebtag lang „eingezahlt" haben, „anspruchsberechtigt" sind, auch wenn dies angesichts des Umlageverfahrens nur eine Halbwahrheit ist. Auf medizinische Leistungen im bestmöglichen Ausmaß habe gleichfalls jeder Notleidende einen Anspruch, und es gibt tatsächlich kaum Stimmen, die den Alten oder Kranken die notwendige Hilfe verweigern wollen.[90]

Da die Knappheit der Ressourcen aber ein durchschlagendes Argument ist, das auch mit normativen Appellen nicht aus der Welt geräumt werden kann, sehen sich die Verteidiger zu Kompromissen, hin zum etwas „schlankeren Staat"[91], genötigt. Eine Lebenssicherung im Alter muß in der Tat nicht in der heutigen wohlfahrtsstaatlichen „Luxusvariante" stattfinden, es könnte vielmehr auch eine *Grundpension* geben, eine bescheidenere Form der kollektiven Lebenssicherung im Alter, die durch eine private Vorsorge ergänzt werden muß. Bei den medizinischen Leistungen solle wohl das *Notwendige*, nicht aber *Unvernünftiges* getan werden: Lebensverlängerung um jeden Preis kostet horrende Gelder, verbessert aber die Lebensqualität im gegebenen Fall nicht in entsprechendem Maße. Ist es die ethisch angemessene Lösung, Lebensverlängerung um jeden Preis zu betreiben? Ist Euthanasie denkbar? Sehr rasch gerät man, wie ersichtlich ist, in intellektuelle Minenfelder. Tatsache ist, daß „Rentabilitätsüberlegungen" – offen oder versteckt – in den Bereich medizinischer Dienstleistungen vordringen, nicht zuletzt deshalb, weil der überforderte Wohlfahrtsstaat ohnehin zur Heuchelei gezwungen ist: Tatsächlich gibt es längst Rationierungen bei medizinischen Leistungen, aber sie werden im geheimen durchgeführt.Tatsächlich gibt es Entscheidungen darüber, welche lebenserhaltenden Apparate wann abgeschaltet werden, aber es darf darüber nicht gesprochen werden. Am Ende ist die Lage vielleicht so, daß es ohnehin die beste Lösung darstellt, über diese Fragen nicht zu sprechen – weil sie ohnehin nicht durch allgemeine Regeln einhegbar, sondern nur im Einzelfall in persönlicher Verantwortung entscheidbar sind. Aber natürlich kann man beispielsweise unter Gesichtspunkten der individuellen Freiheit fragen, warum ein Lebensmüder nicht nach der erlösenden Spritze verlangen darf; aber das Fatale ist, daß sich – abgesehen von historischen Belastungen – die Diskussion in einer Situation, in der an allen Ecken und Enden nach Einsparungsmöglichkeiten gesucht wird, kaum von dem Verdacht befreien kann, daß man sich teure, überflüssige Alte kostengünstig vom Halse schaffen möchte. Da sich die Motivationen nicht eindeutig bestimmen oder voneinander abgrenzen lassen, könnte auf Dauer die eine auch die andere „kontaminieren": Wenn das Tötungsverbot einmal gefallen ist, werden, durch Geldknappheit forciert, eigendynamische Momente ins Spiel kommen. Es mag ein Klima entstehen, in dem sich *rechtfertigen* muß, wer trotz Krankheit und Pflegebedürftigkeit *weiterleben* will. Er könnte als Parasit erscheinen, als Nutznießer einer Folgegeneration, die er ausbeutet, obwohl er doch längst zur Kategorie des objektiv feststellbaren „lebensunwerten Lebens" zählt.[92] Das Feld ethischer Eigendynamiken ist unabsehbar: Welcher Schritt heute kann auf lange Sicht zu Umwertungen führen, denen von Anfang an Widerstand geleistet werden sollte?

„Rentabilitätsüberlegungen" beim medizinischen Angebot oder Argumente für Pensionskürzungen können sich aber, genau wie die Gegenargumente, auf ethische Vorgaben stützen. Es könnte ethisch untragbar sein, Unrentables zu tun. Das Argument der *Generationengerechtigkeit* verweist darauf, daß sich die gegenwärtige Generation einen luxuriösen Sozialstaat aufgebaut hat, der Schulden in einem Maße anhäuft, daß die Lebensmöglichkeiten der Kinder- und Enkelgeneration wesentlich eingeschränkt werden. Allein schon der Umstand, daß bereits seit Jahrzehnten Geburtenbeschränkung geübt wird, hat den gegenwärtigen Arbeitnehmern aus demographischer Sicht „ungerechtfertigte Vorteile hinsichtlich ihrer Versorgungspflichten im Drei-Generationenverbund"[93] verschafft, während die finanziell belastenden Konsequenzen erst die weniger zahlreichen Altershokorten der Nachfolgegenerationen zu tragen haben. Die Alten und Kranken erscheinen als *raffgierige Egoisten*, die sich auf Kosten ihrer Kinder sanieren wollen. Der deutsche Pensionsexperte Bert Rürup meint: „Bei der gegenwärtigen Rentenformel schiebt man alles auf die Jungen, sowohl die steigende Lebenserwartung als auch das ab 2010 relevant werdende Geburtendefizit. Die Solidarität der Generationen kann aber keine Einbahnstraße sein."[94] Deshalb wird ein *Generationenvertrag* beschworen, der nicht *unbegrenzte* Zahlungs-verpflichtungen beinhaltet, sondern eine gewisse *Balancierung* der Leistungen zwischen den Generationen vorsieht.[95] Das ethische Postulat der Generationengerechtigkeit ist mit den ethischen Postulaten einer ausreichenden Versorgung von Alten und Kranken auszubalancieren. Die Alten haben ihren Unterhalt ja längst „kollektiviert", das heißt im Grunde der Allgemeinheit aufgehalst, den Kindern ist die Deckung ihrer Kosten durch die Allgemeinheit versagt geblieben. Aber Kinder werden aber heutzutage immer stärker eine Art „Kollektivgut" wie die natürliche Umwelt: Wenn sich unsere Gesellschaft nicht in überstrapazierte Familienmitglieder und wohlgestellte Kinderlose polarisieren soll – wobei die letzteren die ersteren ausbeuten –, dann muß eine Sozialpolitik gestaltet werden, die nicht Kinderlosigkeit prämiiert[96], sondern ihre Gerechtigkeit mit dem Bezug auf *drei* Generationen sucht.[97]

Wohlfahrtsstaatliche Sparsamkeit – und unter diesem Gesichtspunkt auch: ein gewisser Abbau von Wohlfahrtsleistungen – kann somit durchaus als Bestandteil jener gerechten Ordnung verstanden werden, die den Wohlfahrtsstaat trägt: „Wenn eine Gesellschaft", so der Kieler Philosoph Wolfgang Kersting,

„sich aus Gründen der Gerechtigkeit entschlossen hat, das Kooperationssystem des Marktes durch ein staatsförmiges Solidaritätssystem zu ergänzen, dann findet das verständliche Bemühen, die Kosten dieses Solidaritätssystems so niedrig wie möglich zu halten, in den Gerechtigkeitserfordernissen seine Grenze. Es gilt aber auch die Umkehrung: Die Wirtschaftlichkeit des Wohlfahrtsstaats ist selbst eine Forderung der Gerechtigkeit. Nur unter der Voraussetzung einer effektiven und zielgenauen, dem moralischen Wohlfahrtszweck angemessenen und sich auf die Versorgung der wirklich Bedürftigen konzentrierenden Mittelverwendung ist die den Wohlfahrtsstaat charakterisierende moralische Zumutung erzwungener Umverteilung und abgenötigter Solidarität erträglich. Die Gerechtigkeit selbst verlangt, daß die Gestaltung des Wohlfahrtsstaats durch ein ausgeprägtes ökonomisches und moralisches Kostenbewußtsein bestimmt wird."[98]

Im Befund, nämlich in jenem, daß eine untragbare Kostenexplosion stattfindet, sind sich alle einig: Die Kritiker des Wohlfahrtsstaates ziehen allerdings die Schlußfolgerung, daß man sich der Einsicht, daß alle diese steigenden Leistungen in der bisherigen Form nicht mehr zu finanzieren seien, nicht verschließen kann; deshalb *Abbau* des Wohlfahrtsstaates. Die Verteidiger folgern, daß die individualisierenden Tendenzen der modernen Gesellschaft, insbesondere auch im Hinblick auf Gerechtigkeit zwischen den Geschlechtern, dafür sprechen, daß der Wohlfahrtsstaat so nötig ist wie nie zuvor; deshalb *Ausbau* des Sozialstaats.

4. Zwischen Wachstumsschädigung und Wachstumsförderung

4a. Der Wohlfahrtsstaat ist ein ungerechtes, wohlstandsverhinderndes System; denn er gefährdet durch seine Belastungen das wirtschaftliche Wachstum. Er verspielt deshalb Chancen auf einen kräftigen Wohlstandszuwachs für alle. Er ist unmoralisch und ineffizient.

4b. Der Wohlfahrtsstaat hat wirtschaftlichen Wert, neben seinen politischen, kulturellen und sozialen Vorteilen. Er fängt die negativen Folgen des Wirtschaftens auf und ermöglicht erst die marktwirtschaftliche Dynamik. Er schafft Daseinskompetenzen und sichert Standortqualität. Er ist effizient und moralisch.

Die Vorstellung, daß Märkte nicht nur funktionsfähige Koordinationsmechanismen sind, sondern auch zu im wesentlichen gerechten Ergebnissen führen, wird in der Krise des Sozialstaates wiederbelebt. Der Wohlfahrtsstaat verzerre Marktergebnisse, ein hoher Staatsanteil verhindere Wachstum; insgesamt bewirke ein umfassendes, marktbehinderndes Wohlfahrtssystem, daß die betroffene Bevölkerung einen Wohlstandsverlust erleide – und diese *mutwillige Wohlstandsverweigerung* kann durchaus als ethisches Problem gesehen werden.

Tatsächlich konnte in den letzten Jahrzehnten vielfach die Unfähigkeit und Korruptionsanfälligkeit von Experten und Politikern aufgezeigt werden, ihre Benutzung der öffentlichen Kassen für private, protektionistische und ideologische Zwecke, sodaß einem aufgeblähten Staatsapparat nicht ganz zu

Unrecht Verschwendung, Ineffizienz und Korruption nachgesagt werden kann. Theoretische Entwürfe von zwingender Einfachheit – wie die Laffer-Kurve – konnten die Idee verbreiten, daß eine einfache Steuersatzreduzierung in Wahrheit höhere Staatseinnahmen und Privateinkommen nach sich ziehen könnte, weil sich durch ein dynamisches Wachstum, das auf diese Weise ausgelöst würde, alle besser stehen würden. Der Wohlfahrtsstaat hingegen reduziert die Anreize zu arbeiten; er verursacht Arbeits-Disincentives durch hohe Steuern und Beiträge; das Umlageverfahren im Pensionssystem senkt Sparanreize; reale Leistungen werden unnötigerweise überbeansprucht – alles langfristig wachstumsschädlich.

Im Vergleich zwischen der amerikanischen und der europäischen Lage wird regelmäßig der Wohlfahrtsstaat auf dem alten Kontinent für einen Gutteil der Wirtschaftsprobleme verantwortlich gemacht. Eine Journalistin vom *Economist* hat das bei den Alpbacher Wirtschaftsgesprächen auf den Punkt gebracht:

„If America has got into the bad habit of deriding the public sector, Europe suffers a tendency to depend on it too much. The irony is a sad one. Europe's well-meaning effort to foster job security and high levels of social protection is also largely responsible for creating long-term unemployment, the monster that is now the continent's single greatest threat to social peace. The Continental welfare state, as presently constituted, is not narrowing but consolidating the social division Europe has strived so hard to avoid."[99]

Mag also die Absicht der Europäer auch ehrenhaft sein, im Grunde sind sie naiv und ihr Ergebnis ist schlecht. Der Wirtschaftswissenschaftler Allan Meltzer von der Carnegie Mellon University in Pittsburgh unterstreicht dies in einer Erinnerung an die Anfänge der sozialen Marktwirtschaft: „Die Politik eines Wohlfahrtsstaats steht in klarem Kontrast zu der Politik, die das ‚Wirtschaftswunder' schuf [. . .] Der deutsche Wohlfahrtsstaat subventioniert einerseits die Arbeitslosigkeit, bestraft andererseits aber die Arbeit." Dies führt ihn zum Appell:

„Wo verbirgt sich der neue Ludwig Erhard? Deutschland braucht ihn, um die Regierungsausgaben für Transferzahlungen zu verringern, um Regulierungen und Steuersätze zu verringern, um das System fester Wechselkurse zu beenden und um das Wachstum des Lebensstandards wieder zu beschleunigen."[100]

Auch bei Meltzer wird nicht nur die Zweckmäßigkeit des Systems bezweifelt, sondern zusätzlich sein ethischer Gehalt: „Das System", so vermutet er mit der Schärfe des ökonomischen Blicks, wenn auch nicht ganz unter Wahrung wissenschaftlicher Wertfreiheit, „kann nicht nur die persönliche Würde zerstören, es hat einen permanenten zersetzenden Einfluß auf die Gesellschaft."

Die Schlußfolgerungen für die Reform des Wohlfahrtsstaates liegen jedenfalls auf der Hand: *Weniger ist mehr.* „Der Sozialstaat ist eine schwere Hypothek für die Arbeitsmärkte."[101] Denn unsozial ist er auch darin, daß er zugunsten jener, die im System drinnen sind, die anderen, die hinausgefallen sind, umso hartnäckiger ausschließt. Er macht es denen, die Pech gehabt haben, schwer, in den Schoß der Gesellschaft zurückzukehren, weil sie keine Chance haben, wenigstens *bad jobs* zu bekommen. Er kennt nur „Luxusversionen" von Jobs, und alle, die dafür zu schlecht sind, werden ausgeschlossen. Der Sozialstaat ist ein „Spalter". Auch deshalb kann der reduzierte Sozialstaat „sozialer" sein als der etablierte. Hemmnisse für die Marktkräfte sollen deshalb beseitigt werden. Der moderne Staat kann nur noch ein „Wettbewerbsstaat" sein, die moderne Demokratie nur eine „plebiszitäre Konsum-Demokratie". Alles andere ist nicht machbar. Der Weg, den die Europäer gehen sollten, ist für Liberale klar. Etwa für Michael Michl, Direktor der Avon Industries, New York: „There is no mystery of what Europe needs to do if it wants to create new jobs. It must deregulate its labor markets, reduce the high cost of social benefits, make both hiring and firing easier and encourage entrepreneurial innovation to flourish."[102] Ein neuer Geist muß die Gesellschaft durchwehen, ein Geist der Freiheit und Freizügigkeit, der Flexibilität und Mobilität.[103] Der Staat muß schrumpfen, Deregulierung und Entbürokratisierung sind angesagt. Arbeitsrechtliche und sozialrechtliche Schutzbestimmungen sind zurückzunehmen, mehr Wettbewerb tut not[104]: abgesenkte Einstiegstarife, ertragsabhängige Lohnbestandteile, tarifvertragliche oder gesetzliche Öffnungsklauseln, flexible Arbeits-

zeitgestaltung, Jahresarbeitszeitverträge, Zeitarbeit, mehr befristete Arbeits-
verträge und Leiharbeit befinden sich im Wunschkatalog.[105] Die Bedeutung
der Gewerkschaften, die in liberaler Sicht ohnehin ein schweres Hemmnis
für eine effiziente Wirtschaftspolitik darstellen, muß, besonders in korporatistischen Systemen, zurückgedrängt werden, insbesondere müssen Tarifverhandlungen dezentralisiert werden. Der Arbeitnehmer muß sich als „Unternehmer seiner Arbeitskraft und Daseinsvorsorge" verstehen.[106]

Die Wohlfahrtsstaatsverteidiger kontern mit empirischen Hinweisen auf
die letzten Jahrzehnte: Was der sich entfaltende Sozialstaat an kräftigem und
friedlichem Wachstum zustande gebracht hat, das läßt sich sehen. So ineffizient könne das System nicht sein; die Wirklichkeit entspricht nicht den
trade-off-Vorstellungen der Mainstream-Ökonomen. Eine Reihe von Argumenten läßt sich anführen: Die wachstumshemmenden Belastungsgefühle
lassen sich nicht an den objektiven Daten ablesen, denn die wenigsten Steu-
erzahler haben eine Vorstellung davon, wieviel an Pflichtabgaben sie zu
leisten haben[107], und verschleiernde Eigenschaften des Abgabensystems
machen ihnen den Einblick schwer. Es sind eher die üblichen öffentlichen
Diskussionen über Belastungen, die Belastungsgefühle wecken. Ressenti-
ments gegen Wohlfahrtsausgaben waren immer dort am ausgeprägtesten, wo
es niedrige Abgabensätze gegeben hat. Belastungen werden oft nicht mit
Leistungsverzicht, sondern mit besonderen Anstrengungen mit dem Ziel,
den Lebensstandard zu halten, quittiert. Falls eine gewisse Leistungsabsenkung stattfindet, bleibt immer noch offen, wie sich der Nettoeffekt auswirkt,
denn die eingenommenen Gelder werden (mit Multiplikatorwirkung) wieder
ausgegeben. Offenbar habe Sozialpolitik – vielleicht nicht in betriebswirt-
schaftlicher, wohl aber in volkswirtschaftlicher Sicht – einen *wirtschaftlichen Wert*.[108] „Ein funktionierender Sozialstaat", so vermerkt Dirk Kurbjuweit in der ZEIT, „ist die beste Stütze gerade einer postmodernen Gesellschaft. Und er nützt nicht nur den Schwachen, sondern paradoxerweise auch
jenen, die ihn mit Abräumbaggern bearbeiten wollen. Man kann sogar sagen: Der Sozialstaat ist sein Geld wert."[109] Dafür lassen sich zahlreiche Ein-
zelargumente finden, wie etwa: Sozialausgaben (unter Einschluß von Bil-
dungsaufwendungen) erhöhen die Humankapitalbildung und die Produktivi-

tät der Arbeitnehmer, der Unternehmen und der Volkswirtschaften. Sie kompensieren negative Effekte der kapitalistischen Produktion. Eine gewisse Arbeitsplatzsicherheit ermuntert zu Investitionen in betriebsspezifisches Know-how. Transferzahlungen stabilisieren die Nachfrage. Wirtschaftliche Akteure werden risikoreiche, aber auch chancenreiche Optionen wahrnehmen, wenn sie gegen einen Fehlschlag zumindest grundsätzlich abgesichert sind. Diese *wirtschaftlichen* Vorteile werden auch zu *politischen*: Staat und Demokratie profitieren von der Zufriedenheit der Bürger, sie rechtfertigen sich durch ihren gesicherten Lebensstandard; und das wiederum erhöht die Attraktivität eines Wirtschaftsstandortes. *Kulturell* festigt die Wohlfahrtsstaatlichkeit Solidarität und Integration, und in *sozialer* Perspektive trägt sie zur Reproduktion des Humanvermögens bei. Humanvermögen ist das, was Ökonomen zu übersehen pflegen: „Humanvermögen meint die Gesamtheit der Kompetenzen, welche die einer Gesellschaft zuzurechnenden Individuen in die verschiedenen gesellschaftlichen Zusammenhänge (Wirtschaft, Staat, Kultur, Familie usw.) einbringen"[110] – nicht nur Fachkompetenzen und Berufsqualifikationen, sondern auch Qualifikationen als Staatsbürger, Mutter oder Vater, Konsument, Vereinsvorsitzender, Straßenbahnbenutzer, Radfahrer. Das Leben als Staatsbürger ist ein moralisches Leben. Man kann das, was erforderlich ist, unterschiedlich formulieren; man kann auch von *Daseinskompetenzen* sprechen, zu deren Erwerb der Sozialstaat nicht unwesentlich beiträgt: „Das gute Leben der Gesellschaft setzt nicht nur die Effizienz der Produzenten, sondern auch die aktive Teilnahme von Bürgern und die Verantwortung im mitmenschlichen Verkehr sowie das Engagement der Eltern und Erzieher voraus."[111] Ein Gemeinwesen läßt sich nicht auf die Rate seines Wirtschaftswachstums reduzieren.[112]

Man kann das noch kürzer sagen: Es gibt nicht nur einen „Wirtschaftsstandort", sondern auch einen „Lebensstandort",[113] und zur Qualität des letzteren tragen sozialstaatliche Maßnahmen Wesentliches bei. Die vielfältigen Wirkungen des Wohlfahrtsstaates weisen Synergien auf, sie erweisen sich als *multifunktional*. Eine Interpretation des Sozialstaates, die ihn auf seine ökonomische Gestalt reduziert, erweist sich als kurzsichtig; sie blendet die Fernwirkungen aus. Der Sozialstaat fängt die negativen Konsequenzen der Modernisierungsprozesse auf, ohne die damit verbundenen strukturellen Differenzierungen zu beeinträchtigen.[114] Er ist also in dieser Perspektive durchaus kein Auslaufmodell, sondern der effizienteste Weg in das nächste Jahrhundert. Nach wie vor gilt, was der Sozialstaat bereits bewiesen hat: Die Erfolge seiner Maßnahmen haben immer weitere Maßnahmen vorbereitet und durchsetzbar gemacht. Der gesellschaftliche Erfolg läßt sich in wirtschaftlichen ummünzen. Die Wachstumsgesellschaft ist nicht nur eine Sache verfügbarer Ressourcen, sondern eine Sache kooperativen Zusammenlebens von Menschen, und der Sozialstaat ist dann durchaus kein „Spalter", sondern ein integratives Instrument. Die Synthese von Wachstumsgesellschaft und Wohlfahrtsgesellschaft ist eine Erfolgsgeschichte. Manchmal tut moralisches Verhalten weh. Manchmal kann es sich rentieren, und dort, wo es sich rentiert hat, sollte man es nicht ruinieren. Das hieße: *Festhalten* am Wohlfahrtsstaat. Seine Kritiker freilich meinen, das sei alles falsch oder unwichtig; sie plädieren trotzdem für den *Abbau*.

5. Zwischen Elendsvermeidung und Gesellschaftsveränderung

5a. Der Wohlfahrtsstaat ist ungerecht, weil er alles für alle tun will. Er leidet unter dem „Gießkannenprinzip". Unter dem Vorwand der Gleichheit schafft er neue Benachteiligungen. Es gäbe genug Geld für wirklich Arme, wenn Bürokratie abgebaut würde und Mitnahmeeffekte vermieden würden. Um mehr Gerechtigkeit zu erreichen, muß man den Sozialstaat auf die wirklichen Notlagen einschrumpfen.

5b. Es ist nicht nur Aufgabe des Wohlfahrtsstaates, das ärgste Elend zu beseitigen, sondern vielfältige Belastungen auszugleichen. Er ist nicht nur Lückenfüller, sondern hat das marktwirtschaftliche System zu "zähmen". Er beruht nicht auf einer Ethik der Barmherzigkeit, sondern auf einer des "Dritten Weges".

Es gibt Kritiker, die zugeben, daß die Ziele des Wohlfahrtsstaats erstrebenswert und Verbesserungen der sozialen Lage von Individuen und Gruppen prinzipiell möglich sein können. Aber in gespielter oder echter Resignation stellen sie fest, daß sich die Kosten bei der Realisierung eines wohlfahrtsstaatlichen Systems als übergroß erweisen. Die politischen Sickerungsverluste und bürokratischen Transaktionskosten seien so hoch, daß alle erwünschten Wirkungen kompensiert oder sogar überkompensiert würden – ein schlichtes *Kostenkalkül*. Ein gutes Vorhaben – aber es kommt letzten Endes weniger heraus, als man hineinsteckt. Das große Umverteilungsziel, das entsprechend weitreichende Programme erfordert, sei abzusagen, denn es habe sich mittlerweile gezeigt, daß es nicht zu verwirklichen sei. Wenn überhaupt etwas möglich ist, dann seien es eher *punktgenaue Korrekturen*, das Erwischen der „richtigen Opfer". Da es von diesen Opfern deutlich weniger gibt als von den Nutznießern gegenwärtiger Programme, laufen diese Vorschläge auf ein deutliches Gesundschrumpfen des Wohlfahrtsstaates im Zuge einer präziseren Erfassung der eigentlichen Zielgruppen hinaus. Die öffentlichen Programme bleiben für die, die sie wirklich brauchen; alle anderen sollen sich ihre Vorsorge, wenn sie denn eine solche wollen, auf dem freien Markt besorgen.

Mit der *Erhöhung der „Zielgenauigkeit"* könnten sich manche – auf beiden Seiten der Front – anfreunden. Verfechter eines umfassenden wohlfahrtsstaatlichen Modells verspüren freilich schon beim Plädoyer für mehr Zielgenauigkeit ein Unbehagen. Zum einen haben sie das Gefühl, es handle sich nur um eine „Salamitaktik": Da sich ein Angriff auf Wohlfahrtsprogramme in aller Offenheit als unzweckmäßig erweise, gehe man scheibchenweise vor – immer wieder ein bißchen Sozialpolitik weniger, und das noch unter der Vorgabe, etwas für die wirklich Armen zu tun. Wer die Zielgenauigkeit proklamiert, der steuert in Wahrheit auf eine Reduzierung des Sozialstaates hin. Zum anderen sehen sie die Gefahr, daß – besonders in Kombination mit Privatisierungsvorschlägen – die Konzentration auf die „wirklich Bedürftigen" darauf hinausläuft, daß sich die Leistungsfähigen der Versicherungspflicht und dem Solidarausgleich entziehen können. Die „guten Risiken" wandern in eine kostengünstigere Privatversicherung ab, die wirklich Bedürftigen müssen im gerade deshalb viel teureren Kollektivsystem verbleiben. Wer die große Versicherungsfreiheit (die Wahlfreiheit unter einer größeren Zahl privater Versicherungsträger) proklamiert, der hat das Wesen eines Versicherungssystems nicht verstanden, denn ein in dieser Weise zielgenaueres und freieres System ist kein *Solidarsystem* mehr, sondern ein *Privilegiensystem*. Eine dritte Befürchtung im Hinblick auf die Erhöhung der Zielgenauigkeit hat die Legitimität des Wohlfahrtsstaates im Auge. Wenn man der Solidarität der Menschen nicht große Kraft und Beständigkeit zubilligt, dann könnten Programme, die nur den wirklich Bedürftigen zugute kommen, auf den Widerstand der Mittelschicht stoßen. Denn die Mehrheit der Mittelschichtwähler bildet sich in bezug auf die gegenwärtigen Programme ein, zu den Gewinnern zu gehören; sogar von einem „Bestechungsgeld" für die Mittelschicht ist gesprochen worden. Wenn der überwiegenden Mehrheit der Wähler aber durch eine erhöhte Zielgenauigkeit der Programme klar wird, daß sie nur zu der Gruppe der Zahler gehört, aber keine Chance hat, Nettotransfers in die eigene Tasche zu leiten, könnte die Unwilligkeit, den Armen, die dann rasch zu „Faulenzern" aus der Unterschicht werden, Geld zu geben, zunehmen.[115] In einem „breiten" Sozialstaat wird das Selbstinteresse für ein allgemeines Solidarsystem fruchtbar gemacht; in einem „engen" oder zielgenauen System könnte das Selbstinteresse dazu führen, das ganze Syste über den Haufen zu werfen.

Mit dem „harmlosen" Problem der Zielgenauigkeit wird die Frage nach dem Ziel des Sozialstaates überhaupt aufgeworfen.[116] Denn der Ausbau der modernen Wohlfahrtsstaaten ist immer von unterschiedlichen Leitbildern begleitet gewesen. Das eine Leitbild war das „*institutioneller Wohlfahrtsstaaten*", die sich auf umfassende Programme stützten, öffentliche Dienstleistungen für alle Lebensbereiche anboten, Umverteilung und eine Angleichung unterschiedlicher Lebenslagen zu erreichen und insgesamt die Auswirkungen des Marktes auf die Lebenschancen des einzelnen zurückzudrängen trachteten. Das andere Leitbild war jenes „*residualer Wohlfahrtsstaaten*", die in geringerem Maße mit den Marktmechanismen in Konflikt gerieten, weil sie es vorzogen, nur für die Notfälle, subsidiär zu Markt und Familie, zu sorgen. Das erste Leitbild zielte auf eine Domestizierung des Kapitalismus und eine Veränderung der Gesellschaft, das zweite unterstützte im Zweifelsfall eher Marktmechanismen und beschränkte sich auf die Herstellung eines Sicherheitsnetzes für Notfälle. Das dritte Modell begründet seine Leistungen aus dem Arbeitsverhältnis und den vom Empfänger erbrachten Beitragsleistungen, es ist also im Kern ein *„Sozialversicherungsmodell"*. Man könnte grob die drei Zugangsweisen auch mit den Kategorien Fürsorge, Versorgung und Versicherung gleichsetzen. Das „deutsche" Modell, der Bismarck-Typ, hat eher auf Versicherung abgezielt[117]; der schwedische Wohlfahrtsstaat hat sein Schwergewicht immer auf Universalismus und Umverteilung gelegt, vertritt also ein „sozialdemokratisches Modell" bzw. den Versorgungsgedanken. Das englische Modell, der Beveridge-Typ, hätte zwar auch eher auf Versorgung abgezielt, war aber in seinen steuerfinanzierten Teilen gegenüber einem privatwirtschaftlich-versicherungsmäßig ausgerichteten Bereich recht bescheiden ausgebaut; es repräsentiert deshalb eher einen liberalen wohlfahrtsstaatlichen Typus, einen – mit dem Begriff von Titmuss – „residualen Wohlfahrtsstaat".[118]

Die beiden polaren Leitbilder – Fürsorge versus Versorgung – stellen unterschiedliche Bündel ethischer Zielvorstellungen dar; der Wohlfahrtsstaat in Ländern wie Deutschland und Österreich ist in der Realität natürlich eine Mischung aus Pflichtversicherung, Fürsorge und staatlicher Versorgung, und das Versicherungsprinzip ist in vielfacher Weise durch andere moralische Ansprüche angereichert: Begrenzungen nach unten und oben, Mitversicherung von Familienangehörigen, Umverteilungsmaßnahmen. Es ist eine Mixtur aus *Leistungsgerechtigkeit*, *Bedarfsgerechtigkeit* und *Teilhabegerechtigkeit*. Die neoliberalen Strömungen nutzen nun die Krise des Wohlfahrtsstaates, eine Verschiebung vom ersten zum zweiten Leitbild, von der Versorgung zur Fürsorge, zu bewirken und die Elemente der öffentlichen Versicherung eher einer privatrechtlichen Versicherungsorganisation anzunähern.

Vielen der dabei vorgetragenen Argumente können auch die Verfechter von umfassenden Sozialstaatskonzeptionen etwas abgewinnen; aber sie wollen die weitergehenden Ziele des Wohlfahrtsstaates nicht aufgeben, sie wollen nicht nur die Notfälle behandeln, sondern allgemeine Sicherheit und soziale Gerechtigkeit verwirklichen. Die Idee, durch den Wohlfahrtsstaat in umfassender Weise abgesichert zu sein, gewinnt eine besondere Relevanz, wenn die Flut des wirtschaftlichen Wachstums nicht mehr alle Boote hebt – wenn die gutbezahlte, existenzsichernde Erwerbsarbeit nicht mehr ohne weiteres zugänglich ist.[119] Dann wird die „Normalität" von der Armut berührt. Denn es besteht offenbar eine weitverbreitete Vorstellung von sozialer Gerechtigkeit, die auf einer Art von „Normalvorstellung" beruht: Mit voller Arbeitsleistung müßte jemand so viel verdienen, daß er sich in die Gesellschaft in annehmbarer Weise integrieren kann.[120] Die *working poor* sind prinzipiell unakzeptabel, weil sie das Prinzip verletzen: Bei aller Ungleichheit nach oben hin muß jemand, der eine annehmbare Leistung mit voller Kraft erbringt, einen Lebensunterhalt lukrieren können, der ihn nicht als gesellschaftlichen Paria erscheinen läßt. Freilich gibt es einen Einwand: Niedrigeinkommens-Jobs mögen vielleicht ungerecht bezahlt sein; aber es sind Jobs und sie werden bezahlt. Wer sie nicht zuläßt – und sei es aus Angst vor den *working poor* –, der erhöht die Eintrittsschwelle für die Outsider. Er verdrängt sie dauerhaft aus dem Arbeitsmarkt, und das ist keine sozial akzeptable Lösung. In dem Konflikt zwischen den Ausgeschlossenen und den arbeitenden Armen plädieren einige für die dritte Lösung: niedrige Löhne zuzulassen, sie aber aus öffentlichen Mitteln auf ein Minimaleinkommen zu ergänzen. In dieser Weise vermischen sich deshalb umfassende Vorstellungen des Wohlfahrtsstaates mit restriktiven: Wenn auch ein Teil der „Normalarbeitsverhältnisse" in den Aufgabenbereich wohlfahrtsstaatlicher Programme fällt, ist die engste Auslegung – die bloße Obsorge für jene, die aus der Normalität "hinausgefallen" sind – überschritten. Über den Umfang sozialstaatlicher Programme ist im Einzelfall zu entscheiden; aber die „neue Armut" kann auch zu einem weiteren *Ausbau* nötigen.

Dennoch stehen die beiden Grundvorstellungen einander gegenüber: die gezielte „Armenhilfe" versus die umfassende „Lebenssicherung". Von den Vertretern der zielgenauen Lösung wird die breite Streuung wohlfahrtsstaatlicher Leistungen als „Gießkannenprinzip" bezeichnet, als ein Modell, das Ressourcen vergeude, weil auch vielen Personen, die nicht wirklich in Not seien, geholfen würde. In Einzeluntersuchungen wird dargelegt, daß der umfassend angelegte Wohlfahrtsstaat seine Ziele ohnehin nicht erreiche, daß er aber durch die Finanzierungserfordernisse seiner umfangreichen Programme private Aktivitäten verhindere – also wäre ein *Abbau* von etlichen seiner Leistungen günstig. Der „effiziente" Wohlfahrtsstaat fasse hingegen seine Zielgruppen genauer ins Auge; er sei treffsicherer, er behandle die wirklichen Notfälle und verhindere „Mitnahmeeffekte". Da es eine unethische Vorgangsweise sei, den Bürgern Finanzen abzunehmen und diese dann zu vergeuden, sei nur der *zielgenaue* Sozialstaat ein *ethisch praktikabler* Sozialstaat.

6. Zwischen Mißbrauch und Arrangement

6a. Der Wohlfahrtsstaat ist längst zu einem "unethischen" System geworden, weil er zum Mißbrauch geradezu einlädt. Immer mehr Menschen strapazieren über sozialstaatliche Programme den guten Willen ihrer Mitbürger und zerstören auf Dauer deren Solidarität.

6b. Der Mißbrauch ist das beliebteste Argument, das von jenen vorgeschoben wird, denen es nur um den Abbau des Wohlfahrtsstaates geht. Vereinzelte Fälle mag es geben. Aber es ist in Wahrheit ungeklärt, wo der "Mißbrauch" wirklich anfängt. Zudem verbergen sich hinter dem Argument anderweitige Vorurteile.

Der Wohlfahrtsstaat ist für hilfsbedürftige Individuen gedacht, für Mitbürger, die aufgrund besonderer Notlagen der Hilfe der anderen bedürfen, besonders für jene, die in der gemeinsamen wirtschaftlichen Dynamik zu den Verlierern[121] zählen. Die Solidarität kleinerer und größerer Gemeinschaften ist seine Grundlage.[122] Wenn sich demzufolge zeigen läßt, daß die Leistungen des Sozialstaates in beträchtlichem Ausmaß Personen zukommen, die *nicht* hilfsbedürftig sind, gewinnt man ein Argument gegen die bestehenden Sozialprogramme, das bei vielen Wählern Anklang findet. Tatsächlich trifft die „Mißbrauchsdiskussion" den Sozialstaat an einem blanken Nerv. *Ver-*

breiteter Mißbrauch entzieht den Sozialprogrammen ihre Legitimation. „Wahrscheinlich stellt in allen Kulturen", schreibt Barrington Moore in seinem Buch über *Ungerechtigkeit,* „der überzeugte Faulenzer und Schmarotzer, d.h. derjenige, der sich weigert, seinen Anteil an den gemeinsamen Aufgaben zu übernehmen und statt dessen von der Arbeit anderer lebt, ein negatives gesellschaftliches Beispiel dar, sofern er arm ist." Das gelte quer durch unterschiedliche Kulturen.

„Selbst egalitäre Theorien und Praktiken", so fährt er fort, „schließen die Vorstellung ein, daß jedes Individuum sich an den gesellschaftlichen Aufgaben beteiligen oder die Anstrengung dazu wenigstens imitieren muß.– Diese weitverbreitete Feindschaft gegenüber dem Müßiggänger widerspricht nicht der These, daß die Menschen im allgemeinen die Arbeit nicht schätzen. Statt dessen spiegelt sie die universelle Notwendigkeit der Arbeit wider, die die menschliche Gesellschaft bis heute charakterisiert, und zeigt, auf welche Weise diese Notwendigkeit verinnerlicht worden ist, bis sie zu einem Teil der moralischen Persönlichkeit der meisten Individuen wurde. Die Beobachtung, daß jemand ungestraft eine moralische Regel verletzt, die man sich unter großen Mühen zu eigen gemacht hat, bis sie zu einem Teil des eigenen Charakters wurde, ist eine der mächtigsten Quellen moralischer Entrüstung."[123]

In verschiedenen Ländern werden unterschiedliche Gruppen zu den beliebtesten Opfern von Mißbrauchsvermutungen. Schon die rechtlich korrekte Ausnutzung sozialpolitischer Programme stößt aber zuweilen auf den Unwillen der „Zahler". Noch gravierender sind die echten *Mißbrauchsfälle.* Interessanterweise sind es in Europa vor allem die Arbeitslosen, denen nachgesagt wird, ungerechtfertigte Sozialgelder zu beziehen, während sie sich in der Hängematte sonnen. In den Vereinigten Staaten sind es hingegen die unehelichen Mütter, denen nachgesagt wird, in einer Mischung aus Antriebslosigkeit und Lasterhaftigkeit ihren Mitbürgern zur Last zu fallen.

(a) Wir finden das Argument schon in klassischen Quellen. „Nicht weil rationalisiert wird", so meint Ludwig von Mises, „sondern weil die Arbeitslosen der Notwendigkeit, sich nach neuer Arbeit umzusehen, enthoben werden, gibt es Arbeitslosigkeit als Dauererscheinung."[124] In dieser Interpretation verbinden sich miteinander drei moralisch „aufgeladene" Argumente, und gerade deswegen werden die Bezieher von Arbeitslosengeld zur besonderen Zielscheibe sozialstaatlicher Mißbrauchsvorwürfe. Das erste Argument ist jenes der *verschleierten Arbeitsunwilligkeit*: Die Arbeitslosen wollen gar nicht arbeiten, seien arbeitsscheu; wer ernsthaft nach Arbeit suche, der werde auch fündig. Das zweite Argument ist jenes der *mißbräuchlichen Wohlfahrtsnutzung*: Arbeitslose fürchten in Wahrheit nichts mehr als einen Arbeitsplatz; ihr Ziel ist es, es sich in der Hängematte des Sozialstaats gut gehen zu lassen. Das dritte Argument ist jenes der *komfortablen Arbeitslosigkeit*: Früher war die Arbeitslosigkeit noch ein hartes Schicksal, mittlerweile gehe den Arbeitslosen gar nichts mehr ab; sie leisten sich das „normale" Essen, verkaufen keineswegs ihr Auto und fahren am Ende noch gar in den Urlaub.[125] Eine derartige Situationsbeschreibung mildert natürlich auch die Ängste der Arbeitsplatzinhaber; wenn Arbeitslose generell moralisch diskreditiert werden, verschafft man sich selbst das gute Bewußtsein, vor einem solchen Schicksal gesichert zu sein. Immer geht es um Verdächtigungen, daß die Arbeitslosen einfach nur faul sein und die Arbeitsamen ausnutzen könnten.

Es gibt auch intellektuell-philosophische Varianten der Ausgrenzung, Verdrängung oder Beruhigung in Anbetracht steigender Arbeitslosenzahlen. Wir finden sie etwa in Diskussionen über die Differenzierung von „Arbeit" und „Tätigkeit". Es wird dabei versucht plausibel zu machen, daß der Verlust des Arbeitsplatzes nicht wirklich ein Verlust sei, sondern ebenso gut als Gewinn betrachtet werden könnte – an Selbstbestimmtheit, Autonomie und Lebensfreude, konfrontiert mit der „Fremdbestimmung" am Arbeitsplatz. Der Jobverlust bedroht nicht, er ermöglicht erst die Entfaltung der persönlichen Identität. Diese radikale „kritische" Position gegenüber der Arbeitswelt schlägt ins affirmative um: Denn sind die Behauptungen wahr, muß man sich um die „Freigesetzten" keine Sorgen mehr machen; die „Abgebauten" sind ja besser dran als ihre noch beschäftigten Kollegen. Umfassende Konzeptionen der Wohlfahrtsstaatlichkeit wollen demzufolge überhaupt für die Betroffenen die Entscheidungsfreiheit zwischen Arbeit und Nicht-Arbeit erreichen: Eine menschenwürdige Gesellschaft hat es ihres Erachtens ihren Mitgliedern *freizustellen*, ob sie arbeiten wollen oder nicht, und sie hat sie auf jeden Fall so abzusichern, daß eine volle Integration in die Gesellschaft auch bei der Entscheidung für die Nicht-Arbeit möglich ist.[126] Ob man dem

Gedanken der Sozialstaatlichkeit mit derlei überzogen-utopischen Forderungen einen guten Dienst erweist, sei dahingestellt.

(b) In den USA mündet die Mißbrauchsdiskussion meist in die Befürchtung, daß sich auf der Grundlage allzu großzügiger Sozialgelder eine *welfare-culture* entwickle, ein Milieu und eine Lebenshaltung, in der das Leben auf der Grundlage von Sozialgeldern zu einer ganz normalen „Karriere" wird, eine *culture of dependency*. In dieser *welfare-culture* mit zerfallenden Familien und hohen Arbeitslosenraten gäbe es beinahe keine Vorbilder mehr für einen regulären Lebensverlauf, und somit würde auch die nachkommende Generation das Potential dieser Fürsorgekultur vermehren. Da alle Maßnahmen, dieses Milieu zu verändern, bislang gescheitert seien, gäbe es nur ein radikales Mittel: den Wohlfahrtsstaat, der es erzeuge und der ein derartiges Leben als vorteilhaft erscheinen lasse, radikal zu kürzen oder zu beseitigen. Der Wohlfahrtsstaat erscheint als unmoralisches Instrument: als Verführung zur Lasterhaftigkeit und zur Faulheit. Die Abschaffung des Wohlfahrtsstaates erscheint demzufolge als reinigende Maßnahme, als moralische Tat. Die radikale Variante, die beispielsweise Charles Murray vertritt, läßt sich im Postulat zusammenfassen: *Make them suffer!* Es nützt seines Erachtens nichts, mit kleinen Änderungen am Wohlfahrtssystem herumzudoktern. Erst wenn man die Programme – etwa jene für uneheliche Mütter – gänzlich beseitige, würden die potentiellen Empfänger nicht nur alles tun, um aus ihrer mißlichen Lage wieder herauszukommen; sie werden auch alles tun, um in diese gar nicht erst hineinzugeraten. Man erspart sich damit uneheliche Geburten, die Entwicklung eines subkulturellen Wohlfahrtsmilieus und eine problematische Generation von Kindern, die als Zeitbombe auf die Gesellschaft zukommen.[127]

Verteidiger wie Kritiker des Wohlfahrtsstaates haben freilich kein Rezept für die *welfare trap*: die Lage jener, denen – ohne Beschäftigung – lebenssichernde Transferleistungen zuteil werden, deren Differenz zum erzielbaren Markteinkommen für die meist unqualifizierten Betroffenen allerdings so gering ist, daß diese keine Anreize verspüren, sich um Arbeit zu bemühen; in vielen Fällen stünden sie sich sogar schlechter, wenn sie einer Beschäftigung nachgingen.[128] Neben vielen anderen Studien ist dies für unverheiratete Mütter in den Vereinigten Staaten in der Studie *Making Ends Meet* nachgewiesen worden: Die meisten *welfare-dependent mothers* seien sorgfältige Konsumenten, die mit ihrem Geld hauszuhalten verstünden, aber sie kämen im Grunde mit ihrem Sozialeinkommen nicht zu Rande, sondern seien auf Freunde, Verwandte und Schwarzarbeit angewiesen.[129] Die Niedrigeinkommens-Jobs, die ihnen zugänglich seien, erbrächten nicht viel mehr Einkommen, während die Beschäftigung der Mutter zusätzliche Ausgaben – für Kinderbeaufsichtigung, Transport, Gesundheitsausgaben und dergleichen – mit sich bringe. Manche, die es voll guten Willens versucht hätten, seien in den Zustand von Wohlfahrtsempfängern zuückgekehrt. Daß die Berechtigungen für diese Zahlungen in den USA nunmehr zeitlich beschränkt und oft an Arbeitsleistungen gebunden worden seien, müsse insgesamt als eine Bedrohung der Lebenslage der Allerärmsten angesehen werden.[130]

Wieder treten in diesen Diskussionen die moralischen Kontrapositionen klar zutage. Auf der einen Seite Verdächtigungen, der Wohlfahrtsstaat fördere am Ende nur das Laster; auf der anderen Seite Verdächtigungen, Solidaritätsverweigerer würden mit äußerster Brutalität gegen die Allerärmsten vorgehen. Natürlich lassen sich zahlreiche Anekdoten über Mißbräuche, und nicht nur unter den Ärmsten, erzählen: der Schwarzarbeiter, der sein ehemaliges Gehalt heute bei weitem übertrifft, weil er zusätzlich zum Arbeitslosengeld eine steuer- und abgabenfreie Arbeit in der Schattenwirtschaft leistet; die beiden Rechtsanwälte, die ihre Frauen wechselseitig pro forma anstellen und nach Erwerb des Anspruchs auf Arbeitslosengeld wieder entlassen; die Frau eines Unternehmers, die freiwillig ihre Stelle gekündigt hat und nun eine Halbtagsarbeit sucht, wohl wissend, daß an ihrem Wohnort eine solche nicht zu finden ist; der Firmeninhaber, der alte Mitarbeiter kündigt und neue nur dann einstellt, wenn er vom Arbeitsamt Zuschüsse erhält. Es ist also nicht zielführend, den allseitigen Mißbrauch gegen die heile Wohlfahrtswelt zu stellen: Es gibt Mißbrauch, und er sollte nach Möglichkeit kontrolliert und unterbunden werden. Wenn dies der Fall ist, spricht dies nicht gegen den Wohlfahrtsstaat, und die Kontroversen über *Ausbau* oder *Abbau* können weitergehen.

7. Zwischen Unwirksamkeit und Erfolg

7a. Der Wohlfahrtsstaat wirkt nicht. Er verfehlt seine Ziele. Er hat es bis heute nicht geschafft, Armut abzuschaffen und Notlagen generell zu vermeiden. Geldverbrauch ohne irgendeinen Nutzen ist unmoralisch. Also sollte man das teure und überflüssige System abschaffen.

7b. Der Wohlfahrtsstaat war erfolgreich. Wer sein Versagen feststellt, der interpretiert die Statistiken falsch. Soweit noch Probleme bestehen, deuten sie vielmehr auf die Notwendigkeit hin, den Sozialstaat weiter fortzuführen und auszubauen. Alte und neue Armut erfordern nach wie vor die Solidarität der „Gewinner" dieses Systems.

Eine durchschlagende Variante der Kritik am Wohlfahrtsstaat versucht darzutun, daß alle Versuche zur risikomildernden und egalitätsbewußten Veränderung im letzten nutzlos seien. Ob man die mit wohlfahrtsstaatlichen Maßnahmen angestrebten Ziele nun teile oder nicht, man müsse nüchtern der Tatsache ins Gesicht sehen, daß alle Anstrengungen vergeblich seien. Da und dort könnten durch wohlfahrtsstaatliche Programme möglicherweise kleinere Korrekturen an unbefriedigenden sozialen Zuständen vorgenommen werden, aber im Grunde verfehle der Wohlfahrtsstaat seine Ziele. Beispiele hiefür sind sowohl die steigende Arbeitslosigkeit als auch die fortbestehende Armut. Je weitgespannter er seine Ziele ansetze, desto eher verfehle er sie.

Wollte der Wohlfahrtsstaat seinerzeit nicht die *Beschäftigung* für alle sichern? Die Wirklichkeit ist anders:

„Die Staatsquote beträgt knapp fünfzig Prozent, gleichwohl bleibt der Staat im Kampf gegen die Arbeitslosigkeit ohne Erfolg. ‚Unsoziale' angelsächsische Volkswirtschaften wissen ihren Arbeitslosen besser zu helfen. Selbst Sozialdemokraten klagen über die Auswüchse des Sozialstaats und das Versorgungsdenken, das die Wohlfahrts-Idee pervertiere."[131]

Der Wohlfahrtsstaat schaffe keine Wohlfahrt, er sei bloß „fauler Zauber"[132], und da er viel koste, ohne etwas zu bewirken, sei er zweckmäßigerweise abzuschaffen. Die angelsächsischen Länder zeigen, daß sich Beschäftigung viel besser steigern läßt, wenn man eine liberale, sozialstaatlich zurückhaltende Politik macht – freilich um den Preis einer starken Polarisierung auf dem Arbeitsmarkt[133] und dem Problem der *working poor*[134] „Arbeit schützt vor Armut nicht."[135]

Der deutlichste Beleg für das Versagen aller Wohlfahrtsprogramme sind die offiziellen *Armutsstatistiken*.[136] Nach jahrzehntelangen Bemühungen und dem Aufbau eines riesigen Umverteilungssystems sei die Armut in den Industrieländern nicht beseitigt, wie selbst die Verfechter von Umverteilungsprogrammen eingestehen. Trotz der finanziellen Belastung der arbeitenden Bevölkerung sei man mit der Tatsache konfrontiert, daß nach wie vor erhebliche Prozentsätze der Bevölkerung unter der Armutsschwelle lägen. Als Grund für die Vergeblichkeit der Sozialpolitik wird der Umstand genannt, daß durch die Streubreite der sozialpolitischen Programme riesige Summen zwischen Angehörigen derselben Bevölkerungsschichten hin und her bewegt würden, ohne daß ein Umverteilungseffekt erzielt werde. Innerhalb der Mittelschicht stecke man von der linken in die rechte Tasche,[137] verteile um von den „nicht ganz Reichen zu den nicht ganz Armen."[138] Das ganze System verschlinge mittlerweile so viele Ressourcen, daß für die Beseitigung von wirklicher Armut nicht viel übrig bliebe. Der Publizist Jan Roß versucht es realistisch zu sehen – die geringsten unter Jesu Brüdern seien eben durchaus nicht die Hauptbegünstigten des Sozialstaats:

„Er ist weitgehend eine Veranstaltung zur Sicherung des Lebensstandards der Mittelschichten, nicht Hilfe für die Hilflosen. Gebißkorrekturen und entspiegelte Brillengläser, Seniorenkreuzfahrten und Frauengleichstellungsprogramme sind sein Werk, nicht die Rettung der biblischen Witwen und Waisen vor dem Bettelstab. Darum ist er auch so teuer. Für die dringenden Bedürfnisse der wenigen wirklich Armen würde das Geld schon reichen. Aber es den vielen recht zu machen, denen es eigentlich ganz gut geht und deren Ansprüche entsprechend hoch sind - das eben ist nicht mehr zu bezahlen. Deshalb ist der oft angeprangerte ‚Sozialabbau unvermeidlich."[139]

Die Verfechter des Wohlfahrtsstaates setzen, wie die Kritiker, bei den empirischen Befunden an, aber sie werfen den Kritikern eine Verfälschung der Fakten vor. Die empirische Basis der Argumentation – die Armutsstatistiken – sind ihres Erachtens interpretationsbedürftige Phänomene.

(a) Schon der Umstand, daß „Armut" meist prozentuell an das herrschende Durchschnittseinkommen gekoppelt werde, mache die Beseitigung von Armut zu einem „beweglichen Ziel" – Armut beginnt in einer immer reicheren Gesellschaft bei immer höheren Lebensstandards.[140] In einem Leserbrief in der Süddeutschen Zeitung wird versucht, diese „Volksverdummung" aufzuklären: Bei einer „Glockenkurve" der Einkommensverteilung ergibt sich bei einem durchschnittlichen Familieneinkommen von 4500 Mark und zwei Dritteln der Einkommen zwischen 2500 und 6500 Mark mit mathematischer Notwendigkeit, daß etwa 12 Prozent der Einkommensbezieher geringere Einkommen als 2250 Mark haben, also der Definition nach „arm" sind. Die Armut kann bei dieser Berechnungsweise prinzipiell nur dann beseitigt werden, wenn alle das gleiche Einkommen haben. Wenn man nämlich allen „Armen" den Differenzbetrag zur Hälfte des Durchschnittseinkommens als neue Sozialleistung hinzugäbe, stiege das Durchschnittseinkommen, aber alle bisher Armen blieben arm – also würde die Armut sogar zunehmen.[141] Mit solchen Methoden ist jederzeit beliebige Armut nachzuweisen.

(b) Darüber hinaus sind einige der Phänomene, die in der Armutsstatistik auftauchen, geradezu als Erfolg, nicht als Mißerfolg des Wohlfahrtsstaates zu werten. Dies ist beispielsweise dann der Fall, wenn es älteren Bevölkerungsmitgliedern durch sozialpolitische Zahlungen ermöglicht wird, einen eigenen Haushalt aufrecht zu erhalten, statt im Haushalt der Kinder verbleiben zu müssen.[142] In diesem Falle vermehren sich in einer haushaltsbezogenen Einkommensstatistik jene Einheiten, die über weniger Einkommen verfügen, die also am Ende gar an oder unter die Armutsschwelle rutschen. Diese Haushalte der mit bescheidenen Einkommen ausgestatteten Älteren würden „unsichtbar", wenn es ihnen so schlecht ginge, daß sie in einem anderen Haushalt, dem ihrer Kinder, (im statistischen Sinn) „verschwinden" müßten, und das gemeinsame Einkommen von Kindern und Eltern in einem gemeinsamen Haushalt würde ein durchaus ansehnliches „Haushaltseinkommen" ergeben. Wenn die Betreuten ärmer wären, wäre die Statistik besser. Sozialpolitisch ermöglichte Selbständigkeit verschlechtert die Statistik.

(c) In manchen Epochen – und wir scheinen uns in einer solchen zu befinden – bewegen sich die Primäreinkommen, also in erster Linie die Einkommen auf dem Arbeitsmarkt – auseinander; und das bedeutet, daß bei stärker polarisierten Einkommensdaten mehr Personen in die Armutsdefinition hineinrutschen.[143] Wenn der Sozialstaat zur Beseitigung dieses Übelstandes aufgerufen wird, dann steht dahinter eine umfassende Konzeption sozialinterventionistischer Politik, die sich eben nicht auf Armut beschränkt, sondern die Verteilungsfrage generell als politisches Ziel anpeilt. Wieder stoßen wir auf den Umstand, daß sich hinter einer Detailfrage die divergierenden Grundvorstellungen über das, was der Sozialstaat leisten soll, verbergen. Denn es ist keine ausgemachte Sache, daß der Sozialstaat dafür gedacht ist, eine aus technischen oder organisatorischen Gründen entstehende Polarisierung der Löhne und Gehälter mit seinen Instrumentarien auszugleichen. *Notbeseitigung* ist aus Mitleid und Solidarität geboren, eine Änderung der *Einkommensverteilung* aus einer grundlegend anderen Gesellschaftsvorstellung. Das erstere ist „Mitgefühl", das letztere „Gesellschaftspolitik", und die Kontroverse geht darum, wie weit genau wir von ersterem zu letzterem vorstoßen wollen

Soweit die Argumente gegen die Armutsstatistik: In weltanschaulicher Hinsicht dient aber auch die Feststellung einer nach wie vor bestehenden Armut zwei gegensätzlichen Vorschlägen. Den Verfechtern des Wohlfahrtsstaates dienen die empirischen Daten von der fortbestehenden Armut als *Beweis für die Notwendigkeit und das Erfordernis eines weiteren Ausbaues des Wohlfahrtsstaates*: Die bisherigen Maßnahmen haben sich als ungenügend erwiesen; bis zur endgültigen Beseitigung von Armut ist es noch ein weiter Weg. In Wahrheit wird es eine endgültige Beseitigung von Armut nicht geben können: „Bei allem Bemühen, Chancengleichheit herzustellen, wird es immer eine Minderheit von Menschen nicht schaffen, die Chancen wahrzunehmen. Ihnen bleibt die soziale Marktwirtschaft, anders als die ‚freie' Marktwirtschaft der Vereinigten Staaten, voll und ganz verpflichtet."[144] Den Kritikern des Wohlfahrtsstaates dienen dieselben Zahlen als *Beweis für die Vergeblichkeit entsprechender Umverteilungsbemühungen*, und da sich der hohe finanzielle Aufwand nicht in der beabsichtigten Eliminierung von Armut niederschlage, stünden sich alle besser, wenn es zu einer raschen Reduktion des wirkungslosen Wohlfahrtsstaates komme. Die ersteren rufen also zum Aufkrempeln der Ärmel, um an den *Ausbau*, die anderen, um an den *Abbau* des Wohlfahrtsstaates zu gehen[145] – beide aus moralischen Gründen.

Heikel ist das Thema auf jeden Fall: Denn der Arme ist in der egalitären Wohlstandsgesellschaft die einzige Provokation gegen die herrschenden Werte. Alle anderen Benachteiligten können ihre Interessen gesellschaftlich zur Geltung bringen, Frauen, Ausländer und Homosexuelle, sie können mit Recht Toleranz und Achtung einfordern; nur das Schicksal der Armen bedeutet einen dauernden Vorwurf an die Leistungsgesellschaft, an das „System", dessen Mitglieder lieber „wegschauen" wollen, wenn sie nicht zur offenen Diskreditierung greifen. Der Arme allein muß seine Hoffnung auf den Staat – auf den Wohlfahrtsstaat – setzen.[146] Denn nur allzu leicht macht sich die Vermutung breit, in einer Chancengesellschaft sei der Arme selber an seiner Lage schuld; dann schwindet jede Solidarität bis hin zur Feststellung, die einen pointierten Buchtitel abgegeben hat: Eure Armut kotzt uns an.[147]

8. Zwischen Sozialschädlichkeit und Integration

8a. Wohlfahrtspolitik ist sozialschädlich. Sie zerstört die soziale Gemeinschaft und führt zum crowding out privater Hilfsbereitschaft. Hingegen führt der Abbau des Sozialstaates zur Wiederbelebung privater Initiative und mitmenschlicher Solidarität und zu einem Ersatz wohlfahrtsstaatlicher Programme durch private Hilfe. Dies trägt somit zur Integration der Gesellschaft bei.

8b. Die „Gemeinschaft" ist kein Ersatz für den Wohlfahrtsstaat, sie ist vielmehr selbst zunehmend auf die öffentliche Unterstützung angewiesen. So-

zialpolitische Demontagen zerstören auch die noch verbliebenen Möglich-
keiten zu privat-mitmenschlicher Hilfe, also auch die Leistungen der Ge-
meinschaften. Der Wohlfahrtsstaat verkörpert die institutionalisierte Soli-
darität einer Großgesellschaft.

Der Wohlfahrtsstaat ist eine bequeme Sache. Taucht ein Problem auf, begibt man sich zum zuständigen Amt, sammelt die erforderlichen Formulare, beantragt Sozialtransfers und kann das Geld auf seinem Konto gutbuchen. Den bürokratischen Aufwand nimmt man in Kauf, wenn dafür das Konto ständig genährt wird. Die Bequemlichkeit sozialstaatlicher Betreuung, so meinen die Kritiker des Wohlfahrtsstaates, ist so verlockend, daß private Anstrengungen zur Problembewältigung allzu rasch sistiert werden. Das öffentliche Hilfsangebot führt zu einem Verschwinden privater Aktivität: jener, die nach einer eigenständigen Bewältigung prekärer Situationen strebt, und jener, auf der eine zwischenmenschliche, verwandtschaftliche oder nachbarschaftliche Hilfeleistung beruht. Genau diese privaten Aktivitäten gilt es – aus verschiedenen Gründen – zu regenerieren, und da es der Wohlfahrtsstaat ist, der sich aufdrängt und hierdurch private Aktivität verhindert, muß seine Aufdringlichkeit zurückgedrängt werden, um private Mitmenschlichkeit wiederum wachzurufen.[148]

Subsidiarität ist bedauerlicherweise kein Wert mehr und muß erst wiedergewonnen werden; denn dieser Begriff, der aus der katholischen Soziallehre stammt, besagt, daß soziale Aufgaben von der kleinstmöglichen Einheit wahrgenommen werden. Dieser Gedanke, der gegen einen überwältigenden Staat schützen sollte, wird von liberaler Seite nunmehr gegen den patriarchalisch-wohlfahrtsstaatlichen Staat gewendet.

„Heutzutage ist es [nämlich das Wort von der Solidarität, M. P.] ein Schlagwort im Kampf gegen den Wohlfahrtsstaat geworden. Nachbarschaften oder Familien sollen wieder mehr Verantwortung tragen, weil sie manches angeblich besser und vor allem billiger können als Ämter und deren Mitarbeiter."[149]

Damit werden Nächstenliebe, Familiensolidarität und Nachbarschaftssinn gegen den Sozialstaat aufgeboten. Der Sozialstaat ist sozialschädlich, ethisch bedenklich: Er unterminiert lokale Gemeinschaften. Er bringt den Zusammenhalt von Gruppen und Familien zur Erosion. Er schädigt gesellschaftliche Solidaritätsgefühle. Mitmenschlich-individuelle Solidarität wird gegen admini-strativ-kollektive Solidarität ausgespielt.[150]

Damit wird ein Vorwurf, der zunächst gegen eine liberale Wirtschaft vorgebracht worden ist, gegen den Wohlfahrtsstaat verwendet. Denn ursprünglich waren dies genau die Vorwürfe gegen den Marktliberalismus: Er plündere die moralischen Vorräte der Geschichte, er erziehe zu Egoismus und Kälte, er fördere den Individualismus und zerstöre jede Art von Bindung, er vernichte Zusammenhalt und Solidarität. Was in diesem Falle durch den rationalisierenden Vereinzelungsprozeß einer triumphierenden Marktwirtschaft ausgelöst wird, nämlich die Abwendung von der Gemeinschaft zugunsten des einzelnen und seiner egoistischen Haltung, das wird in der Wohlfahrtsstaatskritik gleichfalls zum Vorwurf: die Abwendung von der Gemeinschaft durch die bequeme Inpflichtnahme des Staates. Im liberalen Fall versiegt die Solidarität infolge des Triumphs des Egozentrismus; im wohlfahrtsstaatlichen versiegt die Solidarität, weil sie zugunsten kollektiver Einrichtungen suspendiert wird. In beiden Fällen werden intermediäre Assoziationen ruiniert.

Die *Gemeinschaften* erfahren im Gefolge der amerikanischen kommunitaristischen Strömungen neue Aufmerksamkeit. Viele schreiben sich das neue Etikett der *Zivilgesellschaft* auf ihre Fahne. Nach der Ansicht mancher läßt sich dort nicht nur ein neues partizipatives Potential – im Wechselspiel mit einer punktuell moralisch erregbaren Öffentlichkeit[151] – orten, sondern auch für die finanzielle Überlastung des Wohlfahrtsstaates Abhilfe finden. Der „dritte Sektor" umfaßt ein breites Spektrum von Organisationen in allen Bereichen, von Freizeit bis Umwelt, von Sport bis Kultur, von Wohlfahrtsverbänden bis zu themenspezifischen NGOs.[152] Die lokale Ökonomie und die informelle Wirtschaft sind nicht auf Profit ausgerichtet, dort gibt es zahlreiche Tätigkeitsfelder und Einkommensquellen. In diesem Bereich ließe sich wohlfahrtsstaatsentlastendes Engagement aufrufen, hauptamtlich oder nebenamtlich, werkvertraglich oder ehrenamtlich, mit festen oder losen Bindungen. Dieses Engagement muß Bestandteil einer klugen „Zeitpolitik" sein, um die neu zu weckende Initiative in private Wohlfahrtsgewinne umzusetzen. So hofft Warnfried Dettling: „Die gesellschaftliche Wohlfahrt wird weiter wachsen, aber sie wird künftig in anderen Währungen (mehr Zeit und weniger Geld) verteilt werden."[153]

Es ist gar nicht die finanzielle Entlastung der öffentlichen Budgets, die das erste Ziel kommunitaristischer Beschwörungen darstellt; vielmehr der Umstand, daß nur eine *gelebte Solidarität* wirkliche Integration stiftet. Die Gemeinschaften können Menschen helfen, die sonst ins gesellschaftliche Nichts fallen, und sie können dabei selbst „besser" werden.

„Die leitende Idee des Dritten Sektors ist es nicht länger, Defizite zu kompensieren, sondern die Ressourcen der Menschen zu stärken. Jeder Mensch hat Fähigkeiten, kann und will seinen Beitrag leisten. Jeder Mensch – auch der Arme, der Obdach- und Arbeitslose, der Alte und Kranke – macht einen Unterschied. Die leitende Idee besteht darin, so gut es geht, Menschen zu ermächtigen, für sich selbst und für andere etwas zu tun."[154]

Der Soziologe Leopold Rosenmayr hält die Idee der freiwilligen Arbeit beispielsweise für geeignet, das Altenproblem zu mildern:

„Nicht die Selbstaufhebung des Staates, aber eine Aktivierung der ‚civil society' oder ‚cittadinanza' ist gefordert, wobei Wissenschaftler, Sozialarbeiter und Freiwillige kooperieren können. In einer Mischung aus Pragmatik, Eigeninteressen und Idealen können solche Gruppen regional und je nach einsichtigem Erfolg als Feedback unter Umständen wirkungsvoller agieren als jede Sozialbürokratie."[155]

Es ließen sich gar alte Visionen von der „Multiaktivität" der Menschen wiederbeleben, da – verbunden mit einem Grundeinkommen – alle die Freiheit hätten,

„zu entscheiden, ob sie ihre Alten pflegen, ihre Kinder erziehen, ob sie musizieren oder ein Haus bauen wollen, oder ob sie in derselben Zeit Lohnarbeit leisten; ob sie ihre Arbeitskraft auf dem Markt oder ihre Produkte in einem Tauschring anbieten, ob sie von der Arbeit im eigenen Garten leben oder alles mischen."[156]

Man kann von einer *moralischen Ökonomie* sprechen,

„die nicht auf isolierbaren Tauschprozessen, sondern auf dem wesentlich diffuser wirksamen Prinzip der *Gegenseitigkeit* (Reziprozität) beruht. Sympathie und Solidarität erweisen sich hier als wichtige Motive, soziale Anerkennung und Mißbilligung als wichtigste Sanktionen, um diese Prozesse der Wohlfahrtsproduktion in Gang zu halten. Sie zeichnen sich durch wesentlich geringere Transaktionskosten als denjenigen des Marktes und erst recht der staatlich induzierten Wohlfahrtsproduktion aus und lösen positive Effekte im Sinne von Wohlbefinden, Stärkung des Selbstwertgefühls usw. aus."[157]

Gemeinschaftsproduktion stärkt das „soziale Kapital".[158] Aber das klingt zu schön, um wahr zu sein. „Greenpeace als Lebensform"[159] wird nicht funktionieren. Da gibt es in Wahrheit einige Schwierigkeiten.

(a) Die kleinen Gemeinschaften, so wenden die Verteidiger des Sozialstaates ein, sind *kein Ersatz für den Sozialstaat*: Sie können unter modernen Bedingungen nur dann überleben, wenn sie *Unterstützung durch den Wohlfahrtsstaat* erhalten. Gerade dort, wo die Gemeinschaften ihre karitativen Aufgaben in einer Substituierung des Wohlfahrtsstaates erfüllen sollen, funktionieren sie nicht; jene Gemeinschaften, die als leuchtende Beispiele vor Augen gehalten werden, sind die wohletablierter Bürger – nicht die Gangs in desolaten Stadtvierteln, in denen in erster Linie die Sozialleistungen anfallen. Die Verlagerung von Wohlfahrtsaufgaben in die Gemeinschaften bedeutet eher die Abkoppelung einer Gesellschaft, die sich Gelder sparen will, von jenen Regionen des sozialen Lebens, denen die meisten Bürger ohnehin mißtrauisch gegenüberstehen. Die schlichte Übertragung von wohlfahrtsstaatlichen Aufgaben an die kleinen Einheiten funktioniert nicht; man vernichtet damit den kollektiven Schutz, aber zerstört auch die Gemeinschaften. Tatsächlich kann sich der Wohlfahrtsstaat kaum von jenen Familien Entlastung erwarten, die schon jetzt ihre Kinder nicht mehr erziehen und pflegen können, sondern sie eben dem Sozialstaat und seinen pflegenden und erziehenden Institutionen überantworten; nicht von jenen Nachbarschaften, in denen die Alten heute schon vereinsamen, weil die Arbeitsmärkte mehr Mobilität fordern; nicht von Partnerschaften, deren Individuen mit flexiblen Arbeitsbedingungen leben und zu gar keiner Gemeinsamkeit mehr gelangen können. Subsidiarität ist mit dem homo oeconomicus nicht zu machen; gerade er braucht den Sozialstaat, damit er *irgendetwas* machen kann.[160]

(b) Solidarität ist ohne den Sozialstaat in *Großgesellschaften* nicht mehr zu verwirklichen; allein *face-to-face*-Beziehungen reichen in Agglomerationen, wo die Menschen einander nicht mehr kennen, nicht aus. Es bleibt nur noch die kollektiv administrierte Solidarität. „Der Sozialstaat", so wird denn auch argumentiert,

„rettet das alte Prinzip der Solidarität in die Gegenwart. Wer viel verdient, wird mit mehr Steuern und höheren Sozialabgaben zur Kasse gebeten. Wer jung ist, finanziert die Rente der Alten. Wer einen Job hat, bezahlt den Arbeitslosen die Unterstützung. Das ist moralisch, aber kein alter Zopf. Es geht nicht mehr um die Solidarität der Bergmannssiedlungen, der Arbeiterturnvereine, der Gewerkschaften. Es geht um eine Solidarität von Individuen quer durch eine Gesellschaft. Ein anonymes System, sicher, aber dies sind anonyme Zeiten."[161]

Gerade die „anonymen", entindividualisierenden Umverteilungspraktiken, so verstärkt der Jerusalemer Philosoph Avishai Margalit diesen Hinweis, seien mit der Würde des Menschen besser vereinbar als jede Form persönlicher Mildtätigkeit; der verborgene Gönner enthebt den Empfänger seiner (möglicherweise geheuchelten) Dankbarkeit, die Beziehungen bleiben symmetrischer. Nur die institutionalisierte Daseinsfürsorge, die „Verstaatlichung der Nächstenliebe"[162], bestätigt auch die schwachen und hilfsbedürftigen Menschen als Bürger, und sie sichert ihnen eine erwartbare Kontrolle über ihr Dasein.[163]

(c) Bürokratisierte Hilfe ist zuverlässig. Wenn ein breiter Sozialleistungsabbau betrieben wird, dann greifen die „kleinen Netze", die zwischenmenschlichen Solidaritätspotentiale, nicht mehr. Wenn Alterssicherung nicht mehr kollektiv geschieht, dann kehrt man zur traditionellen Armenfürsorge oder zur großbürgerlichen Barmherzigkeit zurück, und selbst diese Elemente sind – im Gegensatz zu den Erwartungen der Liberalen – ernsthaft nicht zu regenerieren, so daß letztlich der Hilfsbedürftige in ein Loch plumpst, wo ihm keiner mehr hilft. Es ist in Rechnung zu stellen, daß Selbsthilfepotentiale in der Gesellschaft nach ähnlichen Kriterien ungleich verteil sind wie die Einkommen[164]: Jene, die höhere Einkommen haben, können sich auch selbst besser helfen als jene, die in allen diesen Dimensionen schlechter dastehen. Der Sozialstaat vermittelt immerhin allen eine bürokratisierte Form von Hilfe, deren Anonymität nicht nur „Kälte" und zuweilen Unangemessenheit bedeutet, sondern oft auch ihre Vorteile hat. Sie ist jedenfalls nicht Stimmungen, Moden und Vorurteilen ausgesetzt; der Sozialstaat ist die sparsamste institutionelle Variante, was die Moral betrifft. Er ist – hart gesagt – die *„Klingelbeutel-Version"* von Solidarität: Er ermöglicht es, sich von moralischen Verpflichtungen gegenüber den anderen freizukaufen. Aber der Klingelbeutel verschafft immerhin Hilfe – das ist besser als eine Situation, in der moralische Verpflichtungen gar nicht mehr eingelöst werden, und einer solchen nähern sich moderne Industriegesellschaften, die sich dem „hysterischen Kapitalismus"[165] verschrieben haben, mit großen Schritten. Man kann nicht alles haben:

„Wer, wie viele Konservative, von Gemeinsinn, Selbsthilfe und mitmenschlicher Solidarität spricht, auf der anderen Seite aber in der Wirtschaftspolitik die marktradikale Konkurrenzökonomie propagiert, die alle Lebensbereiche durchdringt und die den Menschen nur unter dem Zerrbild von Eigennutz und Renditemaximierung sieht und ihn in diese Richtung formt, kommt in einen unauflösbaren Widerspruch. Politik kann nicht beides erreichen: eine auf Kosten und Nutzen verengte Ellenbogenökonomie und das freiwillige soziale Engagement."[166]

(d) Der Sozialstaat schiebt die solidarischen Aktivitäten den *professionellen Helfern* zu – was, je schwieriger die zu betreuenden Fälle werden, seine Vorzüge haben kann. Nachbarschaftliche Freundlichkeit ist sicher schätzenswert, aber sie kommt mit schwierigeren Problemen vielleicht nicht so gut zurecht. Der Nachbar mag guten Willen haben; aber mit einem verhaltensgestörten Kind kommt er nur schwer zu Rande. Er mag auch einsatzfreudig sein, was die Pflege betrifft; aber für die schweren Pflegefälle mag eine qualifizierte Krankenschwester oft besser geeignet sein. Am Ende wird auch der Sozialarbeiter mit dem Junkie besser fertig. „Zuwendung und Barmherzigkeit", mahnt Norbert Blüm, „sind unverzichtbar. Sie ersetzen jedoch nicht das Bemühen um Gerechtigkeit, in der sich Menschen ihre

Ansprüche selbst erarbeiten. Der gute Wille und die aufwallende Gutmütigkeit reichen nicht, um eine Ordnung herzustellen, auf die man sich verlassen kann."[167]

Derlei Einwände gegen die Gemeinschaften stammen von Verteidigern des Wohlfahrtsstaates, die meinen, er sei durch Gemeinschaften nicht ersetzbar und deshalb unverzichtbar. Aber es finden sich auch Kritiker des Wohlfahrtsstaates, die – ganz in Übereinstimmung damit und in noch radikalerer Weise – behaupten, Gemeinschaft sei unmöglich oder unnötig, eben *weil* man den Sozialstaat habe oder gar: obwohl man auch ihn nicht brauche. Der Literaturwissenschaftler und Publizist Richard Herzinger hat sein Lob des Egoismus am deutlichsten formuliert: Die

„Forderung, moralische Konflikte in der Gesellschaft durch mehr Gemeinschaftsgeist zu überwinden, führt in eine Falle. Der Gemeinschaftlichkeit werden damit positive Eigenschaften und Wirkungen zugeschrieben, die sie gar nicht besitzt. Egoismus wird durch Gemeinschaftsbindung keineswegs aufgehoben, sondern häufig sogar erst wirklich zerstörerisch. Umgekehrt verstellt die Verdammung des Egoismus den Blick darauf, daß egoistische Ansprüche von Individuen nicht nur legitim, sondern in vielfacher Hinsicht auch die wichtigste Triebkraft für die Förderung des Allgemeinwohls sind."[168]

Erst der Individualismus hat den Wohlfahrtsstaat - und seine Idee des unverzichtbaren Wertes jedes einzelnen - möglich gemacht, und er steht deshalb nicht in jenem krassen Gegensatz zu Wohlfahrtsstaat, der so oft als „kollektivierend" und „entindividualisierend" beschrieben wird. Engagement, soweit erforderlich, muß in einer „Großgesellschaft" *jedem* Bedürftigen zukommen, also auch Fremden, und damit muß es von allen gemeinschaftlichen Bindungen gelöst werden. Und warum sollte Gemeinschaft überhaupt per se gut sein: Unter die Gemeinschaftsorientierung fielen auch Phänomene wie „Seilschaften" und „feudalistische Politikverhältnisse", die eher bekämpft gehörten[169], ebenso aber auch die unzähligen Hilfsangebote und Selbsthilfegruppen, die doch in Wahrheit ohnehin jede beliebige Art von Gemeinschaftlichkeit anböten, die nachgefragt werden könne. „Der redundante und larmoyante Ruf nach der ‚Gemeinschaft' ist darauf angelegt, den einzelnen Angst vor der Freiheit einzujagen. Damit erreicht er das Gegenteil von dem, was er vorgibt: Er fördert Passivität, Mißtrauen, Absonderung und die Tendenz, die Verantwortung für das eigene Handeln auf vermeintlich schützende Kollektive zu übertragen."[170] In der gutgelaunten zweiten Moderne, die Ulrich Beck so sehr begrüßt, gibt es nur die „Kinder der Freiheit", und sie erfinden sich ihren Lebenssinn selbst, sie sind frei, sie haben jede Wahl. Was verfällt, läßt sich nur mit Freiheit bekämpfen.[171] „Am Ende läuft dies", so meint Beck, „darauf hinaus, den Gemeinwohl-Verwaltern das Monopol der Gemeinwohl-Definition streitig zu machen."[172] Soziales Engagement hat nichts mit Mitgliedschaften oder mit Selbstaufopferung zu tun. In der individualisierten Gesellschaft gibt es autonome Menschen, und diese brauchen keine Tag-und-Nacht-Versorgung durch den Wohlfahrtsstaat.

Genau sie brauchen das, rufen die Verteidiger des Wohlfahrtsstaates aus. Das moderne oder postmoderne Freiheitsverständnis, jenes, das auf Spontaneität und Ungebundenheit, auf Autonomie und Karriere, auf Selbstentfaltung und Entscheidungsfreiheit baut, genau dieses Freiheitsverständnis hat den Wohlfahrtsstaat bitter nötig. Denn in der generalisierten Marktgesellschaft ist jeder auf sich allein gestellt. Er ist befreit und vereinzelt. Er ist durch immer längere Handlungsketten mit anderen verflochten, aber er ist aus konkreten sozialen Einbettungen herausgelöst. Beck und seine Anhänger verwechseln „Freiheit" und „Freisetzung". Der einzelne hat den höchsten Grad der Marktfähigkeit erreicht, wenn er ohne Familie und Ehe jederzeit für die Erfordernisse des Marktes bereitsteht. Partnerschafts- und Familienbehinderungen werden in einer grundmobilen Gesellschaft ungern gesehen.[173] Aber eine ganze Reihe von sozialen Dienstleistungen kann nur in der Kooperation mehrerer Individuen erbracht werden. Wenn es den „Haushalt" nicht mehr gibt, müssen Pflegeleistungen ausgelagert werden. Wenn kein Elternteil mehr Zeit hat, müssen Erziehungsleistungen anderswo erbracht werden. Wenn man zum Wohle der flexiblen Firma allzeit einsatzbereit ist, kann man kein Kind pünktlich vom Kindergarten abholen und keine bettlägrige Mutter pflegen. Die „karitative Lebenswelt" wird *outgesourct*: an alte und neue Institutionen des Wohlfahrtsstaates delegiert, der den übervollen Terminkalender des einzelnen von jeder Art von flexibilitätsbehindernden Verpflichtungen zu entlasten hat.- Manchen, welche die private Hilfe gegen den Sozialstaat ausspielen, läßt sich Heuchelei vorwerfen: Wer privat helfen will, hat ja auch jetzt alle Möglichkeiten, und er kann sich nicht darauf ausreden, daß ihn der Sozialstaat daran *hindere*.

„Es ist ein schwaches Argument zu behaupten, der Sozialstaat lähme jedes Engagement für den Nächsten. Denn es gibt Defizite, von denen jedermann wissen kann. Nicht alle Hilfsbedürftigen werden vom sozialen Netz aufgefangen. Auf den Straßen und Plätzen sind sie zu sehen, Obdachlose, Junkies, verwahrloste Kinder, mehr denn je. Und tatsächlich finden sich noch immer Menschen, die sich nicht lähmen lassen, sondern helfen, wo Not herrscht."[174]

Der Wohlfahrtsstaat macht nicht alles, und auch wenn man ihn bis an die Grenzen des Finanzierbaren strapaziert, wird er nie alles machen können. Aber er gestaltet das Denken der Menschen mit, er schafft ein kollektives Bewußtsein, er formt Persönlichkeiten. Wenn es zu einer gesellschaftlichen Denkfigur wird, daß jemand, der etwas kostenlos tut, ein Phantast gescholten wird, ein weltfremder Idealist, ein Dummkopf, dann werden die Menschen, die alles Mögliche sein wollen, aber keine Dummköpfe, irgendwann Wirkung zeigen. Wenn die Bereiche der offiziellen Märkte als die einzig wichtigen, alle anderen sozialen Zusammenhänge als peripher angesehen werden, dann werden die meisten Individuen sich entsprechend diesen vorherrschenden Auffassungen verhalten:

„Der wohlfahrtsstiftende Sozialzusammenhang bezieht sich nicht allein auf die Marktwirtschaft und den öffentlichen Sektor, sondern auch auf die privaten Haushalte, die sozialen Netzwerke und eine Vielfalt sonstiger sozialer Aktivitäten. Wenn es nicht gelingt, diese Lebensbereiche und die von ihnen ausgehenden Prozeßnutzen im öffentlichen Bewußtsein als gleichermaßen wohlfahrtsschaffend zu verankern wie die Marktwirtschaft und die staatliche Sozialpolitik, werden wir die Perspektiven eines gemeinsamen guten Lebens in der ‚Wohlfahrtsgesellschaft' verfehlen."[175]

Deshalb wäre es auch wichtig, „Moralität" öffentlich sichtbar zu machen, vorzuleben, auszuzeichnen. Denn die Frage, was mit den nachwachsenden Generationen los sei, läßt sich auch als Frage, was denn mit der Gesellschaft los sei, an diese zurückspielen. Warnfried Dettling fragt:

„Welchem geistigen Bauplan folgen, in welcher geistigen Verfassung sind eigentlich all jene Institutionen, denen die Jungen in ihrem Leben begegnen, vom Kindergarten bis zur Universität, von den Betrieben bis zu den Gewerkschaften, von den Parteien bis zu den Parlamenten? Sind diese Institutionen nicht alle bevölkert von ethischen Minimalisten? Und könnte es nicht sein, daß der Pessimismus junger Leute gerade darin seinen Grund hat? [...] Die Botschaft ist eindeutig, die die Jugend aus der Welt der Erwachsenen wahrnimmt: Moralisches Verhalten zahlt sich nicht aus."[176]

9. Zwischen Garantismus und Folgenbeseitigung

9a. Der wohlfahrtsstaatliche Paternalismus verändert die Menschen. Sie werden in der „Gemütsruhe" eingelullt, weil sie wissen, daß sie, statt jemals die eigenen Ärmel aufkrempeln zu müssen, immer auf staatliche Ämter vertrauen dürfen. Es ist ein System zur Förderung der Apathie und der Risikoscheu. Der Garantismus ist einer freien Gesellschaft unwürdig.

9b. „Gemütsruhe" bedeutet doch nichts anderes als ein Bewußtsein von „sozialer Sicherheit". Der Wohlfahrtsstaat bietet eine sichere Lebensgrundlage – in einer Gesellschaft der Vereinzelung, Desorientierung und Komplizierung, in einer Epoche der Turbulenzen auf dem Arbeitsmarkt und des Zerfalls gewohnter Sozialstrukturen. Er kompensiert soziale Folgekosten der Modernisierung, und darauf haben die „Verlierer" einen Anspruch.

Ohne Zweifel hat die Existenz von Sozialversicherungs- und Umverteilungssystemen die Sichtweise der Menschen verändert. Sie müssen vor Notlagen keine Angst mehr haben, und das ist eine neue historische Qualität fortgeschrittener Länder. Wohlfahrtsstaaten haben es ein schönes Stück weit in Richtung klassischer Utopien gebracht: hin zur Befreiung von Ängsten und Lebensgefahren, von gefährdenden Bedingungen, die allzu getreue Begleiter des Menschen in seiner Geschichte waren.

Der Bezug von Sozialtransfers gilt nicht mehr generell als diskreditierend. Die Stigmatisierung als „Fürsorgefall" oder „Arbeitslosengeldempfänger" hat sich wesentlich gemindert. Insbesondere beim Empfang von Familienleistungen, etwa erhöhten Karenzgeldern, bei Gesundheitsleistungen, Pensionszahlungen und anderen derartigen „Gaben" besteht keinerlei Unbehagen. Die „Gemütsruhe" im Wohlfahrtsstaat[177] greift um sich, wenn dieser zu einem *garantistischen* System wird: zum Versuch einer allgemeineren Dekommodifizierung der Lebensverhältnisse, einer Zurückdrängung der Warenform der Lohnarbeit. Es ist für die Arbeitskraftbesitzer beruhigend, vom Markt weitgehend unabhängig zu werden.[178]

Veränderungen des *Staatshaushalts* führen offenbar innerhalb kurzer Zeit zu Veränderungen des *Affekthaushalts*: „Das System sozialer Gesetze", so vermerken van Stol und Wouters nach einer Befragung arbeitsloser Männer und Frauen,

„durch das der Wohlstand verteilt und jedem soziale (lies: materielle) Sicherheit geboten wurde, ist anscheinend in seiner relativ kurzen Existenzperiode schon zu einer so selbstverständlichen sozialen Tatsache geworden, daß die Angst vor (künftigen) Geldsorgen größtenteils weggefallen ist."[179]

Für die von ihnen Befragten war das Leben von der Sozialhilfe mit keinerlei Einbuße an Achtung oder Selbstachtung verbunden; sie gaben vielmehr zu erkennen, daß sie sich durchaus frei fühlten, zwischen Einkommensmöglichkeiten – Arbeit oder Sozialhilfe – zu wählen. Je besser und umfassender die sozialpolitische Versorgung ist, desto stärker entsteht dieses Gefühl, auch deswegen, weil dann in gewissem Sinne „alle" irgendeine Art von Sozialtransfer beziehen. Damit wird der Wohlfahrtsstaat zur Gänze zu einem moralischen Problem; eine beruhigte Lebensperspektive, die sich, was immer auch geschieht, im Wohlfahrtsstaatlichen geborgen weiß, zieht allerdings Aversionen jener nach sich, die in diesem System zur Kasse gebeten werden. Am deutlichsten hat dies 1992 ein amerikanischer Radiokommentator ausgedrückt:

„The middle class, coupled with the rich, make this country work. Now, what's slowing this country down? [...] I'll tell you what it is. The poor. The poor and the power classes of this country have gotten a free ride since the Great Depression, when it became noble to be poor.

Look at how we treat the homeless: we celebrate them, make romantic figures out of them. We make movies about them and teach them to dine in dumpsters."[180]

Mit einem ausgedehnten Sicherungssystem geraten sozialstaatliche Vorkehrungen in den Bereich des *Kalkulierbaren*: man kann mit diesen Geldern rechnen und ihren Bezug in die eigenen Lebensumstände einplanen. Durch die sozialpolitischen Absicherungen bestehen Anreize, die eigenen Lebensumstände so zu *arrangieren*, daß sich in der Kombination privater Aktivität und sozialstaatlicher Transfers „beruhigende" Lebenslagen ergeben, und mit diesen beruhigenden Lagen ist auch zuverlässig zu rechnen. "Arbeit", so vermerkt der Dresdner Ökonom Ulrich Blum,

„verliert in der modernen Gesellschaft die Eignung zur kollektiven Sinnstiftung im Rahmen eines Arbeitsopfers, damit entfällt zunehmend ihr Potential, sozialen Kitt zu erzeugen, der das Ausbeuten der Sicherungssysteme als unmoralisch ächtet. Ich behaupte, die Fähigkeit ist inzwischen annähernd Null."[181]

Die institutionellen Gebilde ermöglichen es somit, mit den Hilfeleistungen strategisch zu kalkulieren, und daraus ergibt sich ein Sicherheitsgefühl: Anderes wird selbstverständlich, machbar, anständig oder unanständig. Je nach den Lebensbedingungen stellen sich langfristig Mentalitätsänderungen ein, ein verändertes kulturelles Ambiente fördert und bremst andere Persönlichkeiten und ändert dergestalt den dominanten Habitus. Der Schriftsteller Adolf Muschg hat dies jüngst in einer Diskussion herausgestrichen: „Was wir jetzt haben, ist eine globale Katastrophe, auch in der Mentalität. Es geht mir um das Menschenbild, die Konditionierung – ich formuliere das mit Absicht darwinistisch –, die Züchtung von Eigenschaften."[182] Individuen, die in einer wohlfahrtsstaatlichen Wirklichkeit aufwachsen, werden andere Menschen als jene, die sich in einem totalitären oder einem extremliberalen Ambiente zurechtfinden müssen, zum Besseren und/oder zum Schlechteren. Rechtlich-administrativ-politische Bedingungen beeinflussen die Kultur eines Gemeinwesens. Der Wohlfahrtsstaat ist deshalb eine Quelle von Werten: Er schmiedet mit an der Beschaffenheit jener Persönlichkeiten, die in einer Gesellschaft forciert oder selektiert werden.

Muschg spricht in seinem zitierten Satz alte Befürchtungen an, die am besten in der berühmten Stelle Alexis de Tocquevilles formuliert sind, der im Hinblick auf die amerikanische Gesellschaft geschrieben hat:

„Wenn ich mir die kleinen Leidenschaften der heutigen Menschen vorstelle, die Verweichlichung ihrer Sitten, die Sanftheit ihrer Moral, ihre fleißigen und ungeregelten Gewohnheiten, die Zurückhaltung, die nahezu alle im Laster wie in der Tugend üben – dann befürchte ich nicht, daß sie in ihren Staatsoberhäuptern Tyrannen finden, sondern eher Vormünder."[183]

Über eine Masse vereinzelter und entfremdeter, aber durchaus wohllebender Individuen – so geht sein berühmtes Zitat –

„erhebt sich eine gewaltige, bevormundende Macht, die allein dafür sorgt, ihre Genüsse zu sichern und ihr Schicksal zu überwachen. Sie ist unumschränkt, ins einzelne gehend, regelmäßig, vorsorglich und mild. Sie wäre der väterlichen Gewalt gleich, wenn sie wie diese das Ziel verfolgte, die Menschen auf das reife Alter vorzubereiten; statt dessen aber sucht sie bloß, sie unwiderruflich im Zustand der Kindheit festzuhalten; es ist ihr recht, daß die Bürger sich vergnügen, vorausgesetzt, daß sie nichts anderes im Sinne haben, als sich zu belustigen. Sie arbeitet gerne für deren Wohl; sie will aber dessen alleiniger Betreuer und einziger Richter sein; sie sorgt für ihre Sicherheit, vermißt und sichert ihren Bedarf, erleichtert ihre Vergnügungen, führt ihre wichtigsten Geschäfte, lenkt ihre Industrie, ordnet ihre Erbschaften, teilt ihren Nachlaß; könnte sie ihnen nicht auch die Sorge des Nachdenkens und die Mühe des Lebens ganz abnehmen?"

Tendenzen, die Tocqueville erst ansatzweise ahnte, haben sich nach Ansicht vieler im Wohlfahrtsstaat entfaltet. Heute braucht es nicht mehr seinen prophetischen Scharfsinn, heute ist alles mit Händen zu greifen. Der Wohlfahrtsstaat ist eine „starke" Institution geworden.

Alle Institutionen sind – nach der einleuchtenden Darstellung Arnold Gehlens – sicherheits- und orientierungsverbürgende Rahmenbedingungen für das gesellschaftliche Leben.[184] Aber es geht um das richtige Maß an Anspannung und Sicherheit. In einem hobbesianischen Chaos bestehen keine Anreize, sich in zielgerichtetem Handeln anzustrengen, und in einem durchgeplant-protektionistischen System ermangelt es dieser Anreize ebenfalls. Die Wohlfahrtsstaatsdiskussion ist eine Diskussion über die *richtige*

Balance: der Herausforderungscharakter der sozialen Umwelt muß gewahrt bleiben, und das Gefühl einer Sicherheit, die einen vor existentiell tagtäglich bedrohenden Herausforderungen schützt, muß einen Rahmen bieten, innerhalb dessen es sich lohnt *zu arbeiten*. Kritiker des Wohlfahrtsstaates monieren, er habe sich zu einem System ausgewachsen, innerhalb dessen es sich vor allem lohne, *nicht zu arbeiten*. Wenn Sozialtransfers sich, wie gefordert wird, zu einem „Grundeinkommen", einem „Bürgergeld", einer „negativen Einkommensteuer" oder einer „Sozialdividende" auswachsen[185], dann bietet der Wohlfahrtsstaat keine Lückenfüllung mehr, sondern wird zur Instanz der Lebensgestaltung: Er ist nicht mehr nur für die *Hilfe in Notfällen* verantwortlich, sondern für die *Finanzierung der Existenz* als solcher.[186] Wenn die größte Anstrengung nur wenig mehr Einkommen vermittelt als eine kollektive Fürsorge, die es ermöglicht, sich auf eine attraktiv gewordene Freizeitwelt zu konzentrieren, ist die Versuchung groß, lieber andere für sich arbeiten zu lassen. Damit werden Grundhaltungen, die für eine Marktwirtschaft unabdingbar sind, abgebaut.[187] Tauschprinzip und Leistungsverhalten, so hat Jürgen Habermas vermutet, werden obsolet. Sozialstaatliche Programme, die dem System seinen Stachel nehmen, bauen bestandswichtige Einstellungen, von der Akzeptanz des Privateigentums bis zur Leistungsethik, ab.[188] Das Bewußtsein *entmeritokratisiert* sich. Geld gibt es auch anderswo, nicht nur auf dem Markt gegen Leistung. Wenn diese andere Einkommensquelle zunehmend auch nicht mehr mit dem Stigma des Fürsorgefalles behaftet ist, wird das wohlfahrtsstaatliche Leben zu einer praktikablen Alternative. Wenn zwischen den *deserving* und den *undeserving poor* kein Unterschied mehr gemacht wird, wird es bequemer, Geld ohne Gegenleistung zu beziehen.

Aber kein ethisches Prinzip gebietet, daß für die Sicherung der Existenz nicht eine Gegenleistung verlangt werden kann.

„Dem Anspruch auf die Hilfe des Staates entspricht die Pflicht, nach Kräften etwas zurückzugeben. Dem Bildungskonto, das der Staat für junge Menschen einrichtet, entspräche das Zeitbudget, das sie ihrerseits dem Gemeinwesen zur Verfügung stellen. Beides ist auf ein

Leben hin angelegt. Wenn arbeitsfähige Sozialhilfeempfänger arbeiten, haben sie wenigstens die Chance der sozialen Rückkehr; zugleich nehmen sie, so ist zu hoffen, den sozialen Demagogen etwas Wind aus den Segeln."[189]

Bei der Gratisvergabe hingegen stellt sich das Problem der Asymmetrie: Was auf der einen Seite als Akt helfender Solidarität gemeint ist, wird auf der anderen Seite zu einem kühlen Kalkül. Solidarität wird nicht mit Solidarität beantwortet, sondern mit Kostenrechnung. Wie ist aus dem Solidarsystem möglichst viel herauszuholen? Die ethische Tat kollidiert mit der praktischen Lebensvernunft.

Auch die Überlebensfähigkeit ethischer Grundhaltungen, der Boden, auf dem sie gedeihen oder welken, ist im Auge zu behalten: Wenn Helfer systematisch Enttäuschungserlebnisse erfahren, entsteht ein starker Druck dahingehend, daß sie ihre altruistisch-solidarischen Einstellungen ändern. Man fühlt sich ausgenützt, betrogen, angelogen, und die meisten Menschen reagieren darauf nicht erfreut. Sicherlich ist es richtig, daß die "Gemütsruhe", die der Sozialstaat vermittelt, eines der *Ziele* ist, das er angestrebt hat: ein Gefühl der Sicherheit, Angstfreiheit, Zugehörigkeit. Aber eine zu stark entwickelte "Gemütsruhe" der Individuen in einem wohlfahrtsstaatlichen System verleiht jenen, die nach dem *Abbau* des Wohlfahrtsstaates rufen, Gewicht.

10. Zwischen Lobbyismus und Solidarismus

10a. Der Wohlfahrtsstaat ist kein System der Solidarität, sondern eines des Lobbyismus. Es ist Augenauswischerei zu behaupten, wohlfahrtsstaatliche Programme setzten dort an, wo die Not am größten ist. Im Laufe der Zeit haben Interessengruppen ihre speziellen Transfers durchgesetzt, und wer am durchschlagskräftigsten ist, der lebt auf Kosten der anderen am besten. Mehr Gerechtigkeit erzielt man durch den Abbau des Sozialsystems.

10b. Die Feststellung, daß sich da oder dort Gruppeninteressen durchge-
setzt haben, spricht nicht gegen den Wohlfahrtsstaat an sich, sondern doku-
mentiert partielles Politikversagen. Natürlich sind die vorhandenen
Schlupflöcher (gerade für die Reichen) zu schließen, ja eine echte Umver-
teilung kann erst dadurch erreicht werden, daß die sozialpolitische Versor-
gung konsequent und umfassend ausgebaut wird.

Der Staat ist nicht unbedingt ein effizienter Verteiler von Sozialgeldern.
Auch in diesem Politikfeld läßt sich, wie in manchem anderen, *Staatsversa-*
gen konstatieren: etwa bei der Überbürokratisierung, die entstanden ist, weil
Staat und Parteien im letzten alle Lebensbereiche regeln wollten, einschließlich der Wohnungs- und Postenvergabe nach Parteibuchkriterien, oder bei
dem hohen Maß an tolerierter Ineffizienz in der staatlichen Verwaltung, wo
es oft keine Kostenrechnung und kein Controlling zu Zeiten gibt, in denen
dies für alle Privatunternehmen selbstverständlich ist.[190] Darüber hinaus gibt
es eine „wohlfahrtsstaatliche Gefälligkeitsdemokratie": Sozialpolitik ist
jenes Füllhorn, das allen wahlrelevanten Gruppierungen jene materiellen
Segnungen beschert, von denen Politiker glauben, daraus eine Art von
Dankbarkeit ableiten zu dürfen, die sich in Stimmen- und Machtgewinne
umsetzen lassen.

Wohlfahrtsstaatliche Programme setzen nicht immer dort an, wo wirklich
Not am Manne oder an der Frau ist. Wenn prinzipiell der Staat als bereitwilliger Zahler für unterschiedliche Anliegen in den Blick gerät, wird ein *Wett-*
lauf um Gelder ausgelöst. Lobbies verschiedenster Art versuchen, sich aus
den öffentlichen Kassen zu bedienen. Die politische Ökonomie hat solche
Vorgänge zu beschreiben versucht; was sie als „normales" Funktionieren
der Politik in einer pluralistischen Demokratie beschrieben hat, läßt sich in
eine Kritik des Wohlfahrtsstaates verwandeln.

Der Wohlfahrtsstaat ist dann nicht in erster Linie eine Apparatur zur
Beseitigung von Elend und Ungerechtigkeit, sondern ein System, in dem
sich die durchsetzungsfähigsten Gruppen zu Lasten der anderen an gemeinsamen Ressourcen bedienen. Die durch sozialpolitische Programme Begünstigten sind im Normalfall eine kleinere Teilgruppe, die klar identifizierbar

ist und sich große Vorteile erwarten kann; die Zahler sind alle, und sie leiden unter mangelnder Information und (angesichts der großen Schar der Zahler) unter mangelndem Informationsinteresse in bezug auf Programme, die den einzelnen nur mit geringfügigen Summen belasten. Dieser Umstand hat es Lobbies immer leichter gemacht, für einen Ausbau des Sozialstaates einzutreten. Spiegelbildlich werden durch Sparmaßnahmen identifizierbare und organisierbare Gruppen, die sich gegen eine Kürzung der ihnen zukommenden Leistungen wehren, verärgert, während sich die Vorteile einer „Sparpolitik", einer budgetären Sanierungsstrategie, in günstigeren wirtschaftlichen Makrodaten niederschlagen, die allen Staatsbürgern – und damit im Grunde „niemandem" – zugute kommen. Deshalb gibt es Lobbies *für* Programme, aber keine *gegen* Programme.[191]

Die Programme setzen nicht dort an, wo es dringlich wäre, sondern dort, wo es politisch opportun ist. Wenn es aber immer wahlpolitisch gute Gründe gibt, mehr sozialpolitische Ausgaben zu tätigen, aber keine wahlpolitischen Gründe, sie einzuschränken oder abzuschaffen, ist dem System ein *Expansionsmechanismus* inhärent, der irgendwann in die Krise führen muß – und diese Finanzierungskrise ist mittlerweile eingetreten. Sie verschärft sich dadurch, daß die installierten Programme extensiv genutzt werden. „Moral hazard"-Verhalten ist jenes, das man von den Akteuren befürchtet: Wer versichert ist, der braucht sich um einen allfälligen Schaden nicht zu sorgen. Wer sich zu Lasten der Sozialversicherung Güter und Dienstleistungen besorgen kann, der tut es bis weit über die Grenzen des Sinnvollen hinaus.[192] Deshalb bieten die Ärzte und Exponenten der Gesundheitsindustrie viel mehr Leistungen an, als „rentabel" ist, deshalb konsumieren Patienten teure Dienste für Lappalien.[193] Deshalb streben alle nach einem Kuraufenthalt. Deshalb wollen die meisten in Frühpension gehen. *Alle beuten alle aus.*

Die Verteidiger des Wohlfahrtsstaates mauern gegenüber solchen Argumentationen. Für sie handelt es sich um Strohmänner, die aufgebaut werden, um gegen den Sozialstaat Stimmung zu machen. Allerdings rücken auch Sozialdemokraten, die traditionell im Hinblick auf die öffentlichen Kassen eine große Verschuldensbereitschaft gezeigt haben, neuerdings von der

Schuldenpolitik ab. Sie nehmen erst jetzt wahr, daß sich auch darin Gerechtigkeitsprobleme verbergen. Ewald Nowotny, wirschaftspolitischer Sprecher der österreichischen Sozialdemokraten, will etwa deutlich machen, „daß aus einer sozialdemokratischen Position eigentlich keine Berechtigung für ein strukturelles Defizit besteht. Ein strukturelles Defizit heißt nichts anderes als eine ständige Abhängigkeit von den Kapitalmärkten." Allerdings sieht er die Konsequenzen weniger auf der Ausgaben- als auf der Einnahmenseite: „Deshalb müssen öffentliche Leistungen durch Steuern oder Gebühren entsprechend finanziert werden."[194] Aber das trifft nicht den Kern des vorliegenden Problems. Lobbyismus führt zu ungerechten Lösungen. Die Verteidiger des Wohlfahrtsstaates wollen deshalb die *Verzerrungen*, die dadurch entstanden sind, beseitigen: jene Privilegien, die sich wohlorganisierte Gruppen besorgen konnten. Sie geraten jedoch in Konflikte, weil sie sich einigen müssen, wer denn die ungerechtfertigten Nutznießer seien. Die Kritiker des Wohlfahrtsstaates bieten jenes Rezept an, von dem bereits die Rede war: *Abbau* des Wohlfahrtsstaates. Dann wären auch alle Ungerechtigkeiten eliminiert.

11. Zwischen Anspruchsdruck und Teilhabegewähr

11a. Der Wohlfahrtsstaat ist in Wahrheit in dieser reichen Gesellschaft längst überflüssig geworden. Aber er erzeugt irreale Ansprüche bei den Bürgern, die auf Dauer das Wirtschaftssystem überfordern. Er ist ein System der Verwöhnung, des Illusionismus, der Begierlichkeit.

11b. Wer behauptet, es gebe heute keine Not mehr, ist zynisch. Und warum sollten Ansprüche in einer Wachstumsgesellschaft nicht auch steigen? Benachteiligte Gruppen sollen ihren Anteil am gesellschaftlichen Reichtum bekommen. Die soziale Integration bedarf eines gewissen Maßes an Gleichheit.

Sozialpolitik sollte Sozialpolitik überflüssig machen. Sie wäre im Grunde als eine zeitweilige Maßnahme zur Reparatur gesellschaftlicher Mißstände gedacht, die in einer „reichen Gesellschaft" überflüssig werden sollte. Die Probleme könnten sich in fortgeschrittenen Industriegesellschaften zwar anderswohin verlagern, etwa zur Umweltproblematik[195]; aber *soziale* Probleme im Sinne einer Lebensbedrohung durch einen Mangel an materiellen Mitteln sollten endgültig überwunden sein. Da muß es verwundern, daß ausgerechnet in den reichsten Industrieländern die größten sozialstaatlichen Summen bewegt werden. Je reicher eine Gesellschaft, desto mehr Hilfe ist für den einzelnen Bürger nötig? Da kann doch etwas nicht stimmen.

Freilich darf man sich nicht voreilig zufrieden geben, mit einigen Brosamen abspeisen lassen; so haben reformistische Sozialisten schon seit jeher eine positive Sicht der Anspruchsdynamik formuliert, hegten sie doch die Befürchtung, daß die Besserstellung der Arbeiterschaft ihren revolutionären Elan bremsen würde. Bei dem sozialistischen Klassiker Eduard Heimann lesen wir:

„Es kann dem zur Freiheit aufgerufenen und um die Freiheit betrogenen Arbeiter des Kapitalismus schlechterdings nichts gegeben werden, das ihn nicht zugleich anspruchsvoller machen würde, weil es ihm die Kraft zum Freiheitskampf stärkt. So ist insbesondere die Lohnerhöhung nicht nur statischer Selbstzweck, sondern dynamisches Mittel; sie verschafft dem Arbeiter etwas Freiheit, etwas Spielraum für seine Kraft, etwas Gestaltungsmöglichkeit für sein Leben, wo alles dies bisher in noch höherem Grade fehlte; aber sie stärkt eben dadurch seine Kraft für den Kampf um eine weitere Lohnerhöhung oder ein anderes Stück Freiheit."[196]

Man muß sich somit vor der raschen Zufriedenheit hüten, denn man läßt sich die Ansprüche nicht mit einigen billigen Gaben abkaufen.

Natürlich liegen die gegenwärtigen Niveaus wohlfahrtsstaatlicher Leistungen weit jenseits jenes Standards, den sich Heimann vorstellen konnte. Mittlerweile ist eher von der „Revolution steigender Erwartungen" die Rede, von unausgesetzten Mehrforderungen von Wählern, welche die Leistungsfähigkeit des Systems nicht einschätzen können. Kritiker des Wohlfahrtsstaates sehen einen wesentlichen Grund für den fortgesetzten sozialstaatlichen Expansionismus darin, daß befriedigte Ansprüche nicht zur Sättigung führen, sondern immer neue und weiter gespannte Ansprüche auslösen.[197] Die politisch-administrativen Instanzen befinden sich in einem permanenten Informationsdefizit: Sie wissen nicht genau Bescheid über die Präferenzen und Bedürfnisse ihrer Klienten, und sie können im vorhinein meist ihre Reaktionen nicht hinreichend abschätzen. Die Klienten passen sich neuen wohlfahrtsstaatlichen Arrangements, den neuen Gelegenheitsstrukturen, an – was bedeutet, daß die Daten, auf deren Grundlage neue Programme eingerichtet worden sind, jeweils falsch sind, weil jedes neue Programm die Verhaltensweisen (auf meist unvorhersehbare Weise) verändert. Man finanziert ein zweites Karenzjahr für Frauen, und der Erfolg übertrifft alle Kostenschätzungen; deshalb muß man die Leistungen wieder reduzieren. Man finanziert eine Karenz für Männer, und die Inanspruchnahme bleibt weit hinter den Erwartungen zurück; soll man deswegen die finanziellen Anreize erhöhen?[198]

Die Individuen haben sich durch ihre Konsumation reichhaltiger sozialstaatlicher Leistungen verändert, sie haben Erwartungshaltungen aufgebaut und ihre Vorstellungen über Gerechtigkeit und Staatsaufgaben verändert. Hans Achinger hat seinerzeit schon vermutet, „daß die Sozialpolitik nicht nur ein Produkt bestimmter historischer Gesellschaftsverhältnisse ist, sondern daß sie ihrerseits gesellschaftspolitische Daten setzt, je länger ihre Institute und ihr geistiger Einfluß dauern."[199] Der Wohlfahrtsstaat ist im Bewußtsein der Menschen etabliert: Was bei der Einführung als erfreuliche Zusatzleistung der Politik angesehen wurde, ist zur Selbstverständlichkeit geworden – und an Selbstverständlichkeiten ist nur schwer zu rühren. Was zur Zeit der Einführung eine freudig begrüßte Anstrengung des Staates gewesen ist, das wird im Laufe der Zeit „veralltäglicht". Will der Staat weitere Zufriedenheit hervorbringen, muß er weitere Zusatzleistungen bereitstellen. Der einfache Mechanismus liegt der Anspruchsgesellschaft zugrunde, und sie setzt den Staat unter Stress.

Der Wohlfahrtsstaat kann deshalb niemals *Zufriedenheit* vermitteln, sondern immer nur *Unzufriedenheit* – und in jedem Falle endet er in seiner

Überforderung. „Der gerechte Staat", so meint der Sozialphilosoph Vittorio Hösle in semantischer Unterscheidung,

„soll ein *Sozialstaat* sein, d.h. die absolute Armut und jene Ungleichheiten zu überwinden suchen, die den Markt und die Demokratie gefährden; er braucht aber kein *Wohlfahrtsstaat* zu sein, wenn damit die Förderung eines ständig steigenden Wohlstands gemeint ist. Da das Glücksgefühl[200] eines Menschen wesentlich durch das Verhältnis von Erfüllung und Erwartung bestimmt ist, führt eine Wachstumsökonomie mit der ständigen Steigerung der Erwartungen der Menschen keineswegs notwendig zu größerem Glück.[201] Im Gegenteil, stößt das Wirtschaftswachstum plötzlich auf Grenzen, besteht aber die Erwartung des ‚immer mehr' noch fort, ist mit einer Phase allgemeinen Unglücks zu rechnen, das vielleicht auch deswegen zu größerer Aggressivität führen kann als das reale Unglück bitterer absoluter Armut, weil die Betroffenen letztlich wissen, daß sie kein Recht haben, unglücklich zu sein."[202]

Das mag man als Plädoyer für Bescheidenheit lesen, vielleicht gar als Lob der Kargheit; schließlich hat das Problem, ob der Überfluß zum Sittenverfall führe, die Sozialphilosophen seit jeher beschäftigt. Hier wird nur eine Beziehung von Gabe und Gier angedeutet: *Jede* Leistung wird vom anspruchsgewohnten Bürger als zu gering erachtet. Bei jeder Leistung läßt sich fragen, warum sie nicht schon längst eingeführt wurde, warum der Bezieherkreis nicht weiter und die Leistung nicht überhaupt höher ist.

Dem Staat ist es gelungen, Angstfreiheit zu schaffen und die Artikulationsfähigkeit der Bürger sozialpolitisch zu vergrößern; was ihm die Bürger damit danken, daß sie gegen ihn vorgehen. Der Prozeß ist *selbstverstärkend*. Die öffentliche Leistungsbereitschaft löst zusätzliche Erwartungen aus, die sich staatlicherseits zu neuen Aufgabenverpflichtungen verfestigen, die wiederum die Erwartungen höher steigen lassen. Je zufriedenstellender die Performance des Staates ist, desto mehr Leistungen werden ihm zur Bewältigung zugeschoben. Der allzuständige Staat ist der allmächtige Staat; wird seine Rundumkompetenz anerkannt, ist er auch mit Rundumforderungen konfrontiert. Der Sozialgeldempfänger wird von unmittelbaren Überlebensproblemen entlastet, und er wird autonomer, selbständiger, weniger abhängig. Die Programme lassen ihn die Erfahrung machen, daß sich auf diese

Weise besser leben läßt. Je besser die sozialpolitischen Dotierungen ausgestattet sind, desto autonomer wird er, und am Ende fordert er die Befreiung von *allen* Zwängen, die ihn in seinem Leben behelligen.[203]

Die Argumente für seine Forderungen findet der Wohlfahrtsbürger im modernen *Gleichheitsdenken*, das sich vom politischen Bereich auch auf andere Bereiche des gesellschaftlichen Lebens und von der liberal durchaus begrüßten Chancengleichheit auf eine universelle Ergebnisgleichheit ausgedehnt hat. Der Wohlfahrtstaat hebt das Verständnis für diese Unterschiede immer weiter auf, indem er eine nicht näher spezifizierte „Gleichheit"zum Ziel seiner Bemühungen erklärt. Worum es im Einzelfall auch immer geht – „Gleichheit" gilt als *moralisches* Konzept, das es anzustreben gilt. Ungleichheit wird identisch mit Ungerechtigkeit, und an einer Ungerechtigkeit muß jemand schuld sein. Ungleichheit muß auf Unterdrückung oder Diskriminierung beruhen, und die Beseitigung von Unterdrückung und Diskriminierung – allenfalls durch eine nicht recht faßbare „Gesellschaft" – kann wohl mit Recht als Staatsaufgabe gesehen werden. Auf diese Weise dehnen sich Gleichheitsforderungen immer mehr aus. Es geht keineswegs nur um die Armen: Wenn Ungleichheit ein moralisches Problem ist, dann können sich auch Frauen, Homosexuelle, Behinderte, ethnische Minderheiten, Gefangene und andere Gruppen an den Staat wenden – nicht um konkrete Maßnahmen gegen konkrete Mißstände einzufordern, sondern um allgemeine Maßnahmen zum Zwecke ihrer Gleichstellung mit allen anderen Bürgern einzufordern. Da es Sachverhalte in allen Lebensbereichen sind, die zu einer relativen Schlechterstellung beitragen, erstrecken sich gleichheitsfördernde Maßnahmen demgemäß auch auf alle Lebensbereiche: Kindergärten und öffentliche Verkehrsmittel müssen verfügbar gemacht werden, Freizeitzentren für Jugendliche und öffentliche Sportplätze. „Jeder", so beschreibt Robert J. Samuelson die Auswirkungen, „ist letztlich zu allem berechtigt. Der große Schaden - oder die Gefahr - ist nun, daß der Glaube der Menschen in die Regierung dadurch zerstört wird, denn jeder kann (offensichtlich) nicht alles haben."[204]

12. Zwischen Autoritarismus und Freiheitssicherung

12a. Der Wohlfahrtsstaat ist ein System des wohlfahrtsstaatlichen Autoritarismus und der paternalistischen Bevormundung der Bürger. Nur der Markt sichert die Freiheit. Wer gegen Märkte ist, der hat ihre Funktionsweise nicht verstanden. Optimal ist letztlich die Vermarktlichung weiter Bereiche des gesellschaftlichen Lebens.

12b. Der Wohlfahrtsstaat widerspricht keineswegs den Zielen eines marktwirtschaftlichen Systems. Er ergänzt nur den negativen Freiheitsbegriff der Liberalen (Freiheit von jedem Zwang) durch den positiven Freiheitsbegriff (Möglichkeit zur Teilhabe). Aber man soll den Markt auch nicht überschätzen: Bei allen seinen Vorteilen verkörpert er im Grunde die schlechteren Eigenschaften der menschlichen Natur.

Der Wohlfahrtsstaat bietet Sicherheit in unsicheren Zeiten.[205] Er empfiehlt sich als Helfer in allen Lebenslagen, als „unfehlbares Instrument zur Problemlösung."[206] Er sozialisiert, therapiert und subsidiert seine Bürger, was das Zeug hält. Er lullt sie ein in das wohlfahrtsstaatliche Bewußtsein. Aus der Perspektive von Freiheit und Autonomie – im Sinne eines klassischen liberalen Denkens – ist dies verderblich, auch wenn es bequem ist. Aber der Wohlfahrtsstaat geht sogar noch weiter. Er beseitigt nicht nur Probleme, er läßt sie gar nicht erst entstehen. Der *präventiv sorgende Paternalismus* ist die Vollendung eines Wohlfahrtsstaates: Er sorgt für eine Medizin, die nicht nur Krankheiten heilt, sondern ihr Entstehen verhindert; für eine Polizei, die Verbrechen vorher schon unterbindet; für eine Pädagogik, die alles abfängt, was schädlich werden könnte. Natürlich muß er, wenn er dies leisten will, umfassend *kontrollieren*, nicht nur alles, was problematisch ist, sondern erst recht das Unproblematische, bevor es problematisch werden könnte. Prävention dieser Art aber, so sorgt sich Wolf-Dieter Narr, „bedeutet das Ende aller Bürgerrechte zugunsten der garantierten Sicherheit, die freilich so durchaus nicht zu garantieren ist."[207] Der „sorgende Staat'[208], der jeden Schaden verhindern will, gewinnt totalitären Charakter. Denn seine Dynamik, in alle

Lebensbereiche vorzudringen, läßt sich nicht mehr bremsen. „Seine Tätigkeit verliert auf diese Weise", so vermerkt der Staatsrechtler Dieter Grimm, „ihre punktuelle und retrospektive Ausrichtung und gewinnt einen flächendeckend-prospektiven Charakter, der dem absoluten Staat wegen seiner geringen Gestaltungsbefugnisse fremd war. Sozialbereiche, die dem staatlichen Einfluß gänzlich entzogen wären, sind nicht mehr erkennbar."[209] Was als endgültiger Freiheitsgewinn, als Schritt in die eigentliche Emanzipation gedacht war, wandelt sich zum endgültigen Verlust der Freiheit.

Die Linke hat sich vor dem „alten Staat", dem „Obrigkeitsstaat", gefürchtet, niemals aber vor dem Wohlfahrtsstaat. Er war für sie prinzipiell – als Verteilungsstaat – der Wahrer der Freiheit. Neuerdings freilich sind die ideologischen Positionen ins Schwimmen geraten: Die „neuen Sozialdemokraten" sonnen sich nach ihrer plötzlichen Wende zur politischen Mitte in der Gunst der Kapitalisten. Zwar haben sich auch die Kapitalisten geändert: Da gibt es nicht mehr das Bild des geizig-brutalen Couponschneiders, sondern das Ideal des überarbeiteten Managers, der zwar auf Kalkül und Karriere bedacht ist, der aber je nach Bedarf auch wohlmeinende Reden über den „Verlust an sozialer Bindung" und die Einsamkeit der „Ausgeschlossenen" halten kann;[210] schließlich schmälert dies nicht wirklich sein Einkommen. Und für Linke, die ihre Kritik am Obrigkeitsstaat lange Zeit nur moralisch begründen konnten, ist die Allianz mit einem Kapital, das gute Gründe für liberale Freiheiten jeder Art liefert, ein unverhofft erfreuliches Erlebnis. Sie können – in globaler Solidarität – für Ausländer eintreten und sich des Beifalls der Generaldirektoren sicher sein, die an dem potentiellen Reservearbeitsmarkt viel Gutes entdecken. Auch die Industrie ist für die multikulturelle Gesellschaft. Die Linken können die emanzipativen Wirkungen des liberalen Marktes auf die Frauen beobachten, die sich des Kochens begeben, weil es genug Fertigprodukte gibt, und so ist bei allen Vorbehalten der Kapitalismus als schätzenswerte Kraft zur längerfristigen Zerstörung des Patriarchats zu werten. Der kapitalistische Lebensstil wird als emanzipativer entdeckt: Pizza-Service und Tiefkühlgemüse bergen in sich neuerdings ein feministisch-progressives Potential.[211]

Es sind nicht nur böser Wille und Dummheit, die den Staat in eine nach Ansicht seiner Kritiker letztlich schädigende Rolle drängen: Der sich selbst überfordernde Staat scheitert an der Komplexität der Gesellschaft. Keynesianische Politik – als Absicherung eines wohlfahrtsstaatlichen Systems – ist in einem System globalisierter, verflochtener Märkte immer weniger möglich. Die Zeit der technokratischen Hybris ist vorüber, die Epoche, in der die nichtintendierten Effekte alle gutgemeinte Politik nichtig machen, ist angebrochen.[212] Das komplexe System der modernen Gesellschaft läßt sich nicht mehr planen und steuern; es müssen vielmehr Bedingungen gesetzt werden, damit es sich selbst steuern kann: keine Vorgaben mehr, sondern Rückkoppelungsprozesse; kein Plan, sondern Markt; keine Bürokratie, sondern pluralistische Interdependenz. Die simplifizierende Schlußfolgerung, in der solche Erwägungen in der öffentlichen Diskussion ankommen, wird in der verhüllenden und doch deutlichen Formulierung ersichtlich: „Die Beschäftigungsrisiken müssen stärker privatisiert werden. Das würde die Anpassungskapazitäten stärken und der Beschäftigung gut tun."[213]

Das Bild des *Staates* wird also umgebaut. Der Staat wird nicht mehr als hütende und hegende, pflegende und betreuende Institution gesehen, sondern als gefräßiger Leviathan, dem es seine Beute zu entreißen gilt. Der Staat ist nicht mehr die paternalistische, ja ethische Instanz, die ihre Bürger vor den Irrationalitäten eines wildwuchernden Marktlebens zu beschützen hat, sondern selbst ein ethisches Problem: ein räuberischer Staat, der zu seinem eigenen Nutzen Ressourcen einheimst, für die Private sehr viel bessere Verwendung hätten; eine „Wohlfahrtsdiktatur"[214]. Der *Markt* hingegen wird mit ethischem Potential angereichert. Dort herrsche das Reich der Freiheit und der Gerechtigkeit.[215] Das ist in der Sicht vieler eine primitive Idee, die Freiheitsstreben mit Egoismus, Autonomie mit Ressentiment verwechselt: Der „neue Weniger-Staat-Populismus ist eine klassenlose Discount-Variante des Liberalismus; sie vereinigt im Prinzip alle, die zuviel Steuern zu zahlen und selbst keine Begünstigungen zu erhalten meinen – und das ist, wie sich zeigt, beinahe jedermann."[216]

Markt bedeutet auch: allein gelassen werden. Das hat seine Vorteile, wenn man den belastenden Staat von seinem Rücken bekommt: Man kann durchatmen und an die Arbeit gehen. Allein gelassen werden heißt dann auch: einen billigen, wenn auch funktionsfähigen Staat haben; am besten ganz wenig Steuer zahlen. Von einer Befreiung dieser Art erwarten sich manche alles, ja der Markt wird zur Lösung für menschliche Probleme jeder Art, zu einer quasi aufgeklärt-religiösen Instanz:

> „Ohne Zusammenhang mit der menschlichen Realität gesehen, vermitteln die komplexen Mechanismen des Marktes ein faszinierendes Gefühl von Perfektion, Logik und Selbstkorrektur. Viele intelligente Menschen beten die Grundsätze des Marktes an wie einen spirituellen Code, der alle wichtigen Fragen lösen wird, solange niemand seine Autorität in Frage stellt. In der modernen, religionsfreien Zeit vertrauen viele, die sich für rational und weltgewandt halten, vollkommen auf die Idee des selbstregulierenden Marktes – so andächtig und fromm, wie andere auf Gott bauen."[217]

Für Marktverehrer handelt es sich nicht nur um einen zweckmäßigen Mechanismus, um den Tausch von Ware oder Dienstleistung gegen Geld; der Markt wird Bestandteil einer neuen Welt, seine Freisetzung zu einer missionarischen Aufgabe:

> „Die Entregelung des Marktes, das Faible für den freien Fluß von Devisen, Gütern und Dienstleistungen, ist Teil einer ganzen Weltsicht, in der überhaupt alles zu fließen hat: die Arbeitskräfte von Ort zu Ort und von Firma zu Firma, die Lebensrhythmen im Rund-um-die-Uhr-Betrieb von Maschinenlauf und Dienstleistungsangebot, die Datenströme im Reich des Cyberspace, in dem die Sonne niemals untergeht."[218]

Die Marktskeptiker können angesichts solcher Inbrunst nur ihre Köpfe schütteln. In ihrer Sicht ist der Markt nicht nur unzuverlässig – wie die dauernden Börsen-Crashes am deutlichsten zeigen –, er verkörpert für die auch die *schlechteren Eigenschaften der menschlichen Natur*: Eigensüchtigkeit, Sklerotizismus und Kurzsichtigkeit. Der Sozialstaat ist vielmehr jene Instanz, die Humanität verkörpert, *gegen* den Markt. Der Markt verkörpert nicht ein System der menschlichen Freiheit, denn es muß auch die Frage gestellt werden, wieviel Markt, wieviel Flexibilität, wieviel Deregulierung der Mensch verträgt. Das fordistische System mag eine stupide und repetitive Arbeitsorganisation aufgezwungen haben; aber das Arbeitsleben hatte immerhin den Charakter einer „zusammenhängenden Erzählung"[219]. Mittlerweile gibt es keine „Organisation" mehr, sondern bestenfalls ein klar bestimmtes Zentrum, um das herum alles chaotisch und unstrukturiert ist; früher hat es lineare Berufskarrieren gegeben, heute gibt es den dauernden Wechsel des Arbeitgebers und zwangsläufig eine nur oberflächliche Beziehung zum Arbeitgeber; früher hieß Teamarbeit: zusammenhalten, füreinander einstehen, jetzt ist es eine Übung im lockeren, flüchtigen Umgang miteinander; früher konnte man von einer gesicherten Grundlage aus überlegen, was man wagen wollte, jetzt besteht der ständige Zwang zum Risiko.[220] Die meisten Menschen sind nicht so geartet, daß sie das mögen, und sie sind nicht so geartet, daß sie unter diesen Bedingungen effizient arbeiten können. Über die anthropologischen Dimensionen der schönen, neuen Marktwelt ist wenig zu hören. Denn die Zumutung steigender Individualisierungsleistungen an die Menschen kann immer weniger gerechtfertigt werden.

Die Marktbefürworter sehen an wohlfahrtsstaatlichen Schmälerungen von Marktfunktionen wenig Humanes: Der Sozialstaat hindert Wachstum und Wohlstand. Es ist nur eine Illusion, daß er mit Ethik zu tun hat, ja er ist angesichts seiner schädlichen Auswirkungen ein eher antiethisches System: eines des Versagens und der Wohlstandsverweigerung, eines der Lobbies und Budgeträuber, eines des Neides und des Parasitismus. Liberale neigen dazu, allen anderen zu unterstellen, sie hätten den Mechanismus des Marktes schlichtweg nicht begriffen – womit sie häufig recht haben. Anderswo, insbesondere in den Vereinigten Staaten, ist dies ihres Erachtens anders: „Während wir in Europa noch über die negativen Seiten der veränderten weltwirtschaftlichen Gegebenheiten lamentieren, haben andere in der Welt längst begriffen, daß die Zeiten, den Wohlstand zu steigern, schon lange nicht mehr so günstig waren wie gegenwärtig."[221] Die Gegenposition lautet:

„Verabsolutierter Wettbewerb - das entspricht auf der geistigen Ebene dem Verständnis von Politik als Freund-Feind-Verhältnis. Aber spätestens nach 1945, auf den Trümmern der Herrenmenschen, wurde die Aufgabe der Integration der Kooperation, der stetigen Friedensstiftung zwischen Menschen, Gruppen und Staaten zum Imperativ der Politik."[222]

13. Zwischen Legitimationskrise und Legitimationssicherung

13a. Der Wohlfahrtsstaat verliert an Legitimität; auf Dauer werden sich die „Zahler" nicht bieten lassen, daß sie nur ausgenutzt werden. Schließlich wird die liberal-demokratische Ordnung durch weitgestreute „Enteignungen" (wie sie zur Finanzierung des Wohlfahrtsstaates notwendig sind) ausgehöhlt. Ein freies Marktsystem ist politisch stabiler.

13b. Nur der Wohlfahrtsstaat sichert die politische Legitimität. Die Individuen schätzen die marktwirtschaftliche Freiheit, aber nur mit einem sozialstaatlichen Sicherheitsnetz. Politische Legitimität ist ihrerseits eine wichtige Voraussetzung für den wirtschaftlichen Erfolg.

Bei der Einschätzung politischer Leistungen zeigt sich eine Asymmetrie. Die Menschen legen großen Wert auf *Besitzstandswahrung*: Wenn ihnen zusätzliche Leistungen vorenthalten werden, empfinden sie dies als weniger schlimm, als wenn ihnen Leistungen, die ihnen zuteil geworden sind und auf die sie ein Recht zu haben meinen, wieder entzogen werden. Werden ihnen zukünftige Leistungen vorenthalten, so werden mögliche Wunschvorstellungen nicht erfüllt; werden ihnen bisher gewährte Leistungen entzogen, so wird ihnen ihr „Eigentum" entzogen. „Unerfüllte Wünsche" sind das eine, blanker „Diebstahl" das andere.

Der Abbau des Wohlfahrtsstaates könnte deshalb unangenehme Wirkungen haben. Die Sozialintegration könnte sich zum Sozialkonflikt wandeln, die pazifizierende Wirkung des expandierenden Sozialstaates zu einer konfliktauslösenden des schrumpfenden Sozialstaates werden. Von der Gesundschrumpfung bleibt dann nur die Schrumpfung. Der Abbau könnte den bislang erfolgreichen Weg gefährden, statt eine neue Dynamik auszulösen:

„Wenn sich genug Menschen in die Enge getrieben fühlen – verwirrt und machtlos, ohne soziale Sicherheit, vom Staat ignoriert –, werden einige ihre politische Gesinnung in extremer und gewalttätiger Form ausdrücken. [...] Neofaschistische Parteien, obwohl noch relativ klein und ohne großen Einfluß, sind in der Politik Westeuropas wieder aktiv – in Italien, Österreich, Frankreich, Deutschland und anderen Ländern –, wo die Massenarbeitslosigkeit seit vielen Jahren anhält. Diese Gruppen lassen die paranoiden Ideologien von rassischer Reinheit und Nationalismus wiederaufleben, die solche Bewegungen immer begleiten."[223]

Die Neofaschisten eignen sich in der Sicht mehrerer Autoren für solche Drohgesten. „Wenn ganze Völker gesagt bekommen", so ereifert sich der Soziologe Norman Birnbaum,

„entscheidende Aspekte ihres Lebens – Lohn und Arbeit – könnten nicht von ihnen kontrolliert oder gar diskutiert werden, müssen daraus vielfältige Pathologien erwachsen: Milizen in den Vereinigten Staaten, die Nationale Front in Frankreich, die Bewegung politischer Skinheads in Österreich und Deutschland, autoritärer Separatismus in Italien – das alles sind fleischgewordene Alpträume. Sie suggerieren die Vorstellung, daß der derzeitige Zustand unserer Demokratien einer der kulturellen und psychologischen Unterentwicklung ist."[224]

Wenn man allerdings wirklich die geringe Bedeutung von Skinheads in Österreich als Indikator zu nehmen geneigt ist, mag man, entgegen solchen Äußerungen, den Zustand der Demokratie für ziemlich erträglich finden. Übertrieben sind wohl auch solche pauschalen Zuweisungen wie etwa: „Die Kehrseite einer blinden Unterwerfung unter die Kräfte des Marktes heißt Gewalt, Kriminalität, Ausländerhaß und politischer Extremismus."[225]

Die politischen Destabilisierungsängste und sozialen Zerfallsprognosen mögen also übertrieben sein; aber die Legitimität der wirtschaftlichen Ordnung steht gleichwohl zur Debatte, wie die schwelende Diskussion über die Globalisierung und die neue erwachende Diskussion über die Ethik der Marktwirtschaft signalisieren – ein „wilder Kapitalismus" (wie der russische in diesen Jahren) ist nicht rechtfertigungsfähig. „Die privatkapitalistische Marktökonomie", sagt Franz-Xaver Kaufmann mit aller Deutlichkeit,

„erscheint nur in dem Maße legitim, als die durch sie permanent hervorgebrachten Risiken und tendenziell steigenden ökonomischen Ungleichheiten und negativen Effekte in den Zusammenhang einer moralischen Ökonomie eingebettet bleib[en], welche die Beteiligung der Gesamtbevölkerung an den Vorteilen dieser Wirtschaftsform im Sinne einer verallgemeinerten Gegenseitigkeit sicherstellt."[226]

Grundsätzlich, bei allen Unzukömmlichkeiten im einzelnen, muß die soziale Ordnung insgesamt als „gerecht" angesehen werden. Sozialphilosophen John Rawls haben sich eines Kunstgriffs bedient, des „Schleiers der Unwissenheit", um die Grundlagen einer verallgemeinerungsfähigen moralischen Ordnung des Zusammenlebens zu bestimmen[227]; in der Hoffnung, daß sich die politisch-solidarische Tugendhaftigkeit in einem aufgeklärten Eigeninteresse begründen läßt. Aber das fiktive aufklärerische Modell muß in der realen Welt, im Bewußtsein der Menschen, begründet sein. Die liberale hat wie die sozialstaatliche Gesellschaft einen hohen Bedarf an Ethos, an Gemeinsinn, an Kollektivbewußtsein. Nur pointierte Liberale, wie etwa der Nobelpreisträger Friedrich von Hayek, bestreiten das und versuchen darüber aufzuklären, daß Märkte gar nicht „gerecht" oder „ungerecht" sein können – ein Argument, das nur für konkrete Marktergebnisse stimmt, nicht aber für die sozialpolitischen Maßnahmen, die eben aus genau diesem Grunde Marktergebnisse domestizieren und revidieren.[228] Die meisten würden aber darin übereinstimmen, daß Verelendung unvereinbar ist mit einer Demokratie, daß die Exklusion großer Gruppen das System bedroht[229]; das zeigt sich schon daran, daß die sozial Ausgeschlossenen auch aus dem politischen Spiel aussteigen, also an den Wahlen nicht mehr teilnehmen.[230] Am Ende sind wir in eine Phase eingetreten, in der die „Systemintegration" – die funktionelle Leistungsfähigkeit des Systems – nur noch durch „Sozialdesintegration" – durch Polarisierung und Ausgrenzung – zu haben ist?[231] Schließlich klingt zwar die „flexible Arbeitszeit" gut, und viele Arbeitnehmer fangen damit durchaus etwas Sinnvolles an; aber, wie in Erinnerung gerufen wird, verbergen sich hinter dem schönen Wort auch

„die alten Gestalten des Stundenlöhners, des Verlags- und Heimarbeiters, des Scheinselbständigen – Formen der Ausbeutung und Selbstausbeutung, die wir seit den Tagen des Frühkapitalismus nicht mehr gesehen haben. Ganz unten: ein Bodensatz von Arbeitslosen, Sozialhilfeempfängern, Niedrigstlohnbeziehern."[232]

Die neue Polarisierung stellt die Grundlagen der bestehenden Gesellschaft in Frage. Die Proponenten des Sozialstaates zeigen sich besorgt über die Auflösung eines „Grundkonsenses" oder die Verletzung eines impliziten

„Gesellschaftsvertrages": „Es besteht wenig Zweifel", so vermerkt etwa der Politikwissenschaftler Gerhard Bäcker: „Der die Bundesrepublik lange Jahre prägende sozialstaatliche Konsens, dessen Stabilität und Breitenwirkung zweifelsohne durch die Erfahrungen mit Faschismus und Krieg, aber auch durch die spezifischen Bedingungen der nachfolgenden Systemkonkurrenz, zu erklären sind, löst sich auf."[233] Gunter Hofmann schließt sich an: "Zur Debatte steht der Gesellschaftsvertrag, der de facto abgelaufen und neu zu schließen ist."[234] Peter Glotz stellt fest, es gehe um einen "neuzuformulierenden Gesellschaftsvertrag"[235]; unzählige andere argumentieren ähnlich.[236] Dieser neue Gesellschaftsvertrag[237] mag eine „neue Sozialstaatlichkeit" beinhalten, aber er wird am Prinzip des Sozialstaates festhalten müssen. Empirisch wird ohnehin immer wieder festgestellt, daß die Mehrzahl der Individuen nicht willens ist, viel am Sozialstaat ändern zu lassen – was sich in der Zeitungsmeldung verdichtet: „Aller Stillstand geht vom Volke aus. Kein Umbau des Sozialstaats! fordern die Deutschen."[238] Fraglich ist, ob die Denkfigur des „Gesellschaftsvertrages", mit der auch für eine Änderung desselben geworben wird, wirklich mehr ist als eine intellektuelle Modellspielerei[239] – ob nicht für die meisten Menschen ein viel handfesteres Erleben, der Wohlfahrtsstaat als „normatives Setting"[240], zählt. Gerade die unhinterfragte Zustimmungsbereitschaft im Sinne einer gelebten Solidarität aber steht in einer Gesellschaft in Frage, in der die traditionellen Stränge dahingeschwunden sind, die Religion ihre gesellschaftliche Bedeutung verloren hat und die Allgemeinheit ihre Sinnfrage in den Bereich privater Erlebnishaftigkeit abgeschoben hat. Die Sozialversicherung ist nicht nur Ausdruck interessenrationaler Kalküle der Bürger, sie beruht auf einer wohlfahrtskulturellen Überhöhung dieses Interessenzusammenhangs.[241]

Der Markt funktioniert nicht immer, auch wenn er im Vergleich mit einem komplexen, inkonsistenten, unterschiedliche Logiken vereinenden wohlfahrtsstaatlichen System viel eleganter und spannungsreicher wirkt.[242] Die Marktkritiker haben ihres Erachtens längst überzeugend nachgewiesen, daß in einer Welt, in der es Skalenerträge gibt, also monopolistische Situationen vorteilhaft sind, wo es weiters Produktdifferenzierungen und unvollkommene Mobilitäten einzelner Faktoren gibt, Freihandel nicht mehr in jedem Fall dazu führt, daß alle Länder gewinnen.[243] In einer „Gesellschaft mit beschränkter Haftung" gibt es dann Globalisierungsgewinner und Globalisierungsverlierer[244]; der Markt spaltet die Gesellschaft und die internationale Szene. Kern und Peripherie fallen stärker auseinander. Es ist ein Wettlauf nach unten: „Der Staat mit der niedrigsten Besteuerung mobiler Faktoren, mit den niedrigsten Umwelt- und den niedrigsten Sozialstandards beeinflußt ceteris paribus die entsprechenden Niveaus aller anderen Staaten", und das ist nicht notwendig die beste Lösung:

„Geht man [...] von unvollkommenen Märkten und der Relevanz von Verteilungsfragen aus, kann man unter Bezugnahme auf Überlegungen der Spieltheorie oder der Theorie externer Effekte zeigen, daß Systemwettbewerb als nichtkooperatives Verhalten erhebliche gesamtwirtschaftliche Wohlfahrtsverluste erwarten läßt."[245]

Aber es ändert sich die Machtverteilung im Spiel, wenn beim „voting by feet" den einen die Füße weiter tragen als den anderen: „Wer internationale Politikkonkurrenz nutzen kann, hat größere reale Macht als die breite Masse derer, die auf nationaler Ebene agieren."[246] Der Markt beseitigt auch nicht automatisch jede Art von Armut und er stellt nicht notwendig den optimalen Ausgleich zwischen den Generationen her.

„Ohnehin ist der Markt das sinnvollste Allokationsmittel nur bei der Befriedigung der Bedürfnisse von Menschen mit Kaufkraft; er hilft keineswegs Menschen ohne Kaufkraft, wovon es in vielen Staaten, die keine Sozialstaaten sind, durchaus eine Menge gibt, und er hilft analog auch nicht, die Bedürfnisse der kommenden Generationen zu respektieren."[247]

Das würden auch die meisten Marktbefürworter zugeben. Sie würden allerdings der These nur unwillig folgen, daß der Markt solchen Gesetzlichkeiten folgt, für die man Rahmenbedingungen setzen kann, wenn man sie auch als Gesetze selbst nicht ändern kann. Angebots- und Nachfragemechanismen haben eine feste Basis in der ökonomischen Theorie wie in der alltäglichen Erfahrung; aber es gibt Ausnahmen, und die Reichweite dieser Gesetzlichkeiten läßt sich festlegen. Norman Birnbaum hält zwei Behauptungen, die er polemisch von sich weist, für offenkundige Unwahrheiten:

„Die beharrliche Behauptung, die Wirtschaft habe ihre eigenen Gesetze, mit denen herumzuspielen eine Mischung aus Blasphemie und sektiererischer Hybris sei, steht nicht allein in der Landschaft. Diese Vorstellung ist normalerweise verknüpft mit der zwanghaften Wiederholung einer anderen offenkundigen Unwahrheit: der Staat sei nicht dazu in der Lage, Wohlstand zu schaffen. Sie ist obendrein mit einer Vorstellung von Gesellschaft als einer Ansammlung isolierter Individuen verbunden."[248]

Marktvertreter haben die Vorstellung, daß Märkte funktionieren, wenn egozentrische, im übrigen aber „eigenschaftslose" Individuen einander begegnen und miteinander tauschen, genährt, und sie haben die soziale Eingebettetheit der Märkte, ihr Angewiesensein auf ethische und politische Kompetenz der Bürger, vernachlässigt. Aber der Liberalismus, begründet auf Individuen, die sich für ihn einsetzen, ist selbst ein „öffentliches Gut": eine geistige Haltung und Tradition, die gepflegt werden muß.

„Dazu ist es allerdings erforderlich, daß ein liberales Ethos, ein Bürgerideal ausgebildet wird, daß der Liberalismus sein neutralistisches Selbstmißverständnis aufgibt und den Mut findet, nicht nur Schüler mit kognitiven Schlüsselqualifikationen und individuellen Karrierechancen zu versehen, sondern tatsächlich Bürger zu erziehen."[249]

Für den Liberalen ist es eine selbstverständliche Forderung: *Abbau* des Wohlfahrtsstaates. Für jene, die ungebremste Märkte mit Mißtrauen sehen, lautet die Forderung: Festhalten am Wohlfahrtsstaat und *Ausbau*.

14. Zwischen Nationalstaat und Globalstaat

14a. Der nationale Wohlfahrtsstaat befindet sich im Abbau. Er muß durch ein liberaleres, flexibleres System ersetzt werden, und die internationale Verflechtung zwingt dazu. Die globalisierte Welt kennt nur freie Märkte.

14b. Der nationale Wohlfahrtsstaat ist tot; er muß durch den globalen Wohlfahrtsstaat ersetzt werden.

Über die Befunde der „Abbau-Theoretiker" wie der „Aufbau-Theoretiker" ist mittlerweile genügend gesagt worden; interessant mag aber noch ein Blick auf die Ideenwelt jener sein, die eine ganz andere und global umfassende Perspektive entwickeln: Globalisierung nicht als *Ende* des Wohlfahrtsstaates, sondern als seine *Erfüllung*. Seit langem wurde in Berichten internationaler Gremien, Kommissionen und Institutionen – wie etwa seinerzeit dem Brandt-Bericht[250] – ein umfassender Ressourcentransfer von Nord nach Süd ins Auge gefaßt; manches ist geschehen, ohne viel Erfolg. Das Jahrhundert des Wohlfahrtsstaats erfährt nun erst seine Universalisierung, er verbreitet sich über den ganzen Globus. Quer durch die Welt, so wird verheißen, ließen sich solidarische Bewegungen vereinen, die im Zusammenwirken eine geeinte und friedliche Welt zustandebringen: Gegenüber diesen neuen „moralischen Unternehmern" sehen die etablierten Verwalter der Wohlfahrtsstaaten alt aus; die letzteren administrieren ein absterbendes Modell, die ersteren, die neuen moralischen Unternehmer, dagegen organisieren Einfluß, Gefühle und Geld, und sie machen dergestalt – wie Richard Münch in seinem Buch über die „Weltgesellschaft" schreibt – eine grenzenlose und unbegrenzte Nachfrage nach Solidarität fruchtbar.[251] Da mag es nicht wundern, daß andere Vertreter der neuen Weltgesellschaft noch ehrgeiziger sind. Die Mitglieder der „Gruppe von Lissabon" fordern in ihrem Buch, das mit dem Titel *Grenzen des Wettbewerbs* den seinerzeit so erfolgreichen *Grenzen des Wachstums* nachempfunden ist, den Abschluß von vier globalen Verträgen: den *Grundbedürfnisvertrag* zur Beseitigung von Ungleichheiten (ausreichend Wasser, Unterkünfte, Energieversorgung, Nahrung für alle Menschen); den *Kulturvertrag* über Toleranz und interkulturellen Dialog (Kampagnen zur Förderung des globalen Zusammenlebens unter Nutzung aller modernen Informations- und Kommunikationstechnologien); den *Demokratievertrag* zur globalen Steuerung (Einberufung einer globalen Bürgerversammlung, jedenfalls in Form einer interparlamentarischen Versammlung aller nationalen Parlamente; Umwandlung in einen Weltsenat oder Weltbundesrat; Schritte zur internationalen politischen Steuerung); und den *Erdvertrag* über nachhaltige Entwicklung (zur Sicherung der globalen Ressourcen). Ziel ist „ein neues Bewußtsein der Zusammengehörigkeit jenseits des Wettkampfs".[252] Man kann sich erinnern, daß solche Weltregierungsvorstellungen schon öfter einmal geäußert wurden.

Während der globalisierte Wohlfahrtsstaat in diesem Modell wesentliche Ähnlichkeiten mit fortgeschrittenen Industrieländern aufweist, melden sich auch jene Utopisten zu Wort, die den etablierten Wohlfahrtsstaat nur für ein „Übergangssystem" halten, ein Vehikel, um Schritte zu einer ganz anderen, einer wirklich befreiten Gesellschaft – jenseits des kapitalistischen Systems – zu machen. Der Wohlfahrtsstaat, so monieren sie, sei nur die Fortsetzung des alten Systems, des modernen Industrialismus, mit anderen Mitteln. Er stelle den Versuch dar, die Krise zu besänftigen, sie nicht wirklich an den Wurzeln zu packen. Wollte man dem Übel wirklich beikommen, es nicht mit kosmetischen Operationen verharmlosen, dann müsse man ein ganz anderes System entwickeln. Die *marxistische Version* dieser Ideologie ist – nach dem Zusammenbruch des Weltkommunismus – nicht besonders aktuell. Aber in den westlichen Ländern finden sich immerhin genug Personen, die sozialdemokratische Gesinnungsgruppen beschwören, nicht zu vergessen, daß das letzte Ziel der Bewegung jenseits der kapitalistischen Strukturen liegen müsse. Man dürfe sich deshalb nicht vollständig von jenen Interessen der Kapitalseite vereinnahmen lassen, die durch „Brot und Spiele" die arbeitenden Menschen zu besänftigen trachten, um ihre grundlegenden Gewinninteressen aufrechtzuerhalten.[253] Und bei den Systemüberwindern keimt weiterhin die Hoffnung, daß der Wohlfahrtsstaat die systemtranszendierende Dynamik nur zeitweise ruhigstellen hatte können, so daß sein Versagen bei der Erfüllung der Wünsche auf Wohlstand, Gerechtigkeit und Sicherheit für alle zu seiner Legitimationskrise führe. Er wird unglaubwürdig, indem er seine „utopischen Energien" erschöpft.[254]

Die Gegner marxistischer Lehren halten umgekehrt den Wohlfahrtsstaat für das geeignete *Antidot gegen systemrevolutionäre Parolen*: Es sei keineswegs der liberale Kapitalismus gewesen, der die kommunistischen Länder in die Knie gezwungen habe, sondern eben die

„Kombination von Marktwirtschaft und Demokratie, von Wohlstand und Ausgleich, von Eigennutz und Solidarität, von Freiheit und Chancengerechtigkeit. Diese aufgeklärte und soziale Marktwirtschaft hat der historischen Scheinlogik der Marxisten in den Zivilgesell-schaften den Garaus gemacht – nicht der Kapitalismus pur, wie uns dessen Vertreter im Gewande der Neoklassik [. . .] weismachen wollen."[255]

Die Universalisierung des Wohlfahrtsstaates wird nicht zuletzt deshalb dis-kutiert, weil die Entwicklungspolitik der letzten Jahrzehnte für die Dritte Welt fast durchwegs gescheitert ist[256] und auch hinsichtlich ihrer Zukunft-schancen der Pessimismus überwiegt. „Durch die Globalisierung von Geld-, Güter- und Arbeitsmärkten", vermerkt Birgit Mahnkopf,

„entsteht keine gerechte ‚Weltgesellschaft'. Alle Daten belegen: Es werden neue globale Ungleichheiten erzeugt und bestehende verstärkt – zwischen hoch entwickeltem Norden und wenig entwickeltem Süden, zwischen Rohstoffwirtschaften und Industrieländern, zwischen Geldvermögensbesitzern und Schuldnern, zwischen einer kleinen Schicht reicher oder zu-mindest gut verdienender Globalisierungsgewinner und einer wachsenden Mehrheit von arbeitenden Armen und sozial Deklassierten."[257]

Nach Jahrzehnten internationaler Entwicklungspolitik, nach „Entwicklungs-dekaden" und Modellen einer „neuen Weltwirtschaftsordnung" hat sich an der miserablen Lage der meisten Länder in der Dritten Welt, von einigen Schwellenländern abgesehen, nicht viel geändert; nun könnte die globali-sierte Wirtschaft als geeignetes Mittel angesehen werden, die unterentwik-kelten Länder in jenen *liberalen Wirtschaftskreislauf* einzubeziehen, der es ihnen gestatten wird, sich aus eigener Kraft in die Wachstumsgesellschaft einzuklinken.

Noch radikaler ist die Ersetzung der *liberal-optimistischen* Perspektive durch eine *alternativ-optimistische*. Deren Vertreter behaupten, das Welt-wachstum sei ohnehin nicht wünschenswert, auch nicht im Interesse der unterentwickelten Länder, und auch die Errungenschaften des Wohlfahrts-staates werden verschmäht. Sie greifen auf überwundene Gesellschaftsfor-mationen zurück, deren „Wohlstand" mit den desaströsen Folgen einer mo-dernisierten Gesellschaft kontrastiert wird. Armut mache nicht automatisch unglücklich.[258] In dem Sammelband *The Case Against the Global Economy* argumentieren ihre Vertreter folgendermaßen: Das Wirtschaftswachstum läßt ohnehin nur eine kleine Minderheit der Bevölkerung profitieren. Zahlreiche Völker hätten mit kaum mehr als einer Steinzeit-Technologie und geringen Ressourcen „reiche" Kulturen etabliert, die sowohl ihre materiellen Bedürfnisse als auch ihre psychologischen und spirituellen Wünsche hinreichend befriedigt hätten. Sie hätten in relativer Harmonie mit ihrer Umgebung gelebt, bis sie mit modernistischen Bedürfnissen infiziert worden und einem falschen Konsum- und Fortschrittsbewußtsein verfallen seien. Die Moderne habe generell negative kulturelle Konsequenzen, die mit Begriffen wie „Imperialismus" und „Kolonialismus" umschrieben werden können, und die Modernisierung verursache darüber hinaus ökologische Desaster. Als Abhilfe werden lokale Autarkie empfohlen, Bioregionalismus, ein neuer Protektionismus oder wirtschaftlicher Lokalismus.[259]– Natürlich stimmt es, daß Geld nicht glücklich macht; in der Tat sind die Menschen in den reichen Ländern nicht fünfzigmal glücklicher als jene in den ärmsten Ländern, wie es nach dem Pro-Kopf-Sozialprodukt sein müßte. Aber Romantiker dieser Art zeigen sich davon unbeeindruckt, daß nach den besten verfügbaren Indikatoren die Wohlfahrt in sich entwickelnden Ländern sehr wohl steigt, und sie übertreiben die Harmonie früherer Gesellschaftsformationen, in denen die Lebenserwartung knapp über 40 Jahre betragen hat und die Kindersterblichkeit bei 150 und mehr Toten pro 1000 Geburten gelegen war. Sie oktroyieren, indem sie den Individuen, die in die Modernität streben, ein falsches Bewußtsein unterstellen, ihr eigenes Wunschbild; böswilligerweise könnte man gar unterstellen, daß sie ihre eigene Haut, jene der Mitglieder der Industrieländer, retten wollen, indem sie den größeren Teil der Welt in ökologisch verträglicher Unterentwicklung halten wollen, um den entwickkelten Ländern weiterhin die Ausbeutung der natürlichen Ressourcen zu ermöglichen. Aber selbst wenn wir annehmen, daß der wohlwollende Rat, arm zu bleiben, gut gemeint ist: Die Menschen in den Entwicklungsländern werden dies nicht akzeptieren. Sie streben nach dem Reichtum der Industrieländer, und sie lassen sich davon nicht abraten.[260] Der globale Wohlfahrtsstaat wird, wenn es ihn jemals geben sollte, jedenfalls kein "alternativer" sein.

Realistiker glauben an solche Modelle oder auch an wiederbelebte Weltregierungspläne ohnehin nicht. Der Futurologe und Schriftsteller Stanislaw Lem etwa ist pessimistisch:

„Nicht einer klassenlosen Wohlfahrtsgesellschaft oder einer Selbstentfaltungsgemeinschaft oder der ‚intelligenten‘, vor lauter kreativen Schöpfern wimmelnden Gesellschaft oder auch einer Risikogesellschaft Aussterbender scheinen wir zuzusteuern, sondern einer handvoll hochindustrialisierter Staaten im ewigen ‚kalten‘ Belagerungszustand, Festungen des Wohlstands, von Hungers sterbenden, elenden, verseuchten Milliarden der Dritten Welt in agonalem Geheul um Einlaß bestürmt – um in einer Welt zu überleben, in der die Reichsten ihr Überleben einer privaten, stets in frischem Zustand erhaltenen ‚Luftblase‘ und einem speziell für sie gereinigten Wasser verdanken."[261]

In globaler Sicht ist kein Platz für eine Wohlfahrtsgesellschaft, die alle Menschen dieser Erde umfaßt; inwieweit ein globaler „dritter Weg" sich der Wohlfahrtsstaatlichkeit annähern könnte, darüber wird diskutiert.[262]

Schlußbemerkungen

Daß der Wohlfahrtsstaat allein das Problem darstellt, als dessen Lösung er sich ausgibt, ist eine liberalfundamentalistische Position, für die wenig empirische Evidenz spricht. Daß sich in der Krise des Wohlfahrtsstaates endlich und endgültig der Untergang des spätkapitalistischen Systems abzeichnet, der schon längst fällig gewesen wäre, ist nicht weniger unplausibel. Daß in den Wohlfahrtsstaaten alles zum besten steht und jede Kritik nur als Böswilligkeit zu werten ist, kann aber auch niemand behaupten, der hie und da einen Blick in die Zeitung wirft. Probleme gibt es, und sie sind wohl darauf zurückzuführen, daß das herkömmliche Rahmenwerk des Wohlfahrtsstaates nicht mehr hält. Das wohlfahrtsstaatliche Arrangement ist veraltet[263], und es gilt ein neues zu erfinden. Der Wohlfahrtsstaat des 21. Jahrhunderts wird nicht gänzlich neu sein, er wird vielmehr - irgendwie - die Elemente des erfolgreichen wohlfahrtsstaatlichen Modells weiter verwenden. Die Zukunft birgt immer Überraschungen.

Anmerkungen

1   Ich danke den Teilnehmerinnen und Teilnehmern des Symposions für Anregungen, die in der Diskussion geäußert wurden.– Die Begriffe "Wohlfahrtsstaat" und "Sozialstaat" werden in diesem Beitrag unterschiedslos verwendet; im deutschen Sprachraum ist es zuweilen üblich, sie in der Weise zu unterscheiden, daß man mit dem Begriff des "Sozialstaats" ein zurückhaltendes System mit starker Betonung marktwirtschaftlicher Komponenten, mit jenem des "Wohlfahrtsstaates" ein überzogenes und deshalb aus liberaler Perspektive abzulehnendes System allseitiger Betreuung meint. Da der politische Streit, die öffentliche Diskussion und der ethische Diskurs sich im allgemeinen genau um die Frage drehen, wo die Grenze eines "angemessenen" Systems zu finden ist, wollen wir die Sache nicht durch eine entsprechende Begriffswahl vorentscheiden.– In diesem Beitrag wird aus Gründen des Lesbarkeit an jenen Sprachkonventionen festgehalten, die dem männlichen Geschlecht einen gewissen Vorrang einräumen. Es sei ausdrücklich vermerkt, daß in Formulierungen wie "dem Zahler" auch die "Zahlerin", mit dem "Bürger" auch die "Bürgerin", mit dem "Politiker" auch die "Politikerin" mitgemeint ist. Die hiermit übermittelte, wenn auch sehr bescheidene Erinnerung an die beiden Geschlechter ziehe ich der fortwährenden Verunglimpfung der Sprache vor.

2   Franz-Xaver KAUFMANN, Herausforderungen des Sozialstaates, Frankfurt a.M. 1997, 24.

3   Spiegel 20/96, Pleite im Paradies, staff-www.uni-marburg.de/~naeser/sozst-pl.htm.

4   Emmerich TALOS, Der geforderte Wohlfahrtsstaat, Wien 1992.

5   Marcus GRÄSER, Der blockierte Wohlfahrtsstaat, Göttingen 1995; Rolf G. HEINZE, Die blockierte Gesellschaft, Wiesbaden 1998.

6   Josef SCHMID, Reiner NIKETTA, Wohlfahrtsstaat. Krise und Reform im Vergleich, Marburg 1998.

7   Thomas OLK, Hans-Uwe OTTO, Der Wohlfahrtsstaat in der Wende. Umrisse einer zukünftigen Sozialarbeit, Weinheim 1985.

8   Gisela PETTERSSON, Wohlfahrtsstaat ade? Das „Modell Schweden" im Umbau, Hamburg 1997.

9   Peter ROSENBERG, Das soziale Netz vor der Zerreißprobe? Ökonomische, technologische und demographische Herausforderungen, Frankfurt a. M. 1990.

10 Günter SCHMÖLDERS, Der Wohlfahrtsstaat am Ende. Adam Riese schlägt zurück, München 1983.

11 Joachim BECKER, Der erschöpfte Sozialstaat. Neue Wege zur sozialen Gerechtigkeit, Frankfurt a.M. 1994.

12 Alfred ZÄNKER, Der bankrotte Sozialstaat, München 1994.

13 Gerd HABERMANN, Der Wohlfahrtsstaat. Die Geschichte eines Irrwegs, Berlin 1997.

14 Rolf G. HEINZE u.a., Vom Wohlfahrtsstaat zum Wettbewerbsstaat, Leverkusen 1998; Joachim HIRSCH, Der nationale Wettbewerbsstaat. Staat, Demokratie und Politik im globalen Kapitalismus, Berlin 1995; Joachim HIRSCH, Vom Sicherheitsstaat zum nationalen Wettbewerbsstaat, Berlin 1997.

15 Helmut KOHL, Der Weg zur Wende. Von der Wohlfahrtsgesellschaft zur Leistungsgesellschaft, Husum 1983; Karl S. ALTHALER, Gregor MATJAN, Vom Wohlfahrtsstaat zum Leistungsstaat? Wien 1996.

16 Guido WESTERWELLE, Neuland. Einstieg in einen Politikwechsel, Düsseldorf 1998.

17 Vgl. Elmar RIEGER, Die Institutionalisierung des Wohlfahrtsstaates, Opladen 1992.

18 Josef BIELMEIER, Heinrich OBERREUTER, Der bezahlbare Wohlstand. Auf der Suche nach einem neuen Gesellschaftsvertrag, München 1997.

19 Peter KÖPF, Deutschland. Volle Kraft zurück? Wie unsere Eliten die Zukunft verschenken, München 1998.

20 Vgl. Manfred PRISCHING, Bilder des Wohlfahrtsstaates, Marburg 1996.

21 Vgl. auch Christoph DEUTSCHMANN, Die Mythenspirale. Eine wissenssoziologische Interpretation industrieller Rationalisierung, in: Soziale Welt 47, 1997, 55-70.

22 R. PIOCH, G. VOBRUBA, Gerechtigkeitsvorstellungen im Wohlfahrtsstaat. Sekundäranalyse empirischer Untersuchungen zur Akzeptanz wohlfahrtsstaatlicher Maßnahmen, in: D. DÖRING, F. NULLMEIER, R. PIOCH, G. VOBRUBA (Hg.), Gerechtigkeit im Wohlfahrtsstaat, Marburg 1995, 114-165.

23 Kurt W. ROTHSCHILD, Sprüchliches und Widersprüchliches. Anmerkungen zur kognitiven Dissonanz in der Ökonomie, in: Konjunkturpolitik 44, 1998, 101-113, hier 103.

24 J. W. MEYER, B. ROWAN, Institutionalized Organizations. Formal Structure as a Myth and Ceremony, in: American Journal of Sociology 83 ,1977, 340-363.

25 Vgl. etwa Florian TENNSTEDT, Vom Proleten zum Industriearbeiter. Arbeiterbewegung und Sozialpolitik in Deutschland 1800 bis 1914, Köln 1983; Christoph SACHSSE, Florian TENNSTEDT (Hg.), Bettler, Gauner und Proleten. Arme und Armenfürsorge in der deutschen Geschichte, Reinbek b.H. 1983; Christoph SACHSSE, Florian TENNSTEDT (Hg.), Soziale Sicherheit und soziale Disziplinierung. Beiträge zu einer historischen Theorie der Sozialpolitik, Frankfurt a. M. 1986; Stephan LEIBFRIED u.a., Armutspolitik und die Entstehung des Sozialstaats. Entwicklungslinien sozialpolitischer Existenzsicherung im historischen und internationalen Vergleich, Bremen 1985; Rüdiger vom BRUCH (Hg.), Weder Kommunismus noch Kapitalismus. Bürgerliche Sozialreform in Deutschland vom Vormärz bis zur Ära Adenauer, München 1985; Peter FLORA, Arnold J. HEIDENHEIMER (Hg.), The Development of Welfare States in Europe and America, New Brunswick-London 1981; Wolfgang J. MOMMSEN (Hg.), Die Entstehung des Wohlfahrtsstaates in Großbritannien und Deutschland 1950-1950, Stuttgart 1982.

26 Vgl. aus der reichen Auswahl nur etwa Gunnar MYRDAL, Beyond the Welfare State, London 1960; Niklas LUHMANN, Politische Theorie im Wohlfahrtsstaat, München–Wien 1981; Jens ALBER, Vom Armenhaus zum Wohlfahrtsstaat, Frankfurt–New York 1982; Philipp HERDER-DORNEICH, Ordnungstheorie des Sozialstaates, Tübingen 1983; Philipp HERDER-DORNEICH, Der Sozialstaat in der Rationalitätenfalle. Grundfragen der sozialen Steuerung, Stuttgart u.a. 1982; Hans Peter WIDMAIER, Sozialpolitik im Wohlfahrtsstaat. Zur Theorie politischer Güter, Reinbek b.H. 1976; Egon MATZNER, Der Wohlfahrtsstaat von morgen. Entwurf eines zeitgemäßen Musters staatlicher Interventionen, Wien 1982; Georg VOBRUBA, Politik mit dem Wohlfahrtsstaat, Frankfurt a. M. 1983; Arthur SELDON, Wither the Welfare State, London 1981; Richard ROSE, Understanding Big Government. The Programme Approach, London–Beverly Hills–New Delhi 1984; Terence F. KELLY, Social Policies in the 80s: A Diagnosis, Paris 1981; u.v.a.

27 Diese vierzehn Thesen und Gegenthesen erschöpfen natürlich nicht das Feld der Diskussionen; für einige weitere vgl. Manfred PRISCHING, Bilder des Wohlfahrtsstaates, Marburg 1996.

28 Johan GALTUNG, Die andere Globalisierung, Münster 1998; Robert WENT, Ein Gespenst geht um... Globalisierung. Eine Analyse, Zürich 1997; Richard MÜNCH, Globale Dynamik, lokale Lebenswelten. Der schwierige Weg in die Weltgesellschaft, Frankfurt a.M. 1998; Achim WOLTER, Globalisierung der Beschäftigung, Baden-Baden 1997; Hermann SCHWENGEL, Globalisierung mit europäischem Gesicht. Der Kampf um die politische Zukunft, Berlin 1998; Helmut SCHMIDT, Globalisierung. Politische, ökonomische und kulturelle Herausforderungen, Stuttgart 1998; Hans-Peter MARTIN, Harald SCHUMANN, Die Globalisierungsfalle. Der Angriff auf Demokratie und Wohlstand, Reinbek b.H. 1996; Ulrich BECK, Politik der Globalisierung, Frankfurt a.M. 1998.

29 Robert KUTTNER, Globalism Bites Back, in: The American Prospect, 37, 1988.

30 Martin ALBROW, Abschied vom Nationalstaat. Staat und Gesellschaft im Globalen Zeitalter, Frankfurt a.M. 1998.

31 Niklas LUHMANN, Die Weltgesellschaft, in: Soziologische Aufklärung 2, Opladen 1975, 51-71; John W. BURTON, World Society, Cambridge 1972.

32 Thomas STRAUBHAAR, Unternehmen und Staaten: Internationaler Leistungswettbewerb der immobilen um die mobilen Faktoren – Neue Maßstäbe für innerstaatliche Strukturänderungen?, in: Hanns Martin SCHLEYER STIFTUNG (Hg.), Rechtsstaat, Finanzverfassung, Globalisierung, Köln 1998, 37-44, hier 40.

33 Richard ROTHSTEIN, The Global Hiring Hall. Why We Need Worldwide Labor Standards, in: The American Prospect , 17, 1988.

34 Standortrisiko Wohlfahrtsstaat? Jahrbuch 1/1997, Leverkusen.

35 STRAUBHAAR, Unternehmen , 1998, 39.

36 Wolfgang KERSTING, Bürger fallen nicht vom Himmel, in: Die Presse, Spektrum, 10./11. Oktober 1998.

37 Ulrich BECK, Die Eröffnung des Welthorizontes: Zur Soziologie der Globalisierung, in: Soziale Welt, 47, 1997, 3-16, hier 9.

38 Thomas ASSHEUER, Die ‚zweite Moderne': Wie Soziologen alte Fragen neu drapieren, in: Die Zeit, 18.7.1997.

39 Vgl. dazu Norbert BERTHOLD, Der Sozialstaat im Zeitalter der Globalisierung, Tübingen 1997.

40 Paul PIERSON, Dismantling the Welfare State? Reagan, Thatcher, and the Politics of Retrenchment, Cambridge–New York–Melbourne 1995.

41 Dies ist nicht mehr nur das Credo unternehmerischer „Blutsauger"; selbst die Gewerkschaften beginnen wahrzunehmen, daß dem globalen Trend kaum Widerstand zu leisten ist. Der Vorsitzende des Deutschen Gewerkschaftsbundes, Dieter Schulte, hat in Alpbach gesagt: „Wir sind in der Bundesrepublik Deutschland in einer Phase, in der es scheinbar nicht zu verhindern ist, daß auf der weltweit existierenden Wohlstandstreppe auch die Bundesrepublik eine Stufe nach unten geht. Dieses passiert in einem Zeitraum, wo zwei Milliarden Menschen vielleicht zwei oder drei Stufen auf dieser Treppe emporklettern. Obwohl nach wie vor die Differenz riesengroß ist, wird die Welt in allen Verästelungen erschüttert." Dieter SCHULTE, in: Heinrich PFUSTERSCHMID-HARDTENSTEIN (Hg.), Wissen wozu? Erbe und Zukunft der Erziehung, Wien 1998, 471-475, hier 474.

42 Volker HEINS, Das Zaumzeug der Moderne, in: Die Zeit , 23, 1998.

43 Karl S. ALTHALER, Primat der Ökonomie? Marburg 1997.

44 Pierre BOURDIEU, Das Elend der Welt, der Skandal der Arbeitslosigkeit und eine Erinnerung an die Sozialutopie Ernst Blochs, in: Die Zeit, 22.1.1998.

45 Zum Beispiel Rainer ZUGEHÖR, Die Globalisierungslüge, Unkel 1998; Daniel COHEN, Fehldiagnose Globalisierung, Frankfurt a.m. 1998; Gerald BOXBERGER, Harald KLIMENTA, Die 10 Globalisierungslügen. Alternativen zur Allmacht des Marktes, München 1998.

46 Eine echte Konkurrenz auf der Einkommensseite, so die Verteidiger des Sozialstaates weiter, sei ohnehin nicht möglich, handle es sich doch letztlich beim Vergleich von Industrie- und Entwicklungsländern um einen Unterschied im Stundenlohn, der das Zehn- bis Dreißigfache betrage. Im übrigen stimmt es ihres Erachtens auch nicht, daß den Industrieländern *jede* Wahlmöglichkeit genommen wird. Jedes Land hat auch bei stärkster Weltmarktkonkurrenz die Möglichkeit, seinen Bürgern Einkommen in unterschiedlicher Form anzubieten: *entweder* als Sozialleistungen *oder* als verfügbare Einkommen. Durch die Möglichkeit eines derartigen trade-offs ist es nicht ganz richtig, wenn von einer notwendigen Konvergenz aller Wohlfahrtssysteme der Welt gesprochen wird.- Allerdings muß man wieder einschränken: Dieses Argument ist nur in bezug auf andere Industrieländer als Konkurrenten richtig; denn der Einkommensabstand zu den Entwicklungsländern ist so groß, daß auch beliebige trade-offs – selbst eine Reduzierung der Sozialleistungen und der Einkommen – nichts nützen, um bei den Produktionskosten konkurrieren zu können.

47 „Aus dem Zusammentreffen verstärkter internationaler Konkurrenz, steigender Arbeitslosigkeit und zunehmenden Finanzierungsschwierigkeiten des Sozialsektors läßt sich [. . .] nicht schließen, die Höhe der Sozialaufwendungen sei eine entscheidende Ursache für die sinkende internationale Konkurrenzfähigkeit und diese lasse sich durch eine Reduktion der sozialpolitischen Umverteilungsvorgänge wiederherstellen." KAUFMANN, Herausforderungen, 121. Im Original kursiv.

48 Es sei nur am Rande vermerkt, daß sich diese Diskussion nur auf die ökonomische Facette der Globalisierung, nicht auf die politische und kulturelle bezieht. Auch die Berechtigung, die „multidimensionale Globalisierung" auszurufen, kann allerdings bezweifelt werden. So wird vermutet, daß mit Globalisierung kaum etwas anderes gemeint sei als seinerzeit mit dem Begriff der „Modernisierung". Möglicherweise handle es sich eher um ein neues kognitives Schema als um ein neues Phänomen: „Das Neue ist, daß die europäische/ nordamerikanische Moderne, die stets auf Globalität, Universalität, Allgültigkeit und Allzuständigkeit drängte, sich nun *explizit* den Zumutungen einer Globalität ausgesetzt *sieht*, die ihre Universalität, Allgültigkeit und Allzuständigkeit untergraben." Armin NASSEHI, Die ‚Welt'-Fremdheit der Globalisierungsdebatte. Ein phänomenologischer Versuch, in: Soziale Welt 49, 1998, 151-166, hier 155.

49 Hans BÜTTNER, Die Globalisierung der Finanzmärkte. Auswirkungen auf den Standort Deutschland, Mainz 1997.

50 William GREIDER, Endstation Globalisierung. Der Kapitalismus frißt seine Kinder, München 1998, 510.

51 Michel ALBERT, Kapitalismus contra Kapitalismus, Frankfurt a.M. 1992.

52 Jan ROSS, Stunde der Politik, in: Die Zeit, 8. Oktober 1998, 1.

53 Fritz J. RADDATZ, Der Wegwerfmensch, in: Die Zeit, 10.10.1997.

54 Klaus von DOHNANYI, Im Joch des Profits? Eine deutsche Antwort auf die Globalisierung, Stuttgart 1997.

55 Matthias GEIS, Von schwierigen Streit über Europa und die Globalisierung, in: Die Zeit, 13.6.1997.

56 Michael ZÜRN, Regieren jenseits des Nationalstaates. Globalisierung und Denationalisierung als Chance, Frankfurt a.M. 1998; Rüdiger ALTMANN, Abschied vom Staat. Politische Essays, Frankfurt a.M. 1998.

57 KAUFMANN, Herausforderungen, 117. Im Original als Ganzes kursiv.

58 Robert KUTTNER, Constraining Capital, Liberating Politics, in: The American Prospect, 40, 1988.

59 James TOBIN, A Proposal for International Monetary Reform, in: Eastern Economic Journal, 1978, 153-159.

60 Vgl. etwa KAUFMANN, Herausforderungen, 126f.

61 Stephan SCHULMEISTER, Wege zur Vollbeschäftigung – Globale, europäische und österreichische Strategien, in: Stephan SCHULMEISTER u.a.: Wirtschaftspolitische Alternativen zur globalen Hegemonie des Neoliberalismus, Wien 1997, 21-46, hier 31.– Freilich kann man zweifeln, ob sich ein großer Industriestaat, eingebunden in die internationalen Gremien und Institutionen, politisch anders hätte entscheiden können. Wohl hat es sich um eine Serie politischer Entscheidungen gehandelt, die eine globalisierte Wirtschaft geschaffen haben, und möglicherweise hätte sich die Staatengemeinschaft als ganze anders entscheiden können (wobei die Frage bleibt, ob sie es anders machen hätte sollen); aber da es keine global wirksamen Vermittlungsmechanismen gibt, hat es sich um ein strategisches Spiel zwischen souveränen, wenn auch immer weniger souverän werdenden Staaten gehandelt. Ob diese hinterdrein allesamt in jener Ecke der Gefangenendilemma-Matrix gelandet sind, wo sie nicht hingelangen wollten, darüber läßt sich streiten.

62 Diether DÖRING, Richard HAUSER, Soziale Sicherheit in Gefahr, Frankfurt a.M. 1995.

63 Mathias GREFFRATH, Auf den Schultern von Riesen, in: Berliner Zeitung, 9.5.1998.

64 RADDATZ, Wegwerfmensch, 1997.

65 Juergen B. DONGES, Andreas FREYTAG, Die Rolle des Staates in der globalisierten Wirtschaft, Stuttgart 1998.

66 Auch kraftvolle Gegenbewegungen, die den Gang der Dinge aufhalten und andere Vorgangsweisen vorschlagen wollen, sind kaum zu verspüren, gibt es doch gegen die neoliberalen Vorschläge keine konsistenten Anti-Konzepte: Es gibt kein glaubwürdiges marxistisches Gesellschaftsbild, wie es in der Zwischenkriegszeit noch verfügbar war; es gibt in den rechtsradikalen Bewegungen keine wirkliche Alternative; und ein optimistischer Keynesianismus, der sich zutraut, eine fiskalpolitische Steuerung in technokratischer Eleganz zu vollführen, ist auch dahingeschwunden. Die einzige Gegenposition, die sich vernehmen läßt, ist „konservativ": Festhalten am Sozialstaat oder zumindest: Abbau mit Augenmaß. Deshalb werden Gegenbewegungen auch nicht massenwirksam: Wenn man um einen modifizierten Keynesianismus in postkeynesianischer Prägung, mit starken neoklassisch-liberalen Akzenten, unter gänzlich neuen internationalistischen Rahmenbedingungen ringt, dann sind weit und breit keine überzeugungskräftigen „Welterklärungsformeln" zu entdecken. Die unterschiedlichsten wirtschaftstheoretischen Modelle befinden sich miteinander im Konflikt - vom Postkeynesianismus über die neue Makroökonomie und die nicht-walrasianischen Ungleichgewichtstheorien bis zu Chaostheorien und langen Wellen -, und sie werden (mangels hinreichender Simplifizierbarkeit) ohnehin nicht öffentlichkeitswirksam.

67 Warnfried DETTLING, Wege aus der Stagnation. Das ‚Modell Deutschland' auf dem Prüfstand, Die Zeit, 1. Oktober 1998, 56.

68 Für die Mehrheit der Kommentatoren handelt es sich um Sachzwänge, die ohnehin keine anderen Entscheidungen zulassen, um eigendynamische, nicht um gewollte Wirtschaftsentwicklungen. Was sich dabei abspielt, klingt - etwa in den Worten des Hamburger Nationalökonomen Norbert BERTHOLD - so: „Die in die internationale Arbeitsteilung eingebundenen Länder werden ständig von vielfältigen exogenen Schocks (Anpassungslasten) getroffen. Nur wenn die privaten wirtschaftlichen Akteure bereit sind, diese Anpassungslasten auch zu tragen, und nicht versuchen, sie auf Dritte abzuwälzen, kann es gelingen, die Arbeitslosigkeit dauerhaft niedrig zu halten. Dies ist dann der Fall, wenn die Reallöhne flexibel, die sektoralen, regionalen und qualifikatorischen Lohnstrukturen beweglich sind und wenn der Produktionsfaktor Arbeit mobil ist." Norbert BERTHOLD, Cornelia SCHMID, Krise der Arbeitsgesellschaft und Privatisierung der Sozialpolitik, in: Aus Politik und Zeitgeschichte, 1997, B 48-49, 3-11, hier 4.

69 Die praktische Erfahrung mit jahrzehntelangen Regierungen unter sozialdemokratischer Vorherrschaft hat den Bürgern die Illusionen geraubt, daß ökonomische Schwierigkeiten nur auf der Konspiration profitsüchtiger Kapitalisten beruhen und unter humanistisch-sozialistischer Führung alles anders würde; gerade linke Regierungen waren bei der „Wende" und dem Abbau von Sozialstaatlichkeit besonders erfolgreich - weil man ihnen eher glaubte, daß die restriktiven Maßnahmen wirklich erforderlich seien, wenn sogar *diese* Gruppen in den Abbau einwilligten und ihn exekutierten. Das Einlenken der Sozialdemokratie verkörpert den „Sachzwang" am besten: Eine stabile Alternativlosigkeit in der wirtschaftspolitischen Programmatik ist die Grundlage, auf der weltanschaulich-ethische Konflikte ausgetragen werden. Man redet über Werte, aber kann doch keine verwirklichen. Man redet über Strategien, glaubt aber nicht daran. Man redet über Zukünfte, an denen man zweifelt.

70 Alain TOURAINE, Links von der Mitte liegt die Zukunft, in: Die Zeit, 5. November 1998, 15; Anthony GIDDENS, Jenseits von Links und Rechts, Frankfurt a.M. 1997.

71 GREIDER, Endstation, 1998, 517.

72 Stephan LEIBFRIED, Paul PIERSON (Hg.), Standort Europa. Europäische Sozialpolitik, Frankfurt a.M. 1998.

73 Lowell BRYAN, Diana FARRELL, Der entfesselte Markt. Die Befreiung des globalen Kapitalismus, 1997.

74 NOWOTNY, Globalisierung, 1998, 222.

75 Gunther TICHY, Möglichkeiten und Grenzen regionaler Wirtschaftspolitik, Manuskript 1997.

76 "Sozialstaat reformieren, nicht abschaffen", Interview mit Joschka FISCHER, in: Tages-Anzeiger , 3.10.1996.

77 BOURDIEU, Mut.

78 Stephan LEIBFRIED, Vom gemeinsamen Arbeitsmarkt zu erzwungener europäischer Sozialreform, Impulse 17 vom April 1994, in www.uni-bremen.de/ campus/ pressestelle/ impulse/impulse-17-1994; Stephan LEIBFRIED, Grenzen deutscher Sozialstaatlichkeit. Vom gemeinsamen Arbeitsmarkt zu erzwungener europäischer Sozialreform", in: Barbara RIEDMÜLLER, Thomas OLK (Hg.), Grenzen des Sozialversicherungsstaates, Opladen 1994, 313-323.

79 KAUFMANN, Herausforderungen, 1997, 133.

80 John EATWELL, Lance TAYLOR, International Capital Markets and the Future of Economic Policy, in: Center for Economic Policy Analysis, Working Paper Series III, No. 9.

121

81 KAUFMANN, Herausforderungen, 1997, 134.
82 Mario MÜLLER, Tempolimit für globale Raser, in: Die Zeit, 17. September 1998, 26.
83 Wolfgang HOFFMANN, Die soziale Trutzburg, in: Die Zeit, 10. Dezember 1998, 11f.
84 Großbritannien, Schweden, schließlich die Niederlande haben bereits vorgezeigt, was in dieser Situation zu machen ist: eine allgemeine Liberalisierung, verbunden mit einer Reduzierung sozialstaatlicher Programme.
85 Jan ROSS, Die neuen Staatsfeinde, Berlin 1998, 118.
86 F. BACCIELLI, The Medium and Long Term Impact of Demographic Ageing, Brüssel 1996; vgl. Felix BUTSCHEK, Öffentliche oder private Alterssicherung?, in: Arbeitsgemeinschaft für wissenschaftliche Wirtschaftspolitik (Hg.), Wieviel Staat, wieviel privat? Die zukünftige Rolle des Staates in Österreichs Wirtschaft, Wien 1998.
87 Jürgen BORCHERT, Renten vor dem Absturz. Ist der Sozialstaat am Ende? Frankfurt a.M. 1993.
88 Im OECD-Wirtschaftsbericht über Österreich 1997 (deutsche Ausgabe, Paris 1997) heißt es zur Wahlfreiheit: „Die Leistungsabdeckung durch die soziale Krankenversicherung dürfte die meisten anderen europäischen Länder, in denen Spitalseinweisungen durch die Steuerungsfunktion (‚gate-keeper'-Funktion) der praktischen Ärzte sowie durch schärfere Kontrollen begrenzt worden sind, an Großzügigkeit übertreffen. In der Tat verfügen die gesetzlich Krankenversicherten über eine fast ebenso große Wahlfreiheit wie Privatversicherte in den USA oder der Schweiz." (84) Zur angebotsinduzierten Nachfrage: „(D)ie Ärzte sichern ihr eigenes Einkommen, indem sie zusätzliche Leistungen verschreiben, die von Dritten finanziert werden." Die Versuche der Krankenkassen, durch die Begrenzung der Zahl niedergelassener Ärzte einzusparen, werde wieder kompensiert durch steigende Aufwendungen für den ambulanten oder gar stationären Bereich der Spitäler. Es gebe ohnehin ein starkes Überangebot bei den Krankenanstalten, und die Zahl der Spitalseinweisungen liege weit über allen anderen OECD-Ländern. Ebenso gebe es eine angebotsinduzierte Nachfrage bei den Arzneimitteln.
89 KAUFMANN, Herausforderungen, 58ff.
90 Manche sind freilich für eine radikale Privatisierung, die behauptetermaßen mit demselben Aufwand größere Erträge zeitigen sollte: „Es führt kein Weg daran vorbei, auch bei der Alterssicherung sind private Kapital- und Versicherungslösungen längerfristig sinnvoll und unausweichlich." BERTHOLD, SCHMID, Krise, 8.
91 Horst SCHMITTHENNER, Der „schlanke" Staat. Zukunft des Sozialstaates – Sozialstaat der Zukunft, 1995.
92 Vgl. dazu auch ROSS, Staatsfeinde, 133.
93 KAUFMANN, Herausforderungen, 72.
94 Jung und Alt gerecht werden, Gespräch mit Bert RÜRUP, in: Die Zeit, 29. Oktober 1998, 26.
95 Ulf FINK, Der neue Generationenvertrag, München 1998; Karlheinz QUEST, Der überforderte Generationenvertrag. Rentenpolitik auf dem Prüfstand, München 1998.
96 Oswald von NELL-BREUNING, Soziale Sicherheit. Zu Grundfragen der Sozialordnung aus christlicher Verantwortung, Freiburg i.B. 1979.
97 KAUFMANN, Herausforderungen, 81.
98 KERSTING 1998.
99 Cait MURPHY, The American Way: Forward or Backward?, in: Heinrich PFUSTERSCHMID-HARDTENSTEIN (Hg.), Wissen wozu? Erbe und Zukunft der Erziehung, Wien 1998, 465-471, hier 470.

100   Allan H. MELTZER, Der Wohlfahrtsstaat blockiert den Fortschritt, www.handels-blatt.de/ hb/kurs_2010/27.htm.

101   BERTHOLD, SCHMID, Krise, 4.

102   Michael MICHL, The Social Model of the US – An Example to be Followed in Europe?, in: Heinrich PFUSTERSCHMID-HARDTENSTEIN (Hg.): Wissen wozu? Erbe und Zukunft der Erziehung, Wien 1998, 478-483, hier 481.

103   Zur Kritik vgl. Richard SENNETT, Der flexible Mensch. Die Kultur des neuen Kapitalismus, Berlin 1998.

104   Vgl. David KUCERA, Unemployment and External and Internal Labor Market Flexibility: A Comparative View of Europe, Japan and the United States, Center for Economic Policy Analysis, Working Paper Series I, 11.

105   BERTHOLD, SCHMID, Krise, 10.

106   Kommission für Zukunftsfragen der Freistaaten Bayern und Sachsen: Erwerbstätigkeit und Arbeitslosigkeit in Deutschland. Entwicklung, Ursachen und Maßnahmen, Teil III: Maßnahmen zur Verbesserung der Beschäftigungslage, Bonn 1997.

107   Günter SCHMÖLDERS, Das Irrationale in der öffentlichen Finanzwirtschaft. Probleme der Finanzpsychologie, Hamburg 1960; Günter SCHMÖLDERS: Verhaltensforschung im Wirtschaftsleben, Reinbek b.H. 1978.

108   KAUFMANN, Herausforderungen, 35.

109   Dirk KURBJUWEIT, Der Sozialstaat ist sein Geld wert, in: Die Zeit, 9.8.1996.

110   KAUFMANN, Herausforderungen, 103f.

111   KAUFMANN, Herausforderungen, 159.

112   Eine gewisse Wachstumsschwächung oder Leistungsabsenkung mag sogar eines der Ziele des Wohlfahrtsstaates sein. Der Wohlfahrtsstaat versucht beispielsweise, jedem Arbeitnehmer ein Einkommen zu garantieren, das ausreicht, seine Familie zu erhalten, ohne daß das Arbeitsangebot von Frau und Kindern bis zur physischen Grenze ausgeschöpft werden muß. Denn natürlich gibt es Leistungsspielräume. Im übrigen könnte man auch darüber meditieren, ob ein möglichst hohes Wirtschaftswachstum wirklich das dringendste Ziel der reichen Industrieländer darstellt: ob nicht etwa eine durch sozialpolitisch überhöhte Abgabensätze bewirkte Absenkung des Arbeitsangebots positive familiäre Wirkungen hätte. Vielleicht mangelt es eher an Investitionen in die private Lebenswelt, und wenn Disincentives dieser Art in der Berufswelt wirksam werden, könnte sich langfristig die Qualität des Zusammenlebens, insbesondere im Hinblick auf die Erziehung der Kinder, wesentlich verbessern.

113   BÄCKER, Sozialstaat.

114   KAUFMANN, Herausforderungen, 46f.

115   William Julius WILSON, The Truly Disadvantaged. The Inner City, the Underclass, and Public Policy, Chicago 1987, 18ff.

116   Gösta ESPING-ANDERSEN, The Three Worlds of Welfare Capitalism, Princeton, NJ 1990.

117   Jens ALBER, Vom Armenhaus zum Wohlfahrtsstaat, Frankfurt a.M. 1987.

118   R. M.TITMUSS, Social Policy, London 1974.

119   Warnfried DETTLING, Was heißt Solidarität heute?, in: Die Zeit, 27.12.1996.

120   Gunter HOFMANN, Wolfgang Streeck und Fritz W. Scharpf sezieren den Wohlfahrtsstaat und forschen nach dem Geist des Kapitalismus im Zeitalter seines Sieges, in: Die Zeit, 21.11.1997.

121 Paul M. ZULEHNER, Hermann DENZ, Anton PELINKA, Solidarität. Option für die Modernisierungsverlierer, Innsbruck 1996.

122 Karl Otto HONDRICH, Claudia KOCH-ARZBERGER, Solidarität in der modernen Gesellschaft, Frankfurt a.M. 1992; Andre HABISCH, Ulrich PÖNER, Signale der Solidarität, Paderborn 1994.

123 Barrington MOORE, Ungerechtigkeit. Die sozialen Ursachen von Unterordnung und Widerstand, Frankfurt a.M. 1982, 61ff.

124 Ludwig von MISES, Die Ursachen der Wirtschaftskrise, Tübingen 1931, 23.

125 Vgl. ausführlicher Manfred PRISCHING, Arbeitslosenprotest und Resignation in der Wirtschaftskrise, Frankfurt a.M. 1988, 110f.

126 Hier werden keine Pappkameraden aufgebaut, auf die sich trefflich zielen ließe. ESPING-ANDERSEN (1990) schreibt in seinem bekannten Buch über die Gestalt des dekommodifizierenden Wohlfahrtsstaates: „A minimal condition must entail that citizens can freely, and without potential loss of job, income, or general welfare, opt out of work when they themselves consider it necessary. With this definition in mind, we would, for example, require of a sickness insurance that individuals be guaranteed benefits equal to normal earnings, and the right to absence with minimal proof of medical impairment and for the duration that the individuals deems necessary ... Similar requirements would be made of pensions, maternity leave, parental leave, educational leave, and unemployment insurance." Erstaunlicherweise werden auch Sozialwissenschaftler, die derlei tiefe Einsichten in die Psyche der Menschen vermelden, als führende Vertreter ihres Spezialgebietes gefeiert.

127 Charles MURRAY, Losing Ground. American Social Policy, 1950-1960, New York 1984; Charles MURRAY, Have the Poor Been ‚Losing Ground', Political Science Quarterly, 1985, 427-446; Charles MURRAY, What to Do About Welfare, Commentary 98, 1994, No. 6, 26-34.

128 Christopher JENCKS, Rethinking Social Policy. Race, Poverty and the Underclass, Cambrigde, MA 1993, besonders 225.

129 Kathryn EDIN, Laura LEIN: Making Ends Meet. How Single Mothers Survive Welfare and Low-Wage Work, New York 1997.

130 Vgl. Manfred PRISCHING, Traum oder Alptraum? Restauration oder Verabschiedung des „American Dream", in: Herbert MATIS, Dieter STIEFEL (Hg.): Krise des Steuerstaats – Steuerstaat in der Krise? Plädoyer für einen Funktionswandel des modernen Steuerstaats, Wien 1997, 157-214.

131 Roger de WECK, Deutschland auf der Suche nach der Neuen sozialen Marktwirtschaft, in: Die Zeit, 17.10.1997.

132 Roland BAADER, Fauler Zauber. Schein und Wirklichkeit des Sozialstaates, Gilching 1997.

133 David R. HOWELL, Margaret DUNCAN, Bennett HARRISON, Low Wages in the US and High Unemployment in Europe: A Critical Assessment of the Conventional Wisdom, Center for Economic Policy Analyses Working Paper Series I, 5, February 1998.

134 Thomas R. SWARTZ, Kathleen MASS WEIGERT, America's Working Poor, University of Notre Dame Press 1996; John E. SCHWARZ, The Forgotten Americans: Thirty Million Working Poor in the Land of Opportunity, New York 1993.

135 Ursula SCHWARZER, Arbeit schützt vor Armut nicht, München 1993.

136 Monika LUDWIG, Armutskarrieren. Zwischen Abstieg und Aufstieg im Sozialstaat, Wiesbaden 1996; Monika ALISCH, Jens S. DANGSCHAT, Armut und soziale Integration, Leverkusen 1998.

137 BERTHOLD, SCHMID, Krise, 6.

138 Bernhard KÜLP, Umverteilung zugunsten der nicht ganz Armen und zu Lasten der nicht ganz Reichen?, in: Ernst DÜRR u.a. (Hg.), Beiträge zur Wirtschafts- und Gesellschaftspolitik, Berlin 1975, 227-241.

139 ROSS, Staatsfeinde, 119.

140 Zu einigen Armutsbegriffen vgl. Herbert JACOBS, Armut. Zum Verhältnis von gesellschaftlicher Konstituierung und wissenschaftlicher Verwendung eines Begriffs, in: Soziale Welt, 46, 1995, 403-420.

141 Ernst KAUSEN, in: SZ , 7.9.1998.

142 Isabel V. SAWHILL, Poverty in the U.S.: Why is it so Persistent?, in: Journal of Economic Literature, 26, 1988, 1073ff.

143 Edward N. WOLFF, Top Heavy. A Study of Increasing Inequality of Wealth in America, New York 1995.

144 De WECK, Deutschland.

145 Siegfried MÜLLER, Ulrich OTTO, Armut im Sozialstaat. Gesellschaftliche Analysen und sozialpolitische Konsequenzen, Nürnberg 1997.

146 ROSS, Staatsfeinde, 120.

147 Friedhelm HENGSBACH, Matthias MÖHRING-HESSE, Eure Armut kotzt uns an. Solidarität in der Krise, Frankfurt a.M. 1995.

148 Susanne ELSEN, Gemeinwesenökonomie. Eine Antwort auf Arbeitslosigkeit, Armut und soziale Ausgrenzung, Nürnberg 1998.

149 Dirk KURBJUWEIT, Der Sozialstaat ist sein Geld wert, in: Die Zeit, 9.8.1996.

150 Richard E. WAGNER, To Promote the General Welfare. Market Processes vs. Political Transfers, San Francisco 1989.

151 Vgl. Cora STEPHAN, Der Betroffenheitskult. Eine politische Sittengeschichte, Berlin 1993.

152 Helmut K. ANHEIER, Eckhard PRILLER, Wolfgang SEIBEL, Annette ZIMMER (Hg.), Der Dritte Sektor in Deutschland. Organisationen zwischen Staat und Markt im gesellschaftlichen Wandel, Berlin 1998.

153 DETTLING, Solidarität.

154 Warnfried DETTLING, Wirtschaftskummerland? Wege aus der Globalisierungsfalle, München 1998, 264.

155 Leopold ROSENMAYR, Alle reden von der Schere, in: Die Presse , 6.6.1997, zit. nach www.edvz.sbg.ac.at/~cbergler/altersschere.htm.

156 GREFFRATH, Schultern.

157 KAUFMANN, Herausforderungen, 107f.

158 Robert D. PUTNAM, Bowling Alone: America's Declining Social Capital, in: Journal of Democracy 6, 1995, 64-78; Robert D. PUTNAM, The Strange Disappearance of Civic America, in: The American Prospect, 24, 1996, 34-48; Robert D. PUTNAM , Tuning In, Tuning Out. The Strange Disappearance of Social Capital in America, in: PS. Political Science and Politics 28, 1995, 664-683.

159 ASSHEUER, „Zweite Moderne".

160 KURBJUWEIT, Sozialstaat.

161 KURBJUWEIT, Sozialstaat.

162 KERSTING 1998.

163   Avishai MARGALIT, Politik der Würde. Über Achtung und Verachtung, Berlin 1997.

164   KAUFMANN, Herausforderungen, 112.

165   ASSHEUER, „Zweite Moderne".

166   BÄCKER, Sozialstaat, 15.

167   Norbert BLÜM, Der Mythos der schönen neuen Welt, in: Süddeutsche Zeitung, 29.8.1998.

168   Richard HERZINGER, Die Gemeinschaftsfalle: Wider die konservative Klage vom Untergang der Werte, in: Die Zeit, 4.4.1997.

169   Manfred PRISCHING, Solidarität in der Moderne – zu den Varianten eines gesellschaftlichen Koordinationsmechanismus, in: Journal für Sozialforschung, 32, 1992, 267-281.

170   HERZINGER, Gemeinschaftsfalle.

171   Ulrich BECK (Hg.), Kinder der Freiheit, Frankfurt a.M. 1997.

172   BECK, Kinder, 15.

173   Ulrich BECK, Risikogesellschaft. Auf dem Weg in eine andere Moderne, Frankfurt a. M. 1986, 191.

174   KURBJUWEIT, Sozialstaat.

175   KAUFMANN, Herausforderungen, 159.

176   Warnfried DETTLING, Die moralische Generation, in: Ulrich BECK (Hg.), Kinder der Freiheit, Frankfurt a.M. 1997, 124-130, hier 129.

177   Bram van STOLK, Cas WOUTERS, Die Gemütsruhe des Wohlfahrtsstaates, in: Peter GLEICHMANN, Johan GOUDSBLOM, Hermann KORTE (Hg.), Macht und Zivilisation. Materialien zu Norbert Elias' Zivilisationstheorie 2, Frankfurt a.M. 1984, 242-260.

178   Claus OFFE, Akzeptanz und Legitimität strategischer Optionen in der Sozialpolitik, in: Christoph SACHßE, H. Tristram ENGELHARDT (Hg.), Sicherheit und Freiheit. Zur Ethik des Wohlfahrtsstaates, Frankfurt a.M. 1990, 185ff.

179   Van STOLK, WOUTERS 1984.

180   Rush LIMBAUGH, The Way Things Ought To Be, New York et.al. 1992, 40f.

181   Ulrich BLUM, Neue Arbeitswelt: Zukünftige Quellen des Wachstums und des Bürgereinkommens – Welche Konsequenzen ergeben sich aus der vorrangigen Bedeutung von Wissen und Kapital?, in: SCHLEYER STIFTUNG 1998, 45-53, hier 49.

182   MUSCHG in "Global Players, verleugneter Schmerz und Bohnenmehl", Diskussion von Adolf MUSCHG und David de PURY, in: Tages-Anzeiger, 7.3.1997.

183   Alexis de TOCQUEVILLE, Über die Demokratie in Amerika, München 2. Aufl. 1984 (erstmals franz. 1835/40), 813f.

184   Arnold GEHLEN, Der Mensch. Seine Natur und seine Stellung in der Welt, 13. Aufl., Wiesbaden 1986.

185   Thomas H. MARSHALL, Bürgerrechte und soziale Klassen. Zur Soziologie des Wohlfahrtsstaates, Frankfurt a. M. – New York 1992.

186   Michael OPIELKA, Leitlinien einer sozialpolitischen Reform, Aus Politik und Zeitgeschichte, 1997, B 48-49, 21-30.

187   Im übrigen wird – abgesehen von den Finanzierungsproblemen – wenig diskutiert, welche Folgen die Einführung einer Grundsicherung für die Einschätzungen und Verhaltensweisen der Menschen hätte. Es könnte erstens sein, daß weniger produktive und leistungsfähige Menschen umso zuverlässiger aus dem

Arbeitsprozeß ausgeschieden werden; sie haben ohnehin eine komfortable Absicherung, also braucht man sich um sie nicht zu sorgen. Zweitens würde die Einführung der Sicherungsgrenze wohl heftige Anstrengungen all jener auslösen, die ein wenig oberhalb dieser Schwelle angesiedelt sind. Zum einen wäre es für sie wenig rentabel, für wenig zusätzliches Geld viel zusätzliche Arbeit zu leisten, zum anderen würde es wohl als diskreditierend empfunden, in der Nähe der „Mindestschwelle" angesiedelt zu sein. Es könnte sich also eine „Grundschicht" von dauerhaft Ausgegrenzten entwickeln, insgesamt also könnten Polarisierungstendenzen anstelle der gewünschten Egalisierungstendenzen stattgreifen. Vgl. auch Rolf G. HEINZE, Thomas OLK, Josef HILBERT, Der neue Sozialstaat. Analyse und Reformperspektiven, Freiburg i.B. 1988.

188   Jürgen HABERMAS, Legitimationsprobleme im Spätkapitalismus, Frankfurt a. M. 1973.

189   DETTLING, Solidarität.

190   Dieter PROSKE, Aufgeklärte Wirtschaftspolitik als Alternative zum Neoliberalismus, in: SCHLEYER STIFTUNG 1998, 95-112.

191   James M. BUCHANAN, Richard E. WAGNER, Democracy in Deficit. The Political Legacy of Lord Keynes, New York 1977.

192   Philipp HERDER-DORNEICH, Der Sozialstaat in der Rationalitätenfalle. Grundfragen der sozialen Steuerung, Stuttgart–Degerloch 1982.

193   Kenneth J. ARROW, Uncertainty and the Welfare Economics of Medical Care, in: American Economic Review, 53, 1963, 941-973.

194   Ewald NOWOTNY, Neoliberalismus und öffentlicher Sektor - Entwicklung und Alternativen, in: SCHULMEISTER u.a. 1997, 69-84, hier 78.

195   Peter FLORA (Hg.), Growth to Limits. The Western European Welfare States since World War II, 3 vol., Berlin–New York 1986 ff.

196   Eduard HEIMANN, Soziale Theorie des Kapitalismus. Theorie der Sozialpolitik, Frankfurt a.M. 1980, 199.

197   Vgl. schon früh Robert THEOBALD, The Rich and the Poor. A Study of the Economics of Rising Expectations, New York 1960.

198   Wieder schließt sich die Frage nach der angemessenen Funktion des Wohlfahrtsstaates an: Ist es Aufgabe des Wohlfahrtsstaates, auch für eine Veränderung der Rollenverteilung der Geschlechter Sorge zu tragen, weil die Menschen, widerborstig wie sie sind, jenem Modell nicht entsprechen, das Wohlmeinende mittlerweile als das angemessene betrachten?

199   Hans ACHINGER, Sozialpolitik als Gesellschaftspolitik, Frankfurt a.M. 1971, 51.

200   Vgl. zur Geschichte des "glücksstiftenden Staates" etwa Herbert MATIS (Hg.), Von der Glückseligkeit des Staates. Staat, Wirtschaft und Gesellschaft in Österreich im Zeitalter des aufgeklärten Absolutismus, Berlin 1981; Joseph WEIDENHOLZER, Der sorgende Staat. Zur Entwicklung der Sozialpolitik von Joseph II. bis Ferdinand Hanusch, Wien 1985.

201   Alfred BELLEBAUM, Hans BRAUN, Elke GROß (Hg.), Staat und Glück. Politische Dimensionen der Wohlfahrt, Opladen 1998.

202   HÖSLE, Moral, 874f.

203   In der Luxusgesellschaft verschärft sich das. Die Erzählung vom „Hans im Glück" ist eine der sinkenden objektiven Standards bei einer Steigerung des Glücksgefühls. Das Märchen wird in der Entwicklung des Wohlfahrtsstaats auf den Kopf gestellt. Man tauscht – genau entgegengesetzt dem Märchenhelden – fortwährend eine

Situation gegen eine bessere ein und fühlt sich jeweils schlechter gestellt: steigende Standards bei steigender Unzufriedenheit. Am Ende landet man in der Luxusgesellschaft – und fühlt sich depriviert. Vor der Zunahme der Ansprüche verblaßt die Wirklichkeit.

204   Robert J. SAMUELSON, The Good Life and Its Discontents. The American Dream in the Age of Enlightenment 1945-1995, New York 1995, 187.

205   Vgl. zur Vorgeschichte Alf LÜDTKE (Hg.), „Sicherheit" und "Wohlfahrt". Polizei, Gesellschaft und Herrschaft im 19. und 20. Jahrhundert, Frankfurt a. M. 1992.

206   Kurt EICHENBERGER, Der geforderte Staat. Zur Problematik der Staatsaufgaben, in: Wilhelm HENNIS, Peter Graf KIELMANSEGG, Ulrich MATZ (Hg.), Regierbarkeit. Studien zu ihrer Problematisierung, 2 Bände, Stuttgart 1977/79, I, 103-117, hier 193.

207   Wolf-Dieter NARR, Hin zu einer Gesellschaft bedingter Reflexe, in: Jürgen HABERMAS (Hg.), Stichworte zur ‚Geistigen Situation der Zeit', 2 Bände, Frankfurt a.M. 1979, II, 489-528, hier 512.

208   Abram de SWAAN, Der sorgende Staat, Frankfurt a.M. 1993.

209   Dieter GRIMM, Die Zukunft der Verfassung, Frankfurt a.M. 1991, 414.

210   Pierre BOURDIEU, Nur Mut, Arbeiter! Seid flexibel!, in: Tages-Anzeiger, 6.11.1996.

211   Vgl. auch ROSS, Staatsfeinde, 71ff.

212   Manfred PRISCHING, Modelle der Wirtschaftspolitik – Erfahrungen aus den Krisenjahren und Visionen für die Zukunft, in: Peter GERLICH, Krzysztof GLASS (Hg.), Wege aus der Krise. Mitteleuropäische Phantasmagorien, Wien–Köln–Weimar 1993, 260-275.

213   BERTHOLD, SCHMID, Krise, 5.

214   Roland BAADER, Wider die Wohlfahrtsdiktatur. Zehn liberale Stimmen, Gilching 1995.

215   Charles MURRAY, What It Means to Be a Libertarian. A Personal Interpretation, New York 1997.

216   ROSS, Staatsfeinde, 15.f

217   GREIDER, Endstation, 660.

218   Jan ROSS, Stunde der Politik, in: Die Zeit, 8. Oktober 1998, 1.

219   Susanne GASCHKE und Wolfgang GEHRMANN, Der charakterlose Kapitalismus. Ein Gespräch mit dem amerikanischen Soziologen Richard Sennett, in: Die Zeit, 49, 1989.

220   Ebd. Vgl. auch Richard SENNETT, Der flexible Mensch. Die Kultur des neuen Kapitalismus, Berlin 1998.

221   BERTHOLD, SCHMID, Krise, 11.

222   NOÉ, Globalisierung.

223   GREIDER, Endstation, 506.

224   BIRNBAUM, Konflikt.

225   BÄCKER, Sozialstaat, 13.

226   KAUFMANN, Herausforderungen, 141.

227   John RAWLS, Eine Theorie der Gerechtigkeit, Frankfurt a.M. 1979.

228   Friedrich A. von HAYEK, The Constitution of Liberty, Neuausgabe Chicago 1978.

229   Thomas H. MARSHALL, Bürgerrechte und soziale Klassen. Zur Soziologie des Wohlfahrtsstaates, Frankfurt a.M.– New York 1992.

230   Vgl. ROSS, Staatsfeinde, 123.

231 David LOCKWOOD, Soziale Integration und Systemintegration, in: Wolfgang ZAPF (Hg.), Theorien des sozialen Wandels, Königstein i.Ts. 1979, 124-137.
232 GREFFRATH, Schultern.
233 Gerhard BÄCKER, Der Sozialstaat hat eine Zukunft, in: Aus Politik und Zeitgeschichte, 1997, B 48-49, 12-20, hier 12f.
234 Gunter HOFMANN, Plädoyer für einen neuen Gesellschaftsvertrag, in: Die Zeit, 19.4.1996.
235 Peter GLOTZ, Götterdämmerung der Linken, in: Tages-Anzeiger, 10.6.1996.
236 Nur ein Beispiel noch: „Ein Gesellschaftsvertrag hat die Aufgabe, die unterschiedlichen Bedürfnisse, Leistungen und Behinderungen von miteinander lebenden und kooperierenden Gruppen innerhalb einer Gesellschaft angemessen zu berücksichtigen und fair zu ordnen und zwar unter Mithilfe des Staates. Ein wichtiger Teil eines solchen Gesellschaftsvertrages ist die Ordnung des Austausches zwischen den Generationen, eine andere Dimension betrifft das Verhältnis von Arbeitgebern und Arbeitnehmern, eine weitere das Verhältnis von Begüterten und weniger Begüterten.- Wir haben heute den Eindruck, daß die derzeit in Kraft stehenden Gesellschaftsverträge der heutigen Lage nicht mehr entsprechen. Deshalb wird mehr und mehr der Ruf nach einem neuen Gesellschaftsvertrag laut." Hans RUH, Die Arbeit neu erfinden. Auf der Suche nach Sinn und Solidarität, in: Josef BIELMEIER, Heinrich OBERREUTER (Hg.), Der bezahlbare Wohlstand. Auf der Suche nach einem neuen Gesellschaftsvertrag, Landsberg am Lech 1997, 23-34, hier 23.
237 Joschka FISCHER, Für einen neuen Gesellschaftsvertrag. Eine politische Antwort auf die globale Revolution, Köln 1998.
238 Günther SCHAUB, Reform macht Angst, in: Die Zeit, 30. Juli 1998, 9ff.
239 Mit dieser Bemerkung soll nicht in Frage gestellt werden, daß der Begriff für die sozialphilosophische und ideengeschichtliche Analyse des Sozialstaats viel leistet; fraglich ist vielmehr, ob sein Transport in die öffentlichkeitswirksame Diskussion auch einiges von seiner theoretischen Tragweite zu vermitteln imstande ist.
240 Zu Gerechtigkeitsvorstellungen im internationalen Vergleich s. etwa Steffen MAU, Ideologischer Konsens und Dissens im Wohlfahrtsstaat. Zur Binnenvariation von Einstellungen zu sozialer Ungleichheit in Schweden, Großbritannien und der Bundesrepublik Deutschland, in: Soziale Welt, 47, 1997, 17-38.
241 Frank NULLMEIER, Friedbert W. RÜB, Erschöpfung des Sozialversicherungsprinzips? Gesetzliche Rentenversicherung und sozialstaatlicher Republikanismus, in: Barbara RIEDMÜLLER, Thomas OLK (Hg.), Grenzen des Sozialversicherungsstaates, Opladen 1998, 59-80.
242 KAUFMANN, Herausforderungen, 29.
243 Paul KRUGMAN, Anthony J. VENABLES, Globalization and the Inequality of Nations, in: The Quarterly Journal of Economics, 1995, 857ff.
244 Florian GERSTER, Gesellschaft mit beschränkter Haftung. Gewinner und Verlierer im Sozialstaat, Baden-Baden 1997.
245 Ewald NOWOTNY, Globalisierung und Liberalismus - Zurück ins 19. Jahrhundert?, in: Franz BALTZAREK, Felix BUTSCHEK, Gunther TICHY (Hg.), Von der Theorie zur Wirtschaftspolitik – ein österreichischer Weg. Festschrift Streissler, Stuttgart 1998, 207-226, hier 220.
246 NOWOTNY, Globalisierung, 211.

247 Vittorio HÖSLE, Moral und Politik. Grundlagen einer politischen Ethik für das 21. Jahrhundert, München 1997, 871.

248 Norman BIRNBAUM, Über den Konflikt zwischen Kapitalismus und Demokratie, in: Die Zeit, 24.10.1997.

249 KERSTING 1998.

250 Bericht der Nord-Süd-Kommission: Das Überleben sichern, Köln 1980.

251 Richard MÜNCH, Globale Dynamik, lokale Lebenswelten. Der schwierige Weg in die Weltgesellschaft, Frankfurt a.M. 1998.

252 Die Gruppe von Lissabon: Grenzen des Wettbewerbs. Die Globalisierung der Wirtschaft und die Zukunft der Menschheit, München 1997, besonders Kap. IV.

253 Wohlfahrtsstaat als „Palliativmittel" bei fortbestehender Ausbeutung und sozialer Ungerechtigkeit – das hat von Anfang an das „sozialdemokratische Dilemma" im Umgang mit der Sozialpolitik ausgemacht, den Widerspruch, daß sich die Sozialdemokratie auf die aktuellen (wohlfahrtsstaatsorientierten) Interessenlagen ihrer Basis einlassen mußte, daß sie aber genau durch Erfolge an dieser Front riskierte, daß die Lohnabhängigen eines Tages jene Unzufriedenheit verlieren würden, welcher die Partei zur Verfolgung ihrer längerfristigen Ziele bedurfte. Georg VOBRUBA, Jenseits der sozialen Fragen. Modernisierung und Transformation von Gesellschaftssystemen, Frankfurt a.M. 1991, 14.

254 Jürgen HABERMAS, Die Krise des Wohlfahrtsstaates und die Erschöpfung utopischer Energien, in: Die Neue Unübersichtlichkeit, Frankfurt a.M. 1985, 141-163.

255 Claus NOÉ, Globalisierung: Der Staat darf nicht abdanken, in: Die Zeit, 15.11.1996.

256 Ulrich MENZEL, Das Ende der Dritten Welt und das Scheitern der Großen Theorie, Frankfurt a.M. 1992.

257 Birgit MAHNKOPF, Der Wohlfahrtsstaat in der Krise, userpage.fu-berlin.de/~asta2/ hopo/lak/ sozialreader/krise.html.

258 Vgl. Charles MURRAY, In Pursuit of Happiness and Good Government, New York 1988. Den Argumenten dieses konservativen Kritikers können sogar progressive Kritiker etwas abgewinnen, siehe die Diskussion bei Anthony GIDDENS, Jenseits von Links und Rechts, Frankfurt a.M. 1997, 224ff. Ähnliche Überlegungen finden sich bei Serge LATOUCHE, La planète des naufragés, Paris 1991.

259 Jerry MANDER, Edward GOLDSMITH (Hg.), The Case Against the Global Economy and for a Turn Toward the Local, Sierra Club 1996.

260 Vgl. auch Jay R. MANDLE, The Problem with Thinking Locally, Boston Review 1998 (Internet).

261 Stanislaw LEM, Die Vergangenheit der Zukunft, in: Peter SLOTERDIJK (Hg.), Vor der Jahrtausendwende: Berichte zur Lage der Zukunft, Frankfurt a.M. 1990, 170-196, hier 185.

262 Richard HAASS, Robert LITAN, Globalization and Its Discontents, in: Foreign Affairs, May/June 1998.

263 KAUFMANN, Herausforderungen, 52.

Gemeinwohlrhetorik und Solidaritätsverbrauch
Bedingungen und Paradoxien
des Wohlfahrtsstaates
Karsten Fischer

Ausgehend von den ersten Anfängen staatlicher Sozialmaßnahmen im Gefolge der Industriellen Revolution und der durch sie aufgeworfenen „sozialen Frage" ausgangs des 19. Jahrhunderts[1] hat sich nach dem Zweiten Weltkrieg in Westeuropa der Wohlfahrtsstaat[2] in nationalspezifisch unterschiedlichen Ausprägungen ausdifferenziert. Dabei avancierte er nicht nur zum wesentlichen Element des Grundkonsenses dieser Marktgesellschaften und fungierte scheinbar als politischer Stabilitätsfaktor über alle Krisensymptome hinweg, sondern er wurde auch zum größten „Exportschlager", den die politische Ökonomie Europas jemals hervorgebracht hat. Die Transformationen der vormals planwirtschaftlichen Parteidiktaturen Mittel- und Osteuropas ab 1989 orientierten sich an dem westeuropäischen Erfolgsweg, und mit dem Ende der republikanischen Ära erregte diese Konzeption auch in der „neuen Welt" Aufmerksamkeit. Just zu dem Zeitpunkt aber, als die Vereinigten Staaten von Amerika unter der Präsidentschaft Bill Clintons Anstalten machten, europäische Modelle wohlfahrtsstaatlicher Politik für sich zu entdecken, geriet der wohlfahrtsstaatliche Konsens in den Vorbildländern unter Druck, und dieser Prozeß verstärkt sich. Angesichts der unbestreitbar hohen Kosten und des administrativen Regulierungsaufwandes wohlfahrtsstaatlicher Maßnahmen wird im Zeichen globaler weltwirtschaftlicher Verflechtungen und der entsprechend verschärften Konkurrenzsituation zunehmend die Forderung nach Deregulierung, Privatisierung und Senkung wohlfahrtsstaatlicher Kosten erhoben. Diese Frage nach den globalen Wettbewerbsbedingungen volkswirtschaftlicher „Standorte" läßt sich naheliegenderweise nur mittels konkreter ökonomischer, also im Wortsinne *berechenbarer* Faktoren sachgerecht entscheiden. Dies sollte für die Verteidiger des Wohlfahrtsstaates, sogar für die Vertreter eines sozialdemokratischen Verständnisses von dessen Aufgaben, um so leichter zu akzeptieren sein, als die Standortdebatte keineswegs notwendig eine grundsätzliche Infragestellung wohlfahrtsstaatlicher Errungenschaften bedeutet. Es ist vielmehr zu beachten, daß diejenigen, die den Wohlfahrtsstaat als Konzeption prinzipiell in Frage stellen,[3] zumeist nicht nur und nicht einmal primär mit ökonomischen Zahlen argumentieren und auf konkrete wirtschaftliche Veränderungen drängen, sondern eine nicht ökonomisch, sondern nur politikwissenschaftlich, soziologisch und sozialpsychologisch klärungsfähige Hypothese bemühen und Mentalitätsveränderungen verlangen. Ihrer Auffassung zufolge besteht das Übel darin, daß der Wohlfahrtsstaat die Leistungsbereitschaft seiner Mitglieder nach und nach minimiere und so den Niedergang seiner ökonomischen Basis, des auf Eigenverantwortung und freiwilligem Engagement beruhenden marktwirtschaftlichen Handelns, befördere. Die entscheidende Pointe fundamentaler Kritik am Wohlfahrtsstaat besteht also darin, ihm Autodestruktion vorzuwerfen aufgrund seiner vermeintlichen Dysfunktionalität hinsichtlich der soziomoralischen Beschaffenheit seiner Bürger. Dadurch kann die unpopuläre Forderung nach *Abschaffung* des Wohlfahrtsstaates vermieden werden; vielmehr wird beansprucht, nur einen anderen, *richtigeren* Wohlfahrtsstaat zu propagieren beziehungsweise die Grundidee des Wohlfahrtsstaates vor jenen zu schützen, die sie durch Übertreibung zerstörten. Diese rhetorische Figur, hinsichtlich des Wohlfahrtsstaates *Bewahrung durch Begrenzung* praktizieren, seine liberale Version gegenüber seiner sozialdemokratischen Entartung retten zu wollen, ist eines von vielen Beispielen für die „neue Unübersichtlichkeit" in der politischen Semantik: Vormals progressive Sozialdemokraten werden zu Bewahrern der herrschenden Verhältnisse, und im liberalen und konservativen Lager drängt man auf ihre Änderung. Folgerichtig verlieren auch die normativen Begriffe, mittels derer um die Zustimmung der Bürger geworben wird, ihre überkommene Zuordnung: Längst dient der Gerechtigkeitsbegriff ebenso der Kritik an unbegründeter und schädlicher „Gleichmacherei" wie der Kritik sozialen Elends, und die Forderung nach Begrenzung wohlfahrtsstaatlicher Maßnahmen wird ebenso mit „dem Gemeinwohl" begründet wie die

Kritik an einer als „Manchester-Kapitalismus" identifizierten, rein egoistischen Nutzenmaximierung.[4]

Vor dem Hintergrund der vorgeschlagenen Differenzierung zwischen ökonomischen und soziomoralischen Argumenten und der semantischen Diffusionen drängt es sich mit Blick auf die These vom soziomoralischen Niedergang infolge überzogener sozialer Sicherungssysteme auf, Gemeinwohl-rhetorik und Solidaritätsverbrauch als Bedingungen des Wohlfahrtsstaates zu betrachten. Wenn erkennbar wird, auf welche Weise mit Begriffen wie „Gemeinwohl", „Solidarität", „Gemeinsinn", „Wohlfahrt", „(Eigen-)Verant-wortung", „Engagement" und dergleichen Diskurse wie derjenige um die Zukunft des Wohlfahrtsstaates geordnet, klassifiziert und systematisiert werden, woraufhin bestimmte Problemstellungen überhaupt erst wahr-genommen und artikuliert werden, ermöglicht dies eine *semantologische Kontrolle*[5] des Sprachgebrauchs in den gegenwärtigen politisch-sozialen Diskursen und damit ihrer öffentlichkeitswirksamen Argumente.

Diese nachfolgend andeutungsweise am Gemeinwohltopos exemplifizierte Perspektive erfordert natürlich zunächst einen Blick zurück in die Geschichte, bei dem sich zeigt, welche Bedeutung die Kategorien von „Gemeinwohl" und „Gemeinsinn" in den jahrhundertelangen Diskussionen um das heute hinsichtlich der Zukunftsfähigkeit des Wohlfahrtsstaates diskutierte Problem soziomoralischer Bürgerqualitäten hatten. *Gemeinwohl* meint dabei einen normativen Orientierungspunkt für gemeinschaftsrelevantes Handeln und *Gemeinsinn* die Bereitschaft zur Orientierung an diesem normativen Ideal seitens der gemeinschaftsrelevant handelnden Gesellschaftsmitglieder. Demnach besteht ein Zusammenhang zwischen Gemeinwohl und Gemeinsinn dergestalt, daß Gemeinsinn als motivationale Voraussetzung jedweder normativen Gemeinwohlorientierung eine äußerst knappe *soziomoralische Ressource* darstellt, das heißt eine jener innerhalb des politischen Prozesses tendenziell verzehrten, nicht aber seinerseits reproduzierbaren *vorpolitischen Grundlagen politischer Ordnung*, auf denen das Funktionieren zumal freiheitlich-demokratischer Gesellschaften, die *Gemeinsinn* nicht mit Zwangsmitteln herzustellen versuchen, vital basiert.[6] Genau genommen ist dieser für das Funktionieren des Wohlfahrtsstaates wichtige Zusammenhang zwischen normativem Gemeinwohlideal und der soziomoralischen Ressource Gemeinsinn eine Paradoxie: Das normative Gemeinwohlideal sagt uns, wieviel und welchen Gemeinsinn wir aufbringen sollen; umgekehrt ist das Vorhandensein von Gemeinsinn aber die vorgängige Voraussetzung dafür, daß überhaupt die Bereitschaft zur Orientierung am Gemeinwohlideal besteht.

Das Problem von Gemeinwohl und soziomoralischen Qualitäten in der Geschichte der politischen Ideen

Bereits in frühen außereuropäischen Hochkulturen bildete das „Gemeinwohl" einen zentralen Topos der Reflexion politisch-sozialer, rechtlicher und ökonomischer Ordnung, und in der abendländischen Geschichte bestimmte er gleichermaßen die Diskurse im antiken Griechenland, im römischen Republikanismus und in der christlichen Patristik bis hin zur Scholastik.[7] Dabei bildeten bis in die frühe Neuzeit Gemeinwohl und Eigeninteresse *asymmetrische Gegenbegriffe* im Sinne Reinhart Kosellecks, das heißt binäre Begriffe „von universalem Anspruch, die darauf angelegt sind, eine wechselseitige Anerkennung auszuschließen".[8] In den spätmittelalterlichen Konflikten diente das Gemeinwohlideal als *oppositionelle Leitvorstellung*, insofern der politische Machtkampf zu einem erheblichen Teil im Streben nach dem Definitionsmonopol über das „Gemeinwohl" beziehungsweise den „Gemeinen Nutzen" bestand: „Begriff und Situation des begrenzten Notfalls und des öffentlichen Nutzens waren die Hebel für die Monarchen, um Machtkonzentration und praktische Souveränitätsbildung durchzusetzen. Aber in der Mitsprache darüber, ob der Notfall tatsächlich vorliegt und was das Gemeinwohl konkret erfordert, konnten die Stände gegen die königliche Prärogative reagieren", und so bildete „der Kampf um die Kompetenz, necessitas und utilitas publica zu bestimmen, den Kampf um den Staat."[9]

Die „Phase beschleunigten Wandels" im ausgehenden 16. und beginnenden 17. Jahrhundert, die Heinz Schilling mit Bezug auf Kosellecks Sattelzeit-Theorem als *Vorsattelzeit der Moderne* mit einer durch soziale Differenzierung und Disziplinierung gekennzeichneten „Versachlichung der gesellschaftlichen

Beziehungen" beschrieben hat,[10] erfaßte auch den Gemeinwohltopos. Nachdem dieser sich im Verlauf des 16. Jahrhunderts zunehmend als Bestimmung des obersten Staatszweckes etablieren konnte,[11] hatte sich nämlich vor dem Hintergrund eines durch den Augsburger Religionsfrieden von 1555 begünstigten, sowohl die Rechtskultur als auch die Religionsausübung betreffenden Individualisierungsschubes in der ständischen Gesellschaft ein Normenwandel vom Gemeinnutz zum Eigennutz abgezeichnet, für den Mitte des 16. Jahrhunderts Leonhard Fronsberger mit einem ersten, noch vereinzelten Lob des Eigennutzes steht.[12] Damit wurde nicht bloß das in Hegels Rechtsphilosophie zentrale Motiv des Bedürfnisses vorweg genommen, sondern es wurde die Karriere des Eigeninteresses als eines politiktheoretischen Gegenbegriffs zum altrepublikanischen Ideal politischer Tugend im Sinne der freiwilligen Bereitschaft der Bürger, ihren Privatnutzen gemeinwohlbezogen zu denken, theoretisch antizipiert, bevor sie, parallel zu der Ausdifferenzierung eines staatlichen Raums gegenüber einer bürgerlich-gesellschaftlichen Sphäre politisch inaktiver ökonomischer Wohlstandsmaximierer, realgeschichtlich folgenreich werden konnte.[13] Mitte des 17. Jahrhunderts trat das Gemeinwohlideal in einen direkten Zusammenhang mit Verwaltungs- und Wohlfahrtsaufgaben, was es in ein ausdrückliches Spannungsverhältnis zur Idee der Gerechtigkeit brachte, mit der es zuvor in einer engen Verbindung gestanden hatte. „Für das mittelalterlich-scholastische Denken hatte sich das bonum commune aus der vernünftigen Praxis des Rechts ergeben; der Wohlfahrtsgedanke war hier gleichsam im Rechtszweck enthalten, ebenso wie der Wohlfahrtsstaat im Gerechtigkeitsstaat"; zumal der protestantische „Sündenpessimismus" erforderte nunmehr jedoch die Rechtfertigung aller weltlichen und insbesondere der politischen Gerechtigkeit.[14] Wohlfahrt wurde zum Gegenstand begründungspflichtiger Staatätigkeit, und es galt, eine innere Verfassung des Staates herzustellen, die eine Übereinstimmung der individuellen Wohlfahrt mit dem allgemeinen Besten ermöglicht.

Im politiktheoretischen Paradigmenwechsel vom Tugend- zum Interessediskurs nimmt Bernard Mandevilles erstmalig 1705 erschienene *Bienenfabel* eine Schlüsselstellung ein. Mandeville entspricht zwar der eingefahrenen asymmetrischen Gegenbegrifflichkeit von Eigennutz und Gemeinwohl; die

Lehre aus seiner Fabel von dem *unzufriedenen Bienenstock* stellt aber den tradierten Sinn dieser Kontrastierung geradewegs auf den Kopf. *Private vices, public benefits* lautet sein Credo: Indem jeder Einzelne, seiner natürlichen Anlage gemäß, egoistisch sein privates Wohl verfolgt, wird im Endeffekt der größtmögliche Nutzen für das öffentliche Gemeinwesen herbeigeführt, so daß „der Allerschlechteste sogar Fürs Allgemeinwohl tätig war".[15] Mandevilles Konstruktion basiert darauf, daß die Bürger zu einer rationalen Verfolgung ihrer Eigeninteressen in der Lage sind - wirtschaftstheoretisch modern gesprochen: zu einem *rational choice* ihrer Ziele und Mittel. Freilich blieb er selber skeptisch gegenüber dieser impliziten Voraussetzung seiner Theorie und verlangte massive staatliche Intervention gegen einen Verlust an Gemeinsinn, an dem er insbesondere Kurzsichtigkeit und Ignoranz gegenüber den Bedürfnissen nachfolgender Generationen fürchtete.[16] Wesentlich optimistischer wurde diese Grundannahme des vor allem in der ökonomischen Theorie hegemonialen Interessediskurses, der das Gemeinwohl zum zwangsläufigen Resultat wohlverstandenen Eigeninteresses erklärt, von Adam Smith beurteilt. Smith hielt bekanntlich das Ziel der Kooperationsbereitschaft anderer Menschen am ehesten dadurch für erreichbar, daß die Eigenliebe jedes Menschen durch gezielten Einsatz des ökonomischen Tauschprinzips zu den jeweils eigenen Gunsten ge- und verwendet wird. Mit seinem *invisible hand*-Argument, demzufolge ein um so größeres Wohl der Allgemeinheit entsteht, je stärker sein Gegenteil erstrebt wird, ist Adam Smith gewissermaßen der *semantische Coup* des Liberalismus hinsichtlich des Gemeinwohlbegriffs gelungen. Indem das Gemeinwohl als wundersames Resultat wohlverstandenen Eigeninteressses bestimmt wird, wonach sich öffentlicher Nutzen aus der egoistischen Vorteilsmaximierung der Individuen erwarten läßt, wird die schon von Mandeville relativierte asymmetrische Gegenbegrifflichkeit zwischen Eigennutz und Gemeinwohl endgültig destruiert.

Nicht minder optimistisch hinsichtlich dieser Differenz und der rationalen Nutzenkalkulation als eines politischen Handlungskalküls war Immanuel Kant:

„Vor dem Menschenrecht der vernunftrechtlichen Konzeption Kants wird die für die klassische Politik wesentliche, da gerechte von ungerechter Herrschaft unterscheidende Gegensätzlichkeit

von Gemeinwohlverfolgung und Privatwohlverfolgung unerheblich. [...] Indem ‚salus publica'
bei Kant die Bedeutung von ‚iustitia publica' bekommt, wird der Zentralbegriff des materialen
Wohlfahrtsstaates gegen den Zentralbegriff des formalen Rechtsstaates ausgewechselt".[17]

Mit dieser kantischen Dissolution der Gemeinwohlidee wurde die politik-
theoretische und sozialphilosophische Kontroverse um den Vorrang von
öffentlichem Nutzen oder Eigeninteresse aber keineswegs beendet oder gar
entschieden. Hegel ist der Entscheidung Kants, anstelle des republikanischen
Tugenddiskurses auf das Interessenparadigma zu setzen, nicht gefolgt, sondern
hat sie mit einer dialektischen Gemeinsinnkonzeption überboten. Danach wird
das Allgemeine „von den Individuen nicht mehr unvermittelt als ein anderes,
als ein ihnen Fremdes gesehen, sondern die Individuen wissen, daß das
Gemeinwesen auch für ihre eigenen Interessen steht".[18] Dieses Bewußtsein
bedeutet die soziomoralische Qualität, den Gemeinsinn der Bürger.

Die Kontroverse zwischen Kant und Hegel verdeutlicht die Schlüsselrolle,
die der Gemeinwohltopos bei der Begründung rechtlicher, politischer und
sozialer Ordnung von jeher einnimmt. Die Idee politischer Tugend als
Leitbegriff des vorrevolutionären Europa hatte die Orientierung am Gemeinwohl als wesentlichen Bestandteil politischer Handlungsrationalität betrachtet
und damit die soziomoralische Disposition und Intentionalität der politisch-
sozialen Akteure, ihren *Gemeinsinn*, in den Vordergrund gestellt.[19] So hatte
beispielsweise Montesquieu betont, die Demokratie sei mehr als alle anderen
Staatsformen darauf angewiesen, daß sich ihre Bürger mit dem Gemeinwohl
identifizierten. Die Wirkung einer *unsichtbaren Hand*, auf die später Adam
Smith setzte, glaubte Montesquieu allenfalls in Monarchien ausmachen zu
können, wo der Wert der Ehre integrativ wirke und dazu führe, daß „jeder das
allgemeine Wohl betreibt, indem er seine privaten Interessen zu betreiben
glaubt"; in demokratischen Gemeinwesen aber hält er eine Gesellschaft rein
egoistischer Nutzenmaximierer für unmöglich, denn eine Republik erfordere
„eine unablässige Entscheidung für das öffentliche Wohl unter Hintansetzung
des Eigenwohls", und zwar ohne daß dies, wie bei Mandeville, durch
staatlichen Zwang herbeigeführt wird.[20] Die neuzeitlichen Vertragstheorien
dagegen setzen auf das Paradigma wohlverstandenen Eigeninteresses und

glauben, durch den Markt als Institution die egoistischen Handlungskalküle der Einzelnen so miteinander verbinden zu können, daß daraus das allgemeine Beste resultiert. In der politiktheoretischen Aufmerksamkeit des Kontraktualismus rücken damit an die Stelle der soziomoralischen Disposition und Intentionalität der Bürger institutionelle Mechanismen und historizistisch-prognostische, ökonomische Verlaufsgesetze; statt einer soziomoralischen „Qualitätsverbesserung durch Selbstverbesserung" werden institutionelle „Mechanismen der Qualitätsverbesserung ohne Selbstverbesserung" angezielt.[21] Doch gleich, ob man das Gemeinwesen auf die Solidaritätsbereitschaft der Bürger gründen möchte, oder aber auf ihre die *unsichtbare Hand* ans Werk setzende rationale Mittelwahl vertraut - in beiden Fällen setzt man auf im weiteren Sinne soziomoralische Voraussetzungen der politischen und wirtschaftlichen Prozesse, deren Bestehen nicht garantiert und erst recht nicht innerhalb dieser Prozesse reproduziert werden kann.

Der Blick zurück in die Geschichte des politischen Denkens zeigt die große Bedeutung, die der Gemeinwohlrhetorik seit jeher in den Diskussionen um staatlich zu befördernde Wohlfahrt zukam. Je nach Verwendungskontext und semantischer Kompetenz seiner Verfechter kann „das Gemeinwohl" sowohl Herrschaftslegitimation leisten wie auch Herrschaftslimitation begründen, und entsprechend kann mit diesem funktionalen Formelbegriff sowohl für die Ausweitung wohlfahrtsstaatlicher Leistungen wie für deren Begrenzung argumentiert werden. Immer aber steht die rhetorische Figur des „Gemeinwohls" in engem Zusammenhang mit dem Problem des *Gemeinsinns*. Ebenso, wie freiheitlich-demokratische Politik von der Akzeptanz und dem freiwilligen Engagement der Staatsbürger abhängt, beruht der soziale Frieden im Wohlfahrtsstaat darauf, daß seine distributiven Aktivitäten mit dem gesellschaftlichen Solidaritätsniveau im Einklang stehen. Das neoliberale Argument, der Wohlfahrtsstaat zerstöre seine eigenen Grundlagen, indem er egoistische Nutzenmaximierung auf Kosten des Systems provoziere, fußt mithin auf einer in der politischen Ideengeschichte wohlbekannten Überlegung, arrangiert jedoch die Argumente in einer eigenwilligen Weise neu und verschiebt damit die traditionellen Frontlinien: Der alteuropäische Republikanismus hatte die politische Tugend im Sinne der freiwilligen Bereitschaft, den eigenen Nutzen zurückzustellen, wenn andernfalls das allgemeine Wohl Schaden nähme, als Bestandsvoraussetzung freiheitlicher Gesellschaften bestimmt. Die neuzeitlichen Vertragstheorien setzen hingegen auf das rationale Eigeninteresse und erwarten von der egoistischen Nutzenmaximierung eine Maximierung auch der allgemeinen Wohlfahrt durch marktwirtschaftliche Prosperität. Die neoliberale Argumentation gegen die aktuellen Erscheinungsformen westeuropäischer Wohlfahrtsstaaten besagt nun, daß die als staatliche Wohlfahrtsgarantie im distributiven Sinne mißverstandene Gemeinwohlidee dazu führe, daß die egoistische Nutzenmaximierung nicht mehr konstruktiv das allgemeine Wohl befördern könne, sondern, eingesperrt in ein illiberales System administrativer Fürsorge, zu leistungsfeindlicher, destruktiver Ausnutzung der Sozialleistungen führe. Der von einem falschen Gemeinwohlideal geleitete Wohlfahrtsstaat soll gleichsam die Amputation der von Adam Smith beschworenen *unsichtbaren Hand* bedeuten, indem die Entwicklung aktiver und produktiver, das Gemeinwohl befördernder Eigeninteressen paternalistisch gehemmt werde, so daß nur passive und unproduktive, das Gemeinwohl schädigende Eigeninteressen verblieben.

Die Inflation unterschiedlichster, teilweise konträrer Gemeinwohlfiktionen (Peter Ulrich) in den auf klassische Topoi der politischen Ideengeschichte zurückgehenden Diskussionen um die Zukunft des Wohlfahrtsstaates legt es nahe, hinsichtlich der normativen Anschlußfähigkeit solch voraussetzungsvoller und vorbelasteter Konzepte vorerst skeptisch zu bleiben und zunächst die Attraktivität und Funktionalität der unterschiedlichen Gemeinwohlrhetoriken zu analysieren. Mit Blick auf das eingangs angesprochene paradoxe Verhältnis zwischen Gemeinwohl und Gemeinsinn, demzufolge das normative Gemeinwohlideal das sozial erforderliche Maß an Gemeinsinn festlegt, seinerseits aber nur bei vorgängigem Vorhandensein einer bestimmten Menge Gemeinsinn überhaupt beachtet wird, ist sogar zu erwägen, ob nicht die starke Frequentierung normativer Gemeinwohlpostulate kontraproduktive Wirkungen zeitigen könnte. Schließlich stellt „Gemeinsinn" in diesem Sinne motivationaler Voraussetzung für jedwede normative Orientierung in gesellschaftlichen Fragen unzweifelhaft eine äußerst knappe Ressource dar.[22] Deren Verbrauch dürfte erheblich steigen, wenn die Größe jenes politisch-sozialen *Gemein*wesens, das die Zielgruppe von *Wohl*fahrtsstreben bildet, definitorisch ausgeweitet wird, wie etwa im Zuge des europäischen Einigungsprozesses, in dem ursprünglich national begrenzte Gemeinwohlvorstellungen und Gemeinsinnressourcen auf eine für das individuelle Erleben weniger nachvollziehbare und identifikationsträchtige supranationale Ebene erweitert wurden und werden.[23] Formelhaft zugespitzt könnte man vermuten, daß sich Gemeinsinn umgekehrt proportional zur Größe der ihm anempfohlenen politisch-sozialen Einheit verhält: Je größer die Bezugsgruppe definiert wird, je mehr *Solidaritätstransfer* gefordert wird, desto geringer könnte der Gemeinsinn ausfallen. In diesem Fall müßte man von einem geradezu dialektischen Verhältnis zwischen Gemeinwohl und Gemeinsinn ausgehen: Je anspruchsvoller die zur Aktivierung von Gemeinsinn bemühten Gemeinwohlpostulate ausfallen, desto mehr könnte eine Erosion soziomoralischer Ressourcen, das heißt ein Rückschlag von Gemeinsinn in egoistische Nutzenmaximierung drohen.[24] Dies würde bedeuten, daß ein Zusammenhang zwischen Gemeinwohlrhetorik und Solidaritätsverbrauch nicht nur insofern besteht, als der Gemeinwohltopos in der Geschichte des politischen Denkens von jeher zur Problematisierung politisch-sozialen Solidaritätsverbrauches gedient hat, sondern auch dergestalt, daß bestimmte und zumal exzessive Gemeinwohlrhetoriken ihrerseits erhöhten Solidaritätsverbrauch bewirken könnten. Vor diesem Hintergrund muß der neoliberalen Überzeugung, rationale Eigennutzmaximierung sei gemeinwohlförderlicher als karitative Solidaritätsakte, ebenso der Vorwurf eines unterkomplexen Verständnisses von und sorglosen Umgangs mit den soziomoralischen Ressourcen moderner Gesellschaften gemacht werden wie einer nach der Bundestagswahl 1998 in Deutschland aufgekommenen sozialdemokratischen Überlegung, das Sozialsystem im Bereich der Arbeitslosenversicherung vom Versicherungsprinzip auf das vermeintlich „gerechtere" Bedürftigkeitskriterium umzustellen, ungeachtet der zu befürchtenden Solidaritätseinbußen bei denjenigen, die – entgegen dem wohlfahrtsstaatlichen Versprechen – dadurch zu bloßen Trägern dieses Teils des Sozialsystems würden, ohne jemals zu seinen Nutznießern gehören zu können.

Jedenfalls erscheint das optimistische Vertrauen in das automatische Wirken einer *unsichtbaren Hand* ebenso wenig angemessen wie kontextblinde, normativistische Solidaritätsappelle, die einen soziokulturellen Prozeß von entscheidender Bedeutung für die Zukunft des Wohlfahrtsstaates außer acht lassen, und zwar die Ausdifferenzierung der *Erlebnisgesellschaft*. Diese ist durch eine permanente Vervielfachung von Aktivitätsoptionen gekennzeichnet, so daß Armut, also eine Knappheit von Erlebnismöglichkeiten, von den (noch) nicht betroffenen, erlebnisorientierten Wohlstandsbürgern zunehmend tabuisiert wird, was die Betroffenen aus der maßgeblichen sozialen Kommunikation exkludiert:

„In all diesem Nebel wird der Ruf nach sozialer Gerechtigkeit immer lauter; was aber wäre gewonnen, wenn er gehört würde? Die sozialpolitische Diskussion der Gegenwart erinnert an den Disput zweier Ärzte, die sich darüber streiten, ob man den entzündeten Blinddarm denn nun herausoperieren solle oder nicht; die Patientin hat aber gar keine Blinddarmentzündung, sondern ist schwanger. Die einen wollen sparen, die anderen verlangen mehr, zumindest aber sträuben sie sich gegen Kürzungen des Sozialetats. Beide Seiten führen Argumente noch und noch ins Feld, reden aber am Hauptproblem vorbei."[25]

Selbst wenn man nicht so weit gehen möchte, eine hypertrophe Gemeinwohl-, Gerechtigkeits- und Solidaritätsrhetorik für geradewegs kontraproduktiv zu halten, wird man daher davon ausgehen müssen, daß „Gemeinsinn" im erläuterten Sinne der zumal für freiheitlich-demokratische Wohlfahrtsstaaten erforderlichen soziomoralischen Ressourcen *nachhaltig* genutzt werden sollte, um einem modischen Begriff die Ehre zu geben.[26] Jedenfalls erscheint es aussichtslos, auf die veränderten Perzeptions- und Kommunikationsformen in der Erlebnisgesellschaft mit traditionellen Moralpostulaten zu reagieren. Vielmehr wird man zur Kenntnis nehmen müssen, daß sich die durch funktionale Differenzierung gekennzeichnete moderne Gesellschaft weder als „Gesamtgesellschaft" durch „Rationalität" integrieren läßt (was neoliberalen Optimismus bezüglich des Allheilmittels rationaler Mittelwahl seitens nutzenmaximierender Egoisten relativiert) noch über „Moral" im Sinne eines einheitlichen Systemzweckes (was sozialdemokratische wie auch konservative Solidaritäts- beziehungsweise Tugendappelle relativiert).[27] Es gilt mithin, das

Augenmerk darauf zu richten, wie die gesellschaftliche Selbstbeschreibung mittels sozial-moralischer Topoi funktioniert, wobei sich zeigt, in welchem Maße die Zukunftsfähigkeit des Wohlfahrtsstaates überhaupt erst problematisierbar wird, indem sich dieser Diskurs einer bestimmten Gemeinwohlrhetorik bedient.

„Gemeinwohlselbstdeklaration" im Wohlfahrtsstaat

Niklas Luhmann hat den Versuch, das *öffentliche Interesse*, den prominentesten Substitutsbegriff des Gemeinwohls zu bestimmen, mit dem Erklettern der Eigernordwand verglichen: „Es gelingt immer wieder einigen Tollkühnen […]. Man schaut ihnen zu, spricht von ihnen, sie halten müßige Touristen und verärgerte Rettungskolonnen in Atem, und so fällt es schwer, die Sinnlosigkeit des Unternehmens einzusehen".[28] Luhmann betont aber sehr wohl die Möglichkeit, das öffentliche Interesse als Thema empirischer Untersuchungen zu behandeln, in denen untersucht wird, „wer was wann als öffentliches Interesse ausgibt" und „welche Funktionen bestimmte Vorstellungen von öffentlichem Interesse für bestimmte soziale Systeme haben".[29] Mit einer solchen Reformulierung dieser klassischen Thematik wird dem Umstand Rechnung getragen, daß die Formulierung eines einheitlichen Systemzwecks in der Moderne unmöglich und eine staatlicherseits verbindliche, essentialistische Gemeinwohl*definition* somit hinfällig geworden ist. Das Gemeinwohl ist, wie Peter Häberle mit Blick auf Jurisdiktion und Jurisprudenz resümiert hat, *in die Gesellschaft abgewandert,*[30] und schon der Blick auf frühneuzeitliche Staatsräsonlehren zeigt, daß der Versuch, am Gemeinwohl als absoluter, über den Bestand des Staates hinausreichender Zweckbestimmung festzuhalten, den gesellschaftlichen Differenzierungsprozeß bloß verstärkt hat. Schon damals nämlich ist eine solche Überordnung nicht mehr entscheidungswirksam gewesen, „weil das Zwischenmittel der Staatserhaltung so generalisiert ist, daß es jedes Untermittel zu rechtfertigen scheint - besonders wenn man einräumen muß, daß zur Erhaltung des Ganzen auch seine ‚Teile' erhalten werden müssen".[31] Fortan war es unsinnig, das Gemeinwohl im

unmittelbaren normativen Sinne als Zweckbestimmung des Staates auszu-
geben; vielmehr fungierte der Begriff gleichsam als Transportmittel für einen
freien öffentlichen Meinungsbildungsdiskurs:

„Die Verwaltung des Staates im weitesten [...] Sinne hat es mit der gesamten Gesellschaft zu
tun und deshalb mit einer äußerst komplexen, widerspruchsreichen Wertsituation. Sie muß, will
sie sich - wie heute selbstverständlich - als demokratisch und sozialstaatlich verstehen, *jede*
wertrelevante Folge ihres Handelns berücksichtigen, soweit ihre Entscheidungskapazität reicht.
[...] Die Staatsverwaltung kann zwar zahlreiche Einzelaufgaben erfüllen, aber nicht sich einem
spezifischen Zweck widmen und sich daraufhin rationalisieren. [...] Das politische System muß
daher, um durch seine Zwecke die notwendige Unterstützung aktivieren zu können, die
Staatsziele so breit und vieldeutig formulieren, daß sie zwar konsensfähig sind, aber als interne
Rationalisierungs-, Arbeitsteilungs- und Kontrollstruktur versagen. [...] Aus diesem Grunde
braucht das politische System sekundäre Entscheidungskriterien [...]. Die notwendigen
Entscheidungsrichtlinien können nicht durch rein systeminterne Zweckanalyse gefunden
werden. Sie werden außerhalb der Staatsbürokratie, aber noch innerhalb des politischen
Systems im weiteren Sinne, nämlich im Vorfeld macht- und meinungsbildender politischer
Prozesse, aufgebaut. Dabei dient der Staatszweck Gemeinwohl [...] als Darstellungsregel und
Begründungserleichterung".[32]

„Gemeinwohl" ist also eine *Kontingenzformel* zur Reduktion der durch
funktionale Gesellschaftsdifferenzierung gesteigerten Komplexität. Mit ihr
wird ein Prinzip politischer Legitimität expliziert, das die binäre Codierung
politischer Macht überbrückt, indem Machtgebrauch an das Kriterium
allgemeinen Wohls beziehungsweise öffentlichen Interesses, republikanischer
Verantwortung oder anderer Substitutsbegriffe gebunden wird. Seit dem 18.
Jahrhundert bedingt die Ausdifferenzierung der bürgerlichen Gesellschaft
dabei eine „Dekomposition des Gemeinwohls durch Relationierung auf
Meinungen und Stimmen, die sich in der politischen Wahl äußern können"; als
Ergebnis von Demokratisierung ist Gemeinwohl „politisch uminterpretierbar
geworden".[33] Dies bestätigt die sich aus der erörterten Skepsis gegenüber
Gemeinsinn konsumierenden und folglich dysfunktionalen, normativistischen
Überdehnungen ergebende Vermutung, daß die Entwicklung des Gemein-
wohltopos zu einem in die Gesellschaft abgewanderten funktionalen Formel-

begriff im Zuge der modernen gesellschaftlichen Differenzierung und Demokratisierung gerade als soziomoralische Stabilitätsbedingung angesehen werden muß.

Der Gemeinwohlbegriff markiert demnach eine Unterscheidung von System und Umwelt: Mittels Bezugnahme auf ein – oder gar „das" – Gemeinwohl ordnen sich gesellschaftliche Funktionssysteme die Gesellschaft als Ganze als Umwelt zu. Wenn beispielsweise das Funktionssystem Wirtschaft Gemeinwohlbezüge reklamiert, ist mit der Gemeinschaft, deren Wohl avisiert wird, jene (imaginäre) „gesamtgesellschaftliche" Umwelt des Funktionssystems gemeint, auf die hin zu operieren es vorgibt.

In den funktional differenzierten Gesellschaften, die ihrer Evolution nicht durch etatistisch-totalitäre Ideologien entgegengesteuert haben, in den modernen Wohlfahrtsstaaten westlicher Prägung also, impliziert die Begrenzung staatlichen Handelns und die Verselbständigung marktwirtschaftlicher Aktivitäten des Bürgertums ein gleichsam arbeitsteiliges Gemeinwohlverständnis: Neben den Staat, dem eine begrenzte Definitionsmacht und Aufsichtsfunktion für das Gemeinwohl verbleibt, treten Interessengruppen, die legitimerweise ihre Partialinteressen vertreten sollen, denn der *semantische Coup des Liberalismus* hat ja die Unvereinbarkeit von Eigennutz und Gemeinwohl mit der Annahme, daß der größte allgemeine Nutzen aus egoistischer Interessenverfolgung resultiert, unterlaufen. Die Entwicklung des Wohlfahrtsstaates steht hierzu keineswegs ideologisch quer, wie von neoliberaler Seite mitunter behauptet wird. Vielmehr bildet sie, wie François Ewald an der Geschichte von Versicherung und Vorsorge in Frankreich seit 1787 gezeigt hat, eine auf dem liberalen Gemeinwohlkonzept fußende politische Praktik. Der „Vorsorgestaat" (Ewald) ist kein „Parasit des liberalen Staates, dessen ursprüngliche Form sich wieder herausschälen ließe"; er beschreibt „eine völlig neuartige politische Figur, deren Bedeutung über die Sozialversicherung als Einrichtung weit hinausgeht" und „in engem Zusammenhang mit der Entstehung der Industriegesellschaften" steht.[34] In diesem Prozeß verliert die Problematik der Fürsorge nach ihrer religiösen Bedeutung nun auch ihre moralische Dimension: „Versicherungsgesellschaften sind permissive Gesellschaften, weil in ihnen die Moral kein Problem mehr ist. Das Bestehen von Solidaritäten und ökonomischen Abhängigkeiten stellt weitaus zwingendere Bindungen her".[35]

Die politisch als Wohlfahrtsstaat organisierte, funktional differenzierte Gesellschaft beruht mithin gleichermaßen auf einer arbeitsteiligen Gemeinwohlmoral wie auf einem funktionalistischen Gemeinsinnverständnis. Dies entbehrt nicht einer steuerungstheoretischen Problematik, denn obwohl der Staat sein Definitions- und Steuerungsmonopol über „das Gemeinwohl" verloren hat, bewahrt er die Möglichkeit, gesellschaftlichen Teilsystemen mit Intervention zu drohen.[36] Folglich müssen sich gesellschaftliche Interessengruppen, allein schon im eigenen Interesse an möglichst wenigen und sanften Steuerungseingriffen von Seiten des Staates, offensiv mit Gemeinwohlbelangen beschäftigen: Für jedes dezentrierte soziale Teilsystem schließt „das Interesse an sich selbst eine interne Berücksichtigung der externen Restriktionen gerade dann ein, wenn deutlich wird, daß die Politik und ihr Staat die Rolle der Repräsentation der Gesellschaft insgesamt in einer übergreifenden Formel des Gemeinwohls nicht mehr leisten können".[37]

Diese Bedeutung anderer funktionaler Teilsysteme als nur des politischen hinsichtlich des Problems der Reproduktion soziomoralischer Ressourcen erstreckt sich dabei auch und gerade auf die individuell-motivationale Ebene. Während sich traditionale Partikularität über feste Werte in ‚gewachsenen' Ordnungen und Gliederungen einzubinden verstand und sich korporatistische Partikularität über stabile Relationen organisierter Interessen regulierte, „steuert sich post-korporative Rationalität über die Kommunikation und Reflexion von sozialem ‚Sinn'".[38] Dieser „Sinn" ist jedoch ebenfalls zu einem äußerst knappen Gut geworden, wenn man bedenkt, daß die Kontingenz in der modernen Gesellschaft den Eindruck vollständiger Bedeutungslosigkeit individuellen Handelns bewirken kann. Diese von Luhmann auf die Formel *Alles könnte anders sein, und fast nichts kann ich ändern* gebrachte Grundstimmung bedarf jedoch einer Korrektur hin zu freiwilliger Eigenverantwortung der Bürger um so mehr, als moderne Gesellschaften aufgrund ihres Freiheitsversprechens keine Integration qua autoritärer Sinn- und Wertstiftung mehr versuchen dürfen, abgesehen davon, daß sie damit, ebenso wie mit dem Versuch restriktiver Kontrollen, ohnehin an der gesellschaftlichen Komplexität scheitern müßten. Um die Bürger beispielsweise zur freiwilligen, niemals kontrollierbaren Mülltrennung zu motivieren, beauftragt die Politik heutzutage Werbeagenturen. Diese Dialektik gesellschaftlicher Komplexität, daß entgegen dem vordergründigen Eindruck die Bedeutung verantwortlichen Handelns des einzelnen Bürgers um so mehr steigt, je schwieriger staatliche Kontrollen werden und je weniger dieses verantwortliche Handeln staatlicherseits zielgerichtet herbeigeführt werden kann, stiftet jedenfalls wenig Vertrauen in die vom sogenannten Neoliberalismus übernommene Auffassung der neuzeitlichen Vertragstheorien, daß der „Nachtwächterstaat" die wenigen sich nicht befriedigend selbst regulierenden gesellschaftlichen Bereiche steuern könne. Es mag eine durchaus richtige Problematisierung sein, zu überlegen, ob möglicherweise eine Institutionalisierung sozialer Alimentierungen in einem wohlfahrtsstaatlichen System zum Verbrauch jener Solidaritätsbereitschaft führt, die eine soziomoralische Funktionsbedingung des Wohlfahrtsstaates ist. Demzufolge könnte der Wohlfahrtsstaat seine eigenen Bestandsvoraussetzungen gefährden, indem er durch seine Leistungen seinen Bürgern egoistische Nutzenmaximierung auf Kosten des Systems nicht nur ermöglicht, sondern sogar anerzieht. Diese aus der klassischen politischen Theorie bekannte Denkfigur der Selbstdestruktion von Institutionen infolge einer durch sie selbst bewirkten Erosion ihrer soziomoralischen Voraussetzungen wird jedoch vollständig um ihren Sinn gebracht, wenn insinuiert wird, das Problem sei einfach dadurch zu lösen, daß die wohlfahrtsstaatlichen Leistungen eingeschränkt und die Bürger erhöhtem Druck seitens des weltwirtschaftlichen Marktgeschehens überantwortet werden. Wenn, wie eingangs dargelegt wurde, die neoliberale Kritik zu Recht keine ökonomischen Probleme des Wohlfahrtsstaates fokussiert, sondern soziomoralische, dann darf diese diagnostische Überlegung nicht hinsichtlich der therapeutischen Konsequenzen unter der Hand verkürzt und verändert werden in Richtung der These, Existenzdruck verbessere die soziomoralischen Qualitäten der Bürger – einer These, die sich beim besten Willen nicht aus der liberal-utilitaristischen Wirtschaftstheorie ableiten läßt, da diese ja, wie erörtert, gerade auf soziomoralische Intentionen verzichten zu können glaubt, indem sie auf die Fügung der *unsichtbaren Hand* vertraut, aus Egoismen allgemeines Wohl zu erzeugen. Während der von einer

Vereinfachung der Adam Smith'schen Annahmen lebende traditionelle Liberalismus gesellschaftliche Solidarität als *quantité négligeable* behandelte, macht die neoliberale Kritik am Wohlfahrtsstaat konservativen und sozialdemokratischen Sozialtheorien dieses Thema streitig, muß es dann aber auch in seiner Komplexität verhandeln. Gemeinsinn und Solidaritätsbereitschaft der Bürger dürften nämlich nicht nur, wie der klassische Republikanismus betont hat, von der Größe der politisch-sozialen Einheit abhängen, sondern auch, wie zumal der Kommunitarismus nicht müde wird zu betonen, von stützenden Gewohnheiten, persönlichen Identifikationen und eigenen Solidaritäts*erfahrungen*, die gerade nicht die Grunderfahrung marktliberaler Globalisierung ausmachen. Sogar das Vertrauen von Adam Smith in das Eigeninteresse des Metzgers, Brauers und Bäckers war, wie heute zumeist vergessen wird, gebunden an die Prämisse eines begrenzten und überschaubaren Marktes, der garantierte, daß eine auf Kosten der Käufer betriebene egoistische Nutzenmaximierung durch diese selbst sanktioniert werden konnte.[39]

Man erkennt bis hierhin die Zusammenhänge zwischen dem jeweiligen Gemeinwohlbegriff und den Vorstellungen vom gesellschaftlichen Solidaritätsverbrauch und ihren Einfluß darauf, auf welche Weise und in welchem Ausmaß die „Zukunftsfähigkeit des Wohlfahrtsstaates" überhaupt *als Problem* wahrgenommen wird. Ist diese Problemwahrnehmung einmal erfolgt, wirkt sie fortan unweigerlich problemverschärfend, oder, genauer, konsequenter konstruktivistisch formuliert: problem*erzeugend*, denn wenn es ohnehin fraglich ist, weshalb ein zweckrational kalkulierendes Individuum Kosten für ein öffentliches Gut aufwenden sollte, das auch ohne seinen Beitrag bereitgestellt wird,[40] so dürfte es erst recht nicht vermittelbar sein, ein soziales Gefüge zu unterstützen, dessen Fortbestand nicht garantiert ist. Insofern vermag die Infragestellung des Wohlfahrtsstaates den Effekt einer *self-fulfilling prophecy* anzunehmen, was auch von den mit Vorbildfunktion behafteten (beispielsweise über föderalistische Solidarität streitenden) politischen Institutionen zu berücksichtigen wäre.

Die Diskussion um den Wohlfahrtsstaat zeigt mithin, in welchem Maße alle Akteure in ihren „Plänen, Strategien und Überlegungen, aber auch in ihren Handlungen und Interaktionen in ein Netz von Metaphern, Situationsschilderungen und Normen [...], von Notwendigkeitskonstruktionen und Unmöglichkeitsannahmen, von bruchstückhaftem Gegenwartswissen und Zukunftsdeutungen" eingebunden sind,[41] das den Horizont für die allseits reklamierte *rational kalkulierte* Handlungsorientierung abgibt und die von einem ökonomistisch reduzierten Neoliberalismus hypostasierten Kategorien *rationaler Mittelwahl* verschiebt:

> „An die Stelle der Entscheidungsregel, diejenige Handlungsalternative zu wählen, die den größten subjektiven Nutzen verspricht, tritt eine *persuasive Handlungsorientierung*. Gewählt wird diejenige Handlungsalternative, für die sich die größte argumentativ-rhetorische Stützungsleistung innerhalb des Wissenssystems des jeweiligen Akteurs mobilisieren läßt. [...] Handlungsleitend werden jene Gründe und Deutungen, die für den Handelnden *in gedachter Anwesenheit eines Publikums die größte persuasive Kraft auf ihn selbst* entfalten können."[42]

Dieser *wissenspolitologische* Ansatz (Nullmeier) macht es möglich, die unter den Bedingungen multimedialer Massenkommunikation erfolgende Entgrenzung von Politik hinsichtlich der soziomoralischen Voraussetzungen des Wohlfahrtsstaates anzudeuten: Als ausdifferenzierte funktionale Teilsysteme der Gesellschaft steuern die modernen Massenmedien die knappe Ressource öffentlicher Aufmerksamkeit. Zur Planung und Durchsetzung politischer Projekte und Reformen reicht es daher nicht mehr aus, die unmittelbar betroffenen und entscheidungsrelevanten Akteure zu konsultieren. Vielmehr werden gleichsam programmatische „Testballons" mit dem Ziel gestartet, Interessenartikulation zu provozieren und die für ein Thema verfügbare öffentliche Aufmerksamkeit auszuloten. Die Aufmerksamkeit des großen Publikums wie jene spezialisierter Teilöffentlichkeiten ist ein knappes Gut, und je nach Maß und Art dieser Aufmerksamkeit empfehlen sich nicht nur bestimmte Strategien, um ein Projekt durchzusetzen; vielmehr bemißt sich mitunter die Entscheidung für oder gegen ein Projekt überhaupt erst nach der öffentlichen Resonanz auf den „Testballon". Umgekehrt kann auch zuweilen gerade das Fehlen eines interessierten Publikums die Realisierung politischer Projekte ermöglichen. Jedenfalls instrumentalisiert die Politik nicht einfach in manipulativer Absicht die Medien, sondern ist vielmehr damit beschäftigt, weil im Kampf um Aufmerksamkeit darauf angewiesen, anhand von medialem *response* auf verschiedene „Testballons" eigene Handlungsoptionen und den Verkaufswert politischer Vokabeln im Rahmen der neuen Währung „Aufmerksamkeit" zu ermitteln.[43]

Öffentlichkeit ist demnach als ein Forum zu betrachten, das Gemeinwohlrhetorik als ein von jeher probates Mittel der Erlangung von Aufmerksamkeit geradezu erzwingt,[44] wobei phasenspezifisch unterschiedliche Substitutsbegriffe und Operationalisierungen von „Gemeinwohl" dominant sind („Arbeitsplatzsicherung", „Nachfrageförderung", „Standortsicherung", „öffentliche Sicherheit" u.a.m.), die als rivalisierende Argumente in semantisch ausgetragenen Interessenkonflikten dienen:

„Man erklärt die Erfüllung der eigenen Forderung zur systemerforderlichen Leistung. Das funktionalistische Argument hat also erst einmal den Vorteil der Standpunktlosigkeit: Man verlangt nichts ‚für sich', sondern verweist auf die Notwendigkeit und Sinnhaftigkeit der Förderung systemischer Funktionszusammenhänge zum Nutzen ‚aller'. Damit ist ein zweiter Vorteil funktionalistischer Argumente klar: die Verallgemeinerbarkeit ihrer Anliegen. Wer in der Lage ist, die Erfüllung seines partikularistischen Interesses als systemisches Funktionserfordernis zu interpretieren, definiert alle anderen als Nutznießer der Erfüllung seines Interesses. [...] So werden aus Interessenkonflikten Interpretationskämpfe."

Umgekehrt gilt: Wer auf „Gemeinwohlselbstdeklaration" verzichtet, riskiert die rhetorische Abdrängung in Irrationalität: Verantwortungslosigkeit, Selbstschädigung lauten dann die – im Falle der Wohlfahrtsstaatsdiskussion vorwiegend von neoliberaler Seite bemühten – Etiketten politischer Semantik.[45]

Wie schon der politische Machtkampf im Mittelalter besteht also auch die Wohlfahrtsstaatsdiskussion ausgangs des 20. Jahrhunderts zu einem erheblichen Teil aus dem *Streben nach dem Definitionsmonopol über das Gemeinwohl*. Diese geschichtlich hoch aggregierte Gemeinwohlrhetorik einer ständigen *semantologischen Kontrolle* im Sinne Kosellecks zu unterziehen, erscheint um so notwendiger, wenn man begründet mutmaßen kann, daß die allseitige politische Instrumentalisierung des Gemeinwohlbegriffs und seine stetig steigende normative Aufladung bis hin zum „Weltgemeinwohl" erhöhten *Solidaritätsverbrauch* nach sich ziehen könnten. Wenn man davon ausgehen muß, daß über die Zukunft des Wohlfahrtsstaates nicht nur statistisch überprüfbare ökonomische Tatbestände entscheiden, sondern in mindestens ebenso starkem Maße öffentliche Diskurse und Befindlichkeiten,[46] erfordern diese psychologisch folgenreichen semantischen Prozesse jedenfalls weitere wissenschaftliche Aufmerksamkeit und sensible Berücksichtigung in der politischen Sprache. Als Träger des Wohlfahrtssystems muß *der Staat des politischen Systems* (Luhmann) wissen, daß seine prinzipielle Unfähigkeit, die von ihm benötigten vorpolitischen Grundlagen des Politischen selber zu reproduzieren, in diesem Fall bedeutet, daß er die für die Überlebensfähigkeit seiner wohlfahrtsstaatlichen Aktivitäten erforderliche soziale Solidarität stets tendenziell verzehrt und hinsichtlich ihrer Regeneration auf anderweitige, außerpolitische Quellen hoffen muß. Die Aufgabe, vorsorgende Sozialpolitik zu betreiben, die das Dasein seiner Bürger sichert, ist unverzichtbar für den Staat,[47] der aber gleichzeitig wissen muß, daß dies kein *legitimierender Grund* ist, der ihn ausreichend vor Krisenstimmungen schützt.[48]

Anmerkungen

1 Vgl. Eckart PANKOKE, Sociale Bewegung– Sociale Frage–Sociale Politik. Grundfragen der deutschen „Socialwissenschaft" im 19. Jahrhundert, Stuttgart 1970.
2 Dieser Begriff wird hier, entsprechend seiner Verwendung in der internationalen wissenschaftlichen Fachdiskussion, rein deskriptiv verwendet zur Kennzeichnung eines institutionellen Gefüges, in dem der Staat subsidiär den Wohlstand seiner Bürger garantiert, wobei die Definition dieses Wohlstandes offen bleibt. Zumal in der Bundesrepublik Deutschland ist dieses Wohlstandsverständnis zunehmend Gegenstand der Verfassungsrechtsprechung geworden und somit institutionell verbindlich gemacht worden. Anders als bei seiner pejorativen, alltagssprachlichen Instrumentalisierung zur Diskreditierung eines vermeintlich schädlichen, lähmenden Systems „sozialer Hängematten" ermöglicht dieses Begriffsverständnis, verschiedene Typen wohlfahrtsstaatlicher Politik zu erkennen; vgl. Gøsta ESPING-ANDERSEN, The Three Worlds of Welfare Capitalism, Cambridge 1990, der konservative, liberale und sozialdemokratische Versionen unterscheidet (differenziert hierzu Manfred G. SCHMIDT, Sozialpolitik in Deutschland. Historische Entwicklung und internationaler Vergleich, Opladen, 2. Aufl. 1998, 218 ff. m.w. N.). Thomas BLANKE, Paradoxien und Zukunft des deutschen Sozialstaats, in: Sozialpolitik und Gerechtigkeit, hg. v. Siegfried BLASCHE und Diether DÖRING, Frankfurt/M.–New York 1998, 172 ff., unterscheidet klassentheoretische, lerntheoretische, demokratietheoretische, risikotheoretische und modernisierungstheoretische Deutungen des Wohlfahrtsstaates mit ihren jeweils eigenen „Krisendiagnosen und Zukunftsszenarien". Vgl. ferner Franz-Xaver

KAUFMANN, Herausforderungen des Sozialstaates, Frankfurt/M. 1997; Manfred PRISCHING, Bilder des Wohlfahrtsstaates, Marburg 1996.

3 Vgl., stellvertretend für viele, Gerd HABERMANN, Der Wohlfahrtsstaat. Die Geschichte eines Irrwegs, Frankfurt/M.–Berlin 1997, 343, der meint, im wohlfahrtsstaatlichen Niedergang gar eine „Tendenz zur geschlossenen Gesellschaft" wahrnehmen zu müssen und im gleichen Atemzug ausgerechnet Ludwig ERHARDS „heroische[n] Entwurf" einer formierten Gesellschaft propagiert – einen Prototyp geschlossener Gesellschaft.

4 So beobachtet Peter ULRICH, Integrative Wirtschaftsethik. Grundlagen einer lebensdienlichen Ökonomie, Bern 1998, derzeit vor allem eine ökonomistische Gemeinwohlfiktion neoliberaler Provenienz.

5 Vgl. Reinhart KOSELLECK, Einleitung, in: Otto BRUNNER, Werner CONZE, Reinhart KOSELLECK (Hg.), Geschichtliche Grundbegriffe. Historisches Lexikon zur politisch-sozialen Sprache in Deutschland, Band 1, Stuttgart 1972, XIII ff., XIX.

6 Vgl. Ernst-Wolfgang BÖCKENFÖRDE, Staat, Gesellschaft, Freiheit. Studien zur Staatstheorie und zum Verfassungsrecht, Frankfurt/M. 1976, 60 f.; Herfried MÜNKLER, Politische Tugend. Bedarf die Demokratie einer sozio-moralischen Grundlegung?, in: Herfried MÜNKLER (Hg.), Die Chancen der Freiheit. Grundprobleme der Demokratie, München 1992, 25 ff.; Herfried MÜNKLER, Subsidiarität, Zivilgesellschaft und Bürgertugend, in: Alois RIKLIN, Gerard BATLINER (Hg.), Subsidiarität. Ein interdisziplinäres Symposium. Symposium des Liechtenstein-Instituts 23.–25. September 1993, Baden-Baden 1994, 63 ff.; Herfried MÜNKLER, Die Moral der Politik. Politik, Politikwissenschaft und die sozio-moralische Dimension politischer Ordnungen, in: Claus LEGGEWIE (Hg.) Wozu Politikwissenschaft? Über das Neue in der Politik, Darmstadt 1994, 228 ff.; Herfried MÜNKLER, Einleitung: Was sind vorpolitische Grundlagen politischer Ordnung?, in: Herfried MÜNKLER (Hg.), Bürgerreligion und Bürgertugend. Debatten über die vorpolitischen Grundlagen politischer Ordnung, Baden-Baden 1996, 7 ff.; Herfried MÜNKLER, Tugend und Markt: Die Suche nach Funktionsäquivalenten für die sozio-moralischen Voraussetzungen einer freiheitlich verfaßten Ordnung, in: Hartmut KAELBLE, Jürgen SCHRIEWER (Hg.), Gesellschaften im Vergleich. Forschungen aus Sozial- und Geschichtswissenschaften, Frankfurt a.M. etc. 1998, 103 ff.

7 Vgl. ausführlich Herfried MÜNKLER, Karsten FISCHER, Gemeinwohl und Gemeinsinn. Thematisierung und Verbrauch soziomoralischer Ressourcen in der modernen Gesellschaft, in: Berlin-Brandenburgische Akademie der Wissenschaften: Berichte und Abhandlungen, Band 7, Berlin 1999 (i.E.).

8 Reinhart KOSELLECK, Vergangene Zukunft. Zur Semantik geschichtlicher Zeiten, Frankfurt/M. 1989, 213.

9 Winfried EBERHARD, Herrscher und Stände, in: Politisches Denken in der Zeit der Reformation, in: Iring FETSCHER, Herfried MÜNKLER (Hg.), Pipers Handbuch der politischen Ideen, Band 2: Mittelalter: Von den Anfängen des Islams bis zur Reformation, München 1993, 467 ff., 490; Winfried EBERHARD, „Gemeiner Nutzen" als oppositionelle Leitvorstellung im Spätmittelalter, in: Manfred GERWING, Godehard RUPPERT (Hg.), Renovatio et reformatio. Wider das Bild vom „finsteren" Mittelalter. Festschrift für Ludwig Hödl zum 60. Geburtstag, Münster 1985, 195 ff.

10 Heinz SCHILLING, Aufbruch und Krise. Deutschland 1517–1648, Berlin 1988, 313 ff.

11 Hans MAIER, Die ältere deutsche Staats- und Verwaltungslehre, München, 2. Auflage, 1980, 73.

12 Winfried SCHULZE, Vom Gemeinnutz zum Eigennutz. Über den Normenwandel in der ständischen Gesellschaft der Frühen Neuzeit, in: Historische Zeitschrift 243, 1986, 591 ff., 616 ff.

13 Vgl. Herfried MÜNKLER, Die Idee der Tugend. Ein politischer Leitbegriff im vorrevolutionären Europa, Archiv für Kulturgeschichte 73, 1991, 379 ff.; John G. A. POCOCK, Die andere Bürgergesellschaft. Zur Dialektik von Tugend und Korruption, Frankfurt/M. etc. 1993,   44 f.; Manfred RIEDEL, Gesellschaft, bürgerliche, in: Geschichtliche Grundbegriffe, Band 2, Stuttgart 1975, 719 ff.

14 MAIER, Staats- und Verwaltungslehre, 159 f., 183, 218.

15 Bernard MANDEVILLE, Die Bienenfabel oder Private Laster, öffentliche Vorteile, Frankfurt/M. 1980, 84.

16 Ebenda, 350 f. Vgl. Lothar WAAS, Gemeinwohl mit oder ohne Gemeinsinn? - Die Liberalismus/Kommunitarismus-Kontroverse und der Streit um die ‚Bienenfabel', in: Karl Graf BALLESTREM, Henning OTTMANN (Hg.), Theorie und Praxis. Festschrift für Nikolaus Lobkowicz zum 65. Geburtstag, Berlin 1996, 207 ff.

17 Wolfgang KERSTING, Wohlgeordnete Freiheit. Immanuel Kants Rechts- und Staatsphilosophie, Frankfurt/M. 1993, 366 f.

18 Gerhard GÖHLER, Hegel und das Problem der gesellschaftlichen Einheit – die Staatslehre neu gelesen, in: Michael Th. GREVEN u.a. (Hg,), Politikwissenschaft als Kritische Theorie. Festschrift für Kurt Lenk, Baden-Baden 1994, 109 ff., 127.

19 Vgl. MÜNKLER, Idee.

20 Charles-Louis de Secondat, Baron de la Brède et de MONTESQUIEU, Vom Geist der Gesetze, übers. v. Kurt Weigand, Stuttgart 1965, III, 7 (124 f.); IV, 5 (136).

21 Jürgen GEBHARDT, Rainer SCHMALZ-BRUNS, Was hält heutige Gesellschaften politisch zusammen?, in: Jürgen GEBHARDT, Rainer SCHMALZ-BRUNS (Hg.), Demokratie, Verfassung und Nation. Die politische Integration moderner Gesellschaften, Baden-Baden 1994, 7 ff., 25; vgl. MÜNKLER, Tugend und Markt.

22 Vgl. aus einer im umfassenden, unideologischen Sinne sozio-biologischen Perspektive Alfred GIERER, Im Spiegel der Natur erkennen wir uns selbst. Wissenschaft und Menschenbild, Reinbek 1998, 251.

23 Vgl. ULRICH, Wirtschaftsethik, 286 f.; Juan J. LINZ, Demokratie heute. Überlegungen für eine Forschungsagenda, Berliner Debatte INITIAL 9, 1998, H. 6, 69 ff., 79.

24 Wohlmeinende Versuche, hinsichtlich völkerrechtlicher und ökologischer Erfordernisse gar ein universalistisches Gemeinwohlverständnis nahezulegen, wie es beispielsweise mit dem theologisch inspirierten Begriff des Weltgemeinwohls versucht wird (vgl. u.a., sogar auf Breitenwirkung angelegt, Johannes K. RÜCKER, Arbeitshilfen für die politische Bildung, Basiswissen Politik und Gesellschaft 4, Die Ordnung der Gesellschaft, Bundeszentrale für politische Bildung, Bonn 1997, 55 f.), erscheinen in dieser Hinsicht problematisch. Albert O. HIRSCHMAN, Engagement und Enttäuschung. Über das Schwanken der Bürger zwischen Privatwohl und Gemeinwohl, Frankfurt/M. 1984, hat zudem gezeigt, daß es keine stabile Pyramide menschlicher Bedürfnisse und Präferenzen gibt und es dadurch zu einem Schwanken der Bürger zwischen Privatwohl und Gemeinwohl kommt: Der frustrierte Konsument wandelt sich in den politisierenden Bürger und der enttäuschte Politiker zieht sich zurück in die Felder privater Nutzenmaximierung - oder er wird korrupt. Daher ist auch Hirschman skeptisch gegenüber einer einfachen Beschwörung konventionellen „Gemeinsinns".

25 Gerhard SCHULZE, Kontrapunkt: Armut in der Kultur des Reichtums, in: Friedhelm HENGSBACH, Matthias MÖHRING-HESSE (Hg.), Eure Armut kotzt uns an! Solidarität in der Krise, Frankfurt/M. 1996, 52 ff., 62; vgl. Gerhard SCHULZE, Die Erlebnisgesellschaft. Kultursoziologie der Gegenwart, Frankfurt/M. 1993.

26 Vgl. Birger P. PRIDDAT, „Sustainability". Zur Rhetorik des Begriffs: metapolitische Erörterungen, in: Michael Th. GREVEN u.a. (Hg.), Bürgersinn und Kritik. Festschrift für Udo Bermbach zum 60. Geburtstag, 281ff.

27 Vgl. Niklas LUHMANN, Die Gesellschaft der Gesellschaft, Frankfurt/M. 1997.

28 Niklas LUHMANN [Rez. Glendon SCHUBERT, The Public Interest. A Critique of the Theory of a Political Concept, New York 1960], in: Der Staat, Band 1, 1962, 375 ff., 375.

29 Ebenda, 377.

30 Peter HÄBERLE, Öffentliches Interesse als juristisches Problem. Eine Analyse von Gesetzgebung und Rechtsprechung, Bad Homburg v. d. H. 1970, 68, 85 f.

31 Niklas LUHMANN, Zweckbegriff und Systemrationalität. Über die Funktion von Zwecken in sozialen Systemen, Frankfurt/M., 5. Auflage, 1991, 90 f.

32 Ebenda, 216 ff.; vgl. Niklas LUHMANN, Gesellschaftsstruktur und Semantik. Studien zur Wissenssoziologie der modernen Gesellschaft, 4 Bände, Frankfurt/M. 1980 ff., Band 2, 19 f.

33 Niklas LUHMANN, Funktion der Religion, Frankfurt/M., 4. Auflage, 1996, 252, 202 f.; 82.

34 François EWALD, Der Vorsorgestaat, Frankfurt/M. 1993, 485 f.

35 Ebenda, 487; vgl. ebenda, 245 f.

36 Renate MAYNTZ, Interessenverbände und Gemeinwohl – Die Verbändestudie der Bertelsmann Stiftung, in: Renate MAYNTZ (Hg.), Verbände zwischen Mitgliederinteressen und Gemeinwohl, Gütersloh 1992, 11 ff., 32.

37 Helmut WILLKE, Ironie des Staates. Grundlinien einer Staatstheorie polyzentrischer Gesellschaft, Frankfurt/M. 1992, 136 f.

38 Hans NOKIELSKI, Eckart PANKOKE, Post-korporative Partikularität. Zur Rolle der Wohlfahrtsverbände im Welfare-Mix, in: Adalbert EVERS, Thomas OLK (Hg.), Wohlfahrtspluralismus. Vom Wohlfahrtsstaat zur Wohlfahrtsgesellschaft, Opladen 1996, 142 ff., 161.

39 In einer spieltheoretischen Analyse des sogenannten „Schmarotzer-Dilemmas" haben Natalie S. GLANCE und Bernardo A. HUBERMAN, Das Schmarotzer-Dilemma, in: Spektrum der Wissenschaft, Mai 1994, 36 ff., Kooperationserwartung als entscheidenden Faktor individuellen Nutzenkalküls ermittelt, wodurch sie „das plötzliche Auftreten von Gemeinsinn" (S. 40) erklären konnten: Wenn eine Personengruppe ein teures Restaurant mit der gemeinsam getroffenen Vereinbarung besucht, der Gesamtbetrag der Rechnung solle, unabhängig vom unterschiedlichen Preis der einzelnen Bestellungen, von allen zu gleichen Teilen bezahlt werden, so ist es für die Wahl zwischen Eigennutz und Kooperation ausschlaggebend, wie groß, wie kommunikativ und wie zeitlich beständig die Gruppe ist („Horizontweite"). Überträgt man diese Beobachtungen im gesellschaftlichen Maßstab auf Beispiele des Sozialmißbrauches und des Umweltschutzes, so spricht die spieltheoretische Analyse für die auch von Smith nicht bestrittene Auffassung des alteuropäischen Republikanismus, daß die Größe einer sozialen Einheit entscheidende Auswirkungen auf ihre soziomoralischen Ressourcen hat (vgl. 36 f., 38).

40 Vgl. Mancur OLSON, Die Logik des kollektiven Handelns. Kollektivgüter und die Theorie der Gruppen, Tübingen, 4. Auflage, 1998.

41 Frank NULLMEIER, Wissen und Policy-Forschung. Wissenspolitologie und rhetorisch-dialektisches Handlungsmodell, in: Adrienne HÉRITIER (Hg.), Policy-Analyse. Kritik und Neuorientierung, Politische Vierteljahresschrift, Sonderheft 24, Opladen 1993, 175 ff., 190f.

42 Ebenda. Vgl. Matthias BOHLENDER, Die Rhetorik des Politischen. Zur Kritik der politischen Theorie, Berlin 1995, 25 ff., 231 ff.

43 Vgl. Georg FRANCK, Ökonomie der Aufmerksamkeit. Ein Entwurf, München 1998, 49 ff.

44 „The model [...] is a sausage machine: the public will is poured into one end and out of the other end drops neat little segments of the public interest, each wrapped in its own natural casing." Glendon SCHUBERT, The Public Interest. A critique of the theory of a political concept, Glencoe (Illinois) 1960, 221. Vgl. für einen nicht-normativen Begriff von Öffentlichkeit Kai-Uwe HELLMANN, Integration durch Öffentlichkeit. Zur Selbstbeobachtung der modernen Gesellschaft, Berliner Journal für Soziologie 7, 1997, 37 ff.

45 Georg VOBRUBA, Wirtschaftsverbände und Gemeinwohl, in: Renate MAYNTZ (Hg.), Verbände zwischen Mitgliederinteressen und Gemeinwohl, 80 ff., 113 ff.

46 Vgl. Hans JOAS, Was hält die Bundesrepublik zusammen?, in: Friedhelm HENGSBACH, Matthias MÖHRING-HESSE (Hg.), Eure Armut kotzt uns an!, 69 ff., 81, der mit Blick auf die Bundesrepublik Deutschland hinsichtlich des politische Stabilität verbürgenden übergeordneten wohlfahrtsstaatlichen Konsenses feststellt: „Wenngleich die Beschreibung dieses Landes als einer ,Ellenbogengesellschaft' und einer Gesellschaft ohne Konsens der Wirklichkeit keineswegs entspricht, stellt sich das Gefühl von der Triftigkeit dieser Beschreibung bei so vielen aufgrund der Bedrohung dieses übergeordneten Konsenses ein."

47 Vgl. Manfred PRISCHING, Glücksverpflichtungen des Staates, in: Alfred BELLEBAUM u.a. (Hg.), Staat und Glück. Politische Dimensionen der Wohlfahrt, Opladen 1998, 16 ff.

48 BÖCKENFÖRDE, Staat, 61.

„Vollkasko-Individualisierung"
Zum Phänomen der Bastelexistenz unter Wohlfahrtsstaatsbedingungen
Ronald Hitzler

Ausgehend von der in der Individualisierungsdiskussion verankerten Idee der ‚Bastelexistenz' werde ich mich im folgenden mit einigen (nichtintendierten) Konsequenzen dieser Lebensform für verschiedene Aspekte des sozialen Miteinanders unter Wohlfahrtsstaatsbedingungen befassen und fragen, wie damit einhergehende bzw. daraus resultierende Sicherungsprobleme bewältigt werden (können).

1. Allgemeine Individualisierungsbedingungen

Das, was wir, im wesentlichen ausgelöst durch Ulrich Becks Aufsatz „Jenseits von Stand und Klasse?"[1] unter dem Etikett ‚Individualisierung' diskutieren, muß in der Tradition soziologischer Ungleichheitsforschung begriffen werden[2]. Das Konzept ‚Individualisierung' modelliert sozialstrukturelle Bedingungen des Lebens am Übergang zu einer ‚anderen' Moderne, deren empirische Reichweite zwar anhaltend umstritten ist, deren prinzipielle Relevanz für eine hinlänglich angemessene Rekonstruktion unserer Gegenwartsgesellschaft aber immer weniger bezweifelt wird[3].

Versammelt werden unter dem Begriff ‚Individualisierung' in der Regel vielfältige sozialstrukturelle Veränderungen moderner Gesellschaften, vor allem nach und seit dem Zweiten Weltkrieg; genauer: solche ‚Trends' wie Verallgemeinerung des Gleichheitsgrundsatzes, Bildungsexpansion und Bildungsentwertung, Auflösung der Normalarbeitszeitverhältnisse, Durchsetzung heterogener Emanzipationsinteressen, Erosion zum Beispiel der relativen kulturellen Verbindlichkeit des Kleinfamilien-Modells und so weiter.

Konnotiert ist aber eben nicht zuletzt auch die Erhöhung des durchschnittlichen Wohlstands. Als einer der wichtigsten, wenn nicht als *der* wichtigste Individualisierungsindikator aber gilt der Trend zur *Verrechtlichung* der Sozialbeziehungen zwischen Menschen in immer mehr Situationen und Lebensbereichen, die herkömmlicherweise eben anders, nämlich außerjuristisch, geregelt waren.

Diese Verrechtlichung resultiert aus dem zivilisatorischen Projekt der Moderne schlechthin. Sie ist die Konsequenz der Verwirklichung der Idee von Gerechtigkeit durch Gleichheit[4], genauer: durch Gleichbehandlung im formaldemokratischen Staatswesen, die sich in einer Art säkularer Strukturmonadologie manifestiert.[5] Die so verstandene Verrechtlichung ist uns hochvertraut, ja selbstverständlich geworden zum Beispiel bei der Regelung des sozialen Verkehrs zwischen Arbeitgeber und Arbeitnehmer, aus dem Gesetzgebungen und Rechtssprechung inzwischen auch die letzten sozusagen ‚willkürlichen' Restbestände eliminiert haben. Diese Verrechtlichung durchdringt nun aber eben immer stärker auch solche Bereiche, in denen in der bisherigen Moderne noch außerjuristische Aushandlungsprozesse zwischen den involvierten Menschen stattgefunden haben, im wesentlichen also die traditionellen sozialmoralischen Milieus – exemplarisch etwa die Beziehung zwischen Mann und Frau[6], zunehmend aber auch die zwischen Eltern und Kindern.[7] Verrechtlichung trägt damit zwar beiläufig, aber nicht unwesentlich zur Sklerotisierung und/oder Erosion solcher Beziehungsmilieus bei.

Als Effekte des Individualisierungsprozesses erscheinen dementsprechend Phänomene wie Verlust von normativen Verläßlichkeiten und Verzicht auf dauerhafte Bindungen, mentale Freisetzung aus verinnerlichten Rollen, erhöhte horizontale und vertikale Mobilität, Sinnverlagerung aus der beruflichen in die Privatsphäre, Auflösung ‚feudaler' Beziehungsreste und anderes mehr.

Individualisierung ist also zunächst einmal als eine sozial-*strukturelle* Kategorie und nicht als eine *sozial-psychologische* Bestimmung der modernen Existenz zu begreifen, als ein *Handlungsrahmen* und nicht als eine *Handlungsform* des modernen Menschen. Die Individualisierungstheorie an sich ist dementsprechend weit weniger eine zeitgenössische Fortschreibung herkömmlicher Individualitätskonzepte[8] als vielmehr eine Reflexion der Unzulänglichkeit soziologischer Ungleichheitsmodelle im Hinblick auf eine adäquate Erklärung aktueller sozialer Zustände und Prozesse[9].

Der dergestalt individualisierte Mensch ist natürlich ein ‚homunculus', ein gedankliches Konstrukt, eine einseitige Überzeichnung des empirisch vorfindbaren. Aber entgegen der nach wie vor in traditionalistischen Teilen der Soziologie gepflegten Annahme, die Menschen erlebten sich auch selber typischerweise als eingebunden in den ‚stabilen Verhältnissen' überkommener Großgruppen-Lagen wie Standes-, Klassen- und Schichtbindungen, entfaltet sich gegenwärtig eben eine verwirrende Vielzahl *neuer bzw. neu als solcher ‚skandalierter' Ungleichheiten* – allen voran sicherlich die zwischen den Geschlechtern, aber auch die zwischen Altersgruppen, zwischen Einheimischen und Fremden, zwischen Behinderten und Nichtbehinderten, zwischen Gesunden und Kranken, zwischen Arbeitsplatzbesitzern und Arbeitslosen, zwischen Menschen mit und ohne Kinder, zwischen Auto- und Radfahrern, Inline-Skatern und Fußgängern, zwischen Umweltschützern und ökologisch Achtlosen, zwischen Rauchern und Nichtrauchern, zwischen ideologisch Sendungsbewußten und politisch Apathischen, und in Deutschland natürlich zwischen ‚Ossis' und ‚Wessis' – um nur einige der, jedenfalls ‚bei uns', augenfälligsten Gegensätze zu benennen.

Sozialstrukturanalytiker und Ungleichheitsforscher wie Stefan Hradil, Peter A. Berger, Reinhard Kreckel, Hans-Peter Müller, Martin Kohli und andere arbeiten deshalb mit Nachdruck daran, diese ‚neue Unübersichtlichkeit' gesellschaftlicher Pluralisierungsphänomene vor allem im Rückgriff auf Ordnungs-Konzepte wie Lebenslagen, Lebensläufe und Lebensstile zu restrukturieren. Verzeitlichung von Ungleichheitslagen, Relationen von Zentren und Peripherien, Antagonismen von Inklusion und Exklusion und dergleichen mehr spielen dabei eine wesentliche analytische Rolle [10].

Nicht nur Individualisierungstheoretiker im engeren Sinne gehen also davon aus, daß wir es inzwischen weder mit einer ‚ordentlich' in Stände, Klassen und Schichten gegliederten noch mit einer zu einem hypostasierten Mittelstand hin nivellierten Gesellschaft mit eingeschmolzenen sozialen

Antagonismen zu tun haben, sondern mit einer Gesellschaft, in der die – zum Teil bizarren – Konsequenzen des sozialstrukturellen Modernisierungsprozesses erst allmählich überhaupt zum Tragen kommen: Wir haben es mit einer Gesellschaft zu tun, in der zumindest für die ‚Masse' der sie belebenden Menschen mannigfaltige kulturelle, wirtschaftliche, politische, religiöse, erotische und andere Optionen bereitstehen, deren – je situative oder auch als langfristig intendierte – Wahrnehmung mehr oder weniger ‚Kosten' der unterschiedlichsten Art (und im weitesten Sinne) verursacht.

Der zentrale Befund der Individualisierungstheorie lautet dementsprechend, daß im Zuge fortschreitender Modernisierung die Menschen typischerweise herausgelöst werden aus traditionellen Bindungen und Sicherheiten und stattdessen auf eine Überfülle heterogener und oft antagonistischer, sozial teils mehr, teils weniger stimmig vor-organisierter Lebensstilpakete, Sinnkonglomerate und Ideologiegehäuse verwiesen sind – deren individuelle Anverwandlung allerdings eben mit solchen ‚Kosten' verbunden sind, die keineswegs von jedem, der sozusagen vor diesem Angebot steht, (gar: jederzeit und ohne weiteres) getragen werden können.

2. Das Phänomen der Vollkasko-Individualisierung

Den hier nun ‚ins Spiel kommenden' Begriff der ‚Vollkasko-Individualisierung' hat – soweit ich weiß – ebenfalls Ulrich Beck erfunden[11]. Er meint damit nicht nur, aber insbesondere solche Individuallagen, die laut Lutz Leisering[12] „wesentlich sozialstaatlich konstituiert sind" – nämlich: (relativ) hohen Wohlstand und (relative) soziale Sicherheit. Entstanden ist dieser – von existentiell entschieden riskanteren Formen der ‚Freisetzung' unter anderen gesellschaftlichen Bedingungen zu unterscheidende – Individualisierungstypus[13] nahezu ‚idealtypisch' in der Bundesrepublik Deutschland seit den 60er Jahren. Er korreliert mit den Umständen, die Ulrich Beck[14] unter dem Etikett der ‚Risikogesellschaft', Gerhard Schulze mit der ‚Erlebnisgesellschaft' und Peter Gross[16] mit der ‚Multioptionsgesellschaft' zwar durchaus unterschiedlich, aber allesamt wohlfahrtsstaatsbasiert beschrieben haben. Unsere Existenzprobleme resultieren bzw. resultierten demnach wesentlich aus einer Überfluß- und Überschußproduktion: ökologische Risiken aus der hypertrophen Industriemoderne, Geschmackspräferenzen aus dem bildungsgesättigten Kulturrelativismus, Sinnfragen aus dem postmodernen Überangebot an Waren und Weltdeutungen und so weiter.

‚Vollkasko-Individualisierung' heißt, daß einerseits die (quasi-) feudalen Restbestände (in) der Wohlfahrtsgesellschaft aufgelöst werden – Restbestände, wie sie sich zum Beispiel in Religions- und ethnischen Gemeinschaften, in Klassen- und Ständemilieus, in Kommunal- und Regionalkontexten, in Verwandtschafts- und Nachbarschaftsnetzen, in herkömmlichen Ehen und Kleinfamilien und dergleichen finden; genauer: daß die Bedeutung dieser traditionellen Sinngebungs- und Normsetzungsinstanzen für die Regulierung des individuellen Lebensvollzugs abnimmt. Das heißt, wir beobachten eine Art *Sklerotisierung* dieser sozusagen gemeinschaftsförmigen Meso-‚Institutionen', in denen Herrschaftsverhältnisse noch mehr oder weniger *personal* geprägt sind.

Vollkasko-Individualisierung heißt aber auch, daß andererseits die *normierende* Bedeutung generalisierter Rahmenbedingungen wie Erwerbsarbeitsmarkt, Subventionswesen, Waren-, Dienstleistungs-, Informations- und Unterhaltungsangebot, Rechtsgleichheit, Bildungswesen, soziales Sicherungssystem und so weiter für die Regulierung des individuellen Lebensvollzugs zunimmt. Das heißt, wir beobachten eine Art säkularisierter Struktur-Monadisierung durch sozusagen gesellschaftsförmige Makro-‚Institutionen', in denen Herrschaftsverhältnisse mehr oder weniger entpersonalisiert, abstrahiert, formalisiert sind.

Mit Aspekten des *alltäglichen Vollzugs* unter den Bedingungen solcher Art Vollkasko-Individualisierung befaßt sich zum Beispiel Ulrich Beck selber unter dem Stichwort ‚Eigenes Leben'[17]. Gerhard Schulze[8] thematisiert vor allem das Moment der ‚Erlebnisorientierung'. Peter Gross[19] spricht über ‚Multioptionalität' und ‚Ich-Jagd'. Heiner Keupp[20] präferiert den Begriff ‚Patchwork-Identität'. Und ich versuche eben, Handlungsprobleme, wie sie symptomatischerweise mit Individualisierung einhergehen, von der Idee der ‚Bastelexistenz' her zu beschreiben[21]. Einige Aspekte dieser Existenzform sind zu schildern.

3. Aspekte der Bastelexistenz

Die Idee der *Bastelexistenz* besagt, daß infolge der skizzierten allgemeinen strukturellen Entwicklung immer mehr Menschen immer häufiger, eher früher als später im Laufe ihres Lebens nicht nur zwangsläufig lernen *müssen,* sondern – sozusagen aufgrund der sozialstrukturellen Umstände – eben auch lernen *können,* diesem ihrem je eigenen Leben *selber* einen ihnen – und zumindest im Bedarfsfalle auch anderen – verständlichen Sinn zu geben, daß sie also zum Beispiel irgendwann und irgendwie damit konfrontiert sein werden, daß sie für ihr Leben selber verantwortlich sind, weil sie es sich in einem ‚existentiellen' Sinne eben tatsächlich selber ausgesucht, weil sie es sich aus der Vielfalt an alternativen Optionen selber ‚herausgenommen' haben.

Symptomatischerweise konfrontiert ist der Existenzbastler mit *solchen* Handlungsproblemen, die damit einhergehen, daß er sich vor individuelle Entscheidungssituationen gestellt und mit Konsequenzen konfrontiert sieht, die aus solchen Entscheidungen erwachsen. Mit diesen Entscheidungen verbindet er subjektiv unterschiedliche Intentionen. Diese reichen so ungefähr von punktuell-situativen Relevanzen bis zu gesamtbiographisch-existentiellen Relevanzen, von kleinsträumig-gegenwartsbezogenen bis zu globalhistorisch-langfristigen Wirkungen.

Kurz gesagt: Eine Bastelexistenz zu fristen bedeutet, aus dem, was einem aufgrund biographischer ‚Zufälligkeiten' an Deutungs-, Erklärungs-, Rechtfertigungsschemata je zuhanden ist, individuell – was keineswegs bedeutet muß: besonders originell – sein Leben als *sein,* wie auch immer geartetes, ‚eigenes' zusammenzustückeln. Allerdings können, ganz im Sinne der Ironie des Alltags und der Geschichte, bei diesem Unternehmen die *nicht-*

intendierten Konsequenzen je situativer Entscheidungen bekanntermaßen von den je damit verknüpften Absichten und Erwartungen ganz entschieden abweichen bzw. diese nachgerade konterkarieren oder unterminieren.

Die Rede von der Bastelexistenz impliziert also nicht per se so etwas wie zielstrebige Lebensführung oder gar virtuose Lebenskunst[22]. Typischerweise sind individualisierte Existenzbastler weder biographische Strategen, noch Artisten des Daseins. Sie sind im Normalfall noch nicht einmal in einem vernünftigen Sinne *Konstrukteure* ihres Lebens, die dieses irgendwie systematisch und planvoll bewältigen würden. Existenzbastler ähneln tatsächlich eher Do-It-Yourself-Werklern, die eben immer aus dem, was ihnen gerade so zur Verfügung steht bzw. was sich ohne allzu hohe ‚Kosten' besorgen läßt, ‚irgendwie' und ‚ungefähr' das zusammenmontieren, was ihnen je gerade wünschenswert, brauchbar, nützlich oder nötig erscheint. Als solche aber kommen sie, wie übrigens symptomatischerweise auch Heimwerker im engeren Sinne[23], auf nicht vorhersehbare Einfälle - und das wiederum macht sie tendenziell ‚unberechenbar(er)'.

Die eine solche Bastelexistenz wenn nicht schlechthin erst ermöglichende, so doch zumindest wesentlich erleichternde Vollkasko-Individualisierung meint somit also jene Art Individualisierung, bei der die mit der Freisetzung der Menschen aus überkommenen sozialmoralischen ‚Gemeinschafts'-Bindungen einhergehenden existentiellen Risiken aufgefangen bzw. abgefedert werden durch Abhängigkeiten, die im *Zusammenspiel* von marktförmigen Optionen und bürokratischen Ligaturen entstehen. Konkreter: *Zusammen mit dem Arbeitsmarkt wirkt gerade der Wohlfahrtsstaat als Basis und als Motor der – Bastelexistenzen evozierenden – Vollkasko-Individualisierung*[24]: Belohnt mit Zertifikaten, Chancen und Ressourcen werden individuelle, mit Mobilität und Flexibilität gepaarte Bildungs- und Wettbewerbsbereitschaft. Problematisch werden dagegen Bodenständigkeit, soziale Verankerungen, emotionale Bindungen, moralische Vorbehalte, Zögerlichkeit, Unentschiedenheit und so weiter.

4. Der Wohlfahrtsstaat als ,Motor' der Individualisierung

Vereinfacht ausgedrückt: Je besser, je reibungsloser das gesellschaftliche Zusammenspiel von Marktförmigkeit und Bürokratie funktioniert, umso sozialer erscheint die Marktwirtschaft und umso wohlfahrtsträchtiger erscheint der Staat. Dieser fängt, jedenfalls der Idee nach, die existentiellen Verunsicherungen oder wenigstens die *materiellen* Aspekte der existentiellen Verunsicherungen auf, die der strukturell bedingte Individualisierungsdruck erzeugt und die von den traditionellen Normsetzungs- und Sinngebungsinstanzen eben nicht mehr, jedenfalls nicht mehr individuell zufriedenstellend bewältigt werden können. Das heißt, er entlastet vor allem vom Druck, einander *direkt* helfen zu müssen.[25]

Ein wenig mechanisch formuliert: Ein funktionierender Wohlfahrtsstaat zeichnet sich ,idealerweise' dadurch aus, daß er seinen Bürgern *Securities*, das heißt Sicherungen im sozialstaatlichen Sinne, garantiert, und daß er dadurch *Civilities*, das heißt maximale Lebensqualität für maximal viele Menschen, schafft und infolgedessen *Certainties*, das heißt Akzeptanz von ,Erklärungen' und Zustimmung zu gültigen Werten, stabilisiert. In einem krisenhaften Wohlfahrtsstaat hingegen mangelt es an Sicherungen im sozialstaatlichen Sinne (*Insecurities*), wodurch die Bürger ihre Lebensqualität als beeinträchtigt bzw. bedroht empfinden (*Incivilities*) und infolgedessen an ,Erklärungen' zweifeln sowie ihre Zustimmung zum Status Quo aufkündigen (*Uncertainties*).

Wenn wir uns hier also mit dem Phänomen der Bastelexistenz unter Wohlfahrtsstaatsbedingungen beschäftigen, dann stellt sich damit auch die Frage, ob wir uns für den Umgang mit Individualisierung unter den Bedingungen eines ,ideal' *funktionierenden* Wohlfahrtsstaates oder unter den Bedingungen eines in einer ,fundamentalen' *Krise* befindlichen Wohlfahrtsstaates interessieren. Denn *beide* Varianten der Betrachtung lassen sich (mit Prisching i.d.B.) sowohl ,optimistisch' als auch ,pessimistisch' konnotieren: Man kann den – funktionierenden – Wohlfahrtsstaat als ein Mittel betrachten dazu, „die Risiken der modernen Gesellschaft zu lindern oder zu besänftigen" und dadurch Angst zu beseitigen: Angst vor Unfall,

Krankheit, Gebrechen, Alter, Armut, vor persönlicher Abhängigkeit, vor Demütigung, Diskriminierung, Gewalt, Rache und so weiter. Man kann das gleiche historische Gebilde gelingenderweise aber auch als eine Einrichtung sehen, „in der das Leben auf Kosten von Sozialbudgets zu einer Selbstverständlichkeit wird" und die den „Stachel" zieht, „der dazu drängt, sein Schicksal in die eigene Hand zu nehmen", weil der Staat eben als mehr oder weniger unbegrenzt zuständig und verantwortlich in Anspruch genommen wird für die Existenzsicherung oder zumindest für die existentielle Grundsicherung seiner Bürger.

Das heißt, einerseits puffert der Wohlfahrtsstaat die existentiellen Konsequenzen der Freisetzung aus überkommenen sozialmoralischen Verbindlichkeiten und Verläßlichkeiten ab, andererseits befördert er, durch das ihm inhärente prinzipielle Sicherungsversprechen, nachhaltig die ‚Entwertung' dieser Traditions-Instanzen und treibt damit den Individualisierungsprozeß gesamtgesellschaftlich nochmals entschieden voran: Subventionen, Arbeitslosenunterstützung, Wohngeld, Stipendien, Pflegesätze, Sozialhilfe, Renten und so weiter – all das wird *individuell* und typischerweise *formalisiert* zugebilligt und zugewiesen. Gemeinschaftsorientierte Solidarpraktiken hingegen werden – jedenfalls im traditionell-bürokratischen Sozialstaatskonzept – zwar *ideologisch* oft durchaus positiv konnotiert, ‚material' hingegen sozusagen ‚stillschweigend' vereinnahmt und ‚aufgezehrt' – und dementsprechend strukturell eben *nicht* befördert, sondern ignoriert oder gar behindert (vgl. dazu auch Fischer i.d.B.).[26]

Aus diesen wohlfahrtsstaatlichen Rahmenbedingungen erwachsen üblicherweise zwar nicht jene *konkreten* Erwartungen und Zwänge, die dem in Traditionszusammenhänge eingebundenen Individuum typischerweise die meisten seiner biographisch relevanten Entscheidungen mehr oder minder ‚diktieren' bzw. ‚diktiert' haben, aber diese direkte Ankoppelung an die gesellschaftlichen Regelungs-, Sanktions- und Versorgungseinrichtungen ermöglichen es dem Individuum eben nicht nur, sondern legen ihm symptomatischerweise zumindest nahe und bestärken es darin, sich als Individuum zu erkennen und zu verhalten. Die ‚Entbindung' und ‚Ausbettung' des Einzelnen aus quasi-feudalen Abhängigkeiten geht bei der Vollkasko-Individualisierung ‚Hand in Hand' mit seiner ‚Wiedereinbindung' und ‚Wiedereinbettung'[27] in die Abhängigkeit von Wohlfahrtsstaatsstrukturen, denn diese teilen ihm – bürokratisch mehr oder minder ‚blind' gegenüber dem Einzelfall – seine je entstehenden ebenso wie seine je verbleibenden Lebenschancen zu:

„Der Wohlfahrtsstaat sichert die Kontinuität über das Leben hinweg, indem er plötzliche und tiefgreifende Einkommensverluste verhindert, indem er das Einkommen über die verschiedenen Abschnitte des Lebens umverteilt, indem er etwa mit Hilfe der Arbeitslosenversicherung die Zeit verlängert, die für die Arbeitsplatzsuche zur Verfügung steht, indem er physische Rehabilitation und berufliche Umschulung sichert und indem er zugeschriebenen und erworbenen ökonomischen Status aufrechtzuerhalten versucht. In dieser Weise vergrößert der Staat die Kalkulierbarkeit und individuelle Verfügbarkeit des Lebensverlaufs. [...] Indem der Staat ökonomische Restriktionen mindert, erhöht er individuelle Handlungschancen und individuelle Mobilität. Er erhöht damit aber auch die Wahrscheinlichkeit, daß sich der individuelle Lebensverlauf aus kollektiven Kontexten herauslöst"[28].

5. Effekte der Freisetzung

Mitunter ist sowohl bei pessimistischen als auch bei optimistischen Diagnosen und Prognosen über Individualisierungsbedingungen allerdings nicht ganz klar, ob ihnen nun eigentlich der Wohlfahrtsstaat selber oder ob vielmehr dessen Krise oder ob das eine ebenso wie das andere zugleich zugrundegelegt wird. Denn auch die *Krise* des Wohlfahrtsstaats kann man eher unter Aspekten der gesellschaftlichen Blockierung[29], also hinsichtlich Problemen wie Strukturwandel, Unfinanzierbarkeit, Massenarbeitslosigkeit, regionale Disparitäten, Armut und Verelendung und so weiter, in den Blick nehmen. Man kann aber auch eher auf die in der und durch die Krise sich eröffnenden Chancen zur sozialen Entschlackung und Verschlankung, zu kulturellen Innovationen und Experimenten, zur Repolitisierung und so weiter, kurz:zu einer zweiten, ‚reflexiven' Modernisierung achten.[30]

Grosso modo deutet aber vieles darauf hin, daß wohlfahrtsstaatliche Rahmenbedingungen wie Verrechtlichung, ausgebaute soziale und medizinische Dienstleistungen, sozialpolitische Versorgung und so weiter die alltäglichen Handlungsmöglichkeiten des sogenannten Durchschnittsmenschen doch eher steigern als verhindern[31], während soziale Krisen, zivilisatorische Umbrüche und kulturelle Umbauten die ‚normalen' Leute eher auf die Vollzüge des praktisch Notwendigen zurückwerfen, als daß sie massenhaft deren kreatives Potential freisetzen[32].

Anders herum betrachtet allerdings, und das ist (natürlich) die Sichtweise, die mir näherliegt, stellt sich der Prozeß der Modernisierung dem Individuum selber als komplexes und dauerhaftes Handlungsproblem dar[33]. Genauer gesagt: Die Individuen erfahren ‚Modernisierung' in Form vielfältigster Handlungsprobleme. Die Lösung dieser Handlungsprobleme *im Rahmen* wohlfahrtsstaatlicher Routinen, das heißt also vor allem die Gewährleistung von Securities, führt zwar in jene seit langer Zeit bekannte ‚Anspruchsspirale' auf Civilities, die daraus resultiert, daß aufgrund des *prinzipiellen* wohlfahrtsstaatlichen Sicherungsversprechens die nichtintendierten bzw. (existentiell) *dysfunktionalen Konsequenzen* individueller Entscheidungen immer fragloser *sozialisiert,* genauer: dem Staat bzw. ‚der Gesellschaft' zur Bewältigung überantwortet werden. Gleichwohl: Solange die Individuen ihre Handlungsprobleme mit gängigen Rezepten und konsensuellen Routinen lösen bzw. lösen können, werden die wohlfahrtsstaatlichen Certainties typischerweise eben *nicht* irritiert.

Diese konsensuellen Routinen haben übrigens nichts zu tun mit der in der Wohlfahrtsstaatsdebatte immer wieder vertretenen Idee eines sozusagen gesamtgesellschaftlichen (moralischen) Grundkonsenses. Wie Friedhelm Neidhardt[34] kürzlich gezeigt hat, ist ein derartiger Konsens in einem irgendwie ‚substantiellen' Sinne keineswegs notwendig zur institutionellen Gewährleistung von formal geregelten Solidarmaßnahmen. Steuerungstechnisch wichtig sind weit weniger Sicherungen des expliziten Einverständnisses weiter Bevölkerungskreise als vielmehr Konsensfiktionen darüber, daß ‚alles seinen geregelten Gang' geht, das heißt, daß die Lösung aller Probleme ‚verfahrenskonform' vorgenommen wird[35].

Wenn die Leute ihren modernisierungsbedingten Handlungsproblemen - gleich, ob diese nun als nichtintendierte Folgen eines ‚gelingenden' wohlfahrtsstaatlichen Vollzugs oder ob sie als Krisenphänomene, das heißt als Insecurities und/oder Incivilities in Erscheinung treten - hingegen *nicht* mit bewährten Lösungsmustern begegnen, sondern wenn sie mit unvorhergesehenen Rekursen und Anleihen, mit überraschenden Zitationen und Wiederentdeckungen, mit alten Ideen in neuen ‚Verkleidungen' oder mit neuen Ideen in alten ‚Verkleidungen' auf das antworten, was ihnen – warum auch immer – zum Problem wird, dann entstehen eben Uncertainties, das heißt, dann werden die Leute tendenziell – nicht nur steuerungstechnologisch, sondern auch wechselseitig – *unberechenbar*[36].

6. Unberechenbare Bürger

Um nun die zivilisatorische Bedeutung dieser nichtintendierten Konsequenzen der durch die Vollkasko-Individualisierung wesentlich beförderten Lebensform der Bastelexistenz an einem *Beispiel* zu veranschaulichen, greife ich abschließend ein Thema auf, zu dem wir selber anhaltend forschen – das Thema der Incivilities.

In dem Maße, wie Menschen sich aus überkommenen – moralische Verbindlichkeiten produzierenden und stabilisierenden – sozialen Milieus lösen, handeln sie naheliegenderweise auch nicht (mehr) im Rekurs auf kollektiv akzeptierte Normen und Werte, sondern vielmehr im Hinblick auf *individuelle* Vorteilserwägungen bzw. auf *subjektive* Nutzenerwartungen[37]. Sie verhalten sich also, und das ist das Entscheidende, nicht als ‚objektiv' rationale Egoisten, sondern (‚lediglich') als Optimierer dessen, was *sie* je situativ – warum auch immer – als ihre jeweiligen Interessen und Neigungen ansehen[38].

Und daraus wiederum folgt, daß sie sich in wechselseitig nicht mehr ‚vertrauter' bzw. in für sie allenfalls unzulänglich noch vorhersehbarer Weise begegnen. Somit erscheint es für den individuellen Akteur denn auch schlicht als ein Gebot sozialer Klugheit, zumindest *nicht* damit zu rechnen, daß der andere zu seinen Gunsten handelt, wenn es nicht ohnehin besser für ihn ist, damit zu rechnen, daß das Verhalten des anderen seine, d.h. des Ersteren, Lebensqualität beeinträchtigt.

Wenn im Zuge solcher nichtintendierter Konsequenzen des Individualisierungsprozesses kollektive Verbindlichkeiten des Umgangs miteinander zusehends entfallen, das heißt, wenn der Verfolg eigener Interessen von verschiedenen Personen bzw. Personengruppen aus verschiedenen Perspektiven nicht nur je verschieden verstanden, sondern – ganz folgerichtig – wechselseitig auch verschieden zugestanden wird, wird die alltägliche Koexistenz aller mit allen oder jedenfalls vieler mit vielen – zumindest im öffentlichen Raum – zu einem überaus fragilen Interaktionsprozeß, der permanente Koordination, Kommunikation und Kooperation erfordert – und der deshalb steuerungstechnisch gesehen hochgradig *dilemmatisch* erscheint:

Im öffentlichen Raum, insbesondere im *urbanen* öffentlichen Raum kollidieren die Lebensqualitätsverständnisse und -ansprüche von Personengruppen, die unterschiedliche Interessen im Hinblick darauf verfolgen, wie intensiv und wie extensiv der von allen geteilte, gemeinsam zugängliche öffentliche Raum genutzt werden darf – mithin dahingehend, wo die vor allem die eigene Lebensqualität tangierenden Freiheitsgrenzen der jeweils anderen Arten von Leuten bzw. und vor allem natürlich der ‚andersartigen Leute' liegen.[39]

Insofern kann von einer ‚Partikular-Kulturalisierung' des öffentlichen Raumes gesprochen werden, die die bisher verbindliche (ihrerseits vormals aus dem Stadium einer Subkultur hervorgegangene) ‚bürgerliche' Öffentlichkeit mehr und mehr auf- und ablöst. Statt *einer* hegemonialen Verkehrsform (eben der ‚bürgerlichen'), die durch inferiore Teil-Kulturen ergänzt und (gelegentlich bzw. vorübergehend) irritiert wird, ist zwischenzeitlich die Konkurrenz verschiedener, mehr oder weniger antagonistischer Lebensformen, Lebensweisen und Lebensstile erkennbar:

Vor allem tagsüber wird der – insbesondere urbane – öffentliche Raum vorwiegend von solchen Bevölkerungsgruppen als Aufenthaltsort genutzt, die (zynisch gesprochen) über ‚Freizeit' verfügen: Obdachlose; Drogenabhängige; Asylbewerber und ähnliche Personen mit unklarem Aufenthaltsstatus, die nicht arbeiten dürfen; Jugendliche, hier insbesondere in Cliquen- und Bandenform. Berufstätige, aber auch Hausfrauen und (ältere) Touristen nutzen den öffentlichen Raum der Städte in der Regel nur als Verkehrsfläche; die Einrichtung von Sitzgelegenheiten allein zum Beispiel genügt offenbar nicht, um ein längeres Verweilen dieser Personengruppen zu evozieren. Aus Alltagsbeobachtungen läßt sich umgekehrt sogar der (vorläufige) Schluß ziehen, daß ,Stadtmöblierungsmaßnahmen' (Aufstellen von Sitzgelegenheiten, Begrünung, Beleuchtung usw.) insbesondere dazu führen, daß der öffentliche Raum eine Usurpation erfährt, gewissermaßen ,privatisiert' wird, und daß diese ,privatisierten' Räume zumindest gegenüber konkurrierenden Gruppen durch offensive und aggressive Cliquenbildung verteidigt und damit sozusagen beiläufig für Dritte unzugänglich gemacht werden. Der öffentliche Raum *wirkt* somit für viele Menschen bereits ,besetzt', so daß eine vorübergehende Nutzung durch Passanten, aber auch durch über Freizeit verfügende ,Normalbürger' (Rentnerinnen, Hausfrauen, Touristen etc.) eher unüblich ist.

Demgegenüber haben im Hinblick auf die Herstellung eines wechselseitigen städtischen Mikroklimas der Toleranz – zumindest der passiven bzw. ,ignoranten' Toleranz – Appelle, pädagogische Maßnahmen und auch Umbaumaßnahmen in der Vergangenheit nicht bzw. kaum gefruchtet, ebensowenig wie *einseitige* Parteinahmen (sowohl der Gewerbelobby hie als auch der klientenorientierten Sozialarbeiterschaft da).

In der Theoriesprache des Konzepts reflexiver Modernisierung ausgedrückt[40] heißt das, daß die Emanzipation des Individuums aus Abhängigkeit und Unmündigkeit als jenem zentralen ,Projekt der Moderne', das ein Zusammenleben von freien und gleichen Menschen ermöglichen sollte, nunmehr, unter den Bedingungen wohlfahrtsstaatlich beförderter Individualisierung, Konsequenzen zeitigt, die seine ideologischen Voraussetzungen selber in Frage stellen bzw. in Zweifel ziehen: Die Begegnung zwischen von ihren tradierten moralischen Oktroys ,befreiten' und – jedenfalls formalrechtlich und formalpolitisch – zunehmend ,gleichen' Individuen erfolgt für jeden einzelnen dieser Akteure ,vernünftigerweise' auf der Basis wechselseitiger Ignoranz und wechselseitigen Mißtrauens und befördert somit bei vielen

‚Betroffenen' - sozusagen als Bewältigungs-‚Phantasie' – die Sehnsucht nach eben dem, dessen Negation diese Entwicklung ursprünglich ermöglicht hat, nämlich nach Sicherheit im Zusammenleben, welche aus dem ‚Vertrauen ins Unhinterfragte' erwächst[41].

Die Frage, ob die Situationsdefinition, derzufolge jeder für jeden zunehmend unberechenbarer, ‚inziviler' wird, *richtig* ist, ist dabei durchaus *nicht* relevant. Relevant ist vielmehr, daß diese Situationsdefinition sozusagen ‚generell' um sich greift und mithin im Sinne des Thomas-Theorems entsprechende zivilisatorische Konsequenzen zeitigt – nämlich Uncertainties evoziert und verstärkt: Das Vertrauen in die (das Verhalten des anderen) normierende Kraft (staatlicher) Institutionen, also Certainties im Gefolge von Civilities durch Securities, weicht einem Mißtrauen gegenüber den Handlungsoptionen des anderen und damit (spätestens im zweiten Schritt) auch einem Mißtrauen in die Bewältigungs- und Befriedungspotenz hierfür legitimierter Institutionen. Das heißt, die Erfahrung von Incivilities korrespondiert mit dem Verdacht auf Insecurities und befördert Uncertainties.

Zugespitzt formuliert bedeutet das, daß der die bürgerliche Existenz (autoritär) sichernde und ordnende Leviathan, der faktisch den *Privat*-Menschen erst ermöglicht hat, durch diesen im Verfolg seiner individuellen Interessen allmählich unterminiert wird[42]. Denn da der Wohlfahrtsstaat eben – zumindest als Durchschnittstypus – den wohlsozialisierten, das heißt den vertrauensvollen und vertrauenswürdigen und dergestalt den auch weitgehend *berechenbaren* Bürger zumindest implizit voraussetzt, tangieren bzw. irritieren die ‚freigesetzten' Existenzbastler – zwar nicht individuell, aber eben in ihrer Massenhaftigkeit und vor allem in der *Vielfalt* ihrer antagonistischen Orientierungen und Interessenlagerungen – in der Regel durchaus *unabsichtlich* die gewohnte – und in aller Regel auch (auch von ihnen selber) geschätzte und mehr oder weniger fraglos vorausgesetzte – Ordnung, derer die Vollkasko-Individualisierung bedarf[43].

Dementsprechend stellt sich den Ver- und Sachwaltern rechts- wie auch sozialstaatlicher Interessen somit zusehends die Frage, was denn nun überhaupt ihr ‚eigentliches' Ordnungsproblem sei: das, was die Bürger – so oder so – verunsichert; oder das, was die Bürger tun (könnten), wenn sie das

Vertrauen darauf verlieren, im rechts- wie im sozialstaatlichen Sinne ‚sicher' und doch zugleich möglichst unbehelligt ‚ihr' eigenes Leben zu leben[44].

Anmerkungen

1 Ulrich BECK, Jenseits von Stand und Klasse?, in: Reinhard Kreckel (Hg.), Soziale Ungleichheiten, Sonderband 2 von „Soziale Welt", Göttingen 1983.

2 Vgl. Monika WOHLRAB–SAHR, Individualisierung: Differenzierungsprozeß und Zurechnungsmodus, in: Ulrich BECK, Peter SOPP (Hg.), Individualisierung und Integration, Opladen 1997, 23-36.

3 Vgl. Jürgen FRIEDRICHS, Die Individualisierungs-These, in: Jürgen FRIEDRICHS (Hg.), Die Individualisierungs-These, Opladen 1998, 33-47.

4 Das in modernen Gesellschaften kulturell gepflegte Ideal der Gerechtigkeit bewirkt tendenziell die Problematisierung *jeglicher* Form von sozialer Ungleichheit. Das Ideal der Gerechtigkeit macht aus Ungleichheiten sozusagen jederzeit entzündbare politische Konfliktstoffe und generalisiert den sozialen Kampf um Ressourcen und Lebenschancen. Dadurch werden die tradierten Konfliktlinien zwischen Klassen und Schichten zum Teil abgelöst, zum Teil ergänzt durch vielfältige, kurzlebige, punktuelle, ineinander verwobene Antagonismen.

5 „Säkulare Strukturmonadologie" besagt, daß der einzelne in einer direkten Beziehung zu einem relativ abstrakten System steht, das formal alle gleich behandelt, und daß er zunehmend die Beziehungen zu anderen (im Umweg) über dieses System regelt.

6 Ein plattes Beispiel etwa ist das Gesetz gegen Vergewaltigung in der Ehe. Diese juristische Regelung betrachten die meisten modernen Menschen als zivilisatorischen Fortschritt. Es ist aber eben auch eine weitere Verrechtlichung des Verhältnisses zwischen Ehemann und Ehefrau, also das Eindringen *gesellschaftlicher* Kontrolle in eine zuvor anders organisierte zwischenmenschliche (Intim-)Beziehung.

7 Man kann heute Kinder nicht nur deshalb nicht mehr so leicht erziehen wie früher, weil die Welt komplizierter geworden ist, sondern auch deshalb, weil sich Kinder heute bereits – und morgen noch entschiedener – gegen unliebsame Erziehungsmaßnahmen *juristisch* zur Wehr setzen können (vgl. dazu auch Ronald HITZLER, Anne HONER, Heimerziehung – ein Auslaufmodell? Über Jugendhilfe unter Individualisierungsbedingungen, in: Sozialpädagogik 5, 1995, 194-201).

8 Vgl. exemplarisch für dieses Mißverständnis: Flavia KIPPELE, Was heißt Individualisierung? Opladen 1998; Wolfgang JAGODZINSKI, Markus KLEIN, Individualisierungskonzepte aus individualistischer Perspektive, in: Jürgen FRIEDRICHS (Hg.), Die Individualisierungs-These, Opladen 1998, 13-32.

9 Vgl. Ronald HITZLER, Anne HONER, Individualisierung als Handlungsrahmen. Sozialpädagogik vor dem Hintergrund neuer sozialer Ungleichheiten, in: Archiv für Wissenschaft und Praxis der sozialen Arbeit 2, 1996, 153-162.

10 Vgl. Peter BERGER, Stefan HRADIL (Hg.), Lebenslagen, Lebensläufe, Lebensstile, Sonderband 7 von „Soziale Welt", Göttingen 1990.

11 Vgl. Ulrich BECK, Die Erfindung des Politischen, Frankfurt a.M. 1993, 160; Ulrich BECK, Vom Verschwinden der Solidarität, in: BECK, Die feindlose Demokratie, Stuttgart 1995b, 31-41.

12 Lutz LEISERING, Individualisierung und „sekundäre Institutionen", in: Ulrich BECK, Peter SOPP (Hg.), Individualisierung und Integration, Opladen 1997, 143.

13 BECK, Erfindung, 160 spricht u.a. von einer der Vollkasko-Individualisierung gegenüberstehenden "Armuts-Individualisierung". Allerdings identifiziert er in den meisten seiner einschlägigen Texte die Voraussetzungen für Individualisierung *schlechthin* mit wohlfahrtsstaatlichen Rahmenbedingungen (besonders explizit z.B. in Ulrich BECK, Die "Individualisierungsdebatte", in: Bernhard SCHÄFERS (Hg.), Soziologie in Deutschland, Opladen 1995c, 185-198.).

14 Ulrich BECK, Risikogesellschaft, Frankfurt a.M. 1986.

15 Gerhard SCHULZE, Die Erlebnisgesellschaft, Frankfurt a.M.–New York 1992.

16 Peter GROSS, Die Multioptionsgesellschaft, Frankfurt a.M. 1994.

17 Ulrich BECK, Eigenes Leben, in: BECK u.a., Eigenes Leben, München 1995a, 9-174.

18 SCHULZE, Erlebnisgesellschaft.

19 GROSS, Multioptionsgesellschaft; Peter GROSS, Ich-Jagd, Frankfurt a.M. 1999.

20 Heiner KEUPP, Riskante Chancen, Heidelberg 1988; Heiner KEUPP, Psychologisches Handeln in der Risikogesellschaft, München 1994.

21 Ronald HITZLER, Sinnbasteln, in: Ingo MÖRTH, Gerhard FRÖHLICH (Hg.), Das symbolische Kapital der Lebensstile, Frankfurt a.M.–New York 1994, 75-92; Ronald HITZLER, Die Bastel-Existenz, in: Psychologie heute 23, Heft 7, 1996, 30-35; Ronald HITZLER, Anne HONER, Bastelexistenz, in: Ulrich BECK, Elisabeth BECK-GERNSHEIM (Hg.), Riskante Freiheiten, Frankfurt a. M. 1994, 307-315.

22 Vgl. demgegenüber Wilhelm SCHMID, Philosophie der Lebenskunst, Frankfurt a.M.1998.

23 Vgl. Anne HONER, Lebensweltliche Ethnographie, Wiesbaden 1993, v.a. 117-214.

24 Vgl. dazu PRISCHING i.d.B.; vgl. auch Lutz LEISERING, Sozialstaat und Individualisierung, in: Jürgen FRIEDRICHS (Hg.), Die Individualisierungs-These, Opladen 1998, 65-78.

25 Vgl. dazu PANKOKE i.d.B.

26 Daran ändert sich, grosso modo, erst dort etwas, wo "der kurze Traum immerwährender Prosperität" (Burkhard LUTZ, Der kurze Traum immerwährender Prosperität, Frankfurt– New York 1984.) ausgeträumt ist und mithin der ,Umbau' des Sozialstaates unabweisbar wird.

27 Vgl. Anthony GIDDENS, Modernity and Self-Identity. Cambridge 1991.

28 Karl Ulrich MAYER, Walter MÜLLER, Individualisierung und Standardisierung im Strukturwandel der Moderne, in: Ulrich BECK, Elisabeth BECK-GERNSHEIM (Hg.), Riskante Freiheiten, Frankfurt a.M. 1994, 291.

29 Rolf G. HEINZE, Die blockierte Gesellschaft, Opladen 1998.

30 Ulrich BECK, Wider das Lamento über den Werteverfall, in: Ulrich BECK (Hg.), Kinder der Freiheit, Frankfurt a.M. 1997a, 9-33

31 Vgl. Gerd VOBRUBA, Autonomiegewinne, in: Soziale Welt 43, Heft 2, 1992, 168-181; Thomas RAUSCHENBACH, Inszenierte Solidarität, in: Ulrich BECK, Elisabeth BECK-GERNSHEIM (Hg.), Riskante Freiheiten, Frankfurt a.M.1994, 89-111; Ulrich BECK, Die uneindeutige Sozialstruktur, in: Ulrich BECK, Peter SOPP (Hg.), Individualisierung und Integration, Opladen 1997b, 183-198; BECK, Eigenes Leben; LEISERING, Individualisierung; WOHLRAB-SAHR, Individualisierung.

32 Vgl. Ditmar BROCK, Rückkehr der Klassengesellschaft?, in: Ulrich BECK, Elisabeth BECK-GERNSHEIM (Hg.), Riskante Freiheiten, Frankfurt a.M. 1994, 61-73; Wilhelm HEITMEYER, Entsicherungen, in: Ulrich BECK, Elisabeth BECK-GERNSHEIM (Hg.), Riskante Freiheiten, Frankfurt a.M 1994, 376-401; Wolfgang KÜHNEL, Entstehungszusammenhänge von Gewalt bei Jugendlichen im Osten Deutschlands, in: Ulrich BECK, Elisabeth BECK-GERNSHEIM (Hg.): Riskante Freiheiten, Frankfurt a.M. 1994, 402-420; Rainer GEISSLER, Kein Abschied von Klasse und Schicht, in: KZfSS 3, 1996, 319-338.

33 Vgl. Ronald HITZLER, Modernisierung als Handlungsproblem, in: Friedrich RAPP (Hg.), Globale Rationalität, im Erscheinen 1999.

34 Friedhelm NEIDHARDT, Aufgaben und Formen gesellschaftlichen Grundkonsenses (Eröffnungsreferat zur Konferenz 'Bundesverfassungsgericht und gesellschaftlicher Grundkonsens'). Berlin (Manuskript) 1998.

35 Vgl. dazu PANKOKE i.d.B. und MIKULA i.d.B.

36 Ronald HITZLER, Der unberechenbare Bürger, in: Ulrich BECK (Hg.), Kinder der Freiheit, Frankfurt a.M. 1997, 175-194.

37 Vgl. Hartmut ESSER, Alltagshandeln und Verstehen, Tübingen 1991.

38 Vgl. Baldo BLINKERT, Kriminalität als Modernisierungsrisiko?, in: Soziale Welt 4, 1988, 397-412.

39 Exemplarisch dafür sei etwa die Kollision der Interessen anrainender Gewerbetreibender mit denen solcher Personen genannt, die den öffentlichen Raum nicht nur frequentieren, um Einkäufe zu erledigen, sondern die sich dort über längere Zeit, in größeren Gruppen und unter Entwicklung verschiedener Emissionen (z.B. Lärm, Verunreinigungen, Reviermarkierungen wie Graffiti etc.) aufhalten. Gleichwohl nehmen auch solche Personen – z.B. Obdachlose, Drogenabhängige, Jugendliche – zunächst einmal einfach *ihre* Bürgerrechte auf Freizügigkeit wahr.

40 Vgl. Ulrich BECK, Anthony GIDDENS, Scott LASH, Reflexive Modernisierung. Frankfurt a.M. 1996.

41 Vgl. Talcott PARSONS, Religion in Postindustrial America, in: Social Research, 1974, 193-225.

42 Vgl. HITZLER, Bürger.

43 Vgl. Ronald HITZLER, Elmar KOENEN, Kehren die Individuen zurück?, in: Ulrich BECK, Elisabeth BECK-GERNSHEIM (Hg.), Riskante Freiheiten. Frankfurt a.M. 1994, 447-465.

44 Vgl. Ronald HITZLER, Alexander MILANÉS, Das Bürgertum schlägt zurück, in: Jo REICHERTZ (Hg.), Gesellschaftliche Reaktionen auf Rechtsverletzungen (Arbeitstitel). Opladen 1998, 172-188.

Wandel der Glückseligkeiten
Der Wohlfahrtsstaat als Schicksalsmacht?
Susanne Heine

I. ,Verteidiger' und ,Stürmer' im Streit um den Wohlfahrtsstaat

Pierre Bourdieu fliegt von Athen nach Zürich und liest:

„Es geht heute darum, günstige Voraussetzungen für dauerhaftes Wachstum und das Vertrauen der Investoren zu schaffen. Deshalb müssen die öffentlichen Haushalte unter Kontrolle gehalten werden und das Steuer- und Abgabenniveau auf ein langfristig erträgliches Niveau gesenkt, das soziale Sicherungssystem reformiert und die Starrheiten des Arbeitsmarkts abgebaut werden, denn wir werden nur dann wieder eine neue Wachstumsphase erleben, wenn wir auf dem Arbeitsmarkt eine Flexibilitätsanstrengung vollbringen."[1]

So Hans Tietmeyer, Präsident der deutschen Bundesbank, der „Hohepriester der D-Mark" genannt, in einem Interview von 1996.

Für Bourdieu sind solche Aussagen ein klassisches Beispiel euphemistischer Rhetorik, die er im Klartext kommentiert: Der Sozialstaat und seine teure Sozial- und Kulturpolitik müssen so schnell wie möglich begraben werden.[2] Das „wir" sind vor allem die Arbeiter; von ihnen wird die Flexibilitätsleistung gefordert. Damit die Investoren nicht anderswo investieren, müssen die Arbeiter ihre ökonomische Existenz auf Spiel setzen. Die Folge sind Arbeitslosigkeit, mindestens Nachtarbeit, Wochenendarbeit, unregelmäßige Arbeitszeiten, Angst um die Existenz und dementsprechender Streß.[3] Gegen ein solches Konzept, das hinter die Errungenschaften des Wohlfahrtsstaates zurückgeht, setzt Bourdieu die Forderung nach einem neuen Internationalismus, einem supranationalen europäischen Sozialstaat, was die „Mobilisierung der Völker" unter Beteiligung der Intellektuellen verlangt.[4]

Bourdieu ist nicht der einzige Kritiker neoliberaler Marktwirtschaft und nicht der einzige, der einen neuen Sozialismus propagiert. Ihm steht nicht nur Hans Tietmeyer gegenüber, der den Abbau des Wohlfahrtsstaates als Bedingung für eine Zukunft wirtschaftlichen Wachstums ansieht, das letztlich wieder allen zugute komme. Und der Wohlfahrtsstaat, der immer mit der kapitalistischen Markwirtschaft verbunden war, ist auch nicht erst heute umstritten. Die Kritik hat ihn seit seiner Entstehung begleitet.

Gewiß gibt es auch differenzierte Analysen, die Pro und Kontra abzuwägen versuchen. Aber Differenzierungen sind nicht geeignet, den öffentlichen Diskurs zu bestimmen. Denn auch aus diesen läßt sich nicht jene sichere Prognose über die zukünftige Entwicklung ableiten, die geeignet wäre, Ängste abzubauen. Außerdem sind Differenzierungen zu kompliziert und zu wenig nahe an den dringenden Bedürfnissen von Menschen, deren Leben in einer begrenzten Zeitspanne verläuft. In der Öffentlichkeit zeigt sich der Gegensatz zwischen Stürmern und Verteidigern[5] des Wohlfahrtsstaates daher besonders kraß.

In dieser Kontroverse fallen zwei Momente auf. Da ist einmal die *religiöse Rhetorik*: Die liberale Marktwirtschaft wird als eine Weltsicht bezeichnet, die Fatalismus und Schicksalsergebenheit erzeuge und diese fatale Botschaft als Befreiungsbotschaft verkaufe[6], so Bourdieu. Er nennt die Neoliberalisten „Unglückspropheten", die uns einreden wollen, unsere Zukunft liege „in den Händen solch transzendenter, unabhängiger und indifferenter Mächte wie der ‚Finanzmärkte' oder der Mechanismen der ‚Globalisierung'".[7] Auch theologische Stimmen werden in diesem Kontext laut, die wie Dorothee Sölle vom „Fetisch Weltmarkt" sprechen und der freien Marktwirtschaft attestieren, ihr Ziel sei „nicht ein blühendes Gemeinwesen, sondern Geldvermehrung", gesteuert von einem „homo oeconomicus, der außer seinem Götzen nichts im Kopf hat".[8]

Auf der anderen Seite ist es der Wohlfahrtsstaat, dem unterstellt wird, er „spiele Schicksal" etwa durch eine Sozialversicherung, die sich von der Sicherung eines elementaren Einkommens für eine bestimmte Bevölkerungsschicht als Ausgleich von Notlagen zu einer Instanz, die eine Sicherung aller Einkommen und letztlich aller Lebensschicksale bewirke oder bewirken wolle, ausgeweitet hat[9]. Die hohen Steuerlasten und die Nivellierung der Ein-kommensunterschiede[10], die eine solche Umverteilung mit sich bringt, wecken bei den einen das Gefühl, man arbeite ohnehin nur für die Nutznießer von Sozialleistungen.[11] Die anderen, die Nutznießer, können immer noch mit Wilhelm Röpke (1948) sagen: „Wir haben endlich im Staate einen weltlichen Gott gefunden, auf den wir wie die Lilien auf dem Felde alle unsere Sorgen abwälzen können."[12] So ist es einmal der Wohlfahrtsstaat, der – positiv oder negativ gesehen – eine *Schicksalsmacht* darstellt, das andere Mal ist es der freie Markt. In beiden Fällen wird eine Haltung der Hinnahme erwartet, die dem entspricht, was man gemeinhin unter Frömmigkeitsleben versteht.

Das zweite Moment, das im Streit zwischen Verteidigern und Stürmern des Wohlfahrtsstaates auffällt, hängt mit der Frage zusammen, welche Seite jeweils den größeren *Fortschritt* für sich verbuchen kann. Bourdieu befindet: „Die konservative Revolution neuen Typs nimmt den Fortschritt, die Vernunft, die Wissenschaft (in diesem Fall die Ökonomie) für sich in Anspruch, um eine Restauration zu rechtfertigen, die umgekehrt das fortschrittliche Denken und Handeln als archaisch erscheinen läßt."[13] Hans Tietmeyer und andere Kritiker des Wohlfahrtsstaats sehen es genau umgekehrt: Mit dem Wohlfahrtsstaat gehe die Beziehung zwischen Leistung und Einkommen verloren, und es strenge sich niemand mehr an, um Geld zu verdienen, da dieses auch ohne An-strengung zu bekommen sei: Schließlich habe man ein „Recht" auf öffentli-chen Unterhalt. Dadurch würden sich Spezialisten im Kalkulieren formieren, die ihre Energie für die Frage aufwenden, wie man sich allein durch In-anspruchnahme von Sozialleistungen durchs Leben bringen kann. Daß dies noch de facto durch die Situation am Arbeitsmarkt verstärkt wird, wo die befristete, gering bezahlte Arbeit zunimmt, steht auf einem anderen Blatt. Das Facit der Stürmer: Wenn sich niemand mehr anstrengt, wird der Leistungswille geschwächt, die Entwicklung erlahmt, es wird keinen Fortschritt mehr geben.

II. Die Fortschrittsidee

Der Fortschritt gehört zum Ideenbestand des Wohlfahrtsstaates. Wohl wird immer wieder betont[14], daß der Wohlfahrtsstaat aus politisch-pragmatischen Gründen entstanden sei. Eine gewisse soziale Sicherheit sollte Ende des 19. Jahrhunderts die Verelendung auffangen und damit revoltierende Volksmassen niederhalten. Dieses absolutistische Kalkül Bismarcks, das in den 80er Jahren zu einer entsprechenden Gesetzgebung führte, sei, wenn auch realpolitisch motiviert, ein Verdienst. Aber diese Realpolitik kommt nicht nur aus dem Gebot der Stunde drohenden Massenelends. Die Idee einer „Wohlfahrt für alle" war schon früher da, und zwar als Konsequenz einer Menschenrechts-deklaration, die gleiche Rechte für alle proklamiert hatte.[15] Ideen werden im historischen Geschehen, wenn sie aufgetaucht sind, nie sofort in die Praxis umgesetzt, aber sie bilden eine geistige Ressource, die sich abrufen läßt, wenn die Lage es erfordert oder möglich macht. Der Wohlfahrtsstaat hat insofern nicht nur eine pragmatische Genese, weil er soziale Ideen verwirklicht. Denn zwischen Idee und Realität besteht eine Wechselwirkung: Einerseits läßt sich ohne Rückgriff auf anerkannte ideelle Ressourcen keine Realpolitik machen, andererseits braucht es immer einen realpolitischen Druck, damit Ideen in der Praxis wirksam werden können. Ideen sind ein ebenso wichtiger Motor in der Geschichte wie reale Herausforderungen.

Dasselbe gilt für das Verhältnis zwischen realem Fortschritt und Fortschritt-sidee. Mir geht es im folgenden nicht um die Frage nach dem „wirklichen" Fortschritt, der sich ohnehin nicht leicht dingfest machen läßt, sondern um die *Fortschrittsidee*, die im Streit um den Wohlfahrtsstaat eine entscheidende Rolle spielt. Und die Fortschrittsidee hängt wiederum engstens mit der religiösen Rhetorik zusammen, die im europäischen Kontext kein Zufall ist.

Diese ungemein wirksame Fortschrittsidee wurde bereits in der Frühaufklärung Ende des 18. Jahrhunderts durch die Utopie von der Gleichheit aller Menschen ohne Ansehen ihrer Herkunft, ihres sozialen Status, ihrer Volkszugehörigkeit oder ihres Geschlechts in Gang gesetzt. Den Nährboden für dieses Egalitätsprinzip bildet die aufgeklärte Vernunft, indem sie auf die Werke des selbstverantwortlichen Menschen baut, der zu Eintracht und Gemeinsinn aus freien Stücken von Natur aus fähig sei, wenn er sich erst einmal aus der kirchlichen Bevormundung befreit habe. Die Fortschrittsidee steht im Zusammenhang mit dem Kampf gegen das kirchliche Dogma und häufig gegen die Religion überhaupt. Das hat sich bis heute durchgehalten, wenn etwa der vor zwei Jahren verstorbene Philosoph Hans Blumenberg[16] die These aufstellt, die Neuzeit sei aus einem Akt der Selbstbehauptung des menschlichen Subjekts hervorgegangen, das sich in Freiheit selbst bestimmen will.

Man könnte auch sagen: Das zuständige Gericht wechselt. Der Mensch hat sich nicht mehr vor dem Gericht Gottes zu verantworten. Vielmehr läßt sich Aufklärung bestimmen als „ein argumentatives, mit Gründen und Gegengründen geführtes Kritik- und Rechtfertigungsverfahren vor dem ‚Gerichtshof der Vernunft'". [17] In diesem Sinne geht es um die Rechtfertigung des menschlichen Vermögens, aus Freiheit selbstverantwortlich handeln zu können, um schon hier in dieser Welt eine Gerechtigkeit und einen Fortschritt zu verwirklichen, die dem optimistisch-aufgeklärten Denken durchaus erreichbar erscheinen. Die Neuzeit setzt also auf Verantwortlichkeit und Ethik, somit auf die Werke der Humanität. Aus dieser Kultur des Subjekts sind dann auch eine Reihe von Emanzipationsbewegungen hervorgegangen: der Bürger insgesamt, der Juden, der Schwarzen, der Arbeiter und – nicht zuletzt – der Frauen.

Die Aufklärungskultur hat nicht nur zivilisatorische Fortschritte gebracht, sondern auch unersetzliche Freiheitsrechte. Die andere Seite der aufgeklärten Medaille zeigt eine Fortschrittsidee, die imstande war und ist, bis hin zur Verwirklichung eines „Himmelreiches auf Erden" auszugreifen. Nicht nur das Gericht, auch das Projekt, an dem man vorrangig arbeitet, ändert sich: Es geht nicht nur um die Wohlfahrt im „ewigen Leben", sondern auch um den Wohlstand des diesseitigen Lebens. Im Glauben an den beständigen Zuwachs an Autonomie liegt auch die Idee einer Vervollkommnung des Menschengeschlechts begründet. Schon Kant spricht in seiner Vorlesung über Pädagogik von der „entzückenden" Vorstellung von der zukünftigen „Vollkommenheit der menschlichen Natur"[18]. Da dies noch einige Zeit dauern würde, sah sich sein Zeitgenosse Lessing veranlaßt, die Idee der Wiedergeburt aufzugreifen und ihres Strafcharakters zu berauben, eine Vorstellung, die heute noch populärer ist, als sie es damals war: „Warum sollte ich nicht so oft wiederkommen, als ich neue Kenntnisse, neue Fertigkeiten zu erlangen geschickt bin"[19]? Das Böse und die Übel, im religiösen Kontext Anlaß, die Theodizeefrage zu stellen, werden als Folge mangelnder Freiheit und Unwissenheit verstanden, die sich jedoch bis ins Unbewußte oder durch Aufdeckung von Fehlern im sozialen System aufklären lassen. Nichts soll mehr dem Zufall, der Schwäche oder dem Irrtum überlassen bleiben.

In diesem Zusammenhang wird die sokratische Trias wieder interessant: Aus der vernunftgemäßen Erkenntnis des Guten folge das Tun des Guten und daraus wie von selbst ein glückseliges Leben. Entsprechend sieht Lessing die „Zeit der Vollendung" kommen, da der Mensch „das Gute tun wird, weil es das Gute ist"[20]. Später glaubt der Pädagoge Friedrich Diesterweg an das „Dasein der ewigen Vernunft", die den Menschen zum vollendeten Menschen mache und dazu befähige, das Werk „eines vernünftigen oder göttlichen Weltreichs" hervorzubringen.[21] Hier zeigt sich die religiöse Rhetorik überdeutlich: Die Vernunft wird ewig und göttlich genannt und tritt damit an die Stelle Gottes.

Heute sind es auch die neuen medialen Vernetzungen, die erneut Anlaß geben, an den Fortschritt zu glauben. Der kanadische Kommunikationstheoretiker Marshall McLuhan, dessen Werk „Understanding Media" 1964 erschien und 1994 neu aufgelegt wurde, wird in manchen Kreisen als einer der größten „Propheten" unseres Zeitalters gepriesen. „The computer", so schreibt er, „promises by technology a Pentecostal condition of universal understanding and unity"[22]. Der Computer werde alle egoistischen und nationalen Interessen zunichte machen und die Welt als „global village" in beständigem Frieden einigen. Auch Vilém Flusser hofft, daß die neuen Medien konventionelle Denk- und Sozialformen auflösen, und verspricht sich davon einen weiteren Fortschritt an autonomer Welt- und Selbstgestaltung in einer zukünftigen Gesellschaft freier Künstler.[23] Hier könnte „eine neue Politik ansetzen, die sich dann aus Nostalgie über die seligen Zeiten der Aufklärung wieder ‚links' nennen mag".[24]

In diese Visionen reiht sich die freie Marktwirtschaft ein. Auch sie scheint einen weiteren Schub an autonomer Welt- und Selbstgestaltung zu versprechen, während der Wohlfahrtsstaat durch seine Bürokratisierung die individuelle Freiheit einschränke und die Leistungsmoral korrumpiere, die um des Fortschritts willen notwendig sei. Umgekehrt zeigt jedoch auch die Vision eines umfassenden, ja globalen Sozialstaates nicht weniger utopische Züge und ist ebenso aufs engste mit der Fortschrittsidee verbunden.

Diese Ermächtigung menschlichen Handelns bleibt aber *via negationis* an den religiösen Kontext gebunden, denn sie geht Hand in Hand mit der Entmachtung Gottes, und das nicht nur in der sogenannten säkularen Welt, sondern auch in Theologie und Kirchen. Noch und gerade in der Opposition zeigt sich die Bindung der Fortschrittsidee an die Vision vom Gottesreich. Ein klassischer Ausdruck dessen ist die „Gott-ist-tot-Theologie" mit dem Prinzip der Stellvertretung Gottes durch den Menschen. Von Gott sei lange genug erwartet worden, etwas für uns zu tun, schreibt Dorothee Sölle in den 60er Jahren: „Es ist nunmehr an der Zeit, etwas für Gott zu tun."[25] Auf derselben Linie liegt der „linke Flügel" der feministischen Theologie, wenn etwa Elisabeth Schüssler-Fiorenza die Frauen als Gestalterinnen und Subjekte in biblischer Geschichte als Maßstab für den Offenbarungscharakter eines biblischen Textes und damit das Handeln der Frauen an die Stelle des Handelns Gottes setzt.[26] Hier gehen göttliche Ansprüche auf den Menschen über, die in die Vision von der Verwirklichung des Gottesreiches auf Erden münden, wenn das feministisch-politische Engagement ein „Kampf für Gerechtigkeit und für das Wohlergehen *aller ohne Ausnahme*"[27] genannt wird.

Eine solche Fortschrittsidee, die im wörtlichen Sinne nach den Sternen greift, kann aber sehr rasch ins Totalitäre abgleiten, wofür die neuzeitliche Geschichte ausreichend Beispiele bietet. Nach Friedrich Rapp gehört es allerdings auch zum Charakter der Fortschrittsidee, nach Totalität zu verlangen, denn: „Durch alle eingeschränkten, partiellen und vorläufigen Ergebnisse und Fassungen ist der jeweils ins Auge gefaßte Fortschritt mit dem Makel der Kontingenz behaftet. Ohne die Totalität verliert der Fortschrittsgedanke seinen Glanz, seine Suggestivkraft und seine unbedingte Verbindlichkeit."[28] Fortschritt ist immer unendlich und grenzenlos. Diese Neigung zum Totalen, zum ‚Alles oder Nichts', kommt auch bei den Kontrahenten im Streit um den Wohlfahrtsstaat zum Ausdruck: Während die einen die flächendeckende soziale Versorgung fordern, plädieren die anderen für ein wirtschaftliches Wachstum, das verspricht, *allen* zugute zu kommen, wenn nur ausreichend

Freiheit herrscht. Es ist entweder der Fortschritt zu einem umfassend-geschützten Leben in Wohlstand und Sicherheit, also zum alles erfassenden Wohlfahrtsstaat, oder der Fortschritt zu einer so reichen Wachstums- und Wohlstandsgesellschaft, daß die Institution des Wohlfahrtsstaates überflüssig wird.

III. Verfallstheorien und die Idee der Selbstregulierung

Diese Neigung zum Totalen wird von Horkheimer und Adorno die „Dialektik der Aufklärung" genannt und meint jenen Umschlag „von der vernünftigen Durchdringung der Welt zur rücksichtslosen Verfügbarkeit"[29]. Auf der Rückseite der Medaille der totalen Fortschrittsidee ist die totale Fortschritts-kritik eingeprägt. Die Fortschrittsidee zeigt sich daher auch in der nicht weniger totalitären Haltung ihrer Kritiker, die sich in geradezu apokalyptischen Visionen ergehen können.

Auch das hat Geschichte: „[...] alles entartet unter den Händen des Menschen", hatte schon Jean Jaques Rousseau gesagt.[30] Vergleichsweise sieht etwa die Pädagogin Maria Montessori die Welt an den Erwachsenen zugrunde gehen. Denn die Erwachsenen seien in dem grundsätzlichen Irrtum befangen, sie könnten die Welt aus „vernunftbestimmter Willensanstrengung"[31] gestalten, ohne sich selbst zugrunde zu richten. Heute ist es Paul Virilio, der das Szenario einer medialen Welt beschwört, in der Menschen Reisende sind ohne Reise, Passagiere ohne Passage, „gleichzeitig verbannt aus der äußeren Welt [...], die auf dem Weg ist, zu verschwinden, und verbannt aus der inneren Welt"[32]. Während die einen von Vernunft und Wille alles erwarten, holen die anderen in der Gegenreaktion dazu aus, Vernunft und Wille zur Gänze zu verteufeln. Beide zeigen gleichermaßen totalitäre Züge, weil sie beide, positiv wie negativ, der Fortschrittsidee verhaftet bleiben. Fortschrittsidee und Verfallsidee gehören zusammen.[33]

Aber nicht alle Verfallstheoretiker verharren in der bloßen Negation. Viele setzen auf eine andere Kraft als die Vernunft. Wo Selbstbestimmung in Freiheit als Quelle des Heils versiegt, bietet sich die *Natur* als eine andere, scheinbar verläßlichere Quelle an. Der neuzeitliche Naturalismus in seinen Spielarten des Vitalismus oder Holismus[34] zeigt Anklänge an die aristotelische Ontologie und versteht die Natur als eigenständige Kraft, die von sich aus die Gestaltfülle des Kosmos hervorbringt und, evolutionär weitergedacht, bis zur Vollendung vorantreibt. An die Stelle der Selbstbestimmung tritt die Selbstentfaltung, ein Entwicklungsgedanke, demnach sich alles von selbst und ohne menschliches Zutun reguliert. Anklänge daran nehme ich auch in der Idee von der ‚organischen' Selbstregulierung des freien Marktes wahr.

Im Hintergrund des Gedankens von der Selbstregulierung steht die Vorstellung, es sei möglich, in einen unverfälschten Naturzustand zurückzukehren und sich kosmischen oder ‚organischen'[35] Ordnungsprinzipien anzuschließen. Damit löst sich auch das Moralproblem – scheinbar – auf, da die Natur das Moralproblem von vornherein gar nicht kennt. Dieser Naturbegriff wird in der Neuzeit zu einem auch das menschliche Bewußtsein umfassenden Prinzip, zur Idee einer Bewußtseinsevolution mit dem Ziel des ganzheitlichen, vollkommenen Menschen, dem das Gute ins Herz bzw. in die Gene geschrieben ist. Die Natur selbst soll also den Fortschritt zuwege bringen, der vormals mit dem Glauben an einen Gott verbunden war, der seine Schöpfung zur Vollendung führt.[36] Auch hier zeigt sich jenes Motiv der „Stellvertretung", das bei Dorothee Sölle nicht in bezug auf die Natur, sondern auf das menschliche Handeln formuliert wurde.

Die Fortschrittsidee aus Natur, die alles von sich aus selbst reguliert, spielt etwa in der sogenannten New-Age-Philosophie eine Rolle. Hier wird die gesamte Kultur- und Geistesgeschichte der Menschheit an die Grundidee eines natürlichen Vervollkommnungsprozesses angeschlossen. Durch „eine natürliche Tendenz, die allen Dingen und Situationen von vornherein innewohnt", besitze das Universum in sich die Kraft, um die Wende zu einem neuen Zeitalter herbeizuführen, heißt es bei Fritjof Capra.[37] Auch für C.G. Jung bringt die Natur ihr Werk von sich aus zur Vollendung, indem sie im kollektiven Unbewußten wirkt, das von reinen „Naturvorgängen" bestimmt sei, „die jenseits des Menschlich-Persönlichen liegen"[38]. Die „unbewußte Selbstregulierung"[39] der Gesamtpsyche werde von einem „potentiellen Gerichtetsein" gesteuert.[40] Vergleichsweise wird im „rechten" Flügel des

Feminismus gefordert, sich mit der – weiblichen – Natur in Einklang zu bringen[41], um am evolutionären Prozeß der Vollendung zu partizipieren.

Ebenso wie die Fortschrittsidee aus Vernunft und Wille bleibt auch die Fortschrittsidee aus der Natur *via negationis* an den religiösen Kontext gebunden. Auch sie geht Hand in Hand mit der Entmachtung Gottes und findet sich nicht nur in der sogenannten säkularen Welt, sondern auch im theologischen und im kirchlichen Ambiente. Eine Fortschrittsidee, die meint, es ließe sich das Himmelreich auf Erden schaffen – oder dieses würde sich von selbst entwickeln – ist somit an die Stelle jenes Gottes getreten ist, der einstmals allein Heil und Vollendung versprochen hatte. Es läßt sich zeigen: Die Verabschiedung des vollkommenen Gottes führt nicht ohne weiteres zur Preisgabe der Idee der Vollkommenheit oder eines monistischen Absolutheitsanspruchs. Deshalb bekämpfen die Fortschrittsgläubigen einander, wenn sie ihren Glauben aus unterschiedlichen Quellen beziehen, weil diese jeweils das ganze ‚Heil' versprechen. So kehren die abgetanen Heilserwartungen früherer Zeiten in verwandelter Form wieder. „Die Funktion, die früher der göttliche Heilsplan hatte, übernimmt nun die [...] Selbstermächtigung zur ‚fortschrittlichen' Umgestaltung der Welt", sagt Friedrich Rapp. „Ein Indiz dafür ist der Umstand, daß beide, der göttliche Heilsplan und die Fortschrittsgewißheit [ob aus Vernunft oder Natur], von der eigenen Verantwortung entlasten: die höhere Instanz sichert in jedem Fall das gute Gelingen."[42]

IV. Theologische Wurzeln

Die Fortschrittsidee läßt sich auch als Utopismus bezeichnen, und sie hat letztlich ihre Wurzeln in der Eschatologie des jüdisch-christlichen Religionskreises. Die theologisch fundierte Eschatologie setzt ihre Hoffnung auf die Vollendung der Schöpfung in einem neuen Himmel und einer neuen Erde, die sie aus der Hand Gottes erwartet. Diese eschatologische Hoffnung wurde immer wieder verzeitlicht, und zwar nicht erst im Zuge neuzeitlicher Religionskritik und des Gottesverlustes in der Aufklärungskultur, sondern teilweise schon früher und in der Theologie selbst. Die Naherwartung spielt schon in den biblischen Texten eine Rolle, und einzelne Gruppen im frühen Christentum waren sicher, das Gottesreich würde noch zu ihren Lebzeiten kommen. Die Naherwartung bildet zwar nur ein Moment im größeren Kontext eschatologischer Szenarien; aber an diese Idee ließ sich anknüpfen, sie war abrufbar, wenn die Lage es zu erfordern schien. Sie bildet bis heute eine geistige Ressource in Umbruch- und Krisenzeiten. Auch hier zeigt sich die Wechselwirkung zwischen Idee und Realität.

Aus der Naherwartung in bezug auf das kommende Gottesreich ziehen die chiliastischen Bewegungen ihre Energie. In diesem Zusammenhang stehen die Theorien, die die Geschichte in Stufenfolgen von Weltaltern gliedern, und die Idee vom Tausendjährigen Reich. In der Umbruchszeit der Reformation etwa hat sich ein radikaler Flügel gebildet, dem der Wandel zu langsam vonstatten ging und zu sehr von Kompromissen behindert schien. Zu diesem Flügel zählen die Täufer, die in den Jahren 1534/35 in der Stadt Münster die Herrschaft ergriffen. Die Anführer, Jan Matthys und nach dessen Ermordung Jan van Leiden, verstanden sich als Wegbereiter des himmlischen Jerusalem. Mit Gewaltakten gingen sie daran, die Stadt von allen gottlosen Menschen zu reinigen. Dies führte zunächst zu Vertreibungen, zu einem wilden Bildersturm, zur Vernichtung von Kirchen und Bibliotheken und im Zuge einer weiteren Radikalisierung dazu, daß Ehebruch, Diebstahl oder Verleumdung mit dem Tode bestraft wurden. Bernhard Rothmann liefert dafür die Begründung: „Gottes Volk, das übrigbleibt und unbefleckt und rein in allem gehorsam sein soll, muß die Erde einnehmen und Christus dem König auf der ganzen Erde zu Diensten stehen. Dies wird alles zu dieser Zeit geschehen und auf Erden, wo die Gerechtigkeit alsdann wohnen soll."[43] In den Täufern hat Karl Mannheim die „erste Gestalt des utopischen Bewußtseins"[44] gesehen. Auch der Chiliasmus ist also davon bestimmt, im Sinne der Verzeitlichung eschatologischer Hoffnungen die Verwirklichung des Gottesreiches hier auf Erden zu erwarten und an dessen Kommen aktiv mitzuarbeiten. Später im Pietismus war es etwa Philipp Jakob Spener, der in seiner „Pia desideria" von 1675 schreibt: „Sehen wir die Heilige Schrift an, so haben wir nicht zu zweifeln, daß Gott noch einigen bessern Zustand seiner Kirchen *hier auf Erden* versprochen habe." Zu einem solchen besseren Zustand zählt für ihn unter anderem die Bekehrung

Israels und „noch ein größerer Fall des päpstlichen Roms"[45]. Um 1740 sagte Johann Albrecht Bengel den Beginn des Tausendjährigen Reiches für den 18. Juni 1836 voraus. Sein Schüler Magnus Friedrich Roos ist ihm in dieser Geisteshaltung gefolgt; es klingt sehr modern, wenn er zur Lage der Christen bemerkt, bis zum Kommen der königlichen Regierung Gottes sei die Freiheit der Gemeinde der wahrhaft Glaubenden und Heiligen durch die weltlichen Gewalten fremdbestimmt.[46] Ein Neffe von Roos, Philipp Friedrich Leutwein, studierte im Tübinger Stift zusammen mit Hegel, Hölderlin und Schelling, was auch direkte Einflüsse auf diesen Freundeskeis nicht ausschließt, der sich 1793 das Losungswort „Reich Gottes" wählt. Im Jänner 1795 schreibt Hegel aus Bern an Schelling: „Das Reich Gottes komme und unsre Hände seien nicht müßig im Schoße! ... Vernunft und Freiheit bleiben unsere Losung."[47] Hier zeichnet sich die neuzeitliche Ablösung vom christlichen Gottesbezug durch einen „göttlichen" Vernunftbegriff ab, wovon schon die Rede war.

V. Elemente der Utopiekritik

Beide, die Aktivisten ebenso wie die Naturalisten, folgen einer Fortschrittsidee und einer Zukunftsvision, die sich jedoch genau besehen als Rückkehr in einen unantastbaren Zustand entpuppt, der Züge des Gottesreiches trägt. Das Vorgehen, in der Vernunft oder der Natur letztgültige Prinzipien zu finden, erweist sich als Gottesersatz. Diese Aussage ist diagnostisch gemeint und nicht moralisch, um den Gottesverlust zu beklagen. Utopiekritisch läßt sich dieser Wunsch der Rückkehr in einen integeren Zustand auch als Versuch verstehen, einer Zerreißprobe zu entgehen. Denn als Bürger zweier Welten, um mit Kant zu sprechen, ist der Mensch einerseits ein Naturwesen, andererseits besitzt er im Bewußtsein eine Selbstreflexivität, die beides unmöglich macht: im Stande natürlicher Unschuld zu verharren oder aus Bewußtsein alles in den Griff zu bekommen. Die daraus resultierende Notwendigkeit, einerseits natürlich Gegebenes zur bewußten Aufgabe zu erheben und Geschichte zu gestalten und sich andererseits auch in manches Gegebene fügen zu müssen, läßt eine Verwirklichung des Gottesreiches auf Erden als Illusion erscheinen.

Wenn die Wurzel der Fortschrittsidee in der theologischen Eschatologie liegt, dann liegt es nahe, Utopiekritik auch aus theologischer Perspektive zu betreiben. Auch aus der Sicht einer theologischen Anthropologie zeigt sich das Illusionäre an der Vorstellung, man könnte in einen vor- oder ungeschichtlichen Zustand gelangen. Der springende Punkt in Genesis 3, der ätiologischen Erzählung vom Sündenfall, besteht darin, daß die Menschen zwar in die Freiheit des Handelns gesetzt werden, aber damit zugleich vor dem Moralproblem stehen: vor der Notwendigkeit, zwischen Gut und Böse zu unterscheiden, ohne mit Sicherheit wissen zu können, worin jeweils das Gute oder Böse besteht, und ohne vollkommen gut sein zu können wie Gott. Entgegen einem vordergründigen Mißverständnis als konkreter sexualmoralischer Verfehlung ist es dieses Grunddilemma, das mit dem theologischen Begriff der Sünde benannt wird: Menschen sind weder vollkommen gut noch vollkommen böse. Sie besitzen keinen absoluten Bezugspunkt für ihr Handeln, der es möglich machen könnte, etwas Vollkommenes in der Geschichte zu etablieren. Nicht zufällig ist für die neuzeitliche Fortschrittsidee mit ihrem Glauben an die Vernunft oder an das entelechiale ‚Walten' der Natur der vehemente Kampf gegen das *peccatum originale* charakteristisch. So will der Philanthropist Salzmann etwa mit seiner Pädagogik „lauter moralisch gute Menschen" heranziehen, indem er die Kinder „in gänzlicher Entfernung von der gewöhnlichen menschlichen Gesellschaft" hält und meint: „Dies könnte mit der Zeit ein Mittel werden, die Erbsünde auszurotten."[48]

Gegenüber einer chiliastischen Zuspitzung, die das Einbrechen des Eschatons hier und jetzt erwartet und mitinszenieren will, zeigen die biblischen Texte, wenn sie nicht aus dem Kontext gerissen werden, ein differenzierteres Bild. Sie setzen die Heilszeiten vor und nach der Geschichte an: davor der Garten Eden, danach das himmlische Jerusalem; und die zukünftige Vollendung wird aus der Hand Gottes und nicht aus der Hand der Menschen erwartet. Zum Kontext gehört vor allem die Christologie: Nach christlichem Selbstverständnis ist Jesus der Christus, der Mensch gewordene Gott, als einmalige Vorwegnahme der Vollendung. So gesehen kann gerade die Christologie das Bewußtsein für die menschlichen Grenzen wachhalten auch gegenüber gesellschaftlichen Vervollkommnungsideen. Denn der vollendete

Zustand der Menschheit läßt sich dann lediglich im Bild Christi betrachten: „wie in einem Spiegel"[49], der Utopien bannt und sie definitiv der Dimension der Hoffnung zuordnet. Die geschichtliche Zeit hingegen steht im Schatten des Kreuzes als Symbol dafür, daß Menschen nicht vollkommen sind oder werden können und der Kampf gegen Gewaltakte und Ungerechtigkeit ein bleibender ist.

Wenn dementsprechend der Glaube im Bewußtsein der Grenzen lebt, stehen ethische Konsequenzen und ethisches Engagement wie zum Beispiel für *soziale Gerechtigkeit* im Zeichen der *Liebe zum Begrenzten und Unvollkommenen*. Das schützt vor übertriebener Aktivität ebenso wie vor verzweifelter Depression. Daß das Vollkommene nicht in der menschlichen Macht steht, mag als Kränkung empfunden werden, bedeutet jedoch auch eine Entlastung vor überzogenen Ansprüchen. Da sich das Gottesreich nicht in diese Welt ziehen läßt, gehören zur christlichen Ethik auch Tugenden wie Loslassen und Aufschub-ertragen-können, Verzichten und Erweitern der Toleranzgrenze. Die biblischen Texte bringen diese Dimension in vielen Gleichnissen zum Ausdruck. So wird das Gottesreich etwa mit einem Senfkorn verglichen, das von selbst zu einem großen Baum heranwächst, oder einem Sauerteig, der von selbst aufgeht.[50] Das Gleichnis vom Unkraut unter dem Weizen[51] fordert dazu auf, beides, Unkraut und Weizen, miteinander heranwachsen zu lassen und es Gott zu überlassen, bei der Ernte am Ende der Tage Unkraut und Weizen voneinander zu scheiden. Und die geschichtliche Erfahrung zeigt ja auch, daß zeitliche Purifikationsakte im Terror enden.

Dieser weisheitliche Aspekt christlicher Ethik spricht nicht gegen das Handeln, aber für die Unterscheidung, wann Aktivität und Veränderungswille und wann Gelassenheit gegenüber dem Unvermeidlichen und Unverfügbaren am Platze ist. Oder mit Martin Luther gesprochen: Man muß tun, „soviel man kann, und nicht ablassen; das andere gehen lassen, wie es geht, und Gott befehlen [...]."[52] Eine solche Haltung kann den Blick für eine realistische Einschätzung der jeweiligen Lage frei geben und eine nüchterne Analyse der Probleme ermöglichen, um aus der unzuträglichen Alternative zwischen Fortschrittsidee und Verfallsidee herauszukommen und die Realität differenzierter ins Auge zu fassen. Nicht nur in der christlichen Sozialethik geht es um

Ideen von begrenzter und damit angemessener Reichweite, um die konkreten nächsten notwendigen Schritte und um mühsame Verhandlungen, die dann aber auch wirklich etwas verändern und ein Stück weiter bringen können. In diesem Sinne verstehe ich Utopiekritik als ein Plädoyer für den Abschied von der utopischen Fortschrittsidee, die längst außerhalb der Kirchen mehr an Boden gewonnen hat, und für eine realistische Einschätzung des menschlichen Vermögens. Denn der Fortschrittsidee liegt letztlich die anthropologische Utopie von der *Perfektibilität der menschlichen Natur* zugrunde, aus der dann die Vision einer perfekten Gesellschaftsform resultiert. Es geht um nicht weniger als den „neuen Menschen".[53] Dieser illusionäre Blick läßt dann jeweils konkrete, vergangene oder zukünftige, Gesellschaftsformen als der Weisheit letzter Schluß erscheinen. Das gilt für die einseitigen Verteidiger des Wohlfahrtsstaats ebenso wie für die Stürmer des freien Markts. Hingegen hat der Wohlfahrtsstaat seine Grenzen, und der freie Markt wird sich ohne Sozialpolitik nicht von selbst zum Wohle der Menschen regulieren, entgegen der Utopie des Saint-Simonismus. Utopien ohne realistischen Blick für die Details werden immer in die Krise geraten, weil der zu hohe Anspruch letztlich mehr von den Menschen verlangt, als sie leisten können.

VI. Das implizite Opferprogramm

Zu hohe und uneinlösbare Ansprüche lassen die Fortschrittsidee umschlagen in das Postulat von der Notwendigkeit der Opfer. Im Rücken der positiven Vision hat sich eine Dynamik der Gewalt entwickelt, die meines Erachtens viel zu wenig bewußt ist. Friedrich Rapp analysiert: „Angesichts des unermeßlichen Leides, das Menschen einander angetan haben und immer wieder antun können, läßt sich die Fortschrittsthese nur dann aufrecht erhalten, wenn man zugesteht, daß gewaltige Umwege notwendig sind, und daß ggf. das Schicksal des einzelnen dem allgemeinen Fortschritt unterzuordnen ist."[54] Das war schon in Platons idealem Staat in Syrakus[55] deutlich geworden und hat sich fortgesetzt. Louis-Sébastien Mercier etwa entwickelt 1772 einen Traum für das Jahr 2440: „Gewissen Staaten steht eine Epoche bevor, die unausbleiblich kommen muß, eine schreckliche blutige Epoche, die aber den Beginn der Freiheit anzeigen wird. [...] Das Ganze ist ein schmerzhaftes Heilmittel, es wird aber nicht zu vermeiden sein, wenn der Staat in hilfloser Lähmung und die Seelen der Menschen in Betäubung versunken daliegen."[56] Nach Herder geht der Gang der Vorsehung „auch über Millionen Leichname zum Ziel", wie die Reformatoren aller Zeiten „vor sich Staub und Erschütterungen machten und unter sich Unschuldiges zertraten"[57]. Hegel sieht im „Endzweck" der Geschichte das, „worauf in der Weltgeschichte hingearbeitet worden, dem alle Opfer auf dem weiten Altar der Erde [...] gebracht worden"[58]. Auf dieser „Schlachtbank" der Geschichte wurden dem Endzweck das Glück der Völker, die Weisheit der Staaten, die Tugend der Individuen geopfert.[59] Und die großen Gestalten, die Heroen der Geschichte, in denen der Endzweck gegen die bewußten Absichten wirkt, müssen „manche unschuldige Blume zertreten, manches zertrümmern auf ihrem Wege".[60] Denn das „Partikuläre", meint Hegel, „ist meistens zu gering gegen das Allgemeine, die Individuen werden aufgeopfert und preisgegeben"[61] für den Gang eines Fortschritts, der sich selbst seinen unerbittlichen Weg bahnt. Die Erfahrungen unseres Jahrhunderts mit Diktaturen liefern dazu den Kommentar.

Geht die Höherbewertung des Allgemeinen auf Kosten der konkreten Personen und Umstände, verwandelt sich allerdings der humane Sinn der Vernunft in *Menschenverachtung*. Damit erhält das Menschenopfer, das vermieden sein sollte, eine ethisch bedenkliche Rechtfertigung, und die Geschichte mit ihrem Wandel der Gesellschaftsordnungen zeigt sich als Schicksalsmacht. Dann bleibt nur übrig, bloß bedauernd zur Kenntnis zu nehmen: Alles hat eben seinen Preis, da der Fortschritt, aus Geschichte oder Natur, um der Entwicklung zum Höheren willen alles dann minderwertig Genannte ausscheidet, sei es durch Revolution oder Evolution. Es ist nicht wenig Zynismus, wenn die betroffenen Individuen sich als Ausschußware betrachten oder vielleicht damit trösten sollen, der Hervorbringung einer besseren Art gedient zu haben. Das moderne Programm der Humanität verkehrt sich in sein Gegenteil, wo die Fortschrittsidee despotisch über Leichen geht.

Ein solches Opferprogramm steht im Dienste des Fortschritts als eines abstrakten historischen Prozesses und nicht im Dienste eines konkreten gelungenen menschlichen Lebens. Es widerspricht auch dem errungenen Grundwert der Einmaligkeit und der Würde der Person. Der Fortschritt soll durch die Schaffung besserer Lebensbedingungen die Menschen in ihrem konkreten Dasein fördern, damit sie nicht nur blinden Schicksalsmächten ausgeliefert sind, welcher Art immer diese sein mögen. Die Fortschrittsidee ist der Motor für die Verwirklichung des Fortschritts, und sie unterläuft doch durch ihre abstrakte Gestalt ihr konkretes Ziel. In dieser Spannung stehen wir immer noch und auch dort, wo der gegenwärtige Streit „Wohlfahrtsstaat versus Marktwirtschaft" auf einer abstrakten Ebene ausgetragen wird.

Nicht immer werden die Opfer so lässig hingenommen oder verklärt wie bei Hegel; häufiger werden sie vertuscht oder bleiben sie unsichtbar, versteckt hinter der euphemistischen Rhetorik der Utopisten aller Couleurs, die ihre Ideen zur Erlösung von allem Übel stilisieren und die Schattenseiten ausblenden. Ist das Opferprogramm erst einmal Bestandteil einer Kultur, wird es leicht, sich der entsprechenden Opferrhetorik auch zu anderen Zwecken zu bedienen, um den Wohlfahrtsstaat zur Kasse zu bitten und sich der eigenen Verantwortung zu entziehen. Auch das Opferprogramm ist eine Medaille mit zwei Seiten. Wie es nicht leicht ist, auszumachen, worin der reale Fortschritt besteht, ist es nicht leicht zu erkennen, wer die wirklichen Opfer sind.

VII. Abschied von der Fortschrittsidee

Das Problem der utopischen Fortschrittsidee liegt in ihrem Realitätsverlust. Hier kommt es nicht auf den für die konkrete Wirklichkeit geschärften Blick, die nüchterne Analyse oder die mühsamen Verhandlungen um die Veränderung tatsächlicher Zustände an. Der Fortschrittsidee geht es darum, zu formulieren und zu phantasieren, wie es prinzipiell sein oder nicht sein soll.[62] Solche obersten Prinzipien werden dann über gesellschaftliche Konstellationen und Menschen gestülpt, die dann gar nicht mehr mitreden können. Das hat entsprechende Pauschalurteile zur Folge wie: Der Markt ist egoistisch, der Wohlfahrtsstaat sichert die soziale Moral, oder umgekehrt: Der Wohlfahrtsstaat zerstört die Moral, der Markt fördert die Verantwortung. Oder: Der Mensch ist ein homo oeconomicus, der alles in die eigene Tasche schaufelt, ohne sich um andere zu kümmern, oder: Der Mensch ist ein homo communis, der sich um das Wohlergehen aller sorgt und auf materiellen Konsum verzichten kann.[63]

Die Fortschrittsidee trägt, so will mir scheinen, noch zu einer anderen Verwirrung bei, nämlich der zwischen Individual- und Sozialethik. Wo es zugleich um den „neuen wahren" Menschen und die „neue wahre" Gesellschaft geht, läßt sich nicht ausmachen, was die Ursache und was die Folge ist. Ist der neue Mensch die Folge einer neuen Gesellschaft, da die alte nichts Gutes hervorbringen kann? Oder ist die neue Gesellschaft die Folge des neuen Menschen, der hervorbringen kann, was der alte nicht konnte? Macht die Gesellschaft den Menschen oder macht der Mensch die Gesellschaft? Diese Fragen enden in einem Gegensatz, wenn die Sozialethik auf die Individualethik reduziert wird, als würde die moralische Qualität einzelner Individuen ausreichen, um in der Summe die Welt auf den Kopf zu stellen (wie bei Salzmann); oder wenn umgekehrt die Individualethik auf die Sozialethik reduziert wird, als würde die Qualität einer Gesellschaft über die individuelle Moralfähigkeit entscheiden (wie über Sophie bei Rousseau). In solchen Alternativen gedacht, die sich aus dem Hang zum Abstrakten und Prinzipiellen ergeben, endet alles in einem Zirkel.

Schon individuelle ethische Fragen lassen sich erst dann befriedigend lösen, wenn sich nach einem ausführlichen Austausch mit anderen Lösungen abzeichnen, weil Moralität über das Handeln immer in sozialen Bezügen steht. Um so mehr gilt dies für sozialethische Probleme, die eine komplexe Kooperation zwischen verantwortlichen Personen unterschiedlicher Sozial-felder verlangen. Was es braucht, ist eine Kultur moralischen Argumentierens am runden Tisch der Konfliktpartner. Dabei werden sich moralische Fort-schritte nie ein für allemal und in einer aufsteigenden Linie machen lassen, aber es kann der Grund für die Beilegung konkreter Konflikte gelegt werden, was auch einen Fortschritt bedeutet. Dazu muß freilich erst einmal die Fortschrittsidee verabschiedet werden.

Wenn es stimmt, daß eine Wechselwirkung besteht zwischen Idee und Realität und Ideen eine ideelle Ressource darstellen, ohne die sich auch keine konkrete Sozialpolitik machen läßt, dann bedarf es doch auch einer Maxime.

Nicht um aus dieser neue Menschen und neue Welten zu deduzieren und dafür über die Opfer hinwegzugehen, aber um die Konfliktpartner überhaupt an den runden Tisch zu bringen und einen gemeinsamen Ausgangspunkt für das Argumentieren zu haben. Allerdings stellen soziale Umbrüche und rasante Wandlungsprozesse bisher gültige Maximen immer wieder zur Disposition. Dann wird es notwendig, sich auch darüber neu zu verständigen. Letztlich hängt das gesamte Problem der Ethik, wie nicht zuletzt die Fortschrittsidee und ihre Folgen zeigen, davon ab, wie wir die anthropologische Frage beantworten: Was ist der Mensch? In diesem Sinne scheint es mir heute dringend notwendig, uns auch wieder einmal grundsätzlich zu fragen: Wie hältst du's mit der Menschenwürde?

Anmerkungen

1 Pierre BOURDIEU, Gegenfeuer. Wortmeldungen im Dienste des Widerstands gegen die neoliberale Invasion, Konstanz 1998, 56-57.
2 Ebenda, 54.
3 Ebenda, 56.
4 Ebenda, 73.
5 Was ich hier etwas salopp in der Fußballsprache Verteidiger und Stürmer nenne, charakterisiert Andreas KUHLMANN mit den Begriffen „Enteignung" (mit Theodor ADORNO) und „Erweiterung" (mit Walter BENJAMIN), in: Andreas KUHLMANN (Hg.), Philosophische Ansichten der Kultur der Moderne, Frankfurt/Main 1994, 133-154, 12.
6 BOURDIEU, Gegenfeuer, 65; 58.
7 Ebenda, 76.
8 Dorothee SÖLLE, Du sollst nicht stehlen – Eine Auslegung des 7. Gebots. Unterwegs zu einer ökofeministischen Spiritualität, in: W. JACOB, J. MONETA, F. SEGBERS (Hg.), Die Religion des Kapitalismus. Die gesellschaftlichen Auswirkungen des totalen Marktes, Luzern 1996, 150-165, 156.
9 Vgl. Peter FLORA, Krisenbewältigung oder Krisenerzeugung. Der Wohlfahrtsstaat in historischer Perspektive, in: Wolfgang J. MOMMSEN (Hg.), Die Entstehung des Wohlfahrtsstaates in Großbritannien und Deutschland 1850–1950, Stuttgart 1982, 353-398, 365. FLORA sieht einen entscheidenden Grund für die Krise des Wohlfahrtsstaates in dessen kontinuierlicher bzw. beschleunigter Expansion.
10 Manfred PRISCHING, Bilder des Wohlfahrtsstaates, Marburg 1996, 274.
11 Ebenda, 283.
12 Ebenda, 114.
13 BOURDIEU, Gegenfeuer, 44.

14 Jürgen TAMPE zeigt einerseits die Prominenz auf, die BISMARCK heute bei den Rekonstrukteuren der Geschichte des Wohlfahrtsstaates besitzt, andererseits aber relativiert er dieses Verdienst durch Belege dafür, daß die Tradition sozialer Wohlfahrt schon länger davor bestanden hatte, in: Bismarcks Sozialgesetzgebung: Ein wirklicher Durchbruch?, in: MOMMSEN, Entstehung, 79-91.

15 Nach FLORA sieht auch Morris JANOWITZ das Egalitätsprinzip und die daraus resultierende Gleichbehandlung als eine entscheidende ideelle Grundlage für die öffentlichen Leistungen: FLORA, Krisenbewältigung, 380; ebenso Frieder NASCHOLD, Die Zukunft des Wohlfahrtsstaates, in: MOMMSEN, Entstehung, 404-415, 409.

16 Hans BLUMENBERG, Säkularisierung und Selbstbehauptung, Frankfurt/Main 1974.

17 Willi OELMÜLLER, Die unbefriedigte Aufklärung, Frankfurt a.M. 1979, VI.

18 Immanuel KANT, Über Pädagogik, Weischedel-Ausgabe, Band 10, 1968 (urspr. 1803), 700. Die Beispiele, die ich im folgenden immer wieder bringe, ließen sich um viele vermehren. Meine Auswahl bezieht sich auf eigene ausführlichere Studien zur neuzeitlichen Ideengeschichte in anderen Kontexten.

19 Gotthold E. LESSING, Die Erziehung des Menschengeschlechts, § 98.

20 Ebenda, § 85.

21 F.A.W. DIESTERWEG, Religionsunterricht, wie und wie nicht?, in: Rheinische Blätter für Erziehung und Unterricht (1852), in: H. DEITERS u.a. (Hg.), Sämtliche Werke, Band IX, Berlin 1967, 208.

22 Marshall McLUHAN, Understanding Media. The Extension of Man. With a new introduction by Lewis H. LAPHAN, Cambridge Mass. 1994, 80. Vgl. dazu Jozef NIEWIADOMSKI, Extra media nulla salus?, in: Theologisch-praktische Quartalschrift 3, 1995, 227ff.

23 Vilém FLUSSER, Ins Universum der technischen Bilder, Göttingen 1985, 72.

24 Norbert BOLZ, Für eine posthumane Kultur, in: KUHLMANN, Ansichten 154.

25 Dorothee SÖLLE, Stellvertretung. Ein Kapitel Theologie nach dem "Tode Gottes", 4.A., Stuttgart 1967, 201; 205. In den 80er Jahren hat Sölle aus der feministischen Diskussion das ‚naturalistische' Denkmodell (s. hier Kapitel III) aufgegriffen, in ihre politische Theologie integriert und die Stellvertretung Gottes durch eine „Co-creatio", ein „Mit-Retten", modifiziert: SÖLLE, Du sollst nicht stehlen! 163.

26 Elisabeth SCHÜSSLER-FIORENZA, Zu ihrem Gedächtnis ..., München 1988, 59; ebenso in: Elisabeth SCHÜSSLER-FIORENZA, Brot statt Steine, Fribourg 1988, 201.

27 Elisabeth SCHÜSSLER-FIORENZA, Zur Methodenproblematik einer feministischen Christologie des Neuen Testaments, in: D. STRAHM, R. STROBEL (Hg.), Vom Verlangen nach Heilwerden, Fribourg-Luzern 1991, 145 (Hervorhebung im Zitat von mir).

28 Friedrich RAPP, Fortschritt. Entwicklung und Sinngehalt einer philosophischen Idee, Darmstadt 1992, 58.

29 So gibt Walter HAUG den Grundgedanken wieder, in: Experimenta medietatis im Mittelalter, in: Jochen SCHMID (Hg.), Aufklärung und Gegenaufklärung in der Europäischen Literatur, Philosophie und Politik von der Antike bis zur Gegenwart, Darmstadt 1989, 129-151, 129. Der Gegensatz zwischen ‚Verteidigern' und ‚Stürmern' wird häufig wie im genannten Band auch auf den Gegensatz zwischen Aufklärung und Gegenaufklärung gebracht; das läßt allerdings zu wenig erkennen, wie sehr die Gegenaufklärung Anteil an den Paradigmata der Aufklärung hat.

30 So beginnt Jean Jaques ROUSSEAU seine Schrift: Emile oder: Über die Erziehung. Rousseau hat übrigens in einer Art Nachschrift die Geschichte von Emile und Sophie als eine Geschichte des Scheiterns weitergesponnen: Emile widerfährt alles erdenkliche

Unglück, aber er bewährt seine Erziehung gegen die Zwänge der Gesellschaft, was ihn freilich in die völlige Einsamkeit führt, in: Emile und Sophie oder die Einsamen, 1780, zwei Jahre nach Rousseaus Tod von DU PEYROU und P. MOULTOU veröffentlicht; in deutscher Übersetzung 1979 im Winkler-Verlag in München erschienen.

31 Maria MONTESSORI, Kinder, die in der Kirche leben, hg. und übers. von Helene HELMIG, Freiburg–Basel–Wien 1964, 194f.

32 Paul VIRILIO, Rasender Stillstand, München 1992, 38.

33 Richard SAAGE spricht in einem eher psychologischen Sinne treffend von Wunsch- oder Furchtbildern, in: Politische Utopien der Neuzeit, Darmstadt 1991, 4.

34 Eine gute Dokumentation dieses Naturbegriffs bietet Karen GLOY, Das Verständnis der Natur II: Die Geschichte des ganzheitlichen Denkens, München 1996.

35 Auch der Humanistischen Psychologie (Abraham MASLOW, Carl ROGERS) liegt dieser Naturbegriff zugrunde, er wird hier mit organisch oder organistisch charakterisiert.

36 Solche eschatologischen Visionen finden sich z.B. in JER 31, 33 oder EZ 11, 19.

37 Fritjof CAPRA, Wendezeit. Bausteine für ein neues Weltbild, München 1988, 34.

38 C. G. JUNG, Die Beziehungen zwischen dem Ich und dem Unbewußten, München 1990, 18, 15.

39 Ebenda, 50, 63.

40 Ebenda, 116.

41 So z.B. Gerda WEILER, Matriarchales Bewußtsein, in: TUTZIGER, Materialie 49, 1989, 29ff., oder Christa MULACK, Die Weiblichkeit Gottes. Matriarchale Voraussetzungen des Gottesbildes, 4.Auflage, Stuttgart 1986; vgl. auch: Christa MULACK, Natürlich weiblich. Die Heimatlosigkeit der Frau im Patriarchat, Stuttgart 1990.

42 RAPP, Fortschritt, 59.

43 Bernhard ROTHMANN, in: Richard van DÜLMEN, Reformation als Revolution, München 1977, 314.

44 Karl MANNHEIM, Ideologie und Utopie, 3. Auflage, Frankfurt/Main 1952, 184.

45 Philipp Jakob SPENER, in: Hans Friedrich GEISSER, Grundtendenzen der Eschatologie im 20. Jahrhundert, in: Konrad STOCK (Hg.), Die Zukunft der Erlösung, Gütersloh 1994, 35f (Hervorhebung von mir).

46 Ebenda, 37.

47 Johannes HOFFMEISTER (Hg.), Briefe von und an Hegel, Band 1, 3. Auflage, Berlin 1969, 18.

48 In: Ludwig FERTIG (Hg.), Bildungsgang und Lebensplan. Briefe über Erziehung von 1750 bis 1900, Darmstadt 1991, 84f. Die Utopie einer Menschheit ohne Sünde findet sich sogar noch bei H.G. WELLS: A Modern Utopia, Lincoln 1967. SAAGE zeigt noch an anderen Beispielen auf, daß sich die Fortschrittsidee zum Ziel gesetzt hat, „Gottes Ideal zu verwirklichen" (221, Zit. von Etienne CABET).

49 1 Korinther 13, 12.

50 Matthäus 13, 31-33.

51 Matthäus 13, 24-30.

52 Martin LUTHER, Brief an Kurfürst Johann vom 12. Oktober 1527, in: Ausgewählte Schriften, K. BORNKAMM, G. EBELING (Hg.), Band 6, Frankfurt/Main 1982, 94.

53 Das pointiert auch SAAGE, 6, 331 u.ö.; die Rhetorik vom „neuen Menschen" ist heute noch in der Humanistischen Psychologie bestimmend (Abraham MASLOW, Carl ROGERS); auch SÖLLE, Du sollst nicht stehlen, 158.

54 RAPP, Fortschritt, 70.

55 SAAGE nennt Platons Konzept „reine Identität", was der Idee der Rückkehr in einen integeren Zustand entspricht.

56 Herbert JAUMANN (Hg.), Louis-Sébastien MERCIER, Das Jahr 2440, Frankfurt/Main 1982, 283. Mercier gehört zu den ‚Naturalisten' und integriert den Gang der Geschichte in den teleologischen Gang der Natur, wie das Zitat zeigt.

57 J.G. HERDER, Auch eine Philosophie der Geschichte zur Bildung der Menschheit, Frankfurt/Main 1967, 125ff.

58 G.W.F. HEGEL, Vorlesungen über die Philosophie der Geschichte, Suhrkamp Werkausgabe, Frankfurt/Main 1980, 33

59 Ebenda, 35.

60 Ebenda, 49.

61 Ebenda.

62 Dies hebt hervor etwa Helmut SWOBODA, Utopia. Geschichte der Sehnsucht nach einer besseren Welt, Wien 1972, wie er schon im Titel anzeigt.

63 SÖLLE, Du sollst nicht stehlen, 158; für Sölle ist der homo communis der ‚neue Mensch', der reiche Jüngling, der sich nicht wie in der biblischen Geschichte dem Ruf zur Nachfolge Jesu verweigert, weil er auf seine Güter nicht verzichten will, sondern der auf seine Güter verzichtet und Jesus nachfolgt.

Die Wirtschaftstheorie und ihre Schwierigkeiten mit dem Wohlfahrtsstaat: konstitutionenökonomische Alternativen am Beispiel der Sozialpolitik
Birger P. Priddat

Die Ökonomie ist, als Markttheorie, zugleich Wohlfahrtstheorie: „social welfare theory". Die „welfare theory" beruht auf einer Optimierung des Gesamtnutzens, der private und öffentliche Güter umfaßt. Während private Güter ausschließlich auf dem Markt alloziiert werden, werden öffentliche Güter durch Politikprozesse generiert. Es gibt in dem Sinne keine Märkte für öffentliche Güter, weil sie sich von Markt- oder privaten Gütern durch ihr Kriterium, niemanden von ihrem Konsum auszuschließen, nicht als Konkurrenzgüter eignen, sondern nur als Kollektivgüter. Öffentliche Güter werden für „non-markets" produziert; der Modus ihrer Entstehung hängt von der Theorie der Politik ab, die man verwendet. Die ältere Vorstellung, die in der „theory of public choice" innerhalb der Ökonomie ausgebaut wurde, beruht auf dem Prinzip der politischen Wählerstimmenmaximierung.

Die Politiker oder Parteien werden dafür als „politische Unternehmer" definiert, die konkurrent Wählerstimmen maximieren, indem sie Bündel oder Programme öffentlicher Güter anbieten. Die politische Wahl bestimmter öffentlicher Güter-Programme wird als Präferenz für diese öffentlichen Güter in die Gesamtnutzenfunktion eingetragen, die dann eine, nach dieser Konzeption, optimale Mischung von privaten und öffentlichen Gütern darstellt. Zugleich wird die in der Wählermehrheit geoffenbarte politische Präferenz als Präferenz für bestimmte Mengen von öffentlichen Gütern interpretiert[1].

Damit ist die „public choice theory" als Allokationstheorie geschlossen, aber nur unter Zuhilfenahme einer bestimmten Variante politischer Ökonomie des Wählerhandelns. Die Kostenstruktur bleibt intransparent; die Wähler wählen schließlich Parteiprogramme, nicht Steuererhöhungen (obwohl Parteiprogramme immer auch Kostenprogramme involvieren). Auch bleibt unklar, ob die Wähler mit den Politikprogrammen ausschließlich öffentliche Güter-Bündel präferieren. Sie können ebenso bestimmte Parteiideologien wählen, an deren Nutzen sie glauben, ohne die Kosten zu eruieren. Sie können schließlich auch Personen wählen, mit und ohne Konnotation mit Güterbündeln etc.

Der „non-market" ist, anders als der Markt für private Güter, durch Kosten/Nutzen-Asymmetrien gekennzeichnet. Die präferierten öffentlichen Güter werden, im wesentlichen durch die Non-Affektationsregel für öffentliche Haushalte, nicht leistungsbezogen dargestellt und nicht durch spezifizierte Kostenstrukturen transparent. Öffentliche Güter und Steuerleistungen korrelieren nicht bzw. sind nicht spezifizierbar[2].

Daran werden zwei Effekte sichtbar: 1. die Möglichkeit der moralischen oder nutzenfremden Bewertung von öffentlichen Gütern. Weil der Zustimmung zu öffentlichen Gütern keine direkte Steuerzahlung gegenübersteht, erlaubt man sich Großzügigkeiten, die auf dem Markt nicht möglich wären[3]. 2. Umgekehrt stehen die öffentlichen Güter generell unter dem Verdacht, die individuellen Kosten zu erhöhen gegenüber dem individuellen Nutzen der Partizipation am öffentlichen Gut. Da öffentliche Güter nicht zugleich als private angeboten werden, bestehen gewöhnlich keine Vergleiche.

Beide Betrachtungsweisen sind konträr und gleichzeitig gültig. Die Kritik der „welfare-theory" läuft darauf hinaus, den politischen Prozeß nicht als ökonomischen Prozeß zu simulieren, sondern als genuin politischen Prozeß anzuerkennen. Es gibt dann kein Gesamtnutzenkriterium, das vom politischen Wahlprozeß abhängig wäre, wie dies in der „social welfare theory" unterstellt wird. Um das Pareto-Kriterium auch auf die politischen Wahlprozesse anzuwenden (das heißt um sicherzustellen, daß politische Wahlmehrheiten Wohlfahrtsverbesserungen erzeugen und niemanden schlechterstellen; die Besserstellungen hingegen müssen nicht für alle Bürger gelten), reicht eine marktanaloge Stimmenmaximierung nicht aus, sondern es bedarf zusätzlich eines Konsens-Testes, der die tatsächliche Zustimmung der Betroffenen erfordert[4].

Konsens wird hier im Wicksell'schen Sinne als Einstimmigkeit interpretiert[5]. Wir befinden uns jetzt bereits in der Theorieabteilung der „constitutional economics", deren Argumentationskern lautet: Der soziale Nutzen der Bürger ist nicht zu ermessen, es sei denn, sie äußern sich selbst dazu in politischen Wahlprozessen. „Es ist nicht Aufgabe der Wohlfahrtsökonomik, individuelle Präferenzen in soziale nach bestimmten Regeln zu übersetzen, sondern es ist zu untersuchen, welche Präferenzen die Individuen selbst hinsichtlich derartiger Regeln haben"[6]. Mehrheitswahlprozesse haben den Mangel, daß sie nicht davor gefeit sind, Ungerechtigkeiten und Pareto-Verschlechterungen für die Minderheiten zu erzeugen. „Warum sollte ein Individuum, wenn es die Möglichkeit hätte, sich jemals dafür zu entscheiden, von einer Mehrheit seiner Mitmenschen regiert zu werden?"[7] Um auch hier Pareto-Superiorität ansetzen zu können, muß Einstimmigkeit unterstellt werden, das heißt, daß nur solche Maßnahmen bzw. Regeländerungen zugelassen werden, die die Zustimmung der Betroffenen oder der Minderheit erhalten können. Faktisch müssen die Individuen, die aufgrund einer geänderten Politik Nutzeneinbußen haben, kompensiert werden[8].

Da eine Kompensation innerhalb eines gegebenen Regelsystems kaum denkbar ist, beschränkt sich die Aufgabe der politischen Ökonomie „to those changes that may legitimately be classified as ‚changes in law', that is, changes in the structural rules under which individuals make choices"[9]. Es geht nicht mehr, wie in der „public choice"-Theorie, um marktanaloge individuelle Entscheidungen im Politikbereich, sondern um Entscheidungen über Regeländerungen und ihre Pareto-Konsequenz für die Änderungsbetroffenen. Die betroffenen Individuen decken auf, ob die vorgeschlagenen Regel- bzw. Politikänderungen gegenüber dem status-quo-ante pareto-superior sind (oder nicht)[10].

Die Idee der „social welfare function" ist aufgegeben worden; die individuellen Präferenzen werden nicht durch staatliche soziale Präferenzen ersetzt, sondern durch Bürgerentscheide über die Spielregeln, innerhalb derer die Bürger weiterhin ihre individuellen Wahlhandlungen vollziehen. Damit ist aber auch die „public choice theory" aufgegeben, oder, genauer, um „constitutional choices" erweitert worden. Die Wohlfahrtsökonomie wird zu einer neuen „positiven politischen Ökonomie" bzw. zu einer Kunstlehre zur Umsetzung hypothetisch pareto-superiorer Regelmodifikationen[11]. Die Bürger wählen nicht mehr nur – über die Stimmenmaximierung – öffentliche Güter-Bündel, sondern Regeln („constitutions"), an die sich die Politik halten soll (deswegen bevorzugt Rechtsregeln).

So kritisch sich diese Buchanansche Konzeption von der „social welfare theory" abhebt, auch von großen Teilen der „public choice theory", so stimmt sie mit beiden überein in der Frage der Dimension: Es geht um allgemeine Wohlfahrt bzw. um allgemeinen Konsens[12]. Da die Verteilungswirkungen von Regeländerungen vorhersehbar sind, ist eine allgemeine Zustimmung – also auch derer, die Nachteile haben – kaum zu erwarten. Doch „wenn die Regeln, die den status quo definieren, in der Tat suboptimal oder ineffizient sind, muß zumindest für einige Änderungen verfassungsmäßiger Natur allgemeine Zustimmung erreichbar sein. Das Ausarbeiten solcher Vereinbarungen kann [. . .] allerdings ein komplexes System verschiedenster Kompromisse, Seitenzahlungen, Kompensationen, Bestechungen, Tauschgeschäfte und Abwägungen erforderlich machen [. . .] . Wenn einzelne Individuen oder Mitglieder einer Gruppe in der betreffenden Wirtschaft voraussehen, daß ihnen aus einer Regeländerung Nachteile erwachsen, dann müssen Reformer zusätzliche Elemente zu einer „Paketlösung" (package deal) zusammenschnüren, so daß die Verteilungsergebnisse sich verändern"[13]. Bei diesen „komplexen Austauschprojekten" ist vor allem interessant, „ob diejenigen, die die unmittelbaren Nutznießer von Regeländerungen sind, auch bereit sind, die entsprechenden Kompensationen zu zahlen, um so die allgemeine Zustimmung zu erlangen"[14]. In diesem Konzept politischer Entscheidungen „wird die Stimme des einzelnen, seine ,power of collective decision', zu einem handelbaren, also einem erwerbbaren und veräußerlichen Recht (marketable property right)"[15].

Gehen wir auf ein besonderes Feld der Wohlfahrtspolitik: in die Sozialpolitik. Wie sieht eine Buchanansche Sozialpolitik aus?

Die grundlegende Differenz zur „social welfare theory" besteht in einem „hypothetischen Vertrag"[16], den die Bürger bezüglich der Politik- bzw. Regeländerungen eingehen (bzw. den Experten stellvertretend konstruieren). Der Vertrag - wir befinden uns innerhalb einer kontraktualistischen Theorie - sieht so aus, daß er zwar einer Mehrheit der Bürger Vorteile, einem kleinen Teil aber Nachteile bringt. Das folgt aus der nicht hintergehbaren demokratischen Form der Politik, die über Wahlprocedere läuft. Buchanan fordert, die Gesamtwohlfahrt dadurch herzustellen, daß die Nachteile der Minderheit in irgendeiner Form kompensiert werden, indem die Regel einem Konsens-Test ausgesetzt wird[17]. Sie muß für alle zustimmungsfähig sein. Der Tenor des Arguments lautet klassisch: Wohlfahrt für alle. Das Spiel der Interessenpolitik, gerade im Sozialbereich, soll unterbrochen und wieder an ubiquitären „welfare"-Vorstellungen orientiert werden.

Sozialpolitik ist im Kern gewöhnlich Umverteilungspolitik: Die Einkommensbesitzer zahlen Steuern, die partiell den Nichteinkommensbesitzern in der Form von Sozialtransfers zukommen. Die Proportionen bleiben politisch offen. Norbert Berthold hat ein neoklassisches Kriterium für diese Aktivitäten einmal so formuliert: „Wähle als Gesellschaft den Umfang der kostengünstigsten und ertragsreichsten umverteilungspolitischen Aktivitäten so, daß der maximale Nettoertrag realisiert wird."[18] Dieser normative Ansatz hat Plausibilität, aber kein Kriterium der Bemessung. Das ist systematisch schwierig, weil Sozialpolitik als Umverteilung von Leistungsträgern an Nicht-Leistungsträger verstanden wird, das heißt faktisch immer als Nettoverlust der Volkswirtschaft. Die Gründe für Sozialpolitik sind gemeinhin nicht ökonomische, sondern soziale. Sozialpolitik ist tendenziell Sozialpolitik gegen den Markt[19]. Der Staat würde immer gerade dort eingreifen, wo der Markt erfolgreich ist, um die Budgets für die „sozial Schwachen" zu generieren. Es bleibt offen, was als „soziale Leistung" notwendig ist. Es zu bestimmen, unterliegt keinem ökonomischen Effizienzkriterium. Dieses

Unbestimmtheit der Geltung der „sozialen Leistungen" führt zu Kostendruck und Kostenminimierungen, wodurch soziale Leistungen reduziert werden, und zwar kriterienlos (oder nach abstrakten Wertekriterien[20]).

Daß die hohen Sozialkosten den Standort Deutschland gefährden, ist ein völlig anderes Argument als das, was zur Einführung der Sozialpolitik angeführt wurde. Die Unterstützung „sozial Schwacher" hatte für Gustav Schmoller im 19. Jahrhundert noch eine andere Bedeutung: Wenn man keine Sozialpolitik einführe, würde der Klassenkampf das gesamte Wirtschaftssystem gefährden. Die Kosten des „sozialen Friedens" wurden als politische Investitionen gegen die Drohung der Sozialdemokratie angesehen. Sozialpolitik war Investitition gegen Systeminstabilität (neben der Investition in „human capital"); nur damit waren Arbeitgeberzahlungen zu erwirken[21].

Das Argument Schmollers führt uns wieder auf die Spur der konstitutionellen Ökonomik Buchanans. Aus der Perspektive der konstitutionellen Ökonomik gibt es keine Umverteilungen. Umverteilungen sind Leistungen ohne Gegenleistungen; sie erfüllen nicht das grundlegende kontraktuelle Kriterium. Reine Sozialtransfers sind nicht ökonomisch definiert, sondern werturteilsoffen. Sozialpolitik müsse neu konzipiert werden: Einerseits sind Transfers/Umverteilungen Duldungsprämien, andererseits Investitionshilfen zwecks breiterer Ausschöpfung von „potential gains"[22].

Jede Umverteilung muß als Gegenleistung rekonstruiert werden[23]. Es geht bei der Sozialökonomie nicht mehr um (soziale) Normen und Werte, sondern um eine positive Theorie des sozialen Tausches. Duldungsprämien sind Abkauf von Drohpotential. Das Drohpotential kann politisch als Abwahl bestimmter Politiker/Parteien oder Politikprogramme auftreten. Sozialpolitiken werden dann als Transaktionskosten bestimmter Politikdurchsetzungen definiert. Um bestimmte Politiken durchzusetzen, muß die Zustimmung derer erkauft werden, die Nachteile durch die Politik erleiden (oder die Zustimmung derer, die Vorteile bekommen, für die Kompensation derer, die keine erhalten) - vergleiche die „komplexen Austauschprojekte"[24].

Die Leistungen, die hier von den Drohpotentialbesitzern gekauft werden, sind politische, keine ökonomischen Leistungen. Das politische System wird zum Markt von Machtfaktoren[25], das heißt zu einer neuen Art von politischer Ökonomie der Kosten von und Investitionen in Regeländerungen. Interessant an diesem im Schatten Buchanans stehenden Konzept einer konstitutionellen Sozialökonomie ist die Implementation von Macht, einem zentralen „code" der Politik (der im „public choice"-Modell nicht vorkam, da dort nur die Konkurrenz der Stimmenmaximierungen eingeführt war[26]).

Noch interessanter ist die Umkehrung, die das Homann/Pies/ Buchanansche Konzept verlangt: Es geht nicht um die Macht derer, die „herrschen", sondern um die Macht derer, die nicht herrschen, aber drohen können, das System zu ändern oder innerhalb des Systems Änderungen zu erlangen[27]. Die Macht der Drohung, die Homann/Pies der Minderheit bzw. den potentiell Änderungsbetroffenen zubilligt, ist eine kompensatorische Deduktion aus dem Konsensprinzip, einem im Grunde egalitären Demokratieprinzip. Doch wird hier nicht die Form der Demokratie gewechselt, sondern ein Verfahren der gemeinsamen Orientierung vorgeschlagen. Gemeinsame Ziele kann man dann für gültig erklären, wenn man einen Konsens hat. Der Terminus „Wertorientierung" wäre nicht angemessen, da weder ein Wertekonsens anvisiert ist noch ein Interessenkonsens. Die Regelsysteme repräsentieren divergente Interessen, deren Anerkennung/Zustimmung durch Kompensationszahlungen erkauft werden; das gemeinsame Interesse besteht in etwas anderem, nämlich in der Kompensation der Interessendivergenz, die sie legitimiert und stabilisiert.

Es reicht, sich zu vergewissern, daß der Konsens kein Diskurs ist (etwa im Sinne von Habermas' Diskursethik), sondern pragmatisch als „deal" zwischen politischen Mehrheiten und potentiellen Konsensdefekteuren eingeführt wird[28]. Die Kosten der Zustimmung sind Investitionen in die Aufrecht-erhaltung eines gemeinsamen Wohlfahrtsprofils, das zugleich die Demokratie als funktionsfähig ausweist.

Während die „social welfare theory" darauf rechnete, daß die „rational agents" selber das Maß ihrer sozialen Bedürfnisse (gegen ihre privaten) bestimmen (ein kognitiv überforderndes Verfahren, das zudem hoch kontingent bleiben mußte), wird in der Buchananschen Konzeption nur die Zustimmung zu jeweiligen Regeländerungen verlangt. Wir haben es mit einer Disaggregation zu tun, die pragmatische Züge trägt.

Die Grundidee der kontraktualistischen Form der Sozialpolitik besteht darin, daß allein Märkte produktiv sind und daß die Sozialpolitik die „Verfassung" und Handlungsbedingungen von Märkten ermöglichen muß, nicht die Leistungsbedingung von „non-markets". Sozialpolitik wird als ein im Grunde vorübergehendes Institut der Wiedereingliederung aller Bürger in Märkte definiert, vornehmlich durch die Investitionshilfen zur Erreichung von „potential gains", aber auch defensiver durch Zahlung von Duldungsprämien.

Sozialpolitik zahlt nicht für Werte, sondern für Leistungen der Markterhaltung und -ausweitung. Die alte Kontradiktion von Markt und Moral wird aufgelöst; die Ansprüche werden direkt hergeleitet[29]. Vor allem werden die Kosten verfügbarer Alternativen eher in Augenschein genommen bzw. vor allem die Kosten ihrer Unterlassung[30]. Man fragt nicht mehr, welche sozialen Ziele was kosten, sondern was es (und an welcher Stelle) kosten würde, die sozialen Leistungen nicht zu zahlen. Es sind Investitionen in institutionelle Infrastruktur bzw in „civil state–stabilities". Damit gelingt es, nicht jeden Anspruch erfüllen zu müssen (der natürlich mit jeweils immer guten Gründen vorgetragen wird: Ausdifferenzierungen der Wertvorstellungen, Betroffenheiten etc.), indem man prüft, ob die Zustimmung zum geltenden Sozialpolitiksystem auch ohne Zahlungen erhalten bleibt.

Da der Bereich des Sozialen kein Markt ist, wird die Begrenzung durch die Zahlungswilligkeit der Nichtbedürftigen gesetzt. Indem man keine karitativen Motive unterstellt (in the worst case, der zum Normalfall wird), stellt sich die Frage, wofür Einkommenbezieher zahlen wollen. Das Hauptargument lautet: für die Aufrechterhaltung ihrer Ordnung, Einkommen in gewohnter Weise beziehen zu können[31]. Das ist ein Modell „invertierter Moral": Man zahlt nicht für andere, sondern für sich in Hinblick darauf, daß andere einen nicht stören. Damit aber wiederum zahlt man für andere, in der Form von Transaktionskosten der Aufrechterhaltung von Institutionen der property rights–Stabilität.

Im Effekt kann man das auch wieder als Umverteilung betrachten, nicht aber im Motiv oder in der Intention. Umverteilung wird gewöhnlich gerechtfertigt, um Bedürftigen zu zahlen. Aber die Umverteilungsfonds werden in diesem Modell nicht positiv „für andere" eingesetzt, sondern „negativ", damit die anderen nicht eingreifen in den Prozeß der Einkommengenerierung (aus dem die Nicht-Störung finanziert wird).

Die „social welfare theory", die zwar verschiedene Gütermodalitäten kannte (private und öffentliche), aber in einer einzigen Güterdimension, wird aufgefaltet in ein zweidimensionales Konstrukt, in dem die Märkte für private Güter und die „non-markets" für öffentliche Güter weiterhin eine Dimension bilden, zu der eine zweite Dimension hinzukommt, die als „konstitutionelle" Ebene die institutionelle Infrastruktur dieses Systems abbildet. Politische Entscheidungen sind dann nicht mehr alleine Entscheidungen über das Angebot öffentlicher Güter (im Gesamtallokationskontext), sondern parallel auch immer Entscheidungen über die Stabilität des institutionellen Arrangements[32].

Institutionelle Stabilitäten können dann als Güter betrachtet werden, für die unter Drohung der Störung Zustimmung zu erkaufen ist. Das gilt dann nicht nur für die „Betroffenen", sondern auch für die, denen die Änderung ihres „property-right"-Status ebenfalls durch Zahlungen „abgekauft" werden muß. Der „non-market" (der Erstellung von Angeboten öffentlicher Güter) wird in dieser Variante der Sozialpolitik zu einem quasi-Markt, auf dem neue, politische Güter gehandelt werden, *die die Produktion öffentlicher Güter regulieren.*

Hier zeigt sich die vollständige Inversion der „social welfare theory". Es geht nicht mehr allein um die Allokation von privaten und öffentlichen Gütern, sondern um die Allokation von Machtpotentialen, die die Allokation von privaten und öffentlichen Gütern bestimmen können. „Macht" ist die entscheidende Kategorie, obwohl sie im Buchananschen Theoriekontext nicht explizit thematisiert wird[33] – eine Drohung der Vertragsverweigerung. Denn wir haben es nicht mehr mit der schlichten Artikulation differenter Bedürfnisse der Bürger zu tun (als „optimal mix" von privaten und öffentlichen Bedürfnissen), sondern mit der Drohung, wenn Bedürfnisse von A nicht erfüllt werden, die Erfüllung der Bedürfnisse von B zu stören. Ein öffentliches Bedürfnis wird in dieser Systematik nur wahrgenommen, wenn es negative externe Effekte zu produzieren in der Lage sein könnte. Wir können die Sozialpolitik, die auf Drohungen reagiert, auch als eine besondere Form der Internalisierung negativer externer Effekte beschreiben. Anstelle von wohltätig oder karitativ begründeten Sozialausgaben haben wir es jetzt mit einem anderen Typus zu tun: Sozialausgaben als Investition in Internalisierung. Die gelungene Internalisierung ist in der Aufrechterhaltung des institutionellen status quo ante erreicht (der „Verfassung" bzw. der konstitutionellen Ordnung), wenn auch mit geänderter Auszahlungsmatrix.

Man sieht, daß die Zahlung von Duldungsprämien in Drohsituationen eine Re-Stabilisierungsstrategie darstellt, die nur dann eine Dynamik entfaltet, wenn es um neue Regeln geht. Die Dynamik kommt aber eher im zweiten Teil, mit der Investition in Handlungsmöglichkeiten („Investitionshilfen"; vergleiche auch schon Schmollers Programm der Sozialpolitik als Investition in „human capital"[34]).

Die von Homann/Pies thematisierten Investitionshilfen sind sozialpolitische Programme des „re-entry" der leistungsschwachen Bürger in Leistungsfähigkeit. Darunter fallen viele Programme, die wir aus aktuellen Sozialpolitiken kennen. Die Homann/Piessche Sozialpolitik gewinnt allerdings ein Kriterium, um die Politiken zu bewerten. Ausgeschlossen werden Transferprogramme, die kontinuierliche Transfers leisten. Jedes Transferangebot, das als „Investitionshilfe" interpretiert wird, kann 1. nur temporär definiert sein und muß 2. mit einem Abbruchkriterium versehen sein. Die sozialpolitische „Investition" muß sich bewertbar „auszahlen". Zahlt sie sich nicht aus, das heißt erreicht sie nicht ihr Ziel, die Bürger in die Leistungsfähigkeit zurückzubringen, muß sie, ihrer Logik nach, aufhören oder reformuliert werden in ihrer Anreizkomponente.

Diese Konzeption denkt Wohlfahrt holistisch, vor allem in Hinblick auf das damit verbundene Problem der Gerechtigkeit. Kontrakttheorien sehen in der konsensuellen Zustimmung aller Vertragsparteien die gewonnene Lösung per se als gerecht an (andernfalls hätte man nicht zustimmen dürfen[35]). Die Sozialökonomik wird von Maximierung auf Koordination umgestellt[36]. Die rationale Wahlhandlung oder Nutzenmaximierung bleibt für den privaten Markt bestehen („choice within rules"), auf der politischen Ebene werden hingegen die Regeln gewählt („choice of rules"), die die privaten

Nutzenmaximierungen neu oder anders koordinieren, und zwar nach dem nun neuen Kriterium der Zustimmungsfähigkeit. Es geht nicht mehr, wie in der „social welfare theory" und in der „theory of public choice", um die Wahl öffentlicher Güter, sondern um die Wahl öffentlicher Regeln bzw. Handlungsverfassungen, die die Produktion öffentlicher Güter koordinieren und die zusätzlich die Produktion politischer Güter erfordern (politische Drohgüter, politische Investitionen in Marktmöglichkeiten). Anstatt um materielle Güter geht es in der kontraktualistischen Sozialökonomik um Verfahrensgerechtigkeit.

Der Hinweis, den Homann/Pies in der Nachfolge Buchanans zur Rekonstruktion der Sozialpolitik geben, ist deshalb auch ein methodischer: Prüfe jede sozialpolitische Maßnahme mit Hilfe des Konsens-Testes, mit der Konsequenz, dann, wenn er nicht bestanden wird, den Betroffenen der Maßnahme eine Duldungsprämie anzubieten, um die Maßnahme zur Geltung zu bringen, begleitet von Investitionshilfen, die die Betroffenen aus der passiven Position der Anspruchsberechtigten in eine aktive Leistungsträgerschaft überleiten können!

Nichts anderes erörtern wir bereits heute, wenn wir Sozialtransfer gegen Arbeit verlangen oder wenn wir „Einstiegsgelder für Langzeitarbeitslose"[37] als „incentive" empfehlen. Der Effekt solcher Maßnahmen ist nicht aus prinzipiellen Verteilungserwägungen zu bemessen, sondern daran, welche Marktübernahme gelingt und welche nicht. Soziale Verteilungen mögen als Investitionen zum Wiedereintritt in Marktbeziehungen gedacht sein (so jedenfalls im Schmollerschen Sozialprogramm), haben aber einen Perpetuierungseffekt, wenn sie als unlimitierte Auszahlungen realisiert werden. Es gibt dann keine Rückkopplung zu Marktincentives; sie werden durch den Modus des Sozialtransfers „verlernt" und bekommen einen re-karitativen Charakter, als ob der Überschuß des Reichtums den „Armen" zustehe.

In diese Richtung argumentiert auch das „Bürgergeld" falsch. Bürger sind keine Angestellten des Staates, der ihnen Mindesteinkommen qua Bürgerschaftsstatus garantiert, sondern Bürger, das heißt im Prinzip selbständige Erwerbseinkommensbeschaffer. Wenn man die Bürger entscheiden läßt, ob sie einkommensschwache Zahlungsempfänger oder besser situierte Erwerbstätige sein wollen, kann man zwar durch die Auszahlungshöhe gewisse Regulierungen einbauen, setzt aber die „incentives" verkehrt. Anstatt zu fragen, ob man ein relativ bescheiden bezahlter Staatsrentner sein möchte, wäre es anreizintensiver, zu fragen, zu welchem Einkommen man eine soziale Leistung erbringen will. Die Diskussion der Tätigkeitsgesellschaft[38] geht hier einen Schritt in die richtige Richtung, wenn sie die Sozialtransfertheorien deshalb kritisiert, weil sie die Bürger nicht nur außerhalb des erwerbswirtschaftlichen Zusammenhanges stellen, sondern außerhalb jeden Leistungs-/Anerkennungsbezuges. Man erörtert, daß es sinnvoll sei, generell Kontraktbeziehungen einzuleiten statt Transferbeziehungen. Allerdings glaubt die Tätigkeitsgesellschaftsdebatte nicht mehr an den Wiedereintritt in den Markt, sondern konzentriert sich auf „social services", die die Arbeitslosen leisten sollten[39]: Investitionen in „non-market"-Eintritte statt in Markt-Eintritte. Hier liegt die Differenz.

Kritische Fortführung: Disaggregation der Sozialpolitik

Buchanan wie Homann/Pies denken noch ausschließlich in der Dichotomie Staat/Markt, d.h. innnerhalb des Paradigmas des Wertedualismus, den sie aufheben wollen. Wieland wendet ein, daß Homann/Pies weniger die Sozialpolitik, sondern eher ein grundlegendes Prinzip der deutschen Sozialpolitik thematisieren, nämlich die staatlich initiierte „Sozialpartnerschaft".[40]

Sozialpartnerschaft ist ein besonderes Vertrauensmodell, das seine Geltung und Legitimität aus der „Fähigkeit (zieht), langfristige Bindungen zwischen kooperierenden Wirtschaftssubjekten aufzubauen, die wechselseitig Vorteile aus dieser Kooperation realisieren wollen"[41]. Gegenüber dieser „rheinischen Variante" der Marktwirtschaft steht das „neo-amerikanische" oder „neo-liberale" Modell, das seine Legitimation aus der „möglichst ungehinderten Mobilität der Ressourcen" zieht.

„Langfristige Bindungen zwischen Vertragsparteien spielen eine geringe Rolle, Spotmärkte und die Fähigkeit, sich schnell von unzuverlässigen Vertragspartnern zu trennen und neuen Vertragspartnern zuwenden zu können, sind dagegen von großer Bedeutung."[42] Albert O. Hirschman nannte das eine „exit-option" (im Gegensatz zu der in starken Vertragsbindungen gewöhnlichen „voice-option", das Aushandeln und Druck-Machen[43]).

Der Vorteil der neo-liberalen Version ist die hohe Flexibilität, Mobilität und Marktanpassung aller Akteure. Nachteile sind die daraus entspringenden „disincentives" für die Qualifizierung der Arbeitskräfte. Wegen der hohen Mobilität lohnten sich keine spezifischen Investititionen, weil die dafür notwendige Erwartung langfristiger Kooperation fehlt. Mit der leicht möglichen Abwanderung gehen auch betriebsspezifische Erfahrungen und Wissen verloren[44].

Der Vorteil des „rheinischen" Modells besteht darin, daß alle Beteiligten aufgrund vergleichsweise hoher Abwanderungskosten eine längerfristige Zusammenarbeit erwarten (die Basis des Vertrauens, das Fukuyama als typisch für die deutsche Wirtschaftskultur ansieht[45]). Das erhöht den Anreiz, in betriebsspezifische Qualifikationen zu investieren, Erfahrungen weiterzugeben, Verbesserungen auszuarbeiten etc. Der Vorteil der Stabilisierung einer längerfristigen vertrauensvollen Zusammenarbeit geht allerdings parallel mit dem Nachteil des Ausschlusses derjenigen, die schwer die Schwelle über diesen „closed shop" finden: Neuanfänger, Arbeitslose, aber auch Unqualifizierte[46].

Die Gegenüberstellung beider Konzeptionen ist schematisch, zeigt aber die Endungen eines möglichen Regel- und Kooperationsinstitutionenspektrums, das – anders als in der Markt/Staat-Dichotomie – einen großen und differenzierteren Set an staatsunabhängigen, gesellschaftlichen Koordinationsregeln oder governance-rules zuläßt. Die Kritik am zu stark staatsorientierten Modell der konstitutionellen Sozialökonomie läuft darauf hinaus, daß wir anstelle der Erörterung und Verteidigung der staatlich garantierten Besitzstände und Sozialtransferzuweisungen in ein subsidiäres Feld staatsunabhängiger privater und kollektiver sozialer Institutionen, Organisationen und Leistungszusammenhänge kommen, das Vereinbarungen zwischen den Gesellschaftsmitgliedern kreiiert, die diese Leistungen nicht nur selber gestalten wollen und können, sondern vor allem spezifischer, an die tatsächlichen Sozialbedarfe und individuellen Investitionswünsche in ihr eigenes „human capital" angepaßt.

Die Sozialpartnerschaftsideologie, die auf Ordnungspolitik und „große Verträge" auf Verbandsebene eingestellt ist, steht vor Umbrüchen, die noch keine ökonomische Artikulation haben, es sei denn, man würde die konstitutionelle Sozialökonomik von ihren selbstgewählten Beschränkungen befreien und in eine individualistische Begründung der Sozialpartnerschaft transponieren, die nicht den Verteilungsaspekt, sondern das Markthandeln fokussiert[47].

Die „Staatsorientierung" der bisher angeführten Ökonomen legt Institutionen fest, die immer das ganze Feld der Politik in Beschlag nehmen, für alle Bürger gelten sollen etc. Hier wirkt nicht nur die Staat/Markt-Dichotomie einschränkend, sondern auch die prinzipelle Orientierung an den Wähler- und Akteursindividuen. „Was dabei aus dem Blick gerät ist, daß moderne Gesellschaften Organisationsgesellschaften in dem Sinne sind, daß in und durch Organisationen Güter und Leistungen alloziiert und Kooperation organisiert wird"[48].

Die Betonung von Duldungsprämien (als eine Form des Abkaufs von Drohpotential) ist nicht klar genug von Umverteilungen separiert: Die mit Drohpotentialen versehenen Betroffenen bekommen zwar keine Sozialleistung; aber die Duldungsprämie als eine auf Zustimmung zielende Form des Stimmenkaufs ist 1. noch zu sehr der „public choice"-Theorie verpflichtet, 2. aber ein Sozialtransfer, wenn auch nicht für soziale Bedürftigkeit, so aber doch für politische. Aus „sozial Schwachen" werden „politisch Starke"[49]. Die Drohpotentiale sind nur dann zu verifizieren, wenn die Betroffenen wahlpolitisch so stark sind, daß sie andere Politikprogramme wählen könnten. Politisch kann das ausgenutzt werden, um über Drohungen mit Drohpotentialen von vornherein die Regeländerung zu beeinflussen[50].

Nun mag diese Dimension nur unter speziellen Bedingungen relevant sein, anders hingegen die „potential gains from trade". Es reicht nicht aus, wie bei Buchanan und seinen Nachfolgern, einen allgemeinen Konsens zu eruieren, der entweder nur als „hypothetischer Konsens" in den Köpfen der

Ökonomen entwickelt wird oder, damit weiterhin der „public choice" verpflichtet, über allgemeine Wahlverfahren indirekt eruiert werden kann. Genauigkeit läßt sich nicht erreichen; bei jeder einzelnen sozialpolitischen Reform stellt sich die Frage, wer was wann investiert und wer wann was gewinnt[51].

Anstatt der Chimäre ubiquitärer staatlicher Sozialpolitik verhaftet zu bleiben, müßte eine Sozialökonomik moderner Gesellschaften der Heterogenität der verschiedenen Aggregatzustände und Entscheidungslogiken gerecht werden und die Relationierung dieser Ebenen analytisch behandeln.

„Moderne Gesellschaften verfügen über eine Vielzahl von konstitutionell verfaßten Handlungsebenen, die füreinander funktionale Äquivalente sein können. Im 19. Jahrhundert war es für Deutschland eo ipso klar, daß der Staat eine wichtige Rolle in der Gesellschaft spielen sollte. Am Ende des 20. Jahrhunderts gibt es diese Gewißheit nicht mehr"[52].

Gehen wir auf die Zwischenbetrachtung der Unterscheidung von „neo-liberalen" und „rheinischen" Marktmodellen zurück. Beide Extrema sind nicht zu halten. Es kommt vordringlich darauf an, innerhalb des Spektrums neue Institutionen „spezifischer Leistungsfähigkeit und die Relationierung verschiedener ordnungspolitisch relevanter Organisationen und Ebe-nen"[53] zu finden. Parallel zur Reorganisation der Unternehmen - der große Objektbereich moderner „management science" - steht die Reorganisation der Institutionen an, und zwar mit den gleichen Argumenten: der Leistungs- und Produktivitätserhöhung.

Die Dichotomie Staat/Markt verleitet uns zu sehr dazu, Staatsaktivitäten als Kompensation von Marktversagen aufzufassen, anstatt nicht-staatliche Reorganisationen zu denken, zum Beispiel in Form betrieblicher Sozialpolitik. Die Delegation der „sozialen Verantwortung" an das Makroinstitut Staat entlastet von eigenen Regelungen, die den Vorteil spezifischer Investitionen hätten, das heißt paßgenauer wären für die zum Teil hoch differenten Bedürfnisse.

Erst in einer Wirtschaftsgesellschaft ausdifferenzierter Vertragspluralitäten lassen sich die Bedingungen der konstitutionellen Sozialökonomik einlösen: die Zustimmung der Betroffenen. Was für große Populationen fast unmöglich scheint (weil immer wieder andere Interessenlagen hinzukommen – und was durch den Prozeß der Europäisierung der Nationalökonomien gerade verstärkt wird) und was deshalb mit Duldungsprämien größeren Ausmaßes kompensiert werden müßte, kann in paßgenauer zugeschnittenen lokaleren oder bereichsspezifischeren Verträgen eher erreicht werden. Die Umstellung, die hier erreicht werden soll, geht weg von einer staatlichen, inflexiblen, weil allgemein auf alle berechtigten Bürger zugeschnittenen Sozialpolitik und hin auf ein flexibleres Regelsystem der vertraglichen Gestaltung von Team-Beziehungen[54]. Auf betrieblicher Ebene läßt sich der oft behauptete Widerspruch von Effizienz und Gerechtigkeit gestalten. Wieland spricht in diesem Zusammenhang von einer Allokation von moralischen und wirtschaftlichen Gütern[55].

Die Lokalisierung oder genauer: bereichsspezifische Regionalisierung von neuen sozialen Regelungen minimiert die Ausschlußquote, die für die großen sozialen Verträge den Einsatz von Duldungsprämien erforderlich zu machen scheint. Die neue Differenzierung in unterschiedliche Vertragsangebote ist der Versuch, solche Vertragskollektive zu konstellieren, die die Zustimmung tatsächlich leisten, nicht abkaufen lassen müssen. Wenn wir, mit Wieland, soziale Leistungen als moralische Güter definieren, lohnt es sich, deren Design so zuzuschneiden, daß die Kosten ihres Angebotes und die Kosten der Zustimmung sich in Balance halten. Es geht hierbei nicht mehr nur um die Verbesserung von Anreizkompatibilität von Regeln / Institutionen, sondern um die Anerkennung individueller Wertschätzung, die durch lokale Regelungen gruppen- oder bereichsspezifisch erreicht wird[56]. Die Zustimmung für eine Regel / Institution beruht dann nicht allein darauf, daß man die Drohung, ihr nicht zuzustimmen, abkauft, sondern umgekehrt muß die Regel/Institution so zugeschnitten sein, daß man sie anerkennen kann, weil sie in der Lage ist, spezifische Bedürfnislagen selber „anzuerkennen". Wieland zeigt die Effizienz- / Gerechtigkeitsspezifität betrieblicher Sozialpolitik am „Cafeteria-Prinzip". Jedes Mitglied einer Organisation bekommt ein bestimmtes Sozialbudget zugeordnet, nach Grund- und Wahlleistungen diffrenziert. Gesetzlich definierte Grundleistungen werden an alle ausgezahlt; Wahlleistungen hingegen können ganz individuell auf die Präferenzen des Mitarbeiters ausgestellt werden (Versicherungszuschüsse oder Weiterbildung oder mehr Urlaub etc.).

Sozialpolitik für den Markt – Homann/Pies' Grundpostulat bleibt bestehen – heißt dann: Effizienz- und Anreizorientierung durch tarifvertragliche, aber vor allem betriebliche Sozialpolitik. Es gibt diverse Methoden – das Cafeteriaprinzip ist lediglich ein Beispiel –, die darauf abzielen, „Mitnahmeffekte, Überversicherung und Leistungsmißbrauch zu verhindern, die Aufdeckung und Bedienung individueller Präferenzen zu fördern, spezifisch zugeschnittene Lösungen zur Absorbierung von Lebensrisiken zu ermöglichen, den Teammitgliedern periodisch wiederkehrende Wahlmöglichkeiten zu liefern und den Status der Person aufzuwerten"[57].

Hier wird eine neue Dimension angestimmt, die zum einen Deregulation eines wohlfahrtspolitischen Feldes ist („neo-liberale" Komponente), zum anderen aber neue Koopcrationsintensitäten ins Spiel bringt („rheinischer Kapitalismus"-Komponente): Wir haben es mit einer Konzeption von Sozialpolitik zu tun, die ein heterogenes, bereichs- und personenspezifisches Feld von „taylor-made rules" entfaltet, das der modernen Gesellschaft als einer plural fraktionierten angemessen ist. Es geht um neue Formen von Kooperationen in (und zwischen) Organisationen[58]. In solchen „lokalen" Institutionen können Kosten reduziert werden, die allein aus dem Universalprinzip staatlicher Sozialpolitik entspringen: Weil man es allen Bürgern gleich bieten will, werden ihre jeweiligen, zum Teil hoch differenten Präferenzen, ignoriert, das heißt zum Teil weder die Leistungen richtig bemessen noch zum Teil die Kosten. In den „lokalen" Institutionen können Vertrauenspotentiale entstehen, sachliche Einblicke in konkrete Leistungs-, Gerechtigkeits- und Anerkennungsbedarfe, Transaktionskostenminimierungen aus der Spezifität der Regeln und „governance structures" der Organisationen.

Natürlich ist es nicht leicht, in einer kulturellen Mentalität wie der deutschen, die Sozialpolitik vornehmlich als staatliche zu denken gelernt hat, dieses disaggregierte Konzept einer anpassungsspezifischen Sozialpolitik relationaler lokaler Verträge zu plazieren. Markt/Staat-Modelle sind noch manifest, darin einbeschlossen unsere Politik-, Gesellschafts-, Organisationen-, Gerechtigkeits-, Personenmodelle: Wenn man aber Politik nicht von vornherein ein auf die staatliche Ebene der Politik bezogenes Modell nennt[59], wenn man Gesellschaft nicht von vornherein unter Wirtschaft und Politik subsumiert sieht und sie eigene Formen der Politik (zum Beispiel auf der Ebene von Organisationen, aber auch in Netzwerken[60]) entwickeln läßt, wenn man Gerechtigkeit nicht als staatsjuridische Großmetapher oder universalistisches Moralprinzip ansieht, sondern als konkrete Aufgabe, wenn man Personen nicht nur als „rational agents", sondern auch als anerkennungsbedürftige Statusliebhaber sieht[61], dann erscheint die disaggregierte Sozialpolitik als eine Ressource neuer Evolutionen der Wirtschaftsgesellschaft, die viele Erörterungen zum Umbau und zur Abschaffung des Sozialstaates neu formulieren lassen muß. Das hat dann natürlich auch Konsequenzen für die ökonomische Theorie.

Konsequenzen: Institutionelle Deregulation

Wieland radikalisiert die konstitutionelle Ökonomie, indem er ihre „Verfassungen" disaggregiert – regionalisiert bzw. lokalisiert. Die Großmetapher der allgemeinen „social welfare", aber auch die Buchanansche Großmetapher des Konsensus werden zerlegt in das mannigfaltige Spektrum neuer gesellschaftlicher Organisationen des sozialpolitischen Problems - in eine flexible und „föderative" Struktur. Damit wird die Buchanansche Vorstellung eines „allgemeinen Konsens" disaggregiert in die Vorstellung multipler Konsensus, mit der methodisch bedeutsamen Folge der Entkopplung von konstitutioneller Ökonomik und Politik.

Die neue Kopplung ist die von konstitutioneller Ökonomik und Gesellschaft bzw. genauer: ihrer Organisationen, vor allem Unternehmen, Netzwerke, aber auch Universitäten, Krankenhäuser etc. Die in der konstitutionellen Ökonomik entstandene Anforderung an „komplexe Austauschprojekte", die eine Vielzahl von Kompensationen konstruieren muß, um die allgemeine Zustimmung zu erlangen, wird aufgegeben zugunsten einer Dispersion des allgemeinen Sozialproblems in mannigfaltige Organisations"politiken", die aufgrund der Dispersion die „großen" politisch-ökonomischen Kompensationsgeschäfte fallen lassen können. Ökonomisch ist das eine Entlastung von Transaktionskosten der Kompensation, da kleinere, „lokale" Organisationen Fehler der Unangepaßtheit nicht in „große Zahlen" übersetzen.

Die lokalen Sozialprogramme unterscheiden sich vom allgemeinen Programm der Buchananschen konstitutionellen Sozialökonomik nicht nur durch ihre Dispersion, sondern auch durch ihre – partiellen – Wahlmöglichkeiten, das heißt durch eine institutionell angebotene Optimierung der tatsächlichen Nutzung der Sozialprogramme. Indem die Individuen wählen können, welche spezifischen Sozialangebote sie brauchen, erhöht sich die Zustimmungsfähigkeit, weil man von allgemeinen Lösungen und dem notorisch in allgemeinen Lösungen auftretenden Trittbrettfahrerproblem zu einem größeren Teil entlastet ist (Abbau von Sozialneid [62]).

Allgemeine Sozialprogramme haben den Effekt, daß man sich wechselseitig beobachtet, ob andere mehr Nutzen davon haben als man selber. Lokale Lösungen, die zugleich Wahlmöglichkeiten anbieten, konzentrieren sich auf die Befriedigung individueller Probleme, die die Vergleichbarkeit erschweren. Es geht nicht um Intransparenz, sondern um Spezifizität. Die Effizienz der Lösungen korrespondiert mit der Einschätzung, gerechter behandelt zu werden – ein essentielles Zustimmungsmoment.

Die Kosten der Sozialpolitik lassen sich senken, die Zustimmungsfähigkeit erhöht sich, doch bleibt das Problem, ob man die Zustimmung aller erhält für ein System dispersiver lokaler Sozialprogrammme, die sich – wegen der Lokalität – natürlich sehr ausdifferenzieren werden. Der ideale Maßstab der Gleichheit der Bedingungen wird durch den der Verhältnismäßigkeit der jeweiligen lokalen Topik ersetzt. Das Maß der lokalen Sozialpolitiken ist der Grad der nicht ausgeübten „exit-options". Gegen den Einwand, daß wir damit nur eine Extension des „neo-liberalen" Modells auf die Sozialpolitik veranstalten, ist darauf hinzuweisen, daß eine solche dispersive Sozialpolitik überhaupt erst wieder ein Vertrauen in ihre Geltung und in ihre Effizienz/Gerechtigkeits-Konnotation herstelle.

Eine Spannung bleibt. Die „lokalen Sozialpolitiken" eröffnen einen institutionellen Wettbewerb. Wir gewinnen Spezifität, verlieren Allgemeinheit. Das ist – gegen unser heimliches mentales Hegelsches bzw. staatsprioritäres Erbe –, eine Chance, einen Prozeß evolutiver Entwicklung von Institutionen/Regeln zu forcieren, den wir – um ihm einen Namen zu geben – „institutionelle Deregulation" nennen könnten.

„Institutional design, especially on a large scale, is often no more than a speculative experiment"[63]; man muß hinzufügen, in einem komplexen System. Eggertson äußert eine selten in der Ökonomie gehörte generelle Skepsis gegenüber allgemeinen Wohlfahrts- und Wirtschaftspolitikprogrammen. Die disaggregierte und institutionenderegulierende konstitutionelle Ökonomik trägt solchem Vorbehalt Rechnung: Die Abschätzbarkeit der Folgen „lokaler" sozialpolitischer Regeln ist höher; die Kooperation gelingt substantieller; die Kosten von Fehlern sind begrenzt; evolutiv können sich erfolgreiche Muster ausbilden, um kopiert und neu angepaßt zu werden.

Beginnt man, die sozialen Leistungen zu berechnen, und zwar besonders in Hinblick auf die Erträge ihrer Investitionen, ist es lohnend, die Form der Institution nicht invariant zu lassen, sondern neue „institutional arrangements" zu ersinnen, die spezifischere, „lokale" Kosten-/Nutzen-Relationen finden lassen.

Der „Staat" wird zu einem Akteur unter vielen[64]. Er verliert seine kompensatorische Potenz, da auch für die sozialen Leistungen, wie wir am Ende des 20, Jahrhunderts feststellen, das Smith'sche Diktum gilt, daß der Staat nicht wissen kann, welche jeweils spezifischen Leistungspotentiale realisierbar sind. Was Smith den Kapitalinvestoren an spezifischen Kenntnissen und Einschätzungen zubilligte, muß jetzt auch – nach den großen wohlfahrtsstatlichen Experimenten des 20. Jahrhunderts – für den Sozialstaat gelten: Differenzierung der sozialen Regeln nach „lokalen" Bedingungen, spezifischen Situationen und Bedarfen.

Anders als bei der Kritik des „Staatsversagens" wird die sozialpolitische Kompetenz nicht an „den Markt" zurückgegeben, sondern in die Organisationen („markets" wie „non-markets"), die ihre sozialen Bedingungen (wie die ihrer Mitglieder) als Investition in „Attraktoren" verstehen lernen, die neue Bindungen an die „corporate culture" erzeugen, welche durch die sozialen Regeldesigns der Organisationen entstehen.

Der Staats-Skepsis Smiths, der im 19. Jahrhundert eine staatskompensatorische Euphorie folgte, wird im Übergang zum 21. Jahrhundert eine Staatsskepsis zweiter Ordnung anhängig, die nach den wohlfahrtsstaatlichen Großexperimenten des 20. Jahrhunderts zwar Reformbedarf fordert, aber im staatlichen Re-Design gefangen bleibt. Es galt zu zeigen, daß hybride Formen der Sozialpolitik zur Verfügung stehen, die die Dichotomie Markt/Staat auflösen können. Die Sozialpolitik wird an die Gesellschaft zurückgegeben, aber nicht an ein abstraktes System, sondern an ihre Organisationen, die vielfältige subpolitische Regeln ausbilden. Das ist der Punkt, an dem die Ökonomie nicht mehr nur in die Pole Markt/Staat bzw. Ökonomie/Politik gestellt ist, sondern eine neue Dimension gewinnt: die Gesellschaft und ihre Organisationen.

Weder reichen dann der Name politische Ökonomie (Nexus Politik/Ökonomik) noch die Reanimation der älteren Sozialökonomie (Nexus Gesellschaft/Ökonomik), um der „multiple governance-rule structure" einen adäquaten Namen zu geben.

Anmerkungen

1   Vgl. dazu generell Dennis C. MUELLER, Public Choice II, Cambridge 1989; Werner W. POMMEREHNE, Bruno FREY (Hg.), Ökonomische Theorie der Politik, Berlin-Heidelberg–New York 1979; Peter BERNHOLZ, Friedrich BREYER, Grundlagen der politischen Ökonomie, 2 Bände, Tübingen 1994.
2   Vgl. Geoffrey BRENNAN, Loren LOMASKY, Democracy and decision: The pure theory of electoral preferences, Cambridge 1993.
3   Geoffrey BRENNAN, Loren LOMASKY, Institutional Aspects of ‚Merit Goods' Analysis, in: Finanzarchiv, N.F. 41, 1983, 183-105; Geoffrey BRENNAN, James M. BUCHANAN, Die Begründung von Regeln, Tübingen 1993, 195.
4   James M. BUCHANAN, Positive Economics, Welfare Economics, and Political Economy, in: Journal of Law and Economics 2, 1959, 124-138; BRENNAN, BUCHANAN, Begründung; Stefan VOIGT, Die konstitutionelle Ökonomik als Herausforderung für die Theorie der Wirtschaftspolitik – zugleich eine Skizze zur Weiterentwicklung einer ökonomischen Theorie der Verfassung, in: Ingo PIES, Martin LESCHKE (Hg.), James Buchanans konstitutionelle Ökonomik, Tübingen 1996, 157-183.

5   Knut WICKSELL, Finanztheoretische Untersuchungen, Jena 1896; James M. BUCHA-
    NAN, Die Grenzen der Freiheit, Tübingen 1984; Stefan VOIGT, Methodische Konzepte
    zur Reform sozialer Sicherungssysteme – einige Überlegungen aus konstitutionenöko-
    nomischer Sicht, in: Zeitschrift für ausländisches und internationales Arbeits- und So-
    zialrecht 12, 1998, 55f.

6   Thomas PETERSEN, Individuelle Freiheit und allgemeiner Wille, Tübingen 1996, 63.

7   James M. BUCHANAN, Eine wissenschaftliche Betrachtung der ,wissenschaftlichen
    Politik', in: Werner W. POMMEREHNE, Bruno FREY (Hg.), Ökonomische Theorie
    der Politik, Berlin–Heidelberg–New York 1979, 44.

8   Stefan VOIGT, Die konstitutionelle Ökonomik als Herausforderung für die Theorie der
    Wirtschaftspolitik – zugleich eine Skizze zur Weiterentwicklung einer ökonomischen
    Theorie der Verfassung, in: PIES, LESCHKE, Ökonomik, 1996, 165.

9   BUCHANAN, Positive Economics, 131.

10 VOIGT, Konstitutionelle Ökonomik, 166. Vgl. auch BRENNAN, BUCHANAN,
    Begründung, Kapitel 9; PETERSEN, Individuelle Freiheit, 88ff.

11 VOIGT, Konstitutionelle Ökonomik, 167.

12 BRENNAN, BUCHANAN, Begründung, 185.

13 BRENNAN, BUCHANAN, Begründung, 185f.

14 BRENNAN, BUCHANAN, Begründung, 186.

15 PETERSEN, Individuelle Freiheit 91; mit Bezug auf Dennis C. MUELLER, James M.
    Buchanan: Economist cum Contractarian, in: Constitutional Political Economy 1, 1990,
    186.

16 Karl HOMANN, Rationalität und Demokratie, Tübingen 1988, 199ff.

17 BUCHANAN, Positive Economics.

18 Norbert BERTHOLD, Ansätze einer ökonomischen Theorie der Sozialpolitik.
    Normative und positive Aspekte, in: Jahrbuch für Sozialwissenschaft 42, 1991, 155;
    Norbert BERTHOLD, Cornelia SCHMID, Krise der Arbeitsgesellschaft und
    Privatisierung der Sozialpolitik, in: Aus Politik und Zeitgeschichte. Beilage zur
    Wochenzeitung Das Parlament B 48-49, 1997, 3-11.

19 Karl HOMANN, Ingo PIES, Sozialpolitik für den Markt: Theoretische Perspektiven
    konstitutioneller Ökonomik, in: PIES, LESCHKE, Ökonomik, 1996, 210.

20 Vgl. Michael OPIELKA, Leitlinien einer sozialpolitischen Reform, in: Aus Politik und
    Zeitgeschichte. Beilage zur Wochenzeitung Das Parlament B 48-49, 1997, 21-30.

21 Vgl. Birger P. PRIDDAT, Die andere Ökonomie. Eine neue Einschätzung von Gustav
    Schmollers Versuch einer „ethisch-historischen" Nationalökonomie im 19. Jahrhundert,
    Marburg 1995, Kapitel 4-5.

22 HOMANN, PIES, Sozialpolitik, 222; Voigt spricht statt von Drohpotential von
    „Oppositionen". Vgl. VOIGT, Methodische Konzepte, 57.

23 HOMANN, PIES, Sozialpolitik, 223.

24 BRENNAN, BUCHANAN, Begründung, 186.

25 Vgl.   Bernd   MARIN, Generalisierter politischer Austausch, in: Kenis PATRICK,
    Volker SCHNEIDER (Hg.), Organisation und Netzwerk, Frankfurt a.M.–New York
    1996, 425-470.

26 Vgl. auch die Hinweise in VOIGT, Methodische Konzepte, 62.

27 Vgl. Birger P. PRIDDAT, Sozialpolitik ohne Sozialpolitik?, in: PIES, LESCHKE 1996,
    240-249.

28 Victor VANBERG, James M. BUCHANAN, Interests and theories in constitutional choice, in: Journal of Theoretical Politics 1, 1989, 49-65; explizite gegen HABERMAS.
29 BUCHANAN, Grenzen, 104f.
30 HOMANN, PIES, Sozialpolitik, 226.
31 VOIGT, Methodische Konzepte, 59.
32 Zur Umstellung von Legitimation auf Stabilität von Systemen vgl. VOIGT, Methodische Konzepte, 58.
33 Vgl. allerdings VOIGT, Methodische Konzepte, 61f.
34 PRIDDAT, Ökonomie, Kapitel 4.
35 VOIGT, Methodische Konzepte, 54f.
36 HOMANN, PIES, Sozialpolitik, 234.
37 J. JERGER, A. SPERMANN, Lösungsansätze zur Beseitigung von Fehlanreizen für Langzeitarbeitslose, in: Viktor STEINER, K.F. ZIMMERMANN (Hg.), Soziale Sicherung und Arbeitsmarkt – Empirische Analyse und Reformansätze, 1996, 109-134.
38 G. MUTZ, Zukunft der Arbeit. Chancen für eine Tätigkeitsgesellschaft, in: Aus Politik und Zeitgeschichte. Beilage zur Wochenzeitung Das Parlament, B 48-49,1997, 31 ff.
39 O. GIARINI, P.M. LIEDTKE, Wie wir arbeiten werden. Der neue Bericht an den Club of Rome, Hamburg 1998; G. MUTZ, I. KÜHNLEIN, Die Tätigkeitsgesellschaft, Universitas 53, 1998, 626, 751 ff.
40 Josef WIELAND, Sozialpolitik und konstitutionelle Ökonomik, in: PIES, LESCHKE, Ökonomik, 248-248.
41 Thomas EGER, Hans G. NUTZINGER, Soziale Marktwirtschaft zwischen Abwanderung und Widerspruch: Theoretische Überlegungen und empirische Befunde, in: W. ELSNER, W. W. ENGELHARDT, W. GLASTETTER (Hg.): Ökonomie in gesellschaftlicher Verantwortung, Berlin 1998, 193-210; Thomas EGER, Eine ökonomische Analyse von Langzeitverträgen, Marburg 1995.
42 EGER, NUTZINGER, Soziale Marktwirtschaft, 198.
43 Albert O. HIRSCHMAN, Exit, Voice, and Loyality. Responses to Decline in Firms, Organizations, and States, Cambridge MA 1970.
44 EGER, NUTZINGER, Soziale Marktwirtschaft, 200
45 Francis FUKUYAMA, Trust. The Social Virtues and the Creation of Prosperity, New York et.al. 1995.
46 EGER, NUTZINGER, Soziale Marktwirtschaft, 202
47 WIELAND, Sozialpolitik, 250.
48 WIELAND, Sozialpolitik, 250.
49 PRIDDAT, Ökonomie, 243.
50 Vgl. MARIN, Austausch.
51 WIELAND, Sozialpolitik, 250.
52 WIELAND, Sozialpolitik, 251.
53 WIELAND, Sozialpolitik, 251.
54 Josef WIELAND, Sozialpartnerschaft, betriebliche Sozialpolitik und Unternehmenskultur. Eine institutionenökonomische Analyse, in: Manfred HUTTER (Hg.), Wittener Jahrbuch für ökonomische Literatur 1996, Marburg 1996b, 155.
55 WIELAND, Sozialpartnerschaft, 157.
56 WIELAND, Sozialpartnerschaft, 158
57 WIELAND, Sozialpolitik, 252.

58 Oliver E. WILLIAMSON, Die Analyse diskreter Strukturalternativen, in: PATRICK, SCHNEIDER 1996, 167-212.

59 Zu den Politikmodellen Thrainn EGGERTSON, When the State Changes Its Mind: The Puzzle of Discontinuity in Government Control of Economic Activity", in: Herbert GIERSCH (Hg.), Privatization at the End of the Century, Berlin-Heidelberg-New York 1997, 3-28.

60 Vgl. MARIN, Austausch, 468.

61 Josef WIELAND, Ökonomische Organisation, Allokation und Status, Tübingen 1996c; Tanja RIPPERGER, Ökonomik des Vertrauens, Tübingen 1998.

62 BRENNAN, BUCHANAN, Begründung, 185ff.

63 EGGERTSON, State, 23.

64 MARIN, Austausch, 468.

Sozialpolitik in Marktgesellschaften
Normative Grundfragen im Lichte
sozioökonomischer Trends
Richard Sturn

1. Die Problemstellung[1]

Pluralismus ist in seinen verschiedenen Ausprägungen ein Grundzug, ein Faszinosum und indirekt auch ein zentraler Wert moderner, individualistischer Gesellschaften. Die soziale Organisation dieses Pluralismus erfolgt über eine Mischung von Kooperation und Konkurrenz, deren friedliche Form durch eine Mischung wechselseitiger Anerkennung, Toleranz und einer im historischen Vergleich ungekannten Reichweite der Verrechtlichung und Privatisierung[2] von Aspekten sozialer Zustände gesichert wird. In Hinblick auf die politische Realisierung sozialer Gerechtigkeit und sozialer Sicherheit birgt dieser Pluralismus Problempotentiale. Ein Grundproblem ist hiebei, daß unter pluralistischen Bedingungen die Verteilung von Gütern nicht den Charakter der Verteilung eines Kuchens allgemein bekannter Größe und Qualität besitzt. Vielmehr besteht zunächst sowohl normativer Dissens über die Dimensionen und Qualitäten des Guten als auch epistemischer Dissens darüber, wie der Kuchen zu mehren sei. Der normative Dissens ist im *relationalen Charakter von Wohlfahrt* begründet, den Carl Menger[3] unübertroffen herausgearbeitet hat: Eine bestimmte wohlfahrtssteigernde Wirkung ist nicht einer bestimmten Menge zugeteilter physischer Gegenstände oder zugeteilten Geldes zuzuschreiben, sondern der Relation dieser Gegenstände zu den sie wertschätzenden Menschen und ihren Lebensformen. Lehnt man wie Menger zudem einen radikalen Subjektivismus ab, dann gelangt man unweigerlich zu normativen und/oder epistemischen Urteilen über die Qualität wohlfahrtsstiftender „Relationen" – und genau hierüber wird unter pluralistischen Bedingungen Dissens herrschen. Tatsächlich herrscht ein solcher Dissens in westlichen Gesellschaften: Weitestgehend unumstritten ist nur, daß eine Verpflichtung bestehe, die eigenen Staatsbürger nicht verhungern zu lassen und allen Menschen *in Notfällen* medizinische und „humanitäre" Hilfe zu gewähren, wobei schon die Reichweite des „Humanitären" unklar ist. Diese Problempotentiale werden durch das abstrakt-universelle Verteilungsmedium „Geld" teils aufgehoben, denn mit gewissem Recht wird vermutet, daß Geld trotz aller Heterogenität der Lebensformen allgemein geschätzt wird. Teils werden diese Problempotentiale auch nur verdeckt. Jedenfalls sind sie nach politischen und ökonomischen Konjunkturen, aber auch nach Zeitstimmung mehr oder weniger virulent. Manche glauben irrigerweise, durch das Verteilungsmedium Geld verschwänden diese Probleme überhaupt, da Wohlfahrt nicht pluralistisch, sondern subjektiv sei. Ich werde jedoch zeigen, daß Befürworter einer politisch überformten Umverteilung (gleichgültig in welchem Ausmaß) gute Gründe haben, ein rein subjektives Wohlfahrtskonzept zurückzuweisen. Folglich ist zu erwarten, daß die Pluralismus-Probleme hohe Ansprüche an die Leistungsfähigkeit all jener Institutionen und Instanzen wie Medien, Expertengremien und demokratische Verfahren stellen, welche in modernen Gesellschaften für die Qualität und Stabilität kollektiver Entscheidungen maßgebend sind. Dieser Aufsatz handelt davon, welcher Art diese Ansprüche sind und welche Schwierigkeiten bei ihrer Einlösung auftreten können. Insbesondere aber handelt er von aktuellen Akzentuierungen solcher Ansprüche im Gefolge der Trends, die mit der Catch-all Phrase „Globalisierung" zusammengefaßt werden.

Es dürfte eine nicht allzu gewagte Diagnose sein, daß wir derzeit Zeugen einer Epoche der Dramatisierung des Pluralismus und seiner Problempotentiale sind. Seit längerem etwa untersucht eine ausgedehnte ökonomisch-soziologische Literatur Formen und Effekte der Pluralisierung von Lebens- und Familienformen. Auch im Bereich des Arbeitslebens wird eine Tendenz der Auflösung von Normal-Arbeitsverhältnis und Normal-Karriere zugungsten „atypischer Beschäftigungsverhältnisse" festgestellt, welche ebenfalls zu einer neuen Art der Dehomogenisierung von Interessenlagen führen[4]. All diese Trends verdichten und amalgamieren sich im Makro-Szenario der Globalisierung mit neuen Formen der Integration der Weltwirtschaft. Von führenden Globalisierungsforschern wie U. Beck, A. Appadurai oder M. Albrow[5] wird der zivilisationsgeschichtliche Kern der Globalisierung in einer neuen, durch die *Entterritorialisierung von Politik und Kultur* erzeugten Qualität von Pluralisierung gesehen, die Nietzsche[6] in folgender (von Albrow und Beck zitierten) Passage eindrucksvoll antizipierte: „Für wen gibt es jetzt noch einen strengen Zwang, an einen Ort sich und seine Nachkommen anzubinden.[...] Wie alle Stilarten der Künste nebeneinander nachgebildet werden, so auch alle Stufen und Arten der Moralität, der Sitten, der Kulturen."

Bei einem emphatischen Globalitätstheoretiker wie Albrow tritt aus einem solchen Pluralismus-Szenario eine optimistische Deutung des unwiederbringlichen Verlustes von Ganzheit hervor, welche diesen Verlust – konträr zu Marxschen oder romantischen Entfremdungsszenarien – als Gewinn zu verbuchen bemüht ist. So wie Adam Smith die vorteilhaften Seiten der Ausdifferenzierung produktiver Fähigkeiten in der *Arbeitsteilung* und Friedrich von Hayek die Entlastungseffekte einer *Wissensfragmentation* herausarbeiteten, versucht Albrow, dem postmodernen Menschen die globalitätsbedingte *kulturelle Fragmentation* (etwas plakativ könnte man von *ethischer Arbeitsteilung* sprechen) als nunmehr nichthintergehbaren Aspekt der *condition humaine* schmackhaft zu machen. Wie dem auch sei: Was an den Diagnosen der Globalitätstheoretiker jedenfalls plausibel ist, das ist ein auch in Mikrobereichen feststellbarer Pluralisierungsschub, der dadurch zustandekommt, daß nicht bloß die Ökonomie im engeren Sinn, sondern auch alle anderen Institutionen und sogar die Kulturen sich Formen von Konkurrenz und sonstiger Einflußnahme ausgesetzt sehen, welche nicht länger eine einseitige Verwestlichung unter imperialistischen Vorzeichen darstellt[7]. Die schärfsten intellektuellen Gegner der Globalitätstheoretiker, unter ihnen Samuel Huntington mit seinem vielgelesenen „Kampf der Kulturen"[8], bestätigen diese Diagnose auf ihre Art eindrucksvoll, indem sie die von Albrow euphorisch gedeutete kulturelle Fragmentation als Bedrohungs-, Krisen- und Untergangsszenario buchstabieren und – folgerichtig – reaktionäre politische Lösungen propagieren, welche mit einem Stopp kultureller Interpenetration und der (Wieder-)Gewinnung von Homogenität verbunden sind. Auf ähnliche, im übrigen nicht ganz neue Lösungswege – man denke an organizistisch-nationalistisch orientierte Sozialpolitiker im Bismarckschen Deutschen Reich – müssen wohl auch jene geraten, die in Hinblick auf den Sozialstaat eine bloß konservative Haltung einnehmen[9].

Diese kritische Einschätzung von Schriftstellern wie Huntington heißt nicht, daß die durch den neuen Pluralismus erzeugten Problemlagen heruntergespielt werden dürfen. Eine Politik sozialer Gerechtigkeit muß in einer pluralistischen Gesellschaft immer nach einem Quasi-Konsens, nach einer partiellen Konvergenz materialer Wertauffassungen ringen. Alles andere ist, so möchte ich behaupten, inakzeptabel und unrealistisch. Dabei – und dies macht die Sache nicht leichter – werden solche Diskurse wieder und wieder „bei Null" beginnen müssen, das heißt mit der Frage: Ist eine gerechtigkeitsfördernde Verteilungspolitik unter diesen modernen, pluralistischen Bedingungen überhaupt möglich? Gewisse Wohlfahrtsstaatsbefürworter werden diese Fragestellung als skandalös zurückweisen, was zwar rhetorisch effektvoll sein mag, aber jedenfalls immer dann kontraproduktiv ist, wenn man auf eine möglichst tragfähige Fundierung des Wohlfahrtsstaats unter neuen Bedingungen aus ist. Denn diese Diskussion ist durch Schwierigkeiten kompliziert, welche es unmöglich machen, diese Frage ein für allemal zu beantworten und die Antwort in ein praxisrelevantes Patentrezept zu übersetzen.

Ich will in diesem Sinn aufzeigen, in welcher Weise die Debatten über den Wohlfahrtsstaat von der Problemlage her schwierig sind und wo sie durch vermeidbare Verzerrungen ohne Not beeinträchtigt werden. Diese Verzerrungen werden besonders in Umbruchsphasen – wie dem aktuellen Globalisierungsschub – virulent und sind schädlich. Denn sie führen dazu, daß weder die in der Ökonomie noch die in der Sozialphilosophie enthaltenen Potentiale zur problemgerechten „Versachlichung" genutzt werden können, einer Versachlichung, die freilich nicht mit der Umsetzung wissenschaftsgestützter Technik in den Ingenieurswissenschaften analogisiert werden kann[10]. Entsprechend dieser Problemlage beschäftigt sich dieser Aufsatz mit den Gründen für diese Verzerrungen und den Möglichkeiten und Aussichten, sie zu beseitigen. Dies ist für das Schicksal des Wohlfahrtsstaats in einer Zeit großer Umbrüche von entscheidender Bedeutung. Denn ein Überborden dieser Verzerrungen macht einen – von den Bürgerinnen und Bürgern ernst genommenen – normativen Diskurs um die Prinzipien und Leitmotive politisch gesteuerter Umverteilung unmöglich. Verteilungspolitik erscheint dann bloß als gruppenbezogene Vorteilsmaximierung („rent-seeking") und Ethik degeneriert zum „Mittel des Rechthabens", wie schon Max Weber befürchtete. Rationale demokratische Verteilungspolitik wird – dies können wir von Neo-Hobbesianern wie Jim Buchanan lernen – unmöglich, weil Verteilungspolitik systematisch ihre Ziele verfehlt und zudem systematisch große Effizienzverluste herbeiführt. Verteilungs*politik* ist unter solchen Prämissen entweder ein Krieg aller gegen alle auf dem politischen Parkett oder eine totalitäre Umsetzung bestimmter Verteilungsmaximen durch die herrschende Partei unter Verzicht auf diskursive Mechanismen der Findung von Akzeptanz der Betroffenen. Oder sie unterliegt jener arbiträren Gerechtigkeit des Schiedsrichters (der keine Gründe für seine Entscheide angeben muß), welche der pessimistische Individualist Thomas Hobbes als einzig mögliche Reminiszenz von Verteilungsgerechtigkeit in modernen Gesellschaften gesehen hatte. Aus einem solchen hobbesianischen Szenario ist der Ruf nach einer Minimierung der Reichweite von Politik, insbesondere von Verteilungspolitik, der attraktivste Ausweg – und folgerichtig wird er von den meisten Neo-Hobbesianern auch vorgeschlagen.

2. Hobbesianische Wohlfahrtsstaatskritik und die Subjektivität von Wohlfahrt

Von vielen wird heute ein Um- oder Rückbau des "Wohlfahrtsstaats" an die Spitze der politischen Agenda gesetzt. Jener Cluster sozio-ökonomischer Entwicklungen, den man heute als „Globalisierung" bezeichnet, wird überdies von den meisten als objektive Triebkraft gesehen, die zu einem solchen Umbau zwinge[11], weil sie die Fundamente wohlfahrtsstaatlicher Umverteilungspolitik unterspüle. Oft wird auch argumentiert, der Wohlfahrtsstaat sei ohnedies ineffektiv in der Umsetzung seiner Ziele, da seine Umverteilungsmaschinerie den Bürgern bestenfalls das Geld aus der einen Tasche ziehe und in die andere stecke, während in der schlimmeren Variante sogar perverse Umverteilungswirkungen von „Ärmer" zu „Reicher" diagnostiziert werden[12].

Ein Großteil dieser Wohlfahrtsstaatskritik der letzten Jahrzehnte ist neohobbesianisch inspiriert. Man denke etwa an das eben skizzierte, breit propagierte (und weniger breit empirisch gestützte) Argument, die wohlfahrtsstaatlich kanalisierten Umverteilungsströme seien im Ergebnis pervers und keinesfalls als gerecht zu beurteilen[13]. Dieses hat einen klar hobbesianischen theoretischen Hintergrund, denn im Hobbesschen Modell von Gesellschaft kann Verteilungspolitik nur perverse Effekte und andere Verzerrungen zeitigen. Sie kann – aufgrund deren subjektiven Charakters – nie etwas zu Wohlfahrt und Gerechtigkeit beitragen. Wie immer es mit der Empirie des Verzerrungs-Arguments bestellt sein mag: Das hobbesianische Modell moderner Gesellschaften ist analytisch unverzichtbar – und es ist ein empirisch wichtiger Grenzfall. Es beruht auf einem von individueller Vorteilsmaximierung geprägten Menschenbild, einer subjektivistischen Werttheorie und der mehr oder weniger explizierten Behauptung der Unbegründbarkeit und Unwirksamkeit ethischer Bewertungsprinzipien in Hinblick auf die Verteilungsaspekte sozialer Zustände. Von daher sollte es klar sein, weshalb das hobbesianische Modell nicht nur einfach, sondern auch analytisch ertragreich und oft realitätsnah ist: Individuelle Vorteilsmaximierung ist – selbst wenn sie nicht universell unterstellt werden kann – unbestreitbar eine der einfachsten und robustesten Verhaltensannahmen. Und der Diskurs über ethische Verteilungsprinzipien einschließlich ihrer Anwendung ist unvermeidlich schwierig und in seinen Konvergenzeigenschaften instabil – selbst wenn die Hobbesianer sich irren und ein solcher Diskurs im Prinzip möglich und sinnvoll ist. Denn kulminiert diese Instabilität in einem Kollaps, dann tritt der Hobbes-Fall ein. Die empirischen Rahmenbedingungen nähern sich jenen der hobbesianischen Modellierung an.

Gleichwohl ist der hobbesianische Ausweg, der auf der Diagnose beruht, eine Politik sozialer Gerechtigkeit müsse in einer individualistischen Marktgesellschaft in Totalitarismus oder Arbiträrität oder heillosen Verteilungskämpfen enden, zumindest unter praktischen Aspekten so etwas wie eine *reductio ad absurdum.* Denn es gibt starke Anhaltspunkte, daß Verteilungspolitik in Marktgesellschaften abseits aller Gerechtigkeitsfragen funktionsnotwendig ist. (Hobbesianer könnten zwar die Strategie verfolgen, gerade aus dieser Funktionsnotwendigkeit ein gewisses Maß an Verteilungspolitik innerhalb ihres Ansatzes abzuleiten und somit der *reductio ad absurdum* zu entgehen – und mitunter versuchen sie dies auch.[14] Da diese Funktionsnotwendigkeiten indes in einem empirisch komplexen Verhältnis zu Gerechtigkeitsfragen stehen, ist diese Strategie zum Scheitern verurteilt: Denn es bedarf normativer Diskurse, um im hier vorliegenden Spannungsfeld von Funktionsnotwendigkeit und Gerechtigkeit sachgerechte Abgrenzungen und politikrelevante pragmatische Antworten zu finden. Ich komme im 5. Abschnitt darauf zurück.) Jedenfalls motiviert diese Problemlage dazu, die Bedingungen normativer Diskurse in modernen Gesellschaften zu studieren, auch und gerade wenn diese schwierig, fragil und im Ergebnis instabil scheinen sollten. Denn ob der Hobbessche Ausweg einer verteilungspolitischen Abstinenz nicht bloß von der Hobbesschen Problemdiagnose her, sondern auch in einer umfassenden Sicht der Funktionsbedingungen moderner Marktgesellschaften wie auch von möglicherweise doch begründbaren sozialethischen Prinzipien als attraktiv gelten kann, ist nicht so einfach zu beantworten. Problematisch ist es jedenfalls, diesen Ausweg ohne genaue Prüfung zu akzeptieren oder zurückzuweisen. Die Antwort darauf kann nur Ergebnis einer Diskussion sein, in der auch die verschiedenen Verzerrungen der Wohlfahrtsstaatsdebatte erfolgreich bewältigt werden.

3. Moderne und postmoderne Ebenen des Diskurses um soziale Gerechtigkeit

Damit wende ich mich den Versuchen zu, einige Hinweise für eine „Entzerrung" der Wohlfahrtsstaatsdebatte zu liefern. Prämisse eines erfolgreichen Diskurses ist, daß eine Tendenz zur Klarheit über Status und Ebene der darin vorgebrachten Argumente besteht. Zunächst zu den Ebenen: In der Debatte über den Wohlfahrtsstaat ist es zweckmäßig, vier Ebenen zu unterscheiden, von denen je zwei der Sozialtheorie und zwei der Sozialphilosophie zuzurechnen sind. Die klassisch-moderne sozialphilosophische Ebene ist die der Begründung und kohärenten Entfaltung von Prinzipien distributiver Gerechtigkeit, wie dies etwa vom Utilitarismus oder Rawlsianismus durchgeführt wird. Die klassisch-moderne sozialtheoretisch-ökonomische Ebene ist jene der Implementationsprobleme dieser Prinzipien. Philipp van Parijs'[15] Monographie "Real Freedom for All" ist ein bedeutender Versuch, diese beiden Ebenen in gut organisierter Weise in den Diskurs einzubringen[16]. Die klassisch-modernen Ansätze sind für den normativen Diskurs um den Wohlfahrtsstaat unerläßlich, weil nur sie in diesem komplexen Problembereich eine begriffliche Infrastruktur bereitstellen, welche den Teilnehmern das nötige Minimum an Konsistenz einzufordern erlaubt. Die andere sozialphilosophische Ebene – man kann sie postmodern nennen, wenn dies nicht als Periodisierung, sondern als Programmatik der Reflexion über die Bedingungen der Moderne verstanden wird – beschäftigt sich mit den Bedingungen und Möglichkeiten normativer Diskurse in modernen Gesellschaften. Das sozialtheoretische Pendant dazu ist die Erforschung des systematischen Orts und der Funktion politisch und nicht-politisch strukturierter Mechanismen institutionalisierter „Gerechtigkeit" in individualistischen Marktgesellschaften. Daß diese sozialtheoretische Problemstellung als postmodern eingestuft wird, mag Widerspruch hervorrufen. In der Tat kann man sich fragen, ob nicht einige aus der großen Zahl von Sozialwissenschaftlern sich längst vor Postmoderne und Globalisierung dieser Frage zugewendet haben. Dies trifft in gewisser Weise auch zu. Allerdings gibt es dabei folgendes Problem, welches vielfach die Wahrnehmung der Bedeutung dieser Frage blockiert. Gerade die Forschungsprogramme klassisch-moderner sozialtheoretischer Richtungen wie die Ökonomik oder die Systemtheorie sind zentral vom Gedanken der Emanzipation moderner Sozialsysteme von Politik, Religion und Sittlichkeitsnormen bestimmt. Dies ist zunächst einmal der Wahrnehmung der Frage nach dem systematischen Ort von Ethik als wichtiges Problemfeld *nicht* förderlich. Das heißt, diejenigen, welche diesen Emanzipationsprozeß und seine Eigengesetzlichkeiten am besten verstehen, zeigen verständlicherweise geringe Tendenz, sich sogleich mit der Tatsache zu beschäftigen, daß diese Emanzipation nur relativ ist und etwa Ethik nach wie vor eine Rolle spielt. Mit letzterem beschäftigen sich jene eher quer zur Moderne operierenden Richtungen (wie die Deutsche Historische Schule), welche die Eigengesetzlichkeiten dieses Emanzipationsprozesses in seiner praxisrelevanten Logik nicht so gut verstehen. Ich werde weiter unten ausführen, welches die Mißverständnisse sind, die sich nicht zuletzt aus diesem Spannungsverhältnis heraus entwickelt haben.

Wenn es zutrifft, daß die Welt in eine neue Epoche der „Globalität" eingetreten ist, eine Epoche, welche durch eine umfassende und tiefreichende Tendenz der Entterritorialisierung sozialer und kultureller Bezüge geprägt ist[17] und damit einhergehend mit neuen Dimensionen von Multikulturalität und institutioneller Konkurrenz, dann impliziert dies nicht bloß dramatische Folgen für die Politik. Es macht einen radikalen Wandel in der Prioritätenliste von Sozialethik als Wissenschaft unabweisbar. Und zwar muß sich der Fokus der Aufmerksamkeit von den beiden klassisch-modernen zu den „postmodernen" (oder, um mit U. Beck zu sprechen, reflexiv-modernen) Ebenen verschieben. Es kann nicht mehr länger *prioritär* um die Attraktivität rivalisierender sozialethischer Ansätze wie des Utilitarismus oder des Rawlsianismus *in abstracto* gehen. Ja es reicht nicht einmal jene klassisch-moderne Form der sozialtheoretischen Konkretisierung aus, welche gerade die Wohlfahrtsökonomie durch ihren Rekurs auf „Second-best"-Anwendungen dieser Gerechtigkeitsideale (welche die Beschränkungen und Unvollkommenheiten der realen Welt berücksichtigen) vornehmen konnte. Diese Erwägungen nahmen – vielleicht nicht in ihren Sternstunden, aber doch typischerweise – „in Wirklichkeit" viel mehr von den Rahmenbedingungen sozialethischer Diskurse und deren Institutionalisierung als gegeben an, als den meisten Teilnehmern bewußt war. Etwa bestimmte Formen der *Abgrenzung* – die ja für die Umsetzung von Verteilungsmaximen logisch erforderlich ist, denn das zu Verteilende ist ein begrenzter Bestand knapper Güter und bei einem offenen Adressatinnenkreis wäre das Verteilungsergebnis unbestimmt –, also vielfach der Nationalstaat oder bestimmte kulturelle Milieus oder bestimmte Familienformen. Treffen die Globalitätsdiagnosen zu, ist dies nicht mehr länger zulässig, weil *der Wandel in diesen Rahmenbedingungen und deren Komplexität nicht als sekundäre Komplikation im Sinn der Wohlfahrtsökonomie des Second-best zureichend erfaßt werden kann.* Vielmehr geht es *in erster Linie* um diese Rahmenbedingungen selbst. Es geht um die Klärung der Möglichkeiten, Schwierigkeiten und Reichweiten normativer Diskurse, also von Diskursen über das Gute, Rechte und Gerechte unter den neuen Bedingungen. Aber es geht – als sozialtheoretische Vorleistung hiefür – auch um den systematischen Ort und die Funktion politisch-institutionalisierter Formen von Gerechtigkeit. Vorab geht es hiebei um Fragen wie: Ist politisch organisierte Verteilung in Marktgesellschaften verzichtbar? Wie immer auch die Antwort ausfällt: die Fragen scheinen unabweisbar, und sie erfordern eine ernsthafte Beschäftigung mit den beiden postmodernen Ebenen, auch wenn dadurch die analytische Klarheit der modernen Strukturierung verteilungspolitischer Probleme – die unter anderem durch elegant organisierte Trennungen von Wertungen und Fakten, von Gerechtigkeit und Effizienz möglich wurde – durch eine Fülle schwer beherrschbarer Zusammenhänge kontaminiert wird.

Und zwar zeichnet sich der Wandel von Schwerpunkten recht deutlich ab. Denn überraschend und neu ist dieser Wandel in den Prioritäten heute (1999) nicht. Zum einen fand schon in den achtziger Jahren die Kontroverse „Kommunitarismus" vs. „Liberalismus" weitgehend auf einer „metaethischen" Ebene statt, also einer Ebene, welche mehr die politisch-kulturellen Voraussetzungen und Kontexte von Gerechtigkeitsidealen thematisierte als die abstrakte Begründungsfähigkeit oder Kohärenz dieser Ideale. Auch in rawlsianischem Diskussionskontext begann man sich mit Fragen zu beschäftigen, inwiefern real existierende politische Strukturen wie der Nationalstaat[18] oder die westliche Demokratie realhistorische Bedingungen für rawlsianische Verteilungsideale sind. Zum andern erschienen bedeutende philosophische Publikationen, welche sich analytisch metaethischen Fragen wie den Voraussetzungen und der Struktur normativer Diskurse zuwenden, etwa jenes des Ökonomen und Philosophen Alan Gibbard[19]. Zum dritten sind etwa Erscheinungen wie der Business-Ethics-Boom überhaupt nur durch ein Wechseln auf die metaethische und die postmodern-sozialtheoretische Ebene zu verstehen und (über platitüdenhaftes Marketinggeschwätz hinaus) theoretisch wie praktisch interessant auszuführen. Nicht zufällig erweist sich Business Ethics im Zeitalter weltweit operierender Unternehmungen als Paradedisziplin gewisser Strömungen der ethischen Postmoderne mit ihren kulturalistischen, konstruktivistischen und relativistischen Akzenten.[20]

Dabei sollte klar sein, daß es falsch wäre, die klassischen und die postmodernen Ebenen gegeneinander auszuspielen. Denn in der Umfokussierung der Aufmerksamkeit liegt ohnedies die Gefahr, daß die „früher" sorgfältig diskutierten Problemebenen von Teilnehmerinnen aktueller Diskussionen eher schematisch abgetan oder naiv wegdefiniert werden (während eben die „früher" schematisch behandelten Ebenen nun im Zentrum der Aufmerksamkeit stehen). Eine gewisse Einseitigkeit im Zugang mag für den einzelnen Wissenschaftler in seinem Tagesgeschäft in gewissem Umfang unvermeidlich sein. Allerdings ist es durchaus legitim, Standards der Problemabgrenzung und der Reflexion über Argumentationsebenen einzufordern, die solche Einseitigkeiten neutralisieren. In Hinblick auf die praktischen Konsequenzen macht es jedenfalls Sinn, vor Einseitigkeiten zu warnen, die sich aus wissenschaftlichen Diskursen fortpflanzen könnten. Denn der Diskurs um soziale Gerechtigkeit kann nicht in erster Linie ein Diskurs unter Fachleuten sein. Im gesamtgesellschaftlichen Diskurs können die Fachleute nur dann gewisse aufklärerische und technische Hilfestellungen leisten, wenn die Problemebenen klar sind. Sonst werden sie ihn, wie Keynes einmal bemerkte, über die unreflektierten und irrational-selektiven Langzeiteinflüsse einiger ihrer Ideen stärker prägen denn über ihre offizielle und kontrollierbare Expertenrolle.

Ein weiteres sollte klar sein. Eine Zerlegung von Problemkomplexen in Aspekte und Ebenen bedeutet selten, daß zwischen diesen Aspekten und Ebenen keine Interdependenzen bestehen. Bei konkreten Fragestellungen – seien sie praktisch oder theoretisch – sind oft alle Ebenen involviert. Nehmen wir etwa folgende Frage: „Warum scheint uns ein Vorschlag zur Verteilung knapper Ressourcen nach dem Rawlsschen Differenzprinzip[21] mindestens erwägenswert, wenn die Anwendungsgruppe die Bürger eines westlichen Nationalstaats sind, aber abstrus, wenn die Anwendungsgruppe die Passagiere eines Flugzeugs (und die knappen Ressourcen ihre Gepäcksstücke) sind?" Es ist offenkundig, daß in einer solchen Frage (deren sorgfältige Beantwortung übrigens einiges Licht auf einige der in diesem Aufsatz thematisierten Probleme wirft[22]) alle vier Ebenen involviert sind, beginnend mit der sozialtheoretischen Begriffsklärung des Konzepts „knappe Ressourcen" bis hin zur Frage nach den Bedingungen eines normativen Diskurses unter Flugzeugpassagieren bzw. Staatsbürgern. Mit der Plausibilität selbstgenügsamer abstrakter Regeln ist es offensichtlich nicht getan. Ich werde weiter unten Beispiele für die Relevanz aller vier Argumentationsebenen und deren Zusammenwirken geben.

4. Wünschbares und Machbares

Trotz einer gewissen Vorsicht, zu welcher die eben betonte Interdependenz der Argumentationsebenen veranlaßt, ist mithin eine Reorientierung des Diskurses um soziale Gerechtigkeit überfällig, zumal jeder aufmerksame Beobachter der Wohlfahrtsstaatsdebatte schon außerhalb des Globalisierungskontexts Unbehagen darüber verspürt hat, daß sie in manchem falsch läuft. Dies legt die Vermutung nahe, die durch die Globalitätsparadigmen veranlaßten Fragestellungen könnten Katalysatoren für im Grunde längst willkommene Klärungen sein – wie ja auch die Globalisierung in den meisten Fällen Probleme und Spannungen in modernen oder im Modernisierungsprozeß befindlichen Gesellschaften nicht hervorbringt, sondern bloß akzentuiert. Denn die Komplexität der oben vorgestellten vier Ebenen führt dazu, daß die Wohlfahrtsstaatsdebatten von einer sachlichen Schwierigkeit und einem erstaunlichen Defekt geprägt sind, welche sich als Ursache beträchtlicher Verzerrungen und Fehldiagnosen erwiesen haben. Die sachliche – immer nur näherungsweise auflösbare – Schwierigkeit besteht darin, daß diese Debatten fast immer zugleich vom Wünschbaren und vom Machbaren handeln und daß diese Ambivalenz in praktisch-politischen Diskursen kaum und in theoretischen Diskursen nur mit Schwierigkeiten zu entwirren ist. Im Sinne des „Ultra posse nemo obligatur" können Machbarkeitsargumente nicht aus normativen Diskursen ausgegrenzt werden. Kaum jemand (mit Ausnahme gewisser Systemtheoretiker) wird indes die Gefahr und Bedeutung der mißbräulichen Verwendung von Machbarkeits- bzw. Sachzwangargumenten – also der Pseudo-Übersetzung von Wertfragen in Fragen der (Sozial)technik – bestreiten wollen. Anders formuliert, das Problem besteht im Finden eines problemgerechten Umgangs mit den Schnittstellen zwischen Sozialethik und Sozialwissenschaft. Diese umfassen nicht bloß das Spannungsverhältnis zwischen normativen Prinzipien und deren praktischer Umsetzung, welche gerade in komplexen Gesellschaften kaum ohne sozialtheoretisch gestützte Implementationsanalysen denkbar ist. Sie umfassen auch Diagnoseprobleme: Die Diagnose „sozialer Ungerechtigkeit" setzt oft Hypothesen über Kausalitäten voraus. Daß man bezüglich der Implementationsprobleme zwischen der Skylla eines moralisierenden Normativismus und der Charybdis szientistischer Verabsolutierung von „Systemzwängen" den Raum des politisch Gestaltbaren zu markieren habe, ist zwar eine gerade auch angesichts der Debatte um Wohlfahrtsstaat und Globalisierung plausible Forderung, für die es gute sozialtheoretische und auch ethische Argumente gibt. Aber damit ist noch nicht mehr gewonnen als eine Spezifizierung der Implementations-Problemlage. Um die Konvergenz eines normativen Diskurses hin zu verteilungspolitisch relevanten und akzeptierten Gerechtigkeitsnormen zu erzielen, scheint eine Klärung des Status der in diesem Diskurs vorgebrachten Argumente unabdingbar. Ich komme anhand einer Diskussion Hayekscher Argumente zur sozialen Gerechtigkeit darauf zurück.

5. Soziale Gerechtigkeit als partielle Kompensation von Heterogenität

Eine erstaunliche Quelle gravierender Verzerrungen der Wohlfahrtsstaats-Debatte ist der Umstand, daß die Leistungsfähigkeit moderner Umverteilungsdesigns oft *implicite* an vagen Gerechtigkeitsidealen gemessen wird, die in ihren Konturen als Leitmotive überkommener Umverteilungssysteme erkennbar sind. Dabei wird oft nahezu völlig die systematische Rolle von Verteilungspolitik und von Gerechtigkeitsnormen in einer Marktgesellschaft übersehen, eben weil die vorhin als postmodern-sozialtheoretisch bezeichnete Ebene der Argumentation vernachlässigt bzw. in problematischer Weise mit abstrakt-normativen Gerechtigkeitsvorstellungen vermengt wird. Ich werde in diesem Abschnitt zunächst zeigen, daß aus sozialtheoretischer Sicht in Marktwirtschaften und in historisch vergleichender Perspektive *„soziale Gerechtigkeit als soziale Sicherheit"* systembedingt eine pivotale Stellung einnimmt. Erst gegen Schluß werde ich die sozialtheoretische Ebene verlassen und skizzieren, wie angesichts der dargestellten Sachlage die normativen Grundfragen angemessen zu formulieren sind.

Die auf *Polis-Ebene* wirksamen Umverteilungsmechanismen der Antike, wie sie etwa in Paul Veynes „Le Pain et le Cirque"[23] anschaulich gemacht werden, sind Umverteilungsmechanismen zwischen unterschiedlich begüterten Klassen vor dem Hintergrund der Integrationsbedürfnisse politischer Gemeinschaften. Daneben gibt es die Verteilung *innerhalb* des Oikos-Haushalts, der nicht bloß Ort gemeinsamen Konsums und familialer Reproduktion, sondern auch der Güterproduktion ist – und der in gewisser Weise die Prinzipien „jeder trägt nach seinen Fähigkeiten bei" und „jeder erhält Güter nach seinen Bedürfnissen" verwirklicht.

Moderne Wohlfahrtsstaaten sind historisch gewachsene Formationen, die ein Konglomerat verschiedener Umverteilungsfunktionen und Umverteilungsinstitutionen umfassen. Die historischen und aktuellen Motive für wohlfahrtsstaatlich herbeigeführten sozialen Ausgleich – wie auch für die Art und Weise von dessen Herbeiführung – sind vielfältig und in erheblichem Maß nationsspezifisch. Sie reichen von sozialer Stabilität und staatspolitischer Loyalitätssicherung im Bismarckschen Sinn bis hin zu den Idealen sozialer Gerechtigkeit. Autorinnen wie Ilona Ostner und Marcia Meyers bemühen sich seit Jahren, diese nationalen Unterschiede konzeptuell und empirisch-quantitativ herauszuarbeiten.

In Hinblick auf die Linien der aktuellen Diskussion ist es aber wichtiger, den funktionalen Kern und die spezifischen Charakteristika moderner Wohlfahrtsstaaten zu benennen, welche ihn von anderen historisch wichtigen „Umverteilungsinstitutionen" abheben. Dies ist sowohl die Voraussetzung für eine sachgerechte Einschätzung der gegenwärtig propagierten Krisenszenarien als auch der durchaus populären reformprogrammatisch eingeforderten „Besinnung" auf seine eigentlichen Kernfunktionen in der Umsetzung sozialer Gerechtigkeit. Vor diesem Hintergrund ist es eine überraschende und interessante Tatsache, wie selten die Spezifika des Wohlfahrtsstaats – also von Verteilungspolitik in einer Marktgesellschaft – auf einem zweckmäßigen Abstraktionsniveau benannt werden. Auf ihren Kern reduziert ist diese Verteilungspolitik nicht bloß von der institutionellen Überformung, sondern auch von Problemlage und Leitmotiven her radikal verschieden von den Verteilungsmechanismen jener älteren Gesellschaften, die das Verständnis dieses Komplexes noch weithin zu prägen scheinen. In diesem Sinn ist Friedrich von Hayeks[24] Formulierung vom „Trugbild der sozialen Gerechtigkeit" (The Mirage of Social Justice), welches aus der unzulässigen Übertragung von Verteilungsprinzipien kleinräumiger Gemeinschaften auf „Große Gesellschaften" entstehe, ein brillianter Treffer. Allerdings trifft er damit nicht den Kern des Wohlfahrtsstaats, sondern neben peripheren Phänomenen hauptsächlich bestimmte – allerdings für seine Herausbildung bedeutsame und heute noch wirkungsmächtige – Wohlfahrtsstaats-Ideologien.

Und dies sind die sozialstrukturellen Voraussetzungen, welche den funktionalen Kern der politisch gesteuerten Umverteilung in modernen Marktgesellschaften bedingen (unter Marktgesellschaft sei dabei eine Gesellschaft verstanden, in welcher der Markt der dominante Mechanismus der Regelung des Zugangs zu Gütern ist):

(1) Die unterschiedliche Zusammensetzung und die unterschiedliche, aber im historischen Vergleich eher kleine Mitgliederzahl von Haushalten.

(2) Die Dynamik der Marktwirtschaft, welche zu dauernden und in Umbruch- und Krisenphasen dramatischen Umbewertungen (speziell auch: Entwertungen) der von den Haushalten besessenen Aktiva (inklusive im besonderen des „Humankapitals") führt. Ökonomen nennen dies pekuniäre externe Effekte.

Bedingung (1) führt dazu, daß Haushalte in sehr ungleichem Maß jene marktlich verwertbaren Leistungen anbieten können, welche für den Zugang zu den von ihnen benötigten oder gewünschten Gütern nötig sind (unterschiedliche Leistungsfähigkeit). Die einen Haushalte werden anteilsmäßig weniger Personen im erwerbsfähigen Alter enthalten als andere. Manche werden *keine erwerbsfähigen Personen enthalten*. Die in Bedingung (1) spezifizierte Heterogenität hängt weitgehend mit für Marktwirtschaften typischer räumlicher und sozialer Mobilität sowie mit der ebenfalls typischen Ausdifferenzierung der firmenorganisierten Produktion aus der Haushaltssphäre zusammen. Mithin gibt es extrem wenige Anhaltspunkte für die Aussicht, in Marktgesellschaften Bedingung (1) zu eliminieren.

Bedingung (2) führt dazu, daß marktliche Leistungsfähigkeit nicht nur eine Angelegenheit von Leistungswillen und Anstrengung ist, sondern auch Zufallskomponenten enthält, die in Umbruchphasen sogar dominant werden können.

Beide Bedingungen weisen auf starke Versicherungselemente hin, und zwar einerseits eine Kompensation der zufallsbedingten Heterogenität von Marktergebnissen und andererseits der Heterogenität der Haushaltszusammensetzung. Nicht zu Unrecht ist daher von „sozialer Sicherheit" die Rede, wenn wohlfahrtsstaatliche Verteilungsmuster angesprochen sind. Bedingung (1) enthält neben dem Versicherungsaspekt (z.B. in der Alterssicherung) einen Reproduktionsaspekt[25], da Kinder und Auszubildende ebenfalls als nicht erwerbsfähig gelten müssen.

Man beachte, daß weder Bedingung (1) noch (2) *direkt* so etwas wie die Umverteilung von Reich zu Arm oder von Kapitalisten zu Arbeitern und dergleichen enthalten. Tatsächlich ist das Verteilungsdesign moderner Wohlfahrtsstaaten weder davon noch primär von dem Motiv geprägt, ererbte Ungleichheiten einzuebnen. Und dies aus guten Gründen. Daß es sich bei dieser Eigenschaft des Designs um einen Konstruktionsfehler von Wohlfahrtsstaaten handele, ist ein ebenso verbreitetes wie falsches Urteil, da deren Konstruktion wesentlich auf Versicherungselementen beruht. In manchen Wohlfahrtsstaaten besteht ein Konstruktionsfehler allenfalls in bezug auf die Konfiguration verschiedener Versicherungsfunktionen, genauer: in einer suboptimalen Organisation von pensionsrechtlicher Grundsicherung und schichtenabhängiger Lebensstandardsicherung, deren Gestaltung in vielen Aspekten dem marktwirtschaftlichen Versicherungsprinzip angenähert werden könnte.

Entsprechend relativierungsbedürftig ist der typische wertende Unterton in den kaum erstaunlichen Befunden, die darauf hinauslaufen, daß es „trotz Wohlfahrtsstaat" noch immer Reiche und Arme gibt. Es ist leicht zu sehen, weshalb – im Gegensatz zu den skizzierten historischen Beispielen – Verteilungskorrekturen zwischen Klassen nicht die *primäre* Funktion wohlfahrtsstaatlicher Ausgleichsmechanismen sein werden. Einerseits führt der von der Marktdynamik getriebene soziale Wandel im Kapitalismus von Haus aus zu einem vergleichsweise hohen Maß an sozialer Mobilität, auch wenn Schichteffekte sogar in dieser Gesellschaft oft empirisch zäher sind, als jene sozialtheoretischen Richtungen diagnostizieren, welche kulturelle Bestimmungsfaktoren als Marginalie abtun[26]. Andererseits existiert für soziale Mobilität zwischen sozialen Schichten bzw. Einkommensschichten in liberalen Marktwirtschaften ein klassisches „Instrument", welches gleichzeitig und vor allem auch ein zentraler Wert dieser Gesellschaften ist: Der (gleiche) freie Zugang für alle, die Beseitigung von Monopolen und Privilegien im Sinne des „level playing fields", welches von Adam Smith beredt gefordert wurde und welches konsequenterweise – ebenfalls von Liberalen wie Locke, J.St. Mill oder John Dewey emphatisch postuliert – durch Chancenegalisierung im Bildungsbereich zu ergänzen ist. Wenn der Wohlfahrtsstaat bezüglich klassenstrukturierter Vorteilsmuster aktiv wird, dann über solche Politiken und nicht über jene Mechanismen, die der „sozialen Sicherung" dienen. Freilich: Solche Politiken haben – wie auch die versicherungs- und reproduktionsorientierten Mechanismen des sozialen Ausgleichs – unstrittig Verteilungsimplikationen auf verschiedenen Ebenen.

Ebenso unstrittig ist, daß es Sinn macht, diese Implikationen an normativen Verteilungsidealen zu messen. Erst wenn wir eine Differenzierung nach verschiedenen Typen von Eigenvorsorge vornehmen, zeigt sich eine gewisse „Wirkung" der der öffentlichen Pensionsdiskussion. Pensionsunsicherheit hat auf jenen Typ von Eigenvorsorge einen unmittelbaren Einfluß, der eindeutig als Pensionsvorsorge gilt, nämlich „Abschluß einer Versicherung für eine Zusatzpension". Die öffentliche Pensionsdiskussion hat nicht zu einem vermehrten Abschluß von Lebensversicherungen oder Wertpapierkäufen geführt. Kaum akzeptabel wären sie etwa in der Perspektive von Gleichheitsidealen vermutlich dann, wenn gezeigt werden könnte, daß sie insgesamt die marktlich entstehenden Ungleichheiten nicht abbauen, sondern verschärfen. Wie Sturn und Wohlfahrt[27] anhand des Bildungsbereichs zeigen, erfordert die evaluative Analyse dieser Implikationen eine sorgfältige Differenzierung der verschiedenen Ebenen von Zielen und Instrumenten. Daß diese unterblieb, führte oft zu ganz erheblichen Fehleinschätzungen. Typischerweise werden, wie eingangs festgestellt, die systematische Sicherungs- und Reproduktionsfunktion von Verteilungspolitik und vage Gleichheits- oder Gerechtigkeitsideale vermischt[28]. Kaum je wird daher auch die in Hinblick auf eine fundamentale Neuorientierung des Wohlfahrtsstaats entscheidende Frage gestellt, welche die Logik aktueller Fragestellungen genau umkehrt, nämlich: *„Welche Eigenschaften hätte eine rigoros an normativen Idealen orientierte Verteilungspolitik in Hinblick auf die marktwirtschaftlich-systembedingte Versicherungsfunktion?"* Diese Frage zu stellen ist sinnvoll, weil sich daraus ein zweiter wichtiger Typ potentieller empirischer Beschränkungen einer in normativen Idealen fundierten Verteilungspolitik ergibt.

Sozialstaatliche Politik in Marktwirtschaften kann mithin als Kombination von Chancengleichheitspolitik, Versicherung und Reproduktionssicherung beschrieben werden. Aus der Perspektive normativer Gerechtigkeitsideale macht es gewiß Sinn, die Ergebnisse dieses Policy-mix an dem zu messen, was diese Ideale implizieren. Allerdings ist das Anlegen dieser normativen Meßlatte weit schwieriger, als oft suggeriert wird. In den Diskussionen der letzten Jahrzehnte wirkten sich hiebei in nachvollziehbarer

Weise die Vernachlässigung der beiden „postmodernen" Diskursebenen (also der systembedingten Grundfunktionen und der diskursiven Voraussetzungen von Sozialpolitik) und die Vermischung aller Ebenen fatal aus. Ich gebe zwei Beispiele, deren eines die empirische Messung von Ungleichheit und deren anderes die Konzeptualisierung von Implementationsproblemen betrifft. Zum Meßproblem: Wer die oben als Bedingung (1) der „systembedingten" Verteilungspolitik in Marktwirtschaften eingeführte Ungleichheit der Haushaltszusammensetzung angemessen in Rechnung stellt, wird wohl nie ernsthaft auf die Idee kommen, im Kontext empirischer Ungleichheitsmessung auf Haushaltseinkommen abzustellen. Interessant ist in diesem Zusammenhang, daß stark beachtete Studien dies zum Teil immer noch tun, obwohl seit einiger Zeit schon das Konzept der *equivalent scales* (Äquivalenzeinkommen)[29] zur Verfügung steht, welches unterschiedliche Haushaltsgrößen und Alterszusammensetzung berücksichtigen kann. Was das Implementationsproblem anlangt, so verdanken wir den beiden modernen Argumentationsebenen das äußerst instruktive Konzept einer „Zweitbesten Implementation" von Gerechtigkeitsidealen, wobei die Wohlfahrtstheorie des Zweitbesten den systematischen Einbezug empirisch wirksamer Beschränkungen, wie etwa von Anreizproblemen, in die politischen Verwirklichungsstrategien dieser Ideale erlaubt. Anders formuliert, die Theorie des Zweitbesten ermöglicht die Bestimmung jenes Grades der Verwirklichung von Gerechtigkeitsidealen, dessen Überschreitung nach Berücksichtigung der sozialtheoretisch prognostizierbaren Rückkopplungseffekte am Ende zu einem „schlechteren" Verwirklichungsgrad dieser Ideale führen würde. Diese Modellierung ist heuristisch und in manchen Fällen auch in der quantitativen Umsetzung äußerst nützlich. Aber sie ist einseitig. Denn sie führt dazu, daß jene spezifischen Problemlagen von Verteilungspolitik in einer pluralistischen Marktwirtschaft aus dem Blickfeld geraten, die deren systematische Funktion und deren diskursiv-politische Voraussetzungen betrifft. Es ist gleichwohl falsch, die moderne wohlfahrtstheoretische Modellierung *tout court* als „normativistisch" abzutun, wie dies Suchanek[30] aus neohobbesianisch-kontraktualistischer Warte kürzlich versucht hat. Denn die heute vom wohlfahrtstheoretischen Ansatz leistbare Analyse von Anreiz- und Informationsbeschränkungen erfaßt einen ganz wesentlichen Teil der empirischen Schwierigkeiten, welchen sich die Politik in diesem Bereich gegenübersieht. Nicht der wohlfahrtstheoretische Ansatz ist normativistisch, sondern wenn so etwas wie ein falscher Normativismus entsteht, dann durch seine Implantation in ein (allerdings von manchen Wohlfahrtstheoretikern vertretenes) naives Modell von Politik, welches die Komplexität der Interaktion zwischen Politik und Gesellschaft drastisch unterschätzt. In diesem Sinn ist der wohlfahrtstheoretische Ansatz „zu wenig praxisoffen" oder, anders formuliert, sein Fehler (wenn es denn einer ist) besteht darin, das Theorie-Praxis Verhältnis rigoros und ausschließlich von der Theorie her, und zwar noch dazu von einer ganz bestimmten Sozialtheorie her, erfassen zu wollen. Die Naivität des dabei implizierten Modells von Politik wird deutlich, wenn die zwei postmodernen Argumentationsebenen berücksichtigt werden. Auf der sozialphilosophischen Ebene können die Voraussetzungen sozialpolitischer (Quasi-)Konsensbildung erörtert werden, während die Berücksichtigung der sozialtheoretischen Ebene die institutionellen Voraussetzungen von Verteilungspolitik auf eine reichhaltigere Weise zu thematisieren erlaubt, als dies in der wohlfahrtstheoretischen Modellierung möglich ist, die von der Grundintention her an einer möglichst institutionenfreien Sozialtheorie interessiert sein muß.

Nach dieser Problemskizze folgen nun Beispiele für Argumente und Kontroversen, die für die Klärung der angesichts der Globalisierung virulent werdenden Problempotentiale nützlich sein können. Ich beginne mit den Kontroversen um den Konsequentialismus und den Abstraktionsgrad von Ethiken, welcher der modern-sozialphilosophischen Ebene zuzuordnen ist. Dies soll auch verdeutlichen, daß die Fragestellungen der klassisch-modernen Ebenen keineswegs obsolet geworden sind, sondern daß gerade gewisse Grundsatzfragen dieser Ebenen den Weg zu wichtigen Klärungen weisen. Überdies wird sich zeigen, daß die klassisch-modernen Ebenen nötig sind, um Verteilungspolitik *von ihren Akteuren* her *als wertgeleitet-theoriegestützte Politik* kohärent denken zu können, so wie die postmodernen Ebenen nötig sind, um ihre systemischen Bedingungen und ihren systematischen Ort in der Marktgesellschaft zu reflektieren.

Eines der Probleme, die oben angedeutet wurden, besteht ja gerade darin, daß die letztgenannten Aspekte mit vagen normativen Gerechtigkeitsidealen vermengt werden. Der erste Schritt zur Abhilfe ist, sich über Inhalt, Status, Begründungsfähigkeit und Probleme solcher Ideale klar zu werden. Aus Gründen der Platzersparnis skizziere ich zunächst die einschlägige Diskussion und resümiere im Anschluß die Implikationen für den Diskurs um soziale Gerechtigkeit im breiteren Sinn der Vorstufe sozialer Konsensfindung.

6. Globalisierung und Abstraktion

Die erste normative Frage betrifft die Art und Reichweite der Abstraktion, welcher Moralität unter „modernen Bedingungen" bedarf. Die Attraktivität von abstrakten Moralen im Zeitalter der Globalisierung liegt – trotz verbreiteter postmoderner und kommunitaristischer Tendenzen zur Diskreditierung von Abstraktion – auf der Hand. Moralen, die aus den Selbstverständlichkeiten gemeinschaftlicher Sittlichkeit schöpfen, bergen in sich bestimmte Tendenzen, welche sie sowohl unpraktisch wie auch begründungsmäßig defizitär machen. Die begründungsmäßigen Defizite tragen dazu bei, daß sie in der Praxis Binnenethiken bleiben und bleiben müssen, weil ihre Orientierungskraft auf bestimmte institutionelle und kulturelle Rahmenbedingungen rückbezogen ist. Überdies tendieren sie dazu, das Sollen – in hinsichtlich des hier interessierenden Problemhorizonts wenig adäquater Weise – aus sozialen Tatsachen abzuleiten, wie etwa gewissen Funktionsbedingungen politischer Gemeinschaften, also zu „naturalisieren". Naturalistische Sichtweisen von Moral haben zweifellos viel dazu beigetragen, Moral als soziale Institution zu verstehen, die Rolle moralisierter Normen und moralischer Gefühle in der Koordination von Handlungen und Erwartungen zu erfassen und ihre Evolution in komplexen und subtilen Prozessen zu begreifen. Sie machen Prozesse sozialtheoretisch verstehbar, die auf genuin menschliche Fähigkeiten wie sprachliche Kommunikation angewiesen sind. Dies ist die Voraussetzung dafür, um ihren systematischen Ort im Geflecht der übrigen Institutionen menschlicher Gesellschaften zu bestimmen. Wenn aber die

Frage auf die Möglichkeit einer ethischen Basis für Verteilungspolitik im Zeitalter der Globalität zielt, so ist es unumgänglich, ethische Ansätze zu prüfen, die weder Binnenmoralen sind noch Ethik bloß als (möglicherweise besonders diffizilen Zweig der) Sozialtheorie betrachten. Gefragt sind Ansätze, die zumindest interkulturell begründungsfähig sind, das heißt, die das Potential haben, von den Angehörigen verschiedener Kulturen akzeptiert zu werden. Von daher liegt es nahe, Begründungsprobleme in der Ethik auch dann nicht in postmodernem Überschwang als nicht verhandelbar beiseite zu lassen, wenn man in bestimmten Punkten von der Bedeutung der von postmodernen Denkern aufgewiesenen Problemhorizonte und Reflexionsbedürfnisse überzeugt ist. Klar ist mithin, daß es eine fragwürdige Strategie ist, abstrakte Ethiken aufgrund bestimmter Defizite aufzugeben, ohne Möglichkeiten der Heilung dieser Defizite zu prüfen. Denn möglicherweise bieten sie einen unentbehrlichen Referenzrahmen für einen pluralistischen normativen Diskurs.

7. Zwei Probleme: Anwendung und Idealisierung

Abstrakte Moralen weisen zweifellos Schwierigkeiten auf. Vielleicht ist es aber möglich, mit diesen Schwierigkeiten umzugehen, ohne auf gewisse Vorteile von Abstraktion zu verzichten.

Schwierigkeit 1 – Anwendungsprobleme: Eine gewisse notwendige Unabhängigkeit, Unbestimmtheit – oder Isolierung – dieser Ethiken hinsichtlich der Bedingungen ihrer Anwendung kann dazu führen, daß die Reflexion der Zusammenhänge, die sich aus den Anwendungsbedingungen, insbesondere auch aus kulturell-historisch variierenden Anwendungsbedingungen, ergeben, entweder unterbleibt oder aber in allzu rigider Weise als sekundäre Komplikation vom Kern der Moral abgetrennt wird. Das Problem besteht nicht darin, daß abstrakte Prinzipien nicht ihre Anwendungsbedingungen enthalten (dies zu fordern wäre offenbar unsinnig, weil sie ja gerade auf offene Klassen von Anwendungsfällen hin zu denken sind), sondern daß sie uns eventuell den Weg zu problemadäquat-anwendungsbezogenem Denken gleichsam abschneiden.

Schwierigkeit 2 – Versteckte Idealisierung: Wie das Schicksal des *homo oeconomicus* zeigt, kann es zu „Verwechslungen" von Abstraktion mit Idealisierung kommen. Gegen passende Abstraktionen gibt es kaum gute Argumente, sehr wohl aber – und gerade im Kontext von Moralen mit universalistischem Anspruch – gegen das Einschmuggeln von Idealisierungen, welche als Abstraktion *bloß deklariert* werden. Mit anderen Worten: Vorab ist zu klären, daß es sich um passende Abstraktionen und nicht um inadäquate Abstraktionen oder gar Idealisierungen handelt. Die Tendenz zur Idealisierung kommt nicht zuletzt daher, daß Abstraktion gerade für sozialethische Fragestellungen insofern nicht ausreicht, als die Frage der Verteilung von Gütern sich notwendig auf einen materialen Werteraum bezieht. Falls man nicht einer radikal subjektivistischen Position zuneigt, bedeutet der Umgang mit materialen Werten wahrscheinlich ein Mindestmaß an deskriptivem Reichtum. Eine aussichtsreiche Strategie des Umgangs mit Pluralität besteht jedoch nach Ansicht vieler gerade darin, von der materialen Seite des Werts – des „Guten" – zu abstrahieren. Klar ist aber, daß die Verwechslung von Abstraktion und Idealisierung in pluralistischen Kontexten fatale Folgen haben kann, weil (Klassen von) Akteuren Eigenschaften (z.B. Wertpräferenzen oder Motive) angesonnen werden, die sie nicht besitzen.

Die Hauptklassen der abstrakt-universalistischen Moralen sind Utilitarismus und Kantianismus. Auf den ersten Blick ist der Utilitarismus mehr von der Idealisierungs-Kritik und der Kantianismus mehr von Anwendungsproblemen betroffen. Im Utilitarismus hat sich fast von Beginn an eine reichhaltige Anwendungsdiskussion entwickelt, die im indirekten Utilitarismus eine bedeutende sozialtheoretische Dimension bekam. Es ist kein Zufall, daß von Bentham über die Mills und Sidgwick bis hin zu John Harsanyi und Peter Hammond bedeutende Utilitaristen gleichzeitig bedeutende Sozialtheoretiker (großteils Ökonomen) sind. In kantianischen Traditionen hingegen wurde das Problem sehr ernst genommen, in die Abstraktionen keine Idealisierungen einfließen zu lassen. Die im Ansatz kantisch argumentierte Rawlssche „original position" etwa ist säuberlich als Abstraktion konstruiert. Hingegen eignet dem Utilitarismus ein schwierig auflösbares Abstraktions-Idealisierungsproblem, weil die ihm zugeschriebene werttheoretische Abstraktheit letztlich auf der bisweilen angedeuteten, bisweilen unterstellten Substituierbarkeit des hedonistischen Kalküls durch rein instrumentelle Rationalität beruht, welche weder hedonistische noch andere intrinsische Werte voraussetzt. Wie tragfähig solche nicht-hedonistischen Utilitarismus-Versionen sind, ist ebenso umstritten wie die Frage, ob sie nicht doch implizit auf hedonistische Kalküle angewiesen sind. Wird der Utilitarismus hingegen hedonistisch unterlegt, dann enthält er eine anthropologisch-psychologische Annahme, deren universelle Gültigkeit empirisch belegt werden müßte (oder ontologisch bleibt).

Der Kantianismus hat anscheinend ein schwierig auflösbares Anwendungsproblem, weil bei Kant moralischer Akteur und empirischer Akteur auseinanderfallen. Der empirische Akteur ist bei Kant einer, der etwa durch die anreiztheoretischen Modelle der nichtkooperativen und der evolutionären Spieltheorie trefflich erfaßt wird. Neben ökonomischer Aktivität liegt auch die Herausbildung bestimmter – etwa Vertrauenswürdigkeit schaffender – Charakterzüge im Horizont dieser Theorien: Naturalistisch gedeutete Moral als soziale Institution geht also bei Kant ebenfalls vom empirischen Akteur aus und appelliert nicht an den moralischen Akteur. Der moralische Akteur wird bei Kant radikal aus der Sphäre der Natur entfernt und in die Sphäre der Vernunft gestellt. Es ist schwierig zu sagen, was aus diesem Auseinanderfallen für die Sozialtheorie und folglich auch für politisch organisierte Umverteilung folgt, da die Moral sich zwar indirekt als empirisch wirksam offenbart – Kant[31] diskutiert selbst Anzeichen für solche Wirksamkeit –, aber weder Gegenstand einer empirisch-erklärenden Sozialtheorie noch Ansatzpunkt einer politischen Reformstrategie sein kann.

Folgende Skizze mag verdeutlichen, daß der kantische Ansatz überraschenderweise einiges Potential besitzt, die Problemlagen der Implementation zu erhellen. Zu diesem Zweck ist es hilfreich, sich zu vergegenwärtigen, daß Menschen in modernen Gesellschaften zugleich Betroffene und Gestalter von Sozialpolitik sind. Unter idealisierten Bedingungen demokratischer Kollektiventscheidung sind sogar alle Menschen einer Gesellschaft

Betroffene und Gestalter zugleich, aber diese Kongruenz ist für das folgende Argument nicht notwendig (und wird auch von Kant nicht angenommen, der kein uneingeschränkter Demokrat war). Auch ist es hilfreich, sich der hobbesianischen Problemdiagnose zu erinnern, welche aus den Annahmen über die Vorteilsmaximierung der empirischen Akteure (sowohl als Gestalter wie als Betroffene) mit unerbittlicher Logik ein Verteilungspolitik-Unmöglichkeitstheorem ableitet. Aus kantischer Sicht liegt nun folgende Konstellation vor: Um in einem nichttrivialen Sinn von *politischer Gestaltung* sprechen zu können, muß in Hinblick auf die Gestalter von Politik die Präsenz verantwortungsfähiger moralischer Akteure mit freiem Willen *vorausgesetzt* werden. Das heißt, diese Akteure müssen als moralische Akteure *„ansprechbar"* sein. Es heißt aber nicht im geringsten, daß man sich auf jene krasse politische Naivität festlegt, welche in der Annahme (oder auch in der Forderung) impliziert wäre, daß die Akteure im politischen Bereich ihre empirische Natur gleichsam ablegen. Nun zu den Akteuren als Betroffene: Insofern Akteure Betroffene von Sozialpolitik sind, ist mit ihnen in erster Linie als empirischen (d.h. etwa vorteilsmaximierenden) Akteuren zu rechnen. Alles andere (also etwa ein Ignorieren der von der Second-best-Theorie aufgewiesenen Anreiz- und Informationsbeschränkungen) wäre irrational. Etwas überspitzt formuliert, könnte Sozialpolitik sogar dann Sinn machen, wenn die Individuen als Betroffene nicht als moralische Wesen ansprechbar wären. Diese Konstellation ist übrigens empirisch weder irrelevant noch unproblematisch: Daß manche Versionen von Sozialpolitik so agieren, als ob sie es nicht wären, bildet nach Ansicht mancher sogar ein Grundproblem moderner Sozialpolitik. Indes ist es möglich und plausibel, daß die positive Gestaltung einer Sozialpolitik, deren Betroffene Wesen sind, von denen man annimmt, sie hätten einen freien Willen, in manchen Aspekten von einer Politik abweicht, welche diese Annahme nicht trifft. Etwas vage formuliert, wird daraus a) eine anti-paternalistische Tendenz und b) eine Zurückweisung von Verteilungsmaximen folgen, die wie der Utilitarismus das Wohl des einzelnen eventuell zugunsten der Gesamtwohlmaximierung opfern[32]. Fazit: Wenn Individuen als politische Akteure nicht als moralische Wesen ansprechbar sind, dann ist dieses insbesondere für

Verteilungspolitik absolut fatal. Die Idee von Verteilungspolitik wird unattraktiv oder unhaltbar. Wenn Individuen als „Rezipienten" von Verteilungspolitik nicht *auch* als moralische Wesen ansprechbar sind, dann mag das die „Anreizproblematik" der Verteilungspolitik verschärfen, aber es macht die Idee einer Verteilungspolitik nicht unhaltbar.

Vielleicht ist von dieser Problemlage her überdies zu schließen, es seien nur jene Sozialtheorien zur rationalen Fundierung von Sozialpolitik akzeptabel, die relevante Freiheitsgrade aufwiesen und die theorieimmanente Ressourcen besäßen, mit diesen Freiheitsgraden sinnvoll, d.h. reflektierend, problemangemessen und anschlußfähig, umzugehen. Und daß nur Reformoptionen akzeptabel seien, die analoge Freiheitsgrade nicht bloß aufwiesen, sondern auch Gründe für die Erwartung geben, diese seien institutionell zu verarbeiten. Man könnte diese auch als nichttotalitäre Reformoptionen bezeichnen. Der Marxismus ist wahrscheinlich das instruktivste Beispiel des Gegenteils. Er kann mit Indeterminiertheit nicht sinnvoll umgehen, weil weithin fälschlich unterstellt wird, der historische Materialismus schließe sie so gut wie aus. Kombiniert man diese Annahme mit verschiedenen Sets von epistemologischen und sozialtheoretischen Annahmen, kommt am wahrscheinlichsten entweder der Voluntarismus der marxistischen Avantgardepartei oder der Attentismus der marxistischen Massenpartei heraus. Beide weigern sich mit emanzipativ-szientistischem Gestus, „Rezepte für die Garküche der Zukunft" auszustellen – oder gar normative Kriterien anzugeben, an denen der Wert oder Unwert ihrer rezeptlosen Aktivitäten in Hinblick auf jene Garküche zu messen wäre – und vermeiden es unter dem Eindruck solcher Sprüche, sich den theoretischen und praktischen Problemen der Indeterminiertheit zu stellen.

Ich fasse – nach dieser illustrativen Abschweifung – das Hauptergebnis dieses Abschnitts zusammen: Wenn die hier unterstellte Interpretation zulässig wäre, wiese dies auf ein ausgesprochen reiches Potential des kantischen Ansatzes in bezug auf jene subtileren Anwendungsprobleme hin, die im Utilitarismus (geschweige denn in Ansätzen des eben skizzierten Typs) gar nicht ins Blickfeld kommen.

8. Sozialtheorie und die materiale Seite der Gerechtigkeit

Die Idee einer materialen Seite der Gerechtigkeit sei ein Trugbild. Dies argumentierte Friedrich von Hayek[33], der bedeutende und einflußreiche Sozialtheoretiker und einzige österreichische Nobelpreisträger für Ökonomie. Er hielt diese begriffliche Dekonstruktion des „Mirage of Social Justice" für so aufschlußreich, daß er es als Titel für den zweiten Band seiner Trilogie „Law, Legislation, and Liberty" wählte. Entscheidend für uns ist nicht, daß Hayek „soziale Gerechtigkeit" ablehnt, sondern wie er dies tut: Nämlich nicht philosophisch-ethisch, wie man dies aus kantischer Sicht nicht ohne jegliche Erfolgsaussichten versuchen könnte, sondern sozialtheoretisch. Seine Zurückweisung hat zwei Aspekte, die beide je für sich aufschlußreich sind: einen inhaltlichen und einen, der den Status von ethischen Diskursen betrifft. Zunächst kurz zu dem inhaltlichen Aspekt, der oben schon zur Sprache kam. Die Problematik, ja Unmöglichkeit der Ideale von Solidarität und sozialer Gerechtigkeit in modernen (Hayek nennt sie „große") Gesellschaften sei verstehbar, wenn man ihre Genese im Kontext kleinräumiger Gemeinschaften bedenke. Ich habe oben argumentiert, daß dies auf gewisse Vorstellungen und Ideologien sozialer Gerechtigkeit durchaus zutrifft, daß aber in großen Marktgesellschaften neue Problemlagen neue Formen sozialen Ausgleichs bedingen. Man könnte zeigen (ich muß es hier bei dieser Behauptung bewenden lassen), daß auch Hayek diese Problemlagen nur unzureichend erfaßt.

Nun zum Status ethischer Diskurse. Hayek tendiert dazu, seinen Gegnern, etwa den marxistischen Sozialisten, die einen fundamentalen Wandel sozialer Gestaltungen und Lebensformen anstreben, wissenschaftlichen Irrtum (und nicht etwa schlechten Willen oder die Propagierung einer verwerflichen sozialen Lebensform) zu unterstellen. Wie ist dies zu verstehen? Entweder heißt es, die Frage, wie Menschen in großen, modernen Gesellschaften zusammenleben sollen bzw. können, sei ein Gegenstand des wissenschaftlichen und nicht des ethischen Diskurses, von Fakten und nicht von Wertungen. Oder man geht stillschweigend davon aus, über die wünschenswerten Lebensformen bestehe gar kein echter Dissens, sondern nur über die

Mittel, diese zu erreichen. Denn auch dann würden moralische Fragen zu technischen und Politik zu rational geplanter Sachverwaltung, wie es Saint-Simon, zumindest dem frühen Comte und im Kontext des Marxismus Friedrich Engels vorschwebte. Für Hayek war diese Planungsidee ein szientistischer Horror, aber es ist eine ebenso naheliegende wie selten gemachte Beobachtung, daß er die Prämissen seiner szientistischen Gegner (zu denen, wie aus seinem lehrreichen Aufsatz „Hegel und Comte"[34] deutlich wird, auf komplexere Weise auch Hegel und Marx zu zählen sind) teilt. Prämissen, die dafür ausschlaggebend sind, was die angemessene Argumentationsebene von „weltanschaulichem" Dissens in der Moderne anbelangt: Hayek wie Comte glauben, daß es die wissenschaftliche Ebene sei.

Ein szientistischer Antiszientismus: Ist es das, was Hayek uns anbietet? Diese Probleme führen uns zu der in jüngerer Zeit von Philosophen wie Bernard Williams[35] und Hilary Putnam[36] wieder kontrovers diskutierten Frage nach der „Science-Ethics Distinction", die ich hier nicht vertiefen kann. Wie dem auch immer sei, so ist doch eines leicht einsehbar: Weder Hayeks Szientismus noch der seiner Gegner ist einfach abwegig. Denn soviel jedenfalls ist klar: Da das soziale Leben in modernen Gesellschaften eine differenzierte und komplexe Angelegenheit ist, liegt es nahe, daß auch die angemessenen Konzepte von Gerechtigkeit differenziert und komplex sind. Und wenn nicht die Konzepte, dann doch die Bedingungen ihrer Anwendung.

Im besonderen besteht eine Komplikation darin, daß, wie immer man es mit der „Science-Ethics Distinction" zu halten geneigt ist, folgende Feststellung von Isaiah Berlin[37] zur Definition von Freiheit unabweisbar und für den Status verteilungsethischer Postulate verallgemeinerbar scheint:

„It is only because I believe that my inability to get a given thing is due to the fact that other human beings have made arrangements whereby I am, whereas others are not, prevented from having enough money with which to pay for it, that I think myself a victim of coercion or slavery. In other words, this use of the word (freedom, RST) depends on a particular social and economic theory about the causes of my poverty and weakness."

Nun könnte man die Relationen der Akteure zu den sie benachteiligenden Arrangements mehrfach hinsichtlich des Grades verantwortbarer Verursachung differenzieren: Wurde das Arrangement „absichtlich" von Individuen oder Kollektiven herbeigeführt? Haben diese einen Vorteil daraus? Oder ist es die unbeabsichtigte Wirkung individueller Handlungen? Oder ist es Resultat der Natur, und wenn ja, sind die Effekte der Natur durch menschliches Handeln kompensierbar oder nicht? Aber um diese Problemebene geht es im Moment nicht. Vielmehr geht es um die Rolle der Sozialtheorie. Denn es wird folgendes deutlich: Man braucht Sozialtheorie nicht nur, um die direkten und indirekten Konsequenzen „gerechtigkeitsfördernder" Maßnahmen abschätzen zu können, sondern auch um die Ursache von Benachteiligungen feststellen zu können. Also um Fragen zu beantworten wie: Sind Benachteiligungen Ungerechtigkeiten, für die konkrete Akteure oder Gruppen von Akteuren verantwortlich sind? Oder sind sie dem Zufall der Natur geschuldet? Inwiefern sind sie in diesem Fall durch menschliche Arrangements kompensierbar oder nicht? Oder sind sie vielleicht Ergebnis menschlichen Handelns, aber nicht menschlicher Planung? Angenommen, es besteht eine Pflicht zur Beseitigung bestimmter Ungerechtigkeiten, sollen die hiefür erforderlichen Maßnahmen politisch oder durch andere Arrangements umgesetzt werden? Es wäre verwegen, solche Fragen ohne sozialtheoretische Modellierung der relevanten Interdependenzen beantworten zu wollen. Trotz dieser kaum überschätzbaren Bedeutung von Sozialtheorie als begrifflicher Infrastruktur kann aber zweierlei ausschließlich auf der Basis nichtnaturalistischer Gerechtigkeitsnormen geklärt werden (wenn es denn überhaupt klärbar ist): 1. Welche dieser Benachteiligungen begründen Pflichten anderer Akteure? 2. Wie ist die Beweislast im Hinblick auf die Ursache von Benachteiligungen verteilt?

Während der Stellenwert der ersten Frage klar sein dürfte, bedarf die zweite Frage eines kurzen Kommentars. Ihr kommt dann und nur dann Bedeutung zu, wenn a) manche, aber nicht alle Benachteiligungen für andere Akteure Pflichten begründen und wenn b) die Ursache von Benachteiligungen sozialtheoretisch ambivalent sind. Dies dürfte vielfach zutreffen. Die sich daraus ergebende, sozialpolitisch relevante Frage ist: Besteht im Zweifelsfall ein Recht der Benachteiligten auf „Unterstützung" und eine Pflicht der anderen zur Gewährung derselben oder müssen sie zuerst beweisen, daß sie zu den „deserving poor" gehören? Die historische Relevanz dieser Frage seit Beginn des modernen Kapitalismus liegt ebenso auf der Hand wie der Umstand, daß sie nicht Gegenstand eines sozialtheoretischen, sondern eines normativen Diskurses ist. Eine perfektionierte Sozialtheorie könnte allenfalls durch Klärung aller relevanten Kausalitäten Bedingung b) beseitigen, wodurch sich die Beweislast-Diskussion ebenso erübrigen würde, wie durch „extreme" Ethiken Bedingung a) aufgehoben würde, indem verteilungsbezogene Pflichten entweder nie oder aber in allen Fällen von Ungleichheit postuliert werden.

Entgegen einer bei prozeduralistischen Liberalen verbreiteten Auffassung sind von diesen Schwierigkeiten nicht nur welfaristisch-konsequentialistische Ethiken, also etwa der Utilitarismus, betroffen. Der Philosoph Gerald Gaus[38] hat erst kürzlich versucht, den Welfarismus mit dem Argument als „unreasonable" abzutun, die Netto-Wohlfahrtskonsequenzen selbst relativ einfacher Maßnahmen seien einfach nicht prognostizierbar[39], wohingegen liberale Normen, etwa die Unverletzlichkeit des Privateigentums, in hohem Maße „salient" seien. Sie als Leitplanken öffentlicher Politik (mit Max Weber könnte man sagen: wertrational) zu befolgen, sei daher durchaus „reasonable". Was auch immer an diesem Argument stechen mag, so ist darauf zu verweisen, daß auch nicht-konsequentialistische, prozedurale Konzepte zur Bewertung sozialer Zustände wie „Ausbeutung" oder „fairer Tausch" kaum sozialtheoriefrei angewandt werden können. Man erinnere sich etwa an die Frage, ob Unternehmerprofite verdient seien oder nicht. Oder die Frage, wie stark und in welcher Weise Frauen am Arbeitsmarkt gegenüber Männern benachteiligt werden und inwieweit ein festgestelltes Ausmaß an Benachteiligung bestimmten Einflußfaktoren zuzurechnen ist. Hier ist man auf theoretische und empirische Sozialforschung genauso angewiesen, wie wenn es um Fragen geht wie: „Was bedeutet ein Recht auf Arbeit?" oder „Welches ist jener Index, jener invariante Wertmaßstab, der erlaubt, den Realwert von Vermögen und Forderungen in einer Welt sich ändernder Preise zu bestimmen?"[40]

9. Globalisierung und die Voraussetzung für die politische Dimension sozialer Gerechtigkeit

Die Realisierung von Gerechtigkeitskonzepten setzt – insofern sie nicht als moralische Maximen für den einzelnen im kantischen Sinn gedacht sind – eine diskursive und institutionelle Infrastruktur voraus. Eine diskursive Infrastruktur (Community of Judgement) ist nötig, weil der Implementation von Gerechtigkeitskonzepten ein Quasi-Konsens vorangehen muß. Unter modernen Bedingungen sind totalitäre Ausmaße von Zwang nicht akzeptabel, wie sie durch Verteilungspolitiken unvermeidlich wären, die nicht auf einem Quasikonsens beruhen. Die institutionelle Infrastruktur ist erforderlich, weil die ausschließlich spontane Realisierung von Gerechtigkeitsidealen aufgrund von Koordinationsproblemen unmöglich ist. Wahrscheinlich bedarf es in relevanten Fällen sogar des Zwanges, welcher in Umfang und Tiefe jenem gleichkommt, der derzeit von souveränen Staaten ausgeübt wird. Freiwillige Umverteilung ist zwar nicht unmöglich, aber unter gegenwärtigen Bedingungen doch eher prekär, da sie in der Größenordnung des freiwilligen Spendenaufkommens für wohltätige Organisationen bleiben dürfte.

Drei Fragen müssen vor dem Hintergrund des Globalisierungsszenarios zusammen gesehen werden:

(1) Entlang welcher Merkmale entwickeln sich potentielle „Communities of Judgement" bzw. wo könnten sie sich entwickeln? Wo reicht diese Entwicklung hin zur Ausbildung von Solidarität? Solche Merkmale könnten sein: Vernunft, Tradition, Raum, Ethnie, Nation, Staat, Kultur, Klasse, „Schicksal".

(2) In welcher Art sind die Cluster der Motive sozialer Sicherung (Versicherungsfunktion gegen Umbewertungen, also im ökonomischen Jargon: pekuniäre externe Effekte) im Kontext lokaler und globaler Marktinterdependenzen strukturiert?

(3) In welchen Aspekten decken sich diese Problemcluster mit jenen Communities of Judgement? Welches ist daher der Raum für relevante Lösungsmöglichkeiten?

Eine Krise der globalisierten kapitalistischen Marktwirtschaft läge vor, wenn (1) < (2), also wenn die Reichweite und -tiefe der Marktinterdependenzen in den relevanten Dimensionen jene der Community of Judgement übersteigt. Daraus wird eine aktuelle Frage in ihrer ganzen Schärfe deutlich, die derzeit im Zentrum der Kontroversen steht. Sie lautet: Darf man hoffen, daß unter den Prämissen des Multikulturalismus die Reichweite von Communities of Judgement ausdehnbar ist? Nur zur Illustration: Huntingtons „Kampf der Kulturen"[41] ist nichts anderes als eine Dramatisierung der weltpolitischen Implikationen einer negativen Antwort auf diese Frage, während Cerny[42] und Zürn[43] optimistischer sind.

Ich werde abschließend nicht über eine Antwort spekulieren, sondern versuchen, einige strukturelle Bedingungen für die Beantwortung herauszuarbeiten. In Hinblick auf die Probleme von interkulturellen Diskursen können verschiedene Stadien bzw. Haltungen unterschieden werden:

Stadium 1: Ein naiver Binnendiskurs. Binnenstandards der Bewertung werden hier für die Beurteilung von Vorgängen jenseits des soziokulturellen Binnenraums verwendet. Kein interkultureller normativer Diskurs ist hier möglich, weil die normative Kompetenz wechselseitig pauschal abgesprochen wird.

Stadium 2: Relativismus. Binnenstandards werden nur für die Beurteilung von Vorgängen im Binnenraum verwendet, wobei die Existenz und Berechtigung anderer als der eigenen Binnenstandards betont anerkannt wird. Kein interkultureller normativer Diskurs findet statt, weil die normative Kompetenz den „anderen" für die jeweils eigenen Angelegenheiten abgesprochen wird. Jedoch existiert ein gewisses Potential der Reichweitenausdehnung gerade durch die nichtrelativistische Basis des Relativismus. Der Relativist vermutet (implizit) im Gegensatz zum naiven Binnenbewerter irgendwelche Wahrheiten höherer Ordnung, die verschiedene Lebensformen als Möglichkeiten ausweisen. Sonst würde er wie jener seine eigenen Standards zur Beurteilung der anderen verwenden.

Stadium 3: Klassenspezifische normative Kompetenz. Akteure verschiedener Klassen (nicht notwendigerweise sozialer Klassen) erkennen sich gegenseitig potentielle normative Kompetenz zu. Aktuelle normative Kompetenz hängt von bestimmten generischen Eigenschaften ab wie zum Beispiel dem Bildungsgrad im Sinne mancher Liberaler, dem Status als Eigentümer oder Klassenzugehörigkeit zum Proletariat im Marxismus.

Stadium 4: Nichtrelativistische Anerkennung von Differenz. Die Akteure reflektieren den Grad, in dem unterschiedliche normative Urteile in unterschiedlichen Epistemologien und Sozialtheorien begründet sind.

Hier scheint sich ein Dilemma aufzutun. Es dürfte einleuchtend sein, daß Stadium 2 und Stadium 4 die günstigsten Voraussetzungen für eine gesteigerte Reichweite normativer Diskurse bieten, während 1 und 3 ungünstig sind. Beide „günstigen" Positionen haben einen postmodernen Touch und sind problematisch. Auf die Problemursachen komme ich gleich zurück. Beide „ungünstigen" Positionen zeichnen sich dadurch aus, daß sie in gewisser Weise die postmoderne Kritik an der Moderne reflektieren. Postmoderne Kritik an der Moderne besagt typischerweise, der moderne Rationalismus tendiere in Wirklichkeit zu solch problematischen Positionen (1 und 3) und schaffe statt aufgeklärter Offenheit Rigidität und Ausgrenzung. Entweder betreibe er einen unreflektierten Hegemonialismus oder er fundiere mit seinem rationalistischen Universalismus Ausgrenzungs- und Privilegierungsstrategien, die der Machtenfaltung dienten und um nichts besser seien als jener Hegemonismus. Wahrscheinlich ist diese Kritik stark überzogen, aber ebenso wahrscheinlich hat sie einen wahren Kern. Nun zu den problematischen „postmodernen" Positionen. Die hier als Relativismus dargestellte Position ist wegen ihrer nicht-relativistischen Begründung inkohärent. Und im Fall der Reflexion unterschiedlicher Epistemologien scheinen ausgesprochen vernunftkritische Konzepte wie die Mannheimsche „Seinsverbundenheit des Wissens" durch, also Konzepte, welche die Möglichkeit einer standpunktunabhängigen Sozialtheorie negieren. Solche Konzepte sind allgemein problematisch, und sie sind besonders problematisch, wenn es – wie hier der Fall – letztlich um die planvolle politische Umsetzung moralischer Ansprüche geht. Sonja Rinofner-Kreidl[44] hat dies kürzlich anhand des Mannheimschen Ansatzes eindrucksvoll gezeigt. Diese Defizite sollten uns, so möchte ich abschließend argumentieren, nicht dazu veranlassen, diese Ansätze a limine zurückzuweisen. Ob sie nützlich oder irreführend sind, ist eine Frage ihrer Einordnung auf der angemessenen Ebene. Wenn solche Ansätze an den Ansprüchen der eingangs als modern bezeichneten Ebenen gemessen werden, kann das Verdikt nur vernichtend ausfallen. Legt man die Ansprüche und „Bedürfnisse" dieser Ebenen zugrunde, dann ist einem am besten mit einer abstrakten Moral und einer intelligenten Version der Second-best Wohlfahrtstheorie gedient, welche einen Gutteil der Anwendungsprobleme überzeugend zu analysieren vermag. Anerkennt man indes die zwar nicht neuen, aber durch die Postmoderne akzentuierten und die Globalisierung dramatisierten Problemhorizonte, dann gewinnen rationalitätskritische Positionen trotz aller Probleme an Attraktivität, auch wenn Kohärenz und Konsistenz dabei partiell geopfert werden müssen. Die Tragfähigkeit neuer Communities of Judgement wird davon abhängen, ob diese „Opferung" partiell bleibt, denn normative Diskurse bedürfen auch in Phasen der Reichweitenausdehnung der Konsistenz genauso wie der Offenheit. In jedem Fall ist die Neuformierung solcher Communities of Judgement anspruchsvoll, so daß Nachsicht mit jenen angebracht ist, die sich am guten, alten Wohlfahrts(national)staat festhalten wollen. Denn wie schon bei der Herausbildung dieser Institution (bei der aufklärerischer Rationalismus genauso mitwirkte wie der marxistische Sozialismus, die christliche Soziallehre und organizistisch fundiertes Denken in nationalen Kategorien – um nur einige davon zu nennen) müssen teils widersprüchliche Potentiale der Moderne und ihrer dialektischen oder reflexiven – oder gar reaktionären – Begleiterscheinungen unter einen Hut gebracht werden.

Anmerkungen

1 Ich danke Peter KOLLER und Peter ROSNER, deren Diskussionsbeiträge am Wohlfahrtsstaats-Symposion der Österreichischen Forschungsgemeinschaft zur Schärfung der in diesem Aufsatz verfolgten Fragestellungen beitrugen, und Rudolf DUJMOVITS für die kritische Durchsicht des Manuskripts. Einige der in diesem Aufsatz erörterten Aspekte gehen direkt oder indirekt auf Gespräche mit Sonja RINOFNER-KREIDL bzw. ihre Kommentare zu einem älteren Aufsatz zurück: Richard STURN, Wie wird Theorie praxisrelevant? Über Stile der Politikberatung, in: Lutz BEINSEN, Heinz D. KURZ (Hg.), Ökonomie und Common Sense: Festschrift für

Gunther Tichy, Graz 1998, 257-286. Fehler sind selbstverständlich von mir alleine zu verantworten.

2 Vgl. dazu Richard A. POSNER, The Economics of Justice, Cambridge, MA-London 1981, 331ff.

3 Carl MENGER, Grundsätze der Volkswirtschaftslehre, Wien 1871,1f.

4 Zur Dynamik von Zentrum-Peripherie Ungleichheiten vgl. Anthony J. VENABLES, Economic Integration and Centre-Periphery Inequalities: The View from Trade Theory, in: Hans-Jürgen VOSGERAU (Hg.), Zentrum und Peripherie – Zur Entwicklung der Arbeitsteilung in Europa. Jahrestagung des Vereins für Socialpolitik in Linz 1995 (Schriften des Vereins für Socialpolitik, Neue Folge Band 250), Berlin 1997, 33-51.

5 Ulrich BECK, Wie wird Demokratie im Zeitalter der Globalisierung möglich? Eine Einleitung, in: Ulrich BECK (Hg.), Politik der Globalisierung, Frankfurt/M.1998, 7-66; Ulrich BECK, Vorwort, in: Ulrich BECK (Hg.), Perspektiven der Weltgesellschaft, Frankfurt/M.1998, 7-10; Martin ALBROW, Abschied vom Nationalstaat, Frankfurt/M. 1998; Martin ALBROW, Auf dem Weg zu einer globalen Gesellschaft?, in: Ulrich BECK (Hg.), Perspektiven der Weltgesellschaft, Frankfurt/M. 1998, 411-434; Arjun APPADURAI, Globale ethnische Räume, in: Ulrich BECK (Hg.), Perspektiven der Weltgesellschaft, Frankfurt/M. 1998, 11-40.

6 Friedrich NIETZSCHE, Menschliches, Allzumenschliches, in: Werke in vier Bänden. Hg. und eingeleitet von Gerhard STENZEL. Band 3, Erlangen, o.J. (urspr. 1886), 23.

7 Auf verschiedenen Ebenen argumentieren dies Arjun APPADURAI, Globale ethnische Räume, in: Ulrich BECK (Hg.), Perspektiven der Weltgesellschaft, Frankfurt/M. 1998, 11-40; Andrew KIRBY, Wider die Ortlosigkeit, ebenda, 168-175; und Roland ROBERTSON, Glokalisierung: Homogenität und Heterogenität in Raum und Zeit, ebenda, 192-220.

8 Samuel P. HUNTINGTON, Der Kampf der Kulturen: Die Neugestaltung der Weltpolitik im 21. Jahrhundert (The Clash of Civilizations, aus dem Amerikanischen übertragen von Holger FLIESSBACH), München-Wien 1996.

9 Vgl. Michael ZÜRN, Schwarz-Rot-Grün-Braun: Reaktionsweisen auf Denationalisierung, in: Ulrich BECK (Hg.), Politik der Globalisierung, Frankfurt/M.1998, 297-330.

10 Das Theorie-Praxis Problem in der Ökonomie erörtere ich in STURN, Theorie, 1998.

11 Vgl. Horst SIEBERT, Disziplinierung der nationalen Wirtschaftspolitik durch die internationale Kapitalmobilität, in: Dieter DUWENDAG (Hg.), Finanzmärkte im Spannungsfeld von Globalisierung, Regulierung und Geldpolitik. Jahrestagung des Vereins für Socialpolitik in Bern 1997 (Schriften des Vereins für Socialpolitik, Neue Folge Band 261), Berlin 1998, 41-67; und Vito TANZI, Globalization, Tax Competition and the Future of Tax Systems, in: Gerold KRAUSE-JUNK (Hg.), Steuersysteme der Zukunft. Jahrestagung des Vereins für Socialpolitik in Kassel 1996 (Schriften des Vereins für Socialpolitik, Neue Folge Band 256), Berlin 1998, 11-27.

12 Weitere zum Teil neo-hobbesianisch inspirierte Kritikpunkte am Wohlfahrtsstaat resümiert PRISCHING in diesem Band.

13 Vgl. Richard STURN, Gerhard WOHLFAHRT, Der gebührenfreie Hochschulzugang und seine Alternativen, Studie im Auftrag des BMWV, Graz 1998; Buchpublikation Wien 1999, wo dies anhand der staatlichen Bildungsfinanzierung nachvollzogen wird. Dort wird auch der versteckte Hobbesianismus diesbezüglicher Argumentation thematisiert, dessen sich viele Diskussionsteilnehmer nicht bewußt sind.

14 Robin BOADWAY, David WILDASIN, Public Sector Economics, Boston 1984, 153f.

15 Philippe van PARIJS, Real Freedom for All, Oxford 1995.

16 Dementsprechend bewegen sich auch Peter KOLLERS Beitrag in diesem Band sowie Richard STURN, Rudolf DUJMOVITS, Do all good things go together again?, Paper präsentiert anläßlich der BIEN-Conference in Wien, September 1996 und Richard STURN, Rudolf DUJMOVITS, Basic Income in Non-Walrasian Worlds: Individual Freedom and Social Interdependence, Research Memorandum, Institut für Finanzwissenschaft, Universität Graz 1999, die sich alle mit van Parijs' Ansatz beschäftigen, ausschließlich auf diesen beiden Ebenen.

17 Diesbezügliche Diagnosen finden sich in der von BECK besorgten Edition Zweite Moderne des Suhrkamp Verlags versammelt. Vgl. BECK, Demokratie, 1998a ; BECK, Vorwort, 1998b und ALBROW, Weg, 1998.

18 Vgl. Margaret CANOVAN, Nationhood and Political Theory, Cheltenham-Northampton, MA 1996, 27ff.

19 Vgl. Allan GIBBARD, Wise Choices, Apt Feelings. A Theory of Normative Judgment, Oxford 1990.

20 Spätestens bei Fragen des interkulturellen Managements wird aber auch hier die Frage nach den Voraussetzungen dieser Doktrinen und dem Status ihrer Aussagen unabweisbar. Vgl. die Kontroversen in Horst STEINMANN, Andreas Georg SCHERER (Hg.), Zwischen Universalismus und Relativismus. Philosophische Grundlagenprobleme des interkulturellen Managements, Frankfurt/M.1998.

21 Vgl. zur Erläuterung dieses Prinzips den Beitrag Peter KOLLERS in diesem Band.

22 Ich werde die Antwort in diesem Aufsatz nicht explizieren, sondern mich auf die Bereitstellung der nötigen „tools" zu ihrer Beantwortung beschränken. „Krasse" Beispiele wie das dieser Frage zugrundeliegende könnten aber nützlich sein, um die Problemlagen nach Bereitstellung dieser tools noch einmal zu durchdenken.

23 Paul VEYNE, Brot und Spiele. Gesellschaftliche Macht und politische Herrschaft in der Antike. Aus dem Französischen von Klaus LAERMANN (Text) und Hans Richard BRITTNACHER (Anmerkungen). (Axel HONNETH, Hans JOAS, Claus OFFE (Hg.), Theorie und Gesellschaft, Band 11.), Frankfurt-New York; Editions de la Maison des Sciences de l'Homme, Paris 1976.

24 Friedrich A. HAYEK, Law, Legislation and Liberty. A new statement of the liberal principles of justice and political economy, London-Henley 1973/79.

25 Zum Reproduktionsaspekt vgl. Richard STURN, Zum Spannungsverhältnis von Verfassungsrechtssprechung und Steuergesetzgebung, in: Juristische Blätter 114, 1992, 745-52.

26 Zur Zähigkeit von Schichteffekten im Bildungsbereich vgl. übersichtsmäßig STURN, WOHLFAHRT, Hochschulzugang, 1998, Kapitel 5 und die dort zitierte Literatur.

27 STURN, WOHLFAHRT, 1998, Kap. 5f.

28 Als „Schulbeispiel" für eine derartige Vermengung der Ebenen kann der sowohl in Deutschland wie in Österreich von den Verfassungsgerichten durch einschlägige Erkenntnisse angeregte Diskurs um die steuerliche Behandlung von Familien gelten (vgl. STURN, Spannungsverhältnis; DUJMOVITS, STURN, Kinder; SAUSGRUBER, WINNER, Familie.).

29 Vgl. hiezu den ausgezeichneten, auch ideengeschichtlich angereicherten Übersichtsaufsatz von J. NELSON, Household Equivalence Scales: Theory vs. Policy, in: Journal of Labor Economics 11, 1992, 471-493. Den drastischen Unterschied der Ergebnisse durch deren empirische Anwendung (anstelle unkorrigierter Familieneinkommen) kann man beispielhaft in STURN, WOHLFAHRT,

Hochschulzugang, 1998, Kapitel 6 nachvollziehen.

30 Andreas SUCHANEK, Erfolgreiche Therapie ohne gute Diagnose? Zum Zusammenhang von normativer und positiver Analyse in der Ökonomik, in: Martin HELD (Hg.), Normative Grundfragen der Ökonomik. Folgen für die Theoriebildung, Frankfurt-New York 1997, 189-212.

31 Immanuel KANT, Der Streit der Fakultäten, in: Wilhelm WEISCHEDEL (Hg.), Werke in zwölf Bänden, Band 11, Zürich 1977 (urspr.1789), A, 142ff.

32 Ob aus dem kategorischen Imperativ verteilungspolitische Maximen à la RAWLS oder ein „Ausbeutungsverbot" im Sinn neokantianischer Sozialisten abgeleitet werden können, ist zweifelhaft. Hiezu müßte geklärt werden, ob es Sinn macht, die auf einen materialen Werteraum bezogenen Wertpräferenzen der in einer *original position* angesiedelten kantischen moralischen Akteure als Rechtfertigung für die Besteuerung (=Wegnahme von Eigentum) empirischer Akteure heranzuziehen. Dabei ist erstens durchaus fraglich, ob diese Konstruktion kohärent ist. Zweitens ist fraglich, ob auf diese Art ein trennscharfes Kriterium zu gewinnen ist, welches sicherstellt, daß im Spannungsfeld privater Eigentumsrechte, -pflichten und Umverteilungspolitik der Maxime Genüge getan wird, daß Menschen „nicht bloße Mittel" sind. Bei Erwägungen dieser Art, die sämtlich mit Problemen der Erschließung von Verteilungsmaximen aus einer kantischen Moral zusammenhängen, ist darauf Bedacht zu nehmen, daß Willensfreiheit nicht mit Handlungsfreiheit verwechselt wird. Diese Verwechslung läge etwa vor, wenn so etwas wie die politische Maximierung der individuellen Optionenräume aus einem kantischen Ansatz abzuleiten versucht würde.

33 HAYEK, Law.

34 Friedrich A. HAYEK, The Counter-Revolution of Science. Studies in the Abuse of Reason, Indianapolis 1979 (urspr.1952), 365ff.

35 Bernard WILLIAMS, Ethics and the Limit of Philosophy, London 1985.

36 Hilary PUTNAM, Objectivity and the Science-Ethics Distinction, in: NUSSBAUM, SEN, 1993, 143-157.

37 Isaiah BERLIN, Two Concepts of Liberty. Four Essays on Liberty, Oxford-New York 1969 (urspr. 1958), 123.

38 Gerald F. GAUS, Why all welfare states (including laissez-faire ones) are unreasonable, in: Social Philosophy & Policy 15, 1998, 1-33.

39 Genauer gesagt, wäre es in der bedeutendsten Version des Konsequentialismus, dem Utilitarismus, in unserer unsicheren Welt der mathematische Erwartungsnutzen der betreffenden Handlungen. GAUS behauptet klugerweise nicht, kollektives staatliches Handeln könne nie zweckrational sein. Dies würde zum Versuch einer reductio ad absurdum einladen. Seine Argumentation und seine Beispiele deuten aber nicht an, daß er eine gute Theorie über die Reichweite des „reasonable", zweckrationalen Handelns in der Politik besitzt. Beispielsweise konzediert er dem Staat die Fähigkeit, „enge" Zwecke wie „Bau von Gefängnissen" rational verfolgen zu können. Dies ist aber insofern uninteressant, als zweckrationale *Politik* (im Unterschied zu zweckrationalem Handeln überhaupt) wohl immer entweder auf Wohlfahrts- oder Wohlbefindenszwecke oder auf Ziele wie imperiale Machtmaximierung gerichtet sein muß und nicht auf ziemlich triviale Ziele wie den Bau eines Gefängnisses. Im Treffen der hiefür nötigen bautechnischen Veranstaltungen liegt nichts Politisches. Nicht einmal für den privaten Bereich (hier hält GAUS übrigens Zweckrationalität für praktisch wichtig) ist ein Ziel wie „Bau einer Fabrik" eine sozialtheoretisch interessante Zielfunktion (relevante Zielfunktionen sind Gewinn-, Umsatz- oder Marktanteilsmaximierung). Noch weniger

nützlich ist GAUS' anderes Beispiel: Der Staat könne auch sehr wohl ein „breites" Ziel wie „Vermeidung des unmittelbaren ökonomischen Kollapses" praktisch-vernünftig verfolgen. (Dies wäre allerdings zu hoffen.) Wenn indessen die Lage so schlecht ist, daß der unmittelbare Kollaps eine reale Gefahr ist, wird dies – nach allem, was wir über solche Situationen wissen – mit einem derart hohen Maß an Unsicherheit einhergehen, daß Prognosen über die Effekte eines Policy-mix schwieriger und nicht leichter sind als in den meisten anderen vorstellbaren Fällen.

40 Wer die ökonomische Theoriegeschichte kennt, wird festgestellt haben, daß einige der von mir genannten Beispiele zu deren prominentesten und meistumstrittenen Fragestellungen gehören. Man beachte, daß dies Fragen nach der Bedeutung prozeduraler Normen in realen sozialen Prozessen (wie dem Markt) sind.

41 HUNTINGTON, Kampf der Kulturen.

42 Philip G. CERNY, Globalisierung und die neue Logik kollektiven Handelns, in: Ulrich BECK (Hg.), Politik der Globalisierung, Frankfurt/M. 1998, 263-296.

43 ZÜRN, Schwarz-Rot-Grün-Braun.

44 Sonja RINOFNER-KREIDL, Freiheit und Rationalität: Ethische Implikationen der Geschichtsphilosophie Karl Mannheims, in: BOISITS, RINOFNER-KREIDL (Hg.), Einheit und Vielheit: Organologische Denkmodelle in der Moderne (Studien zur Moderne, Band 7), Wien 1999.

Ökonomisierung des Privaten – Privatisierung des Öffentlichen
Das Beispiel der Generationengerechtigkeit
Franz Kolland

Im Zuge des industriegesellschaftlichen Modernisierungsprozesses ging es in den Sozialwissenschaften immer wieder um die Abschätzung der Reichweite, der Tiefe und der Auswirkungen marktwirtschaftlicher Austauschbeziehungen und Verkehrsformen. Die Dynamisierung ökonomischer Freiheit bedeutete die Freisetzung der Individuen aus partikularen Herrschaftsverhältnissen. Sie bedeutete aber auch die Auflösung stabiler Gemeinschaften und gewachsener sozialer Bindungen.

Die fortschreitende Zerstörung der traditionellen Wirtschaftsweisen und der ihnen entsprechenden Sozialstrukturen und Lebensformen führte Ferdinand Tönnies 1887 in seinem Buch über „Gemeinschaft und Gesellschaft" zu Fragen wie: Zerbricht die okzidentale Lebensführung gemeinschaftliche und traditionelle Lebenszusammenhänge? Dominieren im künstlichen Konstrukt der Gesellschaft, in der nicht mehr die auf natürlicher Sympathie beruhenden Gefühle vorherrschen, die auf individuelle Vorteile gerichteten, zweckorientierten Geschäftsinteressen? Der Zerfall sozialer Ganzheit führte in der Tat zu einer tiefgreifenden gesellschaftlichen Verunsicherung. Die Herauslösung der Individuen aus den gemeinschaftsverbürgenden Sozialbeziehungen bringe, so heißt es dann in Emile Durkheims „Der Selbstmord", die Gefahr der *Anomie*.[1]

Vermutet und beschrieben wird in solchen Studien eine kühle, distanzierte, rational kalkulierende Gesellschaft von Individuen, der es an Solidarität und sozialer Ethik fehle. Aufgehoben scheint die Dualität zweier voneinander unabhängiger Welten von Verhaltensweisen. Die Welt der *informellen* Beziehungen scheint zunehmend weniger über kulturelle als über ökonomische Codes geregelt zu sein. Persönliche Treueverhältnisse nehmen zugunsten *rationaler Austauschbeziehungen* ab. Bei Jürgen Habermas[2] heißt es: „Das Übergreifen von Formen der ökonomischen und der administrativen Rationalität auf Lebensbereiche, die dem Eigensinn moralisch- und ästhetisch-praktischer Rationalität gehorchen, führt zu einer Art Kolonialisierung der Lebenswelt". Das industrielle Wachstum betrifft nicht nur die „äußere", sondern auch die „innere" Natur des Menschen. Die Menschen werden andere.

„Das Private ist ökonomisch", betitelt Ute Behning ihren 1997 herausgegebenen Sammelband, um auf die *Ökonomisierung privater Haushalte* hinzuweisen. Und Arlie Hochschild schreibt in ihrem 1983 erschienenen Buch „The Managed Heart" von der Kommerzialisierung der Gefühle, die von der Familie vorbereitet werde, indem Arbeitereltern ihre Kinder auf eine starke normative Kontrolle ihres offen gezeigten Verhaltens und Mittelschichteltern ihre Kinder auf die intensive Beherrschung ihres Verhaltens durch Gefühlsnormen vorbereiten.

Formalisierung, Standardisierung und Rationalisierung nehmen nicht nur quantitativ-technisch in der „Welt draußen", sondern auch qualitativ-sozial nach innen zu. Es handelt sich dabei um einen Prozeß der *„Rationalisierung des Alltags"* oder, wie es Hradil[3] nennt, um eine *subjektive Modernisierung.* Eine zweckgerichtetere Handlungsorientierung zeigt sich etwa in unterschiedlichen Formen des Zusammenlebens.

Ökonomisierung und Autonomisierung des Sozialen

Aus dem französischen Strukturalismus heraus wird der Prozeß der „subjektiven Modernisierung" als Antwort auf die politische, soziale und ökonomische Krise der 70er Jahre gesehen. Michel Foucault und Jacques Donzelot[4] versuchen zu zeigen, wie die Konzeption eines liberalen Programms gesellschaftlicher Regulierung mehr und mehr dem Diagramm einer „Sicherheitsgesellschaft" Platz gemacht hat. Ergänzt wird dabei die ökonomische Vernunft durch Elemente einer „sozialen" Rationalität.

Bis in die 70er Jahre galt nach Michel Foucault die Konzeption des Sozialen nach dem Modell der Versicherung. Dieses Modell war entstanden, nachdem sich herausgestellt hatte, daß das klassisch-liberale Modell des 19. Jahrhunderts mit seiner Orientierung auf die Freiheit des Individuums zu Krisen und Konflikten geführt hatte. Akzeptanz von wirtschaftlichem und sozialem Aufstieg über die traditionellen Standes- und Klassengrenzen hinweg und *Optimismus* schufen die Basis für eine generelle und subjektiv *verdiente Freiheit*. Die daraufhin entstandene Versicherungstechnik verteilte auf alle Gesellschaftsmitglieder die Kosten, die aus den Fehlern und Problemen des gesellschaftlichen Funktionierens entstanden waren, unter denen aber bestimmte soziale Gruppen litten. Abnehmende Wachstumsraten und steigenden Sozialausgaben brachten dann in den 70er Jahren dieses System in eine Krise, und der Neoliberalismus antwortete auf diese Krise mit einer *„Ökonomisierung des Sozialen"*. Dabei signalisiert die Abschaffung der Grenzlinie zwischen dem Sozialen und dem Ökonomischen nicht das Ende des Sozialen, sondern repräsentiert eine andere Topografie des Sozialen[5]. Die Rationalität des Marktes ordnet nicht nur die ökonomischen Beziehungen, sondern wirkt tiefgreifend in alle anderen Bereiche hinein. Wir haben es also nicht nur mit einer Markt*wirtschaft*, sondern viel umfassender mit einer effektiven Markt*gesellschaft* zu tun.

Der Neoliberalismus ermutigt die Individuen, ihrer Existenz eine bestimmte unternehmerische Form zu geben. Damit wird auf eine verstärkte „Nachfrage" nach Selbstbestimmung und individueller Gestaltung mit einem „Angebot" reagiert, sich aktiv an der Lösung von bestimmten Angelegenheiten und Problemen zu beteiligen. Der „Preis" für diese Beteiligung ist, daß die Individuen selbst die Verantwortung für diese Aktivitäten übernehmen müssen. Sie müssen das Risiko des Scheiterns in Kauf nehmen. Die Generalisierung der ökonomischen Form hat zur Folge, daß nicht-ökonomische Bereiche und Handlungsformen mittels ökonomischer Kategorien untersucht werden können.

Das neoliberale Denken hat einen zentralen Referenz- und Stützpunkt: den *homo oeconomicus*. Die Bestimmung des Sozialen als eine Form des Ökonomischen erlaubt die Anwendung von Kosten-Nutzen-Kalkülen und

Marktkriterien auf Entscheidungsprozesse in Familie, Ehe, Beruf und so weiter. Mit der modernen Geldwirtschaft entsteht ein generalisierter Motivationshintergrund, der alle ökonomischen Bestrebungen auf den Erwerb von Geldmitteln bündelt. Geld färbt darüber hinaus als Instrument der Verhaltenssteuerung die Reproduktionssphäre des privaten Alltags ein[6], es „kolonialisiert" die Individuen.

In der Gegenwartsgesellschaft bemißt sich Erfolg hauptsächlich über Erfolg am Markt. Soziale Anerkennung ist an materiellen Reichtum geknüpft. Die Gesellschaft, in der man lebt, ist ein Wirtschaftsstandort. Wer ökonomisch oder beruflich erfolgreich ist, genießt allgemein hohes Ansehen. Immer mehr Tätigkeiten und Lebensbereiche werden vermarktlicht, um dadurch ein höheres Prestige zu gewinnen.

Der Neoliberalismus inauguriert neue Freiheiten, indem er prinzipiell alles gesellschaftlichen Aushandlungsprozessen überläßt. *Man kann über alles reden* – unter der entscheidenden Voraussetzung, daß sich diese Verhandlungen allein auf dem Boden von Kosten-Nutzen-Rechnungen bewegen. Durch diese Beschränkung auf das "Realistische" werden neue Formen von Kontrolle möglich. Es erfolgt eine „innere Landnahme"[7], die weder über die autoritäre Repression eines absolutistischen Staates noch über wohlfahrtsstaatliche Integration operiert.

Die Integration des Ökonomischen in das Soziale kombiniert größere Effizienz mit geringeren Kosten und resultiert tendenziell in einer „Autonomisierung des Sozialen"[8]. Eliminiert wird die Differenz zwischen Ökonomie und Sozialem. Dadurch, daß ökonomische Analyseschemata und Entscheidungskriterien auf Bereiche übertragen werden, die nicht oder nicht ausschließlich ökonomische Bereiche sind, ist die Ökonomie kein fest umrissener und eingegrenzter Bereich der menschlichen Existenz, sondern sie umfaßt prinzipiell alle Formen menschlichen Handelns und Sich-Verhaltens.

Die Ökonomisierung des Sozialen verändert nachhaltig die Konzeption des sozialen Risikos. Der Schwerpunkt dieser Risikoproblematik verlagert sich vom Prinzip der kollektiven Verantwortung für Übel und Verletzungen aufgrund des Lebens in der Gesellschaft hin zu einer größeren Betonung der bürgerlichen Pflichten des einzelnen. Selbstsorge und private Risikoverantwortung gelten als Leitbild.

Lassen sich nun für diese Ökonomisierung des Sozialen, die Verschiebung der Risikovorsorge und Risikobereitschaft hin zum einzelnen auch empirische Belege finden? Anhand einer von der Österreichischen Forschungsgemeinschaft geförderten Studie zur intergenerationellen Solidarität soll die theoretische Annahme einem Test unterzogen werden. Einerseits wird der Stellenwert von Selbstsorge und Selbstverantwortung sozialpsychologisch auf der Ebene von Motiven intergenerationellen Austausches untersucht. Andererseits geht es um den Stellenwert privater Vorsorge zur Abdeckung materieller Risiken (im Alter).

Altruismus versus Eigeninteresse in intergenerationellen Hilfeleistungen

Warum helfen sich Menschen und was sind die Gründe für wechselseitigen Austausch und Hilfe in der multilokalen Mehrgenerationenfamilie? Ganz allgemein zeigt sich ein Spektrum, welches von uneingeschränktem Altruismus bis zu purem Eigennutz reicht.

Beim „*kalkulierten Tausch*" steht das Eigeninteresse im Vordergrund. Menschen geben kalkulierend Hilfe. „A basic premise", so Davey und Eggebeen[9], „is that social exchange and interaction will continue as long as that interaction is seen as profitable; that is, where perceived rewards are seen to outweigh the costs to an individual; the individual is thus ‚overbenefitted'". Austauschtheoretisch befinden sich die Älteren allerdings in einer ungünstigen Lage, weil sie gewissermaßen „arme Partner" in den Tauschbeziehungen sind und somit wenige für sie „profitable" soziale Beziehungen haben.

Konzeptuelle Überlegungen, die das Eigeninteresse als treibenden Anreiz zur Koordination von innerfamiliären Hilfeleistungen postulieren, postulieren damit aber meist nicht nur puren Egoismus, sondern auch eine soziale Benevolenz. Demnach erleichtere Selbstinteresse die soziale Kooperation und erschwere sie nicht. Denn altruistische Motive bergen eine Reihe von Risiken in sich, meint Hegner[10]. Sowohl „in der Schuld des Gebenden" zu sein kann als unangenehm empfunden werden als auch unklare gegenseitige Erwartungen im Akt der Hilfe zu haben bzw. mögliche Einschränkungen der eigenen Handlungskompetenz durch einseitiges Empfangen zu erleben. Daraus ergibt sich die Vorstellung eines klugen – bedingten, begrenzten, rationalen – Egoismus als Motivation für Hilfe.

Das *Altruismusmodell* als Grundlage von Hilfe auf der anderen Seite, wie es von Becker und Barro formuliert wurde[11], geht davon aus, daß Individuen sich bemühen, den Wohlstand der Familienmitglieder einander anzugleichen. „Transfers take place to equalize utility among family members". Materielle Transfers fließen von den Familienmitgliedern mit höherem Einkommen zu jenen mit geringerem Einkommen. Das bedeutet, daß auch die Konsumentscheidungen innerhalb von Mehrgenerationenfamilien miteinander verbunden sind .

In diesem Modell haben *emotionale Bindungen* eine entscheidende Bedeutung[12]. Die Familie – so die These – ist zu einem höchst privaten Bereich geworden, dessen Organisation und Kohäsion mehr auf emotionalen Grundlagen basiert, als dies in zurückliegenden historischen Epochen der Fall war[13]. In diesem emotionalen Beziehungsraum, zu dem die Familiengruppe geworden ist, hat das Modell von Liebe und Zuneigung sowohl zwischen den Ehepartnern als auch zwischen Eltern und Kindern die traditionelle Bindung abgelöst, die auf Autorität begründet war und oft, wie Historiker zeigen[14], mit einer gewissen Gleichgültigkeit einherging. Das neue Beziehungsmodell sucht die äußeren Zwänge zu mildern und ist von einer neuen Romantik geprägt, die von Norbert Elias[15] als „Traum, den verstärkten Zwängen der Zivilisation, d.h. der verstärkten Selbstkontrolle zu entkommen", definiert wird.

Gesellschaftliche oder familiäre Normen können ebenfalls eine Ursache für Transfers darstellen. Selbst wenn kein Nutzen zu erwarten ist und es auch mit der affektiven Nähe nicht sehr gut bestellt ist, besteht ein „Zwang, im Bedarfsfall alles Notwendige für die Eltern zu tun"[16]. Eine Norm, die hier als konstitutiv gelten kann, ist die *Loyalitätsnorm*. Die Transaktionsbeziehung wird mit Blick auf ihre langfristige Bindung für die erreichbaren

Vorteile nicht sofort durch Rücknahme der eigenen Ressourcen abgebrochen, wenn vorübergehend oder kurzfristig die Vorteile nicht so deutlich überwiegen wie erwünscht. Mit der Loyalitätsnorm verknüpft ist ein begrenzter Vorteilsverzicht.

Der auf Walster et al.[17] beruhende *equity*-Ansatz besagt, daß jene Beziehungen als befriedigend erlebt werden, die als „balanciert" wahrgenommen werden. Nach Bayertz[18] ist der

„Rekurs auf Gerechtigkeit gewiß weniger anheimelnd als der Appell an Brüderlichkeit und Solidarität; er entspricht aber eher den Bedingungen moderner Gesellschaften. Gerechtigkeit erfordert keine gruppenspezifische Gemeinsamkeit und keine emotionale Verbundenheit, sondern beruht auf der distanzierten Betrachtung und Abwägung konkurrierender Ansprüche von einem unparteilichen Standpunkt aus".

Es ist aber wahrscheinlich, daß keine dieser Theorien alleine ausreicht, um intergenerationelle Solidarität zu erklären. Der *Rational Choice*-Ansatz kann nicht zureichend erklären, warum der intergenerationelle Austausch stark zu Lasten der Frau geht und diese kein *opting out* vornimmt. Hier werden Macht- und Abhängigkeitsverhältnisse und/oder (egoistische) Austauschbeziehungen wirksam, die als „normal" gelten und sowohl je nach Situation mit unterschiedlicher Priorität gelten als auch zu widersprüchlichem Handeln führen.

Der Egoismus-Ansatz ist weiters mit dem Problem konfrontiert, daß er sich weitgehend auf den Austausch zwischen zwei Generationen bezieht und zuwenig berücksichtigt, daß die innerfamiliale Solidarität in einem Mehr-Generationen-Zusammenhang stattfindet. Die Interaktion der Mitglieder zweier Generationen kann nicht isoliert betrachtet werden. Die moralische Verpflichtung zur Gegenleistung muß sich keineswegs darauf beziehen, daß die Leistenden (z.B. die mittlere Generation) selbst es sind, die in den Genuß von Gegenleistungen (durch die ältere Generation) kommen. Es sind vielmehr mehrere Generationen miteinander verknüpft: Großeltern, Kinder und Enkel. Stark[19] nimmt diesen Tatbestand auf und stellt die These auf, daß die Kultur des innerfamilialen Helfens auf *„Demonstration"* beruhe. Gemeint ist damit, daß die mittlere Generation den Kindern Hilfe vorlebt, indem sie der älteren Generation hilft. So kommt es zu einer impliziten Hilfeaufforderung. Den Demonstrationseffekt weist Stark empirisch über folgenden Zusammenhang nach: Eltern mit Kindern haben zu ihren Eltern (Großeltern) häufiger Kontakte als kinderlose Eltern.

Der Altruismus-Ansatz wiederum kann nicht ausreichend erklären, warum das Empfangen von Hilfe ohne Erwiderung auch zu Unzufriedenheit führen kann. So weist die Studie von Davey und Egebeen[20] nach, daß Personen, die im intergenerationellen Austausch mehr bekommen als sie geben (overbenefitted) eher zu Depression neigen, wobei der Befund insofern zu differenzieren ist, als vor allem ein Überschuß bei instrumentellen Dienstleistungen sich negativ auswirkt. Kommunikativer „Überschuß" hat dagegen positive Auswirkungen. Dieser Zusammenhang gilt selbst unter Berücksichtigung vergangener Tauschhandlungen. Die Älteren rechnen einen Positiv-Saldo aus der Vergangenheit nicht auf die gegenwärtigen Hilfebeziehungen an. Vergangene Überschüsse sind gewissermaßen „gelöscht".

Insgesamt muß wohl von einem *multifaktoriellen Modell* intergenerationeller Solidarität ausgegangen werden. Agnes Pitrou[21] betont die Verknüpfung von materiellen Inhalten des Austauschs mit affektiven Gehalten. „Hilfe wird im Falle von Schwierigkeiten zunächst von dem- oder derjenigen erbeten, welchem oder welcher man sich psychisch am innigsten verbunden fühlt". Und, wie Davey und Egebeen[22] ausführen, als günstig für die psychische Befindlichkeit der hilfeempfangenden Älteren erweist sich ein „kontingenter Tausch", womit bedarfsorientierte Hilfeleistungen gemeint sind. Martin Kohli[23] sieht allerdings das Zusammenspiel verschiedener Motivationen nicht spannungsfrei. Er nimmt an, daß in den innerfamilialen Handlungslogiken affektive Bindung, persönliche Nutzenmaximierung, normative Solidarität und moralische Verpflichtung *miteinander konkurrieren* und so *widersprüchliche Erwartungen* evozieren.

Wir gehen jedenfalls in der folgenden Datenanalyse, die auf einer Repräsentativbefragung der österreichischen Bevölkerung beruht[24], von einem multifaktoriellen Modell zur Erklärung innerfamiliärer Hilfeleistungen aus, wobei aufgrund der vorliegenden Daten vorderhand nur getestet werden kann, ob - wie Pitrou annimmt – sich verschiedene Motive in einer Motivationslage verknüpfen. Wir fragten auf Basis einer sechsstufigen Likert-Skalierung 21 Items (Motive) ab, wobei wir ein Item nach Prüfung der Skala auf Eindimensionalität aus der weiteren Datenanalyse ausschlossen. Eine Faktorenanalyse brachte fünf Faktoren im Sinne von Akzentmotivationen heraus.

Tab. 1 Motive innerfamiliärer Solidarität

Aussagen nach Faktoren geordnet
Zustimmung in Prozent (p); Trennschärfekoeffizienten (r_{it}); interne Konsistenz ($á$)

	p	r_{it}
„ALTRUISTISCHE" MOTIVATIONEN		
Faktor 1: „Emotionale Bindung/Wärme" (á= .77)		
Ich helfe meinen Eltern, weil ich ihnen gefühlsmäßig nahe stehe	90	.63
Ich helfe meinen Eltern, weil es mir Freude macht, ihnen einen Wunsch zu erfüllen	82	.58
Es ist nur recht und billig, daß ich meinen Eltern helfe, weil sie immer für mich da sind	77	.55
Ich helfe meinen Eltern, weil ich in der Kindheit ein gutes Verhältnis zu ihnen gehabt habe	73	.55
Ich unterstütze meine Eltern, weil sie auch mich unterstützen	66	.52
In meiner Familie helfen wir zusammen, um Geld zu sparen (z.B. Babysitter, Haushaltshilfe)	67	.35

Faktor 2: „Religiosität/Schuldgefühle" (á = .65)
Ich unterstütze meine Eltern, weil ich sonst das
4. Gebot verletzen würde   11   .58
Ich unterstütze meine Eltern, weil es meiner
religiösen Auffassung entspricht   16   .41
Ich helfe meinen Eltern, weil sie sich dafür
finanziell erkenntlich zeigen   10   .38
Ich habe meinen Eltern gegenüber Schuldgefühle,
 weil ich mehr für sie tun sollte   13   .38

Faktor 3: „Pflicht/Schuldgefühle" (á = .63)
Ich helfe meinen Eltern und erwarte deshalb auch
von meinen Kindern, daß sie mir helfen   40   .46
Eltern sind immer verpflichtet, ihren Kindern zu helfen 29   .41
Ich helfe meinen Eltern, weil ich nicht möchte,
daß die anderen (Freunde/Nachbarn) schlecht
über mich denken   12   .39
Ich unterstütze meine Eltern, weil ich mich
in ihrer Schuld fühle   19   .38

Faktor 4: „Selbstlosigkeit/konflikthafte Hilfe" (á = .67)
Obwohl mich meine Eltern oft schlecht behandelt
haben, unterstütze ich sie, weil ich mich ihnen stark
verpflichtet fühle   12   .51
Ich helfe meinen Eltern, obwohl ich mich gar
nicht gut mit ihnen verstehe   10   .51

„EGOISTISCHE" MOTIVATIONEN
Faktor 5: „Selbstsorge/Selbstinteresse" (á = .46)
Ich erwarte von meinen Eltern, daß sie sich soweit
wie möglich selbst helfen   59   .29
Wenn die (alten) Eltern nicht für sich sorgen können,
muß der Staat einspringen;
das kann nicht Aufgabe der Kinder sein   42   .26
Ich helfe meinen Eltern nicht, weil ich glaube, daß sich
jeder um sich selbst sorgen soll, wenn er Hilfe braucht 13   .25
Wenn meine Eltern mir helfen, dann rechnen sie damit,
daß ich ihnen auch helfe   44   .24

Die ersten vier Faktoren gehören zu jener Motivationslage, die wir theoretisch unter dem Oberbegriff „Altruismus" beschrieben haben, der fünfte Faktor bezeichnet das Gegenteil einer altruistischen Akzentmotivation, nämlich egoistische Ansprüche und Unabhängigkeit in den Beziehungen. Die extrahierten fünf Faktoren ergeben eine Varianzerklärung von 52%. In der ersten Spalte der Tabelle wird der Prozentsatz der Zustimmungen angegeben (stimme voll und ganz zu bis stimme zu versus stimme weniger zu bis stimme überhaupt nicht zu).

Nachweisen läßt sich mit besonderer Deutlichkeit die *affektive Bindung* als Basis von Hilfe (= Faktor 1), auch wenn soziale Erwünschtheit sicher einen nicht unbeträchtlichen Anteil an diesem Ergebnis hat. Mehr als vier Fünftel der Befragten (einbezogen wurden Personen mit mindestens einem lebenden Elternteil) helfen, weil es ihnen „Freude macht", weil sie den Eltern „gefühlsmäßig nahe stehen", drei Viertel, „weil es bereits in der Kindheit ein gutes Verhältnis zu den Eltern gegeben hat" und „weil sie (die Eltern) immer für mich da sind". Dieses Ergebnis spricht gegen jenen Teil der Wertwandelthese, in dem generell behauptet wird, daß die zwischenmenschliche Beziehung instrumentell geworden sei. Die Daten sprechen gegen eine Dominanz von Konkurrenz und Zweckrationalität in den Hilfebeziehungen. Der emotionale Beziehungscharakter als solcher scheint belohnend, die Beziehungsqualität von großer Bedeutung. Kaufmann mutmaßt, daß die Entfamilialisierung des Unterhalts der alten Generation zur Verbesserung der Generationsbeziehungen auf emotionaler Ebene beitrage und verweist auf die Spannungen, die in vormodernen Gesellschaften im Zuge der Hof- oder Geschäftsübergabe zwischen den Generationen auftraten[25]. Es handelt sich hier keineswegs um einen vormodernen Bereich, der durch Modernisierungsprozesse einem unabwendbaren progressiven Bedeutungsverlust ausgesetzt, sondern, wie es Evers und Olk[26] ausdrücken, „um eine gesellschaftliche Sphäre, die komplementär zu den inzwischen expandierten formellen Hilfesystemen aufgrund ihres spezifischen und unverwechselbaren Leistungsprofils bedeutsam ist".

Wie auch in anderen Motivationsbündeln sind im Faktor 1 Motive enthalten, die als solche einen Widerspruch darstellen, nämlich: „Ich unterstütze meine Eltern, weil sie auch mich unterstützen" und „In meiner Familie helfen wir zusammen, um Geld zu sparen (z.B. Babysitter, Haushaltshilfe)". Diese Motive haben eine stärker ökonomische Rationalität und bauen auf einer materiellen Reziprozität auf. Gefühle der Billigung und Mißbilligung, die Sympathie und Ablehnung ausdrücken, stehen also nicht völlig außerhalb einer rationalen Begründung. Ökonomische Anreize werden von Personen also auch dann wahrgenommen, wenn eine starke affektive Bindung besteht. Nach Ott[27] bestehen hier Wechselwirkungen.

Faktor 2 charakterisiert Religiosität bzw. Schuldgefühle als Motivation für innerfamiliale Hilfe. Die Zustimmung zu den Inhalten dieses Motivkomplexes wird von einer Minderheit getragen. Etwa jeder Zehnte unterstützt die Eltern, um das 4. Gebot nicht zu verletzten. Etwas höher ist die Zustimmung zum Item: „Ich unterstütze meine Eltern, weil es meiner religiösen Auffassung entspricht". 13% geben Schuldgefühle an, weil sie ihrer Auffassung nach zu wenig für ihre Eltern machen. Und auch hier wird über die Faktorenanalyse ein Motiv als dazugehörig errechnet, welches in diesem „Faktor" in einem deutlichen Widerspruch zu den anderen Motiven steht. „Ich helfe meinen Eltern, weil sie sich dafür finanziell erkenntlich zeigen", steht wesentlich stärker für ein rational-kalkulierendes Handeln als für eines, welches auf religiös fundierter Ethik beruht.

Die beiden nächsten Motivationen sind solche, die zur *normativen Solidarität* bzw. zur moralischen Verpflichtung gehören. Diese Ergebnisse müssen deshalb mit Vorsicht interpretiert werden, weil Einstellungsmuster dieser Art so unmittelbar in die Lebenswelt eingelagert sind, daß sie sich möglicherweise der Reflexion entziehen. Einen Aufschluß über die Bedeutung könnten hier Längsschnittstudien geben.

Der Faktor 3 wurde als „Pflicht-/Schuldgefühle" bezeichnet. 40% der Befragten sagen: „Ich helfe meinen Eltern und erwarte deshalb auch von meinen Kindern, daß sie mir helfen". Hinter dieser Aussage steckt die Vorstellung von einem intertemporalen Ausgleich, d.h. der Ausgleich geht über die gegenseitige Hilfe benachbarter Generationen hinaus. 29 Prozent geben an, daß „Eltern immer verpflichtet sind, ihren Kindern zu helfen". Der niedrige Prozentsatz als solcher ist überraschend, da die tatsächliche Hilfe viel weiter geht. Das Motiv „Ich helfe meinen Eltern, weil ich nicht möchte, daß die anderen (Freunde/Nachbarn) schlecht über mich denken" fällt wieder inhaltlich aus dem Rahmen, sofern die Reziprozität bzw. Solidarität als ein innerfamiliäres Geschehen aufgefaßt wird. Diese Aussage gehört möglicherweise deshalb dazu, weil – wie bereits weiter oben ausgeführt – Solidarität zum Teil auf Sanktionen von außen aufbaut. Ambivalenzen in den Generationenbeziehungen werden zum Teil ertragen, weil die Solidarität von außen „erzwungen" wird. Geltung hat diese Aussage aber nur für 12% der Befragten. Und 19% der Befragten geben an, daß sie ihren Eltern helfen, weil sie sich in deren Schuld fühlten. Offen ist, ob hier unter Schuld ein Schuldverhältnis im Sinne der ökonomischen Tauschbeziehung gegeben ist oder ob es sich um eine im symbolischen Sinn handelt, eine Art „ewige" Schuld.

Im vierten Faktor scheint der Altruismus am stärksten ausgeprägt. Rund zehn Prozent der Befragten helfen auch, obwohl sie sich von ihren Eltern „oft schlecht behandelt fühlen", und sie helfen, „obwohl sie sich gar nicht gut verstehen". In diesem Faktor findet sich gewissermaßen die Kehrseite der „Wärme und Zuneigung" der ersten Motivation. Damit kann gezeigt werden, daß eine stark konflikthafte Beziehung bei einer kleinen Gruppe der Befragten gegeben ist, aber nicht zu einem Beziehungsabbruch führt.

Der fünfte Faktor könnte als *„Selbstsorge/Selbstinteresse"* bezeichnet werden und gehört zum Kreis der Motive, die Austausch mit Selbstinteresse und damit Utilitarismus verknüpfen. 59% der Befragten erwarten sich von ihren Eltern, daß sie sich „soweit wie möglich selbst helfen". Methodisch interessant ist hier, daß die positive Formulierung der „Unabhängigkeit" eine hohe Zustimmung erfährt, während der negativen Formulierung: „Ich helfe meinen Eltern nicht, weil ich glaube, daß sich jeder um sich selbst sorgen soll, wenn er Hilfe braucht" nur 13% (!) zustimmen. Ein weiter Begriff von Selbsthilfe[28] heißt sowohl Selbstverantwortung als auch Selbstverteidigung. Selbsthilfe umfaßt demnach sowohl gemeinschaftlich-solidarisches Handeln als auch eigensüchtiges Gewinnstreben. In diesem Faktor findet sich auch das ökonomische Kalkül. Von 44% der Befragten wird über das Item: „Wenn meine Eltern mir helfen, dann rechnen sie damit, daß ich ihnen auch helfe" das Rechenhafte in den intergenerationellen Beziehungen ausgedrückt. Und der Staat spielt eine wichtige Rolle bei der Deckung von Hilfebedürfnissen. 42% der Befragten sagen: „Wenn die (alten) Eltern nicht für sich sorgen können, muß der Staat einspringen; das kann nicht Aufgabe der Kinder sein". Kann damit von einem „crowding out" privater Leistungen durch den Staat gesprochen werden? Führt das wohlfahrtsstaatliche Sicherungssystem dazu, daß private Leistungsaufbringung an den Staat überantwortet wird? Daß diese Einstellung gegenwärtig nur ein Typus innerfamilialer Generationenbeziehungen ist, läßt sich allein an der tatsächlich gegebenen Hilfe ablesen, die nach allen Pflegestudien wesentlich höher ist, als es diese Einstellung vermuten läßt. Nichtsdestoweniger drückt dieser Typus Ansprüche nach Autonomie und Unabhängigkeit im Generationenverhältnis aus. In diesem Zusammenhang kann auch von einem „kalten" Beziehungstypus gesprochen werden. Denn wie die folgende Analyse zeigt, beeinflußt diese Motivation das tatsächliche Hilfeverhalten negativ.

In welchem Zusammenhang stehen also die verschiedenen Hilfemotivationen mit der tatsächlich gegebenen Hilfe? Wir fragten hier sechs Hilfesituationen ab. „Mit den Eltern reden" 84% der Befragten, d.h. vier Fünftel sehen Kommunikation als völlig selbstverständlich an. 72% „feiern mit ihren Eltern gemeinsame Feste"; für die „Eltern Einkäufe und Besorgungen machen" 59%. Zum „Arzt begleiten" die Eltern 54%, und eine gleich große Zahl von Befragten sieht es als völlig selbstverständlich, „im Krankheitsfall die Pflege zu übernehmen". Die vergleichsweise geringste Zustimmung findet das Item „Bei der Haushaltsarbeit mithelfen" (48%); d.h. mit steigendem Aufwand sinkt die Hilfebereitschaft.

Die folgende Regressionsanalyse stellt einerseits den Einfluß soziodemografischer Variablen auf verschiedene Hilfesituationen dar, andererseits die Wirkung der Akzentmotivationen.

Tab. 2 *Regression der Hilfesituationen auf soziodemografische Merkmale und Motivationsskalen*

(ausgewiesen sind Beta-Werte)

	(a)	(b)	(c)	(d)	(e)	(f)
Geschlecht	n.sig.	n.sig.	-.10	-.11	-.08	-.17
Alter	n.sig.	n.sig.	n.sig.	-.13	n.sig.	n.sig.
Schulbildung	-.11	-.10	n.sig.	n.sig.	n.sig.	.08
Pro-Kopf-Einkommen	.10	n.sig.	n.sig.	n.sig.	n.sig.	n.sig.
Verheiratet/nicht verh.	n.sig.	.08	-.12	n.sig.	-.11	-.19
ArbeiterIn/Nichtarb.	n.sig.	n.sig.	n.sig.	n.sig.	.09	n.sig.
Stadt/Land	-,09	-.07	n.sig.	.08	n.sig.	.11
F 1: Bindung/Wärme	.41	.56	.43	.40	.44	.38
F 2: Religiosität	n.sig.	n.sig.	n.sig.	n.sig.	n.sig.	n.sig.
F 3: Pflicht/Schuldgef.	n.sig.	n.sig.	n.sig.	n.sig.	n.sig.	-.10
F 4: Selbstlosigkeit	n.sig.	-.11	n.sig.	n.sig.	n.sig.	-.06
F 5: Selbstinteresse	-.14	-.14	-.17	-,09	-.21	-.13
R^2	.27	.35	.25	.24	.26	.27

(a) Mit den Eltern reden
(b) Mit den Eltern gemeinsame Feste feiern
(c) Für die Eltern Einkäufe, Besorgungen machen
(d) Die Eltern zum Arzt begleiten
(e) Im Krankheitsfall die Pflege übernehmen
(f) Bei der Haushaltsarbeit mithelfen

Urbanität, Berufstätigkeit und höhere Schulbildung wirken sich signifikant kommunikationsreduzierend aus, während höheres Einkommen sich positiv auf die Gesprächsbereitschaft mit den Eltern auswirkt. „Rituelle" Solidarität in Gestalt von Festen, Zusammenkünften ist, wie die Tabelle veranschaulicht, vom Familienstand abhängig, der Schulbildung und dem Urbanisierungsgrad; Feste feiern mit ihren Eltern eher Nicht-Verheiratete, Personen mit Pflichtschulabschlüssen und Landbewohner.

Sowohl bei alltäglichen Besorgungen als auch bei Hilfe im Krankheitsfall gibt es mit Ausnahme des Geschlechts keine signifikanten Einflüsse

soziodemografischer Merkmale. Die Begleitung zum Arzt finden Nicht-
berufstätige und Landbewohner signifikant häufiger selbstverständlich als
Berufstätige und Stadtbewohner. Hier hat auch das Alter einen Einfluß.
Mithilfe im Haushalt wird deutlich häufiger von Frauen als völlig selbstverständlich angegeben, von Personen mit höherer Schulbildung, Verheirateten
und von Landbewohnern.

Der zweite Teil der Tabelle läßt sich so interpretieren, daß affektive Nä-
he/Bindung wohl die Akzentmotivation schlechthin ist und alle anderen
Hilfemotivationen deutlich übertrifft. Es kann diese Motivation auch das
Hilfeverhalten stärker erklären als die Soziodemografie der Befragten.

Nicht überraschend ist der zweite Befund, daß die „Selbstinteresse"-Mo-
tivation in einem eindeutig negativen Zusammenhang zur Hilfe steht. Interessant ist hier, daß der Beziehungstypus „Unabhängigkeit" zu *allen* Hilfesituationen einen negativen Zusammenhang aufweist, d.h. nicht nur zu jenen,
die mit einem höheren Arbeitsaufwand verknüpft sind, sondern auch zu
jenen, die als wenig „kostspielig" gelten können. Hier geht wohl Unabhängigkeit vor Kostenkalkülen. Als Modell innerfamilialer sozialer Kooperation
ist dieses Modell ungeeignet, wird es am Hilfepotential bemessen. Unabhängigkeit, Selbstverantwortung und Selbstrealisierung stehen auf Basis der
vorliegenden Daten synonym für beschränktes Hilfepotential. Daß dieses
Wertmuster nicht nur die Haltung der potentiellen Hilfegeber bestimmt,
sondern sich auf der Ebene der potentiellen Hilfegebenden auch in entsprechenden Handlungen ausdrückt, mag das Beispiel eines hochaltrigen Ehe-
paares illustrieren, welches Weihnachts- und Urlaubswochen in einem privaten Krankenhaus verbringt, um den Kindern nicht zur Last zu fallen (zitiert aus den explorativen Interviews). Die im Einstellungstypus „Unabhängigkeit" von der jüngeren Generation verlangte Selbstsorge der Älteren wird
von diesen – durchaus ambivalent, was sich in dem Wort der „Last" ausdrückt – als Selbsthilfe umgesetzt. Die Selbsthilfe bleibt deshalb ambivalent, weil sie gesucht und abgelehnt wird, und zwar vor dem Hintergrund
eines gesellschaftlich legitimierten Entlastungsdiskurses und einer medien-
wirksamen Belastungsdiskussion.

Die Daten zeigen weiters, daß in der hier als Selbstlosigkeit ausgedrück-ten Hilfemotivation, in der aber konflikthafte Beziehungen zu den Eltern stecken (z.B. „Ich helfe meinen Eltern, obwohl ich mich gar nicht gut mit ihnen verstehe"), sich auf die tatsächliche Hilfesituation doch negativ aus-wirkt. Die einstellungsmäßig ausgedrückte „Selbstlosigkeit" ist jedenfalls keine stimmige Hilfemotivation, wenn wir sie mit dem Hilfeverhalten ver-knüpfen. Dann zeigt sich zwar, daß sie keinen signifikanten Einfluß auf Kommunikation hat, die hier über ein sehr „weiches" Item abgefragt wurde, oder auf Besorgungen, aber sie hat Einfluß auf unmittelbare Begegnung über Feste und Mithilfe bei der Hausarbeit. Möglicherweise sind das auch jene Beziehungskonstellationen, in denen die Konflikte entstanden sind (die in den zu dieser Hilfemotivation zusammengefaßten Items ausgedrückt s-ind), die die Beziehung zwar belasten, aber nicht zu einem Abbruch geführt haben. Es ist aber auch denkbar, daß hier unklare und latente Erwartungen das Beziehungsgeschehen belasten. Ist die gegebene Hilfe eine Art Über-kompensation für die erfahrenen Kränkungen?

Als problematisch zeigt sich gleichermaßen eine weitere Hilfemotivation, die hier als „Pflicht-/Schuldgefühle" bezeichnet wurde. Denn diese Moti-vation wirkt sich zum Beispiel auf die Mithilfe bei der Haushaltsarbeit nega-tiv aus. Zwei Aspekte sind zu nennen. Einmal kann es unangenehm sein, sich in der „Schuld des Empfangenden" zu fühlen, eine Schuld, die durch hohe Leistungen und/oder Ansprüche des jetzt Empfangenden und/oder hohe Selbstansprüche des Schuldners gar nicht abgegolten werden kann. Und es kann die soziale Kontrolle („Ich helfe meinen Eltern, weil ich nicht möchte, daß die anderen (Freunde/Nachbarn) schlecht über mich denken") gewissermaßen eine konträre Wirkung, nämlich Hilfeentzug, hervorrufen.

Betrachtet man die wirtschaftliche Entwicklung der Vergangenheit, dann lassen sich verschiedene Prozesse ausmachen, die die traditionellen Vorteile der Familie reduzierten. Dazu gehört der Bedeutungsverlust der Familie als Konsumgemeinschaft (z.B. wurde die gemeinsame Nutzung von Gebrauchsgütern durch Mehrfachanschaffung überflüssig), abnehmende Vorteile aus der Spezialisierung (Männer Erwerbsarbeit, Frauen Haushaltsarbeit) und die Einführung der Sozialversicherung. „Die Entwicklung der staatlichen Sozialversicherung bedeutete, daß das moralische Universum nicht länger nur die Familie (oder die lokale Gemeinschaft) war, sondern sich nun auf den ganzen Nationalstaat erstreckte. Die Sozialversicherung trug also dazu bei, die Nation als einen Bezugsrahmen für kollektive Identität zu konstruieren"[29].

Diese Entwicklung scheint an eine Grenze gekommen zu sein, weil die sozialstaatliche Regelung des sogenannten Generationenvertrags in ihrer Finanzierung als gefährdet gesehen wird. Während der Anteil der Alten und Hochbetagten wächst, sinkt die Zahl der beruflich aktiven Bevölkerung. „Das erhöht den Druck auf das bisher praktizierte Umlageverfahren, wonach die heute schrumpfenden, jeweils beruflich aktiven jüngeren Generationen für die soziale Sicherheit der anteilsmäßig wachsenden älteren Generationen Zahlungen leisten"[30]. Seit Beginn der 80er Jahre werden in der sozialpolitischen Diskussion immer stärker Angst und Warnung vor dem Alter als Belastung für den Wohlfahrtsstaat und das Gesamtgefüge der Gesellschaft artikuliert. Von „Alterslast" ist die Rede, und gemeint ist damit die Belastung, die den jüngeren Erwerbstätigen durch die wachsende Zahl von Nicht-mehr-Erwerbstätigen entstehe. Gefordert wird eine stärkere finanzielle *Eigenvorsorge* für das Alter bzw. ein Rückbau staatlicher Sicherung. Vorbilder für die Privatisierung der Alterssicherung sind hier Chile oder Großbritannien.

Die Verschiebung des Risikos vom Staat zurück zur Familie bzw. zum Individuum hat zwei sehr unterschiedliche Begründungen. Die Forderung nach Kompetenz und Bereitschaft zur eigenverantwortlichen Lebensführung in bezug auf das Alter wurde einerseits ausgelöst durch die Finanzierungslücken des Sozialversicherungssystems. Andererseits ließen die Folgeprobleme sozialstaatlicher Intervention die Forderung nach einer neuen „Kultur der Daseinsvorsorge"[31] aufkommen. Seit den 70er Jahren findet sich eine Sozialstaatskritik, in der formuliert wird, daß der Sozialstaat erstens die Selbstgestaltung hemme, zweitens zu Überversorgung mit sozialer Sicherung in manchen Strata der Sozialversicherten bzw. zu neuer Armut und Unterversorgung anderer Gruppen führe und drittens über Professionalisierung, Spezialisierung und Bürokratisierung bzw. Verrechtlichung Probleme schaffe, zu deren Kompensation er eigentlich entwickelt worden sei[32]. Schließlich kritisieren feministische Studien[33] die Herausbildung des keynesianischen Wohlfahrtsstaates als eine neue Form des Patriarchats.

Für den einzelnen bedeutet beides eine sukzessive Rückverlagerung der Risiken in den privaten, familialen und individuellen Bereich. Damit wird aber das sozialstaatliche *Ziel* der *Produktion von Sicherheit* in Frage gestellt. Soweit das Gefühl von Sicherheit etwas mit der Stabilität von Erwartungen zu tun hat, kann man diese Entwicklung als Erzeugung von Unsicherheit bezeichnen. Bezogen auf die materielle Alterssicherung bedeutete unter dem bisherigen Sicherheits-Vertrag bzw. Generationenvertrag, daß das Ausscheiden aus dem Berufsleben mit dem Anspruch auf eine Pension verknüpft war. Diese Sicherheit wurde im Zuge der öffentlichen – vor allem medialen – Debatte um die Pensionen in Frage gestellt. „Nicht länger wird Staatsbürgerschaft in Begriffen der Solidarität, Zufriedenheit, Wohlfahrt und eines Sinnes von Sicherheit durch die Bande organisatorischen und sozialen Lebens beschrieben", so Miller und Rose, „sondern Staatsbürgerschaft soll eher aktiv und individualistisch statt passiv und abhängig sein".

Ulrich Beck oder auch Wolfgang Zapf sehen Vorzüge in einer individuellen Risikobewältigung. Nach Beck gehe es darum, daß der einzelne weniger wissenschaftlichen und ökonomischen Ratschlägen, aber auch nicht Kalkülen der staatlichen Politik vertrauen sollte. Zu überwinden sei die organisierte Unverantwortlichkeit (1988). Zapf[34] geht noch weiter, indem er sagt: „Es kann nicht die Aufgabe des Staates sein, jedem Bürger ein zufrie-

denes Leben, frei von allen Sorgen, zu garantieren." Die nachfolgende Tabelle veranschaulicht, wie stark das wohlfahrtsstaatliche Sicherheitsdenken
einstellungsmäßig einer Verunsicherung Platz gemacht hat. Zwei Drittel der
Bevölkerung halten die Pensionen für nur teilweise oder überhaupt nicht
gesichert. Frauen geben eine größere Unsicherheit an als Männer. Der Zusammenhang zwischen Geschlecht und Pensionsunsicherheit läßt sich unter
Einbeziehung des Alters derart modifizieren, daß junge Frauen signifikant
häufiger als junge Männer (78,4% : 72%) die Pensionen der Zukunft als
ungesichert sehen.

Tab. 3 Die Pensionen sind in den nächsten 10, 15 Jahren...

	Völlig/weit-gehend gesichert %	*Teilweise/nicht gesichert* %
Insgesamt	33,1	66,9
Frauen	29,4	70,6
Männer*)	35,5	64,5
Bis 39jährige	24,7	75,3
40-54jährige	34,1	65,9
55-69jährige	43,9	56,1
70 Jahre u. älter**)	38,4	61,6
Bis öS 10.000,-	32,2	67,8
Bis öS 20.000,-	31,4	68,6
Bis öS 30.000,-	39,8	60,2
Über öS 30.000,-***)	29,8	70,2
Pflichtschulabgänger	32,0	68,0
Mittlere Schule	33,9	66,1
Höhere Schule***)	29,5	70,5

*) p < .04; **) p < .00; ***) n.sign.; 1998; N = 1.000.

Berücksichtigt man die Bildungsvariable, dann unterscheiden sich Frauen
mit mittleren Schulabschlüssen von den entsprechenden Männern, anson-

sten hat die Schulbildung keinen Einfluß auf die geschlechtsspezifische Wahrnehmung der Pensionssicherheit. Erklärbar wird die größere „Angst" der Frauen teilweise dann, wenn man eine weitere Variable in die Untersuchung einbezieht, nämlich den Erwerbsstatus. In dem Fall wird nämlich sichtbar, daß sich Frauen von Männern dann unterscheiden, wenn sie eine Teilzeitbeschäftigung haben, einer geringfügigen Beschäftigung nachgehen oder (zur Zeit) gar nicht berufstätig sind.

Die Tabelle zeigt weiters den erwarteten Zusammenhang zwischen Altersgruppenzugehörigkeit und Einschätzung der Pensionssicherheit. Während 56,1% der 55-69jährigen meinen, daß die Pensionen teilweise oder gar nicht gesichert seien, liegt der Anteil bei den unter 39jährigen bei 75,3%. Die Jungen wissen, daß sie nicht mehr so viel bekommen werden, und diese Einschätzung ist realistisch.

Und wie sieht die Einschätzung der Pensionssicherheit bei jener Bevölkerungsgruppe aus, die von Rückbauten des Wohlfahrtsstaates als besonders betroffen gilt, nämlich den Einkommensschwächeren? Es zeigen sich keine signifikanten Unterschiede zwischen den Einkommensgruppen. Personen mit höherem wie mit niederem Einkommen hegen dieselben Erwartungen bezüglich der Pensionsentwicklung.

Führt nun die geschätzte Unsicherheit hinsichtlich der staatlichen Pensionen zu vermehrter *Eigenvorsorge*, wie vermutet werden könnte? Die Krise des Sozialstaates fordert den einzelnen dazu auf, die Verantwortung für seine ökonomische Situation in der Pension zumindest zum Teil selbst zu übernehmen. Selbstbestimmung wird zu einer zentralen ökonomischen Ressource. Sorgen Menschen, die befürchten, daß die Pensionen reduziert werden, stärker für sich vor? Steigt mit der Unsicherheit das Interesse an individueller Risikoabdeckung?

Statistisch gesehen könnte geradezu das Gegenteil behauptet werden, nämlich, daß eher jene, die die staatlichen Pensionen als sicher einstufen, Eigenvorsorge betreiben als jene, die diese als unsicher sehen (Tab. 4). Erst wenn wir eine Differenzierung nach verschiedenen Typen von Eigenvorsorge vornehmen, zeigt sich eine gewisse „Wirkung" der öffentlichen Pensionsdiskussion. Pensionsunsicherheit hat auf jenen Typ von Eigenvorsorge einen unmittelbaren Einfluß, der eindeutig als Pensionsvorsorge gilt, nämlich „Abschluß einer Versicherung für eine Zusatzpension". Die öffentliche Pensionsdiskussion hat nicht zu einem vermehrten Abschluß von Lebensversicherungen oder Wertpapierkäufen geführt.

Tab. 4 Zusammenhang zwischen Pensionssicherheit und Eigenvorsorge
Sind die staatlichen Pensionen...

	sicher ?	wenig sicher?
	%	%
Eigenvorsorge insgesamt[*]:		
Ja	84	77
Nein	16	23
Lebensversicherung[**]:		
Ja	43	44
Nein	57	56
Wertpapierkauf[**]:		
Ja	6	8
Nein	94	92
Versicherung für Zusatzpension[***]:		
Ja	11	16
Nein	89	84

*) $p < .02$; **) n.sig.; ***) $p < .03$; 1998; N = 1.000.

Signifikant geringer ist die Vorsorge bei Frauen, bei über 70jährigen, bei Pflichtschulabgängern und Personen mit einem Einkommen über öS 30.000,-. Was kann daraus geschlossen werden? Die „Produktion von Unsicherheit" führt nicht grundsätzlich zu Eigenvorsorge. Möglicherweise steckt hinter diesem Zusammenhang eine Vogel-Strauß-Politik, das heißt auf Unsicherheit wird nicht mit Vorsorge reagiert, sondern mit Konsum. Möglicherweise wird ein solches Verhalten unter Unsicherheitsbedingungen noch verstärkt. Schließlich wäre auch noch möglich, daß es zwischen „staatlichen" Pensionen und Eigenvorsorge keinen unmittelbaren Zusammenhang gibt. Für diese Hypothese spricht, daß keine einzige positive Korrelation gefunden werden konnte, das heißt es gibt keine Gruppe, die auf der Basis einer Unsicherheitswahrnehmung Vorsorge betreibt.

Ausblick

Die Dominanz der gefühlsmäßigen Bindungen und die vergleichsweise geringe Bedeutung von Rollenverpflichtungen bedeuten einerseits, daß Verpflichtungsnormen als solche nicht mehr zum primären Kooperationsleitbild in den intergenerationellen Austauschbeziehungen gehören und andererseits (noch) nicht schlechthin von einem kalkulierten Tausch an Leistungen gesprochen werden kann. Dabei gibt es geschlechtsspezifische Unterschiede. Während der Schwerpunkt der Männer eher bei einem „kalten" Beziehungstypus liegt, der stärker rechenhaftes Denken einschließt, neigen Frauen eher zu einem „warmen" Beziehungstypus. Geringere Rollenverpflichtungen mit einem größeren Ausmaß an gefühlsmäßiger Nähe scheint der dominante Beziehungstypus zu sein. Er entspricht, wie erwähnt, dem von Elias als neu bezeichneten familialen *Beziehungsmodell der Romantisierung*. In dieser Romantisierung liegt aber möglicherweise auch eine Ursache für die von Lüscher und Pajung-Bilger[35] formulierten „forcierten Ambivalenzen" und Konflikte in den Generationenbeziehungen.

Daneben finden wir jenen Verhaltenstypus, dem primär unser Untersuchungsinteresse galt. Er verbindet geringe Rollenverpflichtungen mit Unabhängigkeit und Selbstinteresse. Verknüpft werden „egoistische" Ansprüche mit dem Streben nach gefühlsmäßiger Unabhängigkeit. Im Sammelband von Beck und Beck-Gernsheim[36] ist von der *„neuen Kälte"*, den „Frösten der Freiheit" die Rede. Dieser Einstellungstyp ist es offenbar, der zur Vorstellung von der *Singularisierung*[37] in den Generationenbeziehungen geführt hat, womit die gesellschaftlich akzeptierte und durch konsum- und informationsgesellschaftliche Tendenzen verstärkte *Vereinzelung* gemeint ist.

Für die Eigenvorsorge können wir festhalten: Optionalität ist zwar zu einer Maxime sozialer Sicherheit geworden, doch ist sie an Voraussetzungen gebunden. Um die organisierte Unverantwortlichkeit überwinden zu können und Entscheidungsspielräume nützen zu können, müssen, wie es Beck formuliert hat, zwei Voraussetzungen gegeben sein. Erstens muß das Einkommen hoch genug sein, um überhaupt eine Wahl zwischen Konsum und Sparen im Alter zu ermöglichen. Und zweitens braucht der einzelne in der Regel die kalkulatorischen Fähigkeiten, mit Risiken rational umzugehen.[38] Für den Kauf von Wertpapieren braucht es ein gewisses Verständnis grundlegender volkswirtschaftlicher Zusammenhänge und Wissen um entscheidungsrelevante Fakten. Eine individuelle Risikobearbeitung bleibt letztlich mit dem Problem konfrontiert, daß weder genügend komplexe Sachkenntnis noch genügend Zeit noch ausreichende personelle Ressourcen zur Verfügung stehen, um rational entscheiden zu können.[39] Eine Kultur der Lebensführung muß gepflegt, kultiviert und auch von den Subjekten gewollt werden. Dabei ist das Verhältnis von Staat zu Privat nicht als Nullsummenspiel zu sehen, sondern es sind – im Sinne des Wohlfahrtspluralismus – eher Strategien zu forcieren, die die Leistungen des Privaten nicht instrumentalisieren, sondern als systematischen Bestandteil der Wohlfahrtsproduktion berücksichtigen.

Anmerkungen

1 Emile DURKHEIM, Der Selbstmord, Neuwied 1973 (ursprünglich1898).
2 Jürgen HABERMAS, Einleitung zu: Stichworte zur „Geistigen Situation der Zeit". Band 1, Frankfurt a. M.. 1979, 28.
3 Stefan HRADIL, Die „Single-Gesellschaft", München 1995.
4 Vgl. Thomas LEMKE, Eine Kritik der politischen Vernunft. Foucaults Analyse der modernen Gouvernementalität, Berlin 1997.
5 Jacques DONZELOT, Die Förderung des Sozialen, in: R. SCHWARZ (Hg.), Zur Genealogie der Regulation. Mainz 1994, 109-161.
6 Klaus KRAEMER, Marktgesellschaft, in: G. KNEER, A. NASSEHI, M. SCHROER (Hg.), Soziologische Gesellschaftsbegriffe. München 1997, 280-304.
7 Burkart LUTZ, Der kurze Traum immerwährender Prosperität. Frankfurt a. M. 1984.
8 Thomas LEMKE, Eine Kritik der politischen Vernunft. Foucaults Analyse der modernen Gouvernementalität, Berlin 1997, 253.
9 Adam DAVEY, David J. EGGEBEEN, Patterns of Intergenerational Exchange and Mental Health, in: Journal of Gerontology, 53B/2, 1986.

10 Friedhart HEGNER, Besser kluger Egoismus als scheinbarer Altruismus, in: K. GABRIEL, A. HERLTH, K. P. STROHMEIER (Hg.), Modernität und Solidarität. Wien 1997, 309-326.

11 Vgl. Douglas HOLTZ-EAKIN, Timothy M. SMEEDING, Income, Wealth, and Intergenerational Economic Relations of the Aged, in: Linda G. MARTIN, Samuel H. PRESTON (Hg.), Demography of Aging. Washington D.C. 1994, 127-128.

12 Vgl. Marjorie CANTOR, Barbara HIRSHORN, Intergenerational Transfers within the Family Context – Motivating Factors and Their Implications for Caregiving. New York 1989.

13 Vgl. Yvonne SCHÜTZE, Michael WAGNER, Sozialstrukturelle, normative und emotionale determinanten der Beziehungen zwischen erwachsenen Kindern und ihren Eltern, in: Zeitschrift für Sozialisationsforschung, 11/1, 1991, 297.

14 Vgl. Francois DE SINGLY, Die Familie der Moderne, Konstanz 1994.

15 Norbert ELIAS, Über den Prozeß der Zivilisation, Frankfurt a.M. 1979.

16 Martin REIN, Intergenerationelle Solidarität. Eine Fünfländerstudie über den sozialen Prozeß des Alterns, in: Adalbert EVERS, Kai LEICHSENRING, Bernd MARIN (Hg.), Die Zukunft des Alterns, Wien 1994, 96.

17 E. WALSTER, G.W. WALSTER, E. BERSCHEID, Equity: Theory and Research, Boston 1978.

18 Kurt BAYERTZ, Begriff und Problem der Solidarität, in: Kurt BAYERTZ (Hg.), Solidarität, Frankfurt a.M. 1998, 40.

19 Oded STARK, Altruism and Beyond, Cambridge 1995.

20 DAVEY, EGGEBEEN, Patterns.

21 Agnes PITROU, Generationenbeziehungen und familiale Strategien, in: K. LÜSCHER, F. SCHULTHEIS (Hg.), Generationenbeziehungen in „post-modernen" Gesellschaften, Konstanz 1993, 82.

22 DAVEY, EGGEBEEN, Patterns.

23 Martin KOHLI, Beziehungen und Transfers zwischen den Generationen - Vom Staat zurück zur Familie? Freie Universität Berlin, Forschungsbericht 51, Juni 1995, 7.

24 Die Stichprobe für die Befragung ist aus der österreichischen Wohnbevölkerung im Alter von über 18 Jahren gezogen. Es wurden insgesamt 1.025 Personen befragt, die auf eine Stichprobe von N=1.000 gewichtet wurden. Die Erhebung fand zwischen August und Oktober 1998 statt.

25 Franz Xaver KAUFMANN, Generationenbeziehungen und Generationenverhältnisse im Wohlfahrtsstaat, in: K. LÜSCHE, F. SCHULTHEIS (Hg.), Generationenbeziehungen in „postmodernen" Gesellschaften, Konstanz 1993, 105.

26 Adalbert EVERS, Thomas OLK, Von der pflegerischen Versorgung zu hilfreichen Arrangements, in: Adalbert EVERS, Thomas OLK (Hg.), Wohlfahrtspluralismus, Opladen 1996, 350.

27 Notburga OTT, Beruf, Kinder, Familie – ein Spannungsfeld aus ökonomischer Sicht, in: U. BEHNING (Hg.), Das Private ist ökonomisch, Berlin 1997, 41-86.

28 Vgl. Peter GROSS, Selbsthilfe und Selbstverantwortung als normative Leitideen der Sozialpolitik, in: C. SACHSSE, H. T. ENGELHARDT (Hg.), Sicherheit und Freiheit, Frankfurt a.M. 1990, 85-105

29 KOHLI, Beziehungen, 8.

30 Leopold ROSENMAYR, Über Generationen, in: C. BEHREND, P. ZEMAN (Hg.), Soziale Gerontologie, Berlin 1997, 17-49.

31 Vgl. Peter KOSLOWSKI, Der soziale Staat der Postmoderne, in: E. SACHSSE (Hg.), Sicherheit und Freiheit, Frankfurt a.M. 1990, 28.

32 Vgl. Gertrud M. BACKES, Alternde Gesellschaft und Entwicklung des Sozialstaates, in: W. CLEMENS, G.M. BACKES (Hg.), Altern und Gesellschaft, Opladen 1998, 257-286.

33 Vgl. Mechthild VEIL, Der Beitrag der Familienarbeit zum Sozialstaat – umsonst und grenzenlos? in: U. BEHNING (Hg.), Das Private ist ökonomisch, Berlin 1997, 89-102.

34 Wolfgang ZAPF, Staat, Sicherheit und Individualisierung, in: BECK, BECK-GERNS-HEIM (Hg.), Riskante Freiheiten, Frankfurt a.M. 1994, 296-304.

35 Kurt LÜSCHER, Brigitte PAJUNG-BILGER, Forcierte Ambivalenzen, Konstanz 1998.

36 Wolfgang ZAPF, Staat, Sicherheit und Individualisierung.

37 Leopold ROSENMAYR, Über Familie in den Strukturumbrüchen heute, in: Archiv für Wissenschaft und Praxis der sozialen Arbeit, 2-4, 1986, 48-81.

38 Erwin WEISSEL, Das Preislied auf die Tugend privater Altersvorsorge, in: Kurswechsel, 3/1998, 46.

39 Vgl. Armin NASSEHI, Risikogesellschaft, in: G. KNEER, G., NASSEHI, A., SCHROER, M. (Hg.), Soziologische Gesellschaftsbegriffe. München 1997, 252-279.

Subjektive Gerechtigkeitsvorstellungen und Ungerechtigkeitswahrnehmungen: Beiträge der sozialpsychologischen Gerechtigkeitsforschung

Gerold Mikula

Einleitung

Neben den Vorzügen und Nachteilen sowie den Problemen der Finanzierbarkeit gehören Fragen der Gerechtigkeit zu den zentralen Themen in Diskussionen über den Wohlfahrtsstaat. Forderungen nach Änderung gegebener Bedingungen werden mit der „Ungerechtigkeit" des status quo begründet. Entscheidungen über wohlfahrstsstaatliche Maßnahmen werden unter Bezugnahme auf ihre „Gerechtigkeit" legitimiert. In diese Begründungen und Rechtfertigungen gehen subjektive Gerechtigkeitsvorstellungen und Ungerechtigkeitswahrnehmungen ein, die auch in der sozialpsychologischen Gerechtigkeitsforschung behandelt werden. Im vorliegenden Beitrag werden einige Ergebnisse dieser Forschung dargestellt, die im Zusammenhang mit der Thematik des Wohlfahrtsstaates von Interesse sind.

Die sozialpsychologische Gerechtigkeitsforschung hat sich seit ihren Anfängen in den Sechzigerjahren[1] als aktives Forschungsfeld etabliert und Erkenntnisse geliefert, die für ein breit gefächertes Spektrum gesellschaftlicher Phänomene bedeutsam sind.[2] Im Gegensatz zu vielen anderen Wissenschaftsdisziplinen, die sich mit Fragen der Gerechtigkeit befassen, ist die Sozialpsychologie keine normative Wissenschaft. Sie legt nicht fest oder fragt, was als gerecht anzusehen ist. Vielmehr geht es um das subjektive Erleben von Gerechtigkeit und Ungerechtigkeit und dessen Bedeutung für menschliches Handeln und Werten. Fragen, mit denen sich eine sozialpsychologische Gerechtigkeitsforschung befaßt, sind unter anderem: „Welche Rolle spielen Gerechtigkeitserwägungen und Gerechtigkeitsstandards im Erleben und Handeln von Menschen?", „Warum und unter welchen Bedingungen kümmern sich Menschen um Gerechtigkeit?", „Wie geht der Mensch mit dem Gerechtigkeitskonzept um?", „Was wird unter welchen Bedingungen als gerecht und ungerecht angesehen?", „Welche Folgen hat die Wahrnehmung bzw. das Erleben von Ungerechtigkeit?"

Im Umgang mit dem Gerechtigkeitsbegriff wird häufig so getan, als bezeichneten die Begriffe „gerecht" und „ungerecht" objektive Tatbestände. Tatsächlich sind Gerechtigkeitsurteile aber natürlich stets subjektiver Natur. Sie können zwar sozial geteilt werden, d.h. daß zwischen mehreren Personen oder innerhalb von Sozialsystemen ein Konsens darüber bestehen kann, was als gerecht und ungerecht erachtet wird. Dies ändert aber nichts am prinzipiell subjektiven Charakter von Gerechtigkeitsurteilen.

Trotz des subjektiven Charakters von Gerechtigkeitsurteilen läßt sich zumindest in abstrakter Form eindeutig festhalten, was unter Gerechtigkeit zu verstehen ist. Einer in den Sozialwissenschaften geläufigen Definition nach meint *Gerechtigkeit, daß Personen das bekommen, worauf sie ein Anrecht, einen berechtigten Anspruch haben aufgrund dessen, wer sie sind und was sie getan haben* [3]. Die mangelnde Eindeutigkeit äußert sich, sobald es um die Konkretisierung dessen geht, worauf jemand ein Anrecht hat. Auch wenn man als grundlegende Regel der distributiven Gerechtigkeit akzeptiert, daß jeder einzelne Anspruch darauf hat, gleich behandelt zu werden wie andere, die ihm vergleichbar sind, bleibt zum einen offen, welche Merkmale zur Feststellung der „Vergleichbarkeit" herangezogen werden sollen, und zum anderen, worin die gleiche Behandlung der Vergleichbaren bestehen soll.

Anrechte und Anrechtsvorstellungen

Anrechtsdefinitionen wie auch subjektive Anrechtsvorstellungen setzen Kategorisierungen von Personen voraus, Kategorisierungen aufgrund dessen, wer die Personen sind oder was sie getan haben. Derartige Kategorisierungen können auf unterschiedlichen Abstraktionsebenen erfolgen. Sie definieren die Art der Personen, für die die jeweiligen Anrechte gelten, und

Merkmale, deren Ausprägungen das Anrechtsausmaß bestimmen[4]. Beispiele für solche Kategorien im Hinblick auf wohlfahrtsstaatliche Leistungen sind „alle Bewohner eines Landes", „Inländer", „Erwerbstätige" und so weiter. Neben derartigen qualitativen Kategorisierungen kommen aber auch solche aufgrund quantitativer Merkmale vor, wie z.B. die Dauer der Erwerbstätigkeit, die für das Vorliegen einer Anspruchsberechtigung entscheidend sein kann.

Die inhaltlichen Vorstellungen davon, was Personen zusteht und worauf sie ein Anrecht haben, leiten sich von verschiedenen Quellen her: von abstrakten sozialen Werten (z.B. Freiheit, Autonomie, Würde), von Gerechtigkeitsprinzipien (z.B. Gleichheitsprinzip, Leistungsprinzip, Bedürfnisprinzip), von Regeln, Gesetzen oder Vereinbarungen (z.B. die Sozialgesetzgebung), von Gewohnheiten (vgl. die normative Kraft des Faktischen) sowie auch von Wünschen. Manche dieser Quellen von Anrechtsvorstellungen, wie z.B. die Prinzipien distributiver Gerechtigkeit, implizieren soziale Vergleichsprozesse: Personen verdienen gleich behandelt zu werden wie andere ihnen in bestimmter Hinsicht vergleichbare Personen. Andere Standards sind absolut und implizieren keine Vergleiche. Zum Beispiel: „Jeder Mensch hat das Recht auf Leben, Freiheit und Sicherheit der Person", wie es im Artikel 3 der Allgemeinen Erklärung der Menschenrechte heißt.

Distributive Gerechtigkeit

Empirische Forschung hat gezeigt, daß Menschen verschiedene Prinzipien oder Regeln distributiver Gerechtigkeit unterscheiden, wie z.B. das Beitrags- oder Leistungsprinzip, das Bedürfnisprinzip und das Prinzip der absoluten Gleichheit. Diese Verteilungsprinzipien werden unter bestimmten Bedingungen als gerecht angesehen und als Handlungsrichtlinie bzw. Bewertungsmaßstab angewandt[5]. Wichtige derartige Bedingungen sind u.a. die grundlegende Orientierung des Sozialsystems (Fürsorgeorientierung, Solidaritätsorientierung, Leistungs- bzw. Produktionsorientierung), die Qualität der Beziehung zwischen den Beteiligten (z.B. Enge, Vertrauen), die Zielsetzungen der aufteilenden Instanz (z.B. Leistungsmaximierung, Vermeidung von Konflikt, Sicherung der Existenz bzw. des Wohlbefindens der Empfänger) sowie die Art und das Zustandekommen des aufzuteilenden Gutes (von den Rezipienten erarbeitet, Zuteilung von außen, Geschenk etc.).

Das *Beitrags- oder Leistungsprinzip* beispielsweise wird hauptsächlich in ökonomisch bzw. produktionsorientierten Systemen, bei unpersönlichen oder oberflächlichen Beziehungen zwischen den Systemangehörigen, sowie dann, wenn die aufzuteilenden Güter aufgrund von Beiträgen der potentiellen Rezipienten erzielt wurden und ihre Menge von der Menge der geleisteten Beiträge abhängt, als gerecht erachtet und angewandt. Das *Gleichheitsprinzip* kommt hauptsächlich in solidaritätsorientierten Beziehungen zur Anwendung, in denen die Gemeinsamkeit, Gleichheit oder Ähnlichkeit der Systemangehörigen im Vordergrund steht (z.B. Freunde, Konkurrenz mit anderen Gruppen) sowie bei nicht selbst-erarbeiteten, von außen zur Verfügung gestellten Gütern. Das *Bedürfnisprinzip* schließlich dominiert in fürsorgeorientierten Beziehungen, wo die Sorge um das Wohlergehen und die Entwicklung der Systemangehörigen im Vordergrund steht (z.B. enge persönliche Beziehungen, Familie).

Die sozialpsychologische Forschung zur distributiven Gerechtigkeit[6] war insofern erfolgreich und wichtig, als sie auf die Relativität und Beschränktheit der Gültigkeit von Regeln distributiver Gerechtigkeit für bestimmte Kontextbedingungen aufmerksam gemacht hat. Dies ist auch für die Diskussion der Wohlfahrtsstaatsthematik unmittelbar relevant, weil es das subjektive Erleben und die Gerechtigkeitswahrnehmung wohlfahrtsstaatlicher Einrichtungen und Verteilungspolitik besser verstehen läßt. Wenn man beispielsweise weiß, daß das Bedürfnisprinzip primär in fürsorgeorientierten Beziehungen als angemessen erachtet wird, in denen Personen auf das Wohlergehen und die Entwicklung der Mitglieder des Sozialsystems bedacht sind, sollte es nicht verwundern, wenn eine am Bedürfnisprinzip orientierte Verteilung der Unterstützung von Armen oder Arbeitslosen dort als ungerecht und unangemessen bewertet wird, wo keine Fürsorgeorientierung vorherrscht. Ein zusätzlicher Gesichtspunkt kommt ins Spiel, wenn man weiß, daß eine Anwendung des Bedürfnisprinzips dort als inadäquat empfunden wird, wo Bedürftige für ihre Situation der Bedürftigkeit selbst verantwortlich wahrgenommen werden. In dem Maße, in dem Personen, die von Armut oder Arbeitslosigkeit betroffen sind, als für ihr Schicksal selbst verantwortlich gesehen werden, wird ihnen auch kein legitimer Anspruch auf eine Hilflosen- oder Arbeitslosenunterstützung zugesprochen.

Weniger erfolgreich war die empirische Forschung zur distributiven Gerechtigkeit bei ihrem Bemühen, zu einer umfassenden Taxonomie von Gerechtigkeitsprinzipien und deren über Situationsparameter definierte Gültigkeitsbereiche zu gelangen. Es hat sich nämlich herausgestellt, daß eine derartige Taxonomie, wenn überhaupt realisierbar, so komplex wäre, daß sie nicht mehr zu handhaben ist. Die Probleme der Komplexität können hier nur angedeutet werden. Beispielsweise ist es nicht damit getan, zu fragen bzw. zu zeigen, unter welchen Bedingungen das Gleichheitsprinzip als angemessen und gerecht erachtet wird. Hinter der Bezeichnung „Gleichheitsprinzip" verbirgt sich eine Vielzahl verschiedener Varianten oder Unter-Prinzipien, die sehr Verschiedenes implizieren: z.B. absolute Gleichheit in der Behandlung bzw. in den Erträgen, relative Gleichheit im Sinne von Gleichheit des Ertrags pro Beitragseinheit, Gleichheit bei der Verteilung von Überschuß nach einer Kompensation für geleistete Beiträge, Gleichheit im psychologischen Profit (z.B. subjektiver Nutzen, Zufriedenheit), Gleichheit im Bestand nach der Verteilung, Gleichheit in den Chancen und Möglichkeiten und anderes mehr. Empirische Studien haben gezeigt, daß die verschiedenen Varianten bei einer gegebenen Situation hinsichtlich ihrer Gerechtigkeit höchst unterschiedlich bewertet werden, sodaß es unangemessen erscheint, von einer bestimmten Angemessenheit oder Gerechtigkeit des Gleichheitsprinzips als solchem ohne nähere Spezifizierung zu sprechen. Darüberhinaus bedarf jedes Prinzip noch einer Umsetzung in eine konkrete Verteilung[7]. Auch diesbezüglich ist eine Vielzahl verschiedener Vorgangsweisen denkbar. Was alles wird im Falle des Beitragsprinzips als Beitrag, was im Falle des Bedürfnisprinzips als Bedürfnis definiert? Wie werden die einzelnen Beiträge bzw. Bedürfnisse gemessen?

Unter Berücksichtigung der vielfältigen Varianten von Prinzipien distributiver Gerechtigkeit und der verschiedenen Möglichkeiten ihrer Umsetzung ist die Bezugnahme auf ein bestimmtes Verteilungsprinzip, oder in noch stärkerem Maß die Berufung auf Gerechtigkeit schlechthin, letztlich ohne Aussagekraft, weil damit allzu viel offen gelassen wird. Man sollte sich dies in Erinnerung rufen, wenn von Politikern oder von bestimmten Interessengruppen wohlfahrtsstaatliche Verteilungsentscheidungen und Maßnahmen unter Bezugnahme auf Gerechtigkeit und Ungerechtigkeit legitimiert oder kritisiert und Ansprüche und Forderungen begründet werden.

Empirische Befunde zeigen, daß selbstdienliche Tendenzen sowohl bei der Auswahl des anzuwendenden Prinzips als auch bei dessen Umsetzung dahin wirken können, daß solche Prinzipien bzw. solche Umsetzungen bevorzugt bzw. als gerechter erachtet werden, die für einen selbst oder die eigene Gruppe von Vorteil sind[8].

Soziale Vergleiche

Menschen stellen vielerlei soziale Vergleiche zwischen sich und anderen Personen an[9]. Sie vergleichen ihre Meinungen, ihre Leistungen und Fähigkeiten, ihre Befindlichkeit, ihre Gesundheit, ihren Wohlstand, die Behandlung, die sie erfahren, und vieles mehr. Ziele sozialer Vergleiche sind unter anderem, zu einer angemessenen Einschätzungen eigener Eigenschaften und Zustände zu gelangen, kognitive Strukturiertheit und Klarheit zu gewinnen und das Selbstwertgefühl zu schützen bzw. zu erhöhen. Im Hinblick auf Gerechtigkeit sind soziale Vergleiche einerseits ein bestimmender Faktor von Anrechtsvorstellungen[10]. Man glaubt, ein Anrecht auf eine gleiche Behandlung zu haben wie andere, die einem vergleichbar sind. Andererseits spielen soziale Vergleiche bei der Bewertung von Gerechtigkeit und Ungerechtigkeit eine wichtige Rolle[11]. Um Urteile über distributive Gerechtigkeit zu bilden, werden die Erträge, Anteile oder Behandlungen verschiedener Personen verglichen.

Soziale Vergleiche werden im allgemeinen nicht beliebig angestellt, sondern erfolgen mit bestimmten Referenzpersonen, wie z.B. mit nahestehenden Personen oder solchen, die einem in relevanten Merkmalen ähnlich sind. Die Wahl von Vergleichspersonen ist auch für die subjektiven Gerechtigkeitsvorstellungen und Ungerechtigkeitswahrnehmungen in bezug auf wohlfahrtsstaatliche Maßnahmen wichtig, weil Personen ihre Anrechte anders einschätzen und die Gerechtigkeit gegebener Zustände unterschiedlich bewerten, je nachdem, mit wem sie sich vergleichen.

Die Bedeutung der Wahl von Vergleichspersonen läßt sich am Beispiel der Gerechtigkeitsbeurteilung der Aufteilung der Familienarbeit zwischen den Geschlechtern erläutern[12]. Frauen werden den Tatbestand, daß sie selbst dann einen Großteil der Haushaltsarbeit und Kinderbetreuung erledigen, wenn sie im gleichen Ausmaß berufstätig sind wie ihr Partner, höchst unterschiedlich bewerten, je nachdem ob sie ihre Beiträge zur Familienarbeit mit den Beiträgen ihres Partners oder mit jenen anderer berufstätiger Frauen vergleichen. Vergleichen sie sich mit ihrem Partner und stellen sie fest, daß dieser trotz gleicher beruflicher Belastung wesentlich weniger Familienarbeit leistet als sie, werden sie eventuell zu dem Schluß gelangen, Anrecht darauf zu haben, mehr Unterstützung bei der Familienarbeit zu bekommen, und sie werden die gegebene Arbeitsverteilung als ungerecht empfinden. Vergleichen sie sich hingegen mit anderen berufstätigen Frauen, werden sie feststellen, daß sie etwa gleich viel wie diese tun und die Situation daher als gerecht wahrnehmen.

Die Beziehung zwischen der Vornahme sozialer Vergleiche und der Wahrnehmung von Ungerechtigkeit ist vermutlich wechselseitig. Soziale Vergleiche können Ungerechtigkeitswahrnehmungen auslösen. Andererseits kann das Erleben von Ungerechtigkeit auch dazu motivieren, soziale Vergleiche anzustellen, um zu Informationen für eine genauere Einschätzung der Situation zu gelangen[13].

Prozedurale Gerechtigkeit

Anders als bei der distributiven Gerechtigkeit spielen soziale Vergleiche bei der prozeduralen oder Verfahrensgerechtigkeit keine oder nur eine untergeordnete Rolle. Bei der prozeduralen Gerechtigkeit geht es nicht darum, wer wieviel bekommen soll, und es geht auch nicht um die Form der Verteilung, sondern um die Frage, wie, d.h. auf welche Weise und mit welchen Verfahren, Entscheidungen bezüglich Verteilungen getroffen werden.[14]

Die sozialpsychologische Forschung zur prozeduralen Gerechtigkeit hat ihren Ausgang von empirischen Untersuchungen zur wahrgenommenen Gerechtigkeit verschiedener institutionalisierter Verfahren der Rechtssprechung und Konfliktschlichtung genommen[15]. In weiterer Folge hat sich die Forschung auf immer mehr und verschiedene Lebensbereiche, wie z.B. politische Institutionen und Autoritäten, Behörden, Organisationen etc. ausgeweitet und konsistente Befunde geliefert[16]. Versuche, grundlegende Prinzipien der prozeduralen Gerechtigkeit auszumachen, sind bisher nicht erfolgreich gewesen. Vermutlich existieren tatsächlich keine so prominenten Prinzipien, wie dies für die distributive Gerechtigkeit beispielsweise mit Prinzipien wie dem Gleichheits-, dem Beitrags- und dem Bedürfnisprinzip der Fall ist.

Die empirische Forschung hat eine Reihe positiver Folgen von Verfahren aufgezeigt, die als gerecht und fair beurteilt werden. Personen sind umso eher bereit, Entscheidungen zu akzeptieren und sich ihnen zu beugen, je gerechter sie die Verfahren beurteilen, mittels derer die Entscheidungen gefällt wurden. Dies gilt auch dann, wenn Entscheidungen nicht im Sinne, d.h. nicht zum Vorteil der Betroffenen ausfallen. Entscheidungen und Übereinkünfte, die auf fairer Basis zustandegekommen sind, werden darüberhinaus auch langfristig eher eingehalten. Weiters fördert prozedurale Gerechtigkeit auch die wahrgenommene Legitimität von Institutionen, Behörden und Autoritäten und trägt so zu deren Akzeptanz und zur Loyalität ihnen gegenüber bei.

Wenn sich auch keine grundlegenden Prinzipien prozeduraler Gerechtigkeit ausmachen ließen, konnten doch einige zentrale Verfahrenselemente identifiziert werden, die zur Wahrnehmung von Verfahrensgerechtigkeit beitragen. Als erstes ist die *Partizipationsmöglichkeit betroffener Personen am Entscheidungsverfahren* zu nennen. Verfahren, die es den Betroffenen erlauben, sich zu Wort zu melden und ihre Sichtweisen einzubringen, werden fairer beurteilt als Verfahren, bei denen dies nicht oder in einem geringeren Maß der Fall ist. Die Möglichkeit, sich zu äußern, wirkt selbst dann positiv, wenn sich die Mitsprache nicht auf die Entscheidung auswirkt. Gelegenheit zur Meinungsäußerung zu haben, scheint wichtiger zu sein als die letztendliche Berücksichtigung der vertretenen Meinung. Ein weiteres wichtiges Verfahrenselement, das die Wahrnehmung von Verfahrensgerechtigkeit fördern kann, ist die *Begründung und Rechtfertigung von Entscheidungen* durch die entscheidungsfällende Instanz. Personen finden Entscheidungsverfahren gerechter und sind eher bereit, sie zu akzeptieren, wenn Angaben darüber gemacht und Informationen darüber geliefert werden, welche Argumente vorgelegen sind, welche akzeptiert und welche zurückgewiesen wurden, und wenn Informationen darüber angeboten werden, warum dies der Fall war.

Erklärt wird die Wirksamkeit dieser Verfahrenselemente damit, daß sie entscheidungsfällende Instanzen als neutral und vertrauenswürdig erscheinen lassen. Zugleich vermitteln sie bei den Betroffenen den Eindruck, ernst genommen und anerkannt zu werden, was wiederum für ihr Selbstbild und Selbstwertgefühl von Bedeutung ist[17]. Ein weiterer Aspekt, der sich als wichtig herausgestellt hat, ist das Empfinden, *mit Respekt und Würde behandelt* worden zu sein.

Die Bedeutung der Art des Umgangs mit Menschen, wie sie in dem letztgenannten Befund zum Ausdruck kommt, steht im Einklang mit den Ergebnissen empirischer Studien, in denen Personen nach Beispielen für ungerechte Ereignisse, Tatbestände und Situationen gefragt wurden, die ihnen in ihrem täglichen Leben untergekommen sind. Ein großer Teil der Beispiele, die in solchen Untersuchungen genannt werden, beziehen sich auf die Art und Weise, wie mit Personen umgegangen wird. Es geht um Verletzungen der Würde und Autonomie von Menschen sowie um Mangel an Rücksichtnahme und Loyalität[18]. Die in diesen Studien zum Ausdruck kommenden Alltagsauffassungen von Ungerechtigkeit sind gegenüber einem an abstrakten Gerechtigkeitsprinzipien orientierten Gerechtigkeitskonzept stark ausgeweitet. Viele der genannten Beispiele entsprechen eher der Bedeutung von „ungerecht" im Sinne von „nicht recht" bzw. „nicht richtig" im moralischen

Sinn, was weit über die herkömmlichen Gerechtigkeitsprinzipien hinausgeht[19].

Neben den bisher genannten, in empirischen Untersuchungen als bedeutsam nachgewiesenen Elementen prozeduraler Gerechtigkeit wurden noch weitere Kriterien genannt. Leventhal hat beispielsweise sechs Regeln prozeduraler Fairneß aufgelistet.[20] Die *Konsistenzregel* besagt, daß Verfahren für verschiedene Personen und zu verschiedenen Zeitpunkten gleich gehandhabt werden sollen. Nach der *Regel der Unvoreingenommenheit* sollen Eigeninteresse und Parteilichkeit der entscheidenden Instanz vermieden werden. Die *Genauigkeitsregel* verlangt, daß Entscheidungen auf einer maximalen Ausschöpfung relevanter und zuverlässiger Information beruhen sollen. Die *Regel der Korrigierbarkeit* fordert, Gelegenheit zur Abänderung oder Aufhebung von Entscheidungen für den Bedarfsfall vorzusehen. Die *Repräsentativitätsregel* besagt, daß dafür zu sorgen ist, daß die Interessen und Standpunkte der Betroffenen in allen Phasen des Entscheidungsprozesses einbezogen werden. Die *Regel der ethischen Angemessenheit* schließlich verlangt, daß Entscheidungen und Verfahren mit ethischen Prinzipien und moralischen Grundwerten übereinstimmen sollen. Wie unschwer festzustellen ist, entspricht die Repräsentativitätsregel der zuvor besprochenen Gelegenheit zur Partizipation der vom Verfahren Betroffen und die Regel ethischer Angemessenheit den Forderungen nach Erhaltung der Würde und Autonomie sowie Loyalität im Umgang mit Menschen.

Es mag eingewandt werden, daß vieles von dem, was unter dem Konzept der prozeduralen Gerechtigkeit erforscht wurde, nur wenig mit Gerechtigkeit zu tun hat. Außerdem stehen die Befunde auch anderen Interpretationen offen. Beispielsweise ließe sich argumentieren, daß Menschen Autoritäten mögen, die ihnen das Gefühl vermitteln, akzeptiert und geschätzt zu werden, und sich ihnen daher bereitwilliger unterordnen und ihre Entscheidungen anerkennen. Die Beurteilung als „gerecht" oder „fair" wäre dann bloß ein Etikett, das zur Beschreibung solcher Autoritäten vergeben wird.

Wie immer man zu dieser Frage steht, erscheinen die berichteten Forschungsbefunde für die Wohlfahrtsthematik doch von beträchtlicher Bedeutung. Sie zeigen, daß für Bewertungen von wohlfahrtsstaatlichen Maßnahmen neben distributiven Aspekten auch noch andere Gesichtspunkte entscheidend sind. Menschen sind allem Anschein nach bereit, Verteilungen und Entscheidungen zu akzeptieren, die für sie nicht unmittelbar vorteilhaft oder sogar nachteilig sind, wenn sie das Gefühl haben, in den Entscheidungsprozeß eingebunden worden zu sein, wenn sie sich mit Respekt, Würde und Anstand behandelt fühlen und wenn Entscheidungen entsprechend begründet werden. So gesehen gewinnt prozedurale Gerechtigkeit besonders dort an Bedeutung, wo es keine Verteilungsformen gibt, die für alle Angehörigen eines Systems zufriedenstellend und akzeptabel sind. Politische Instanzen könnten daraus lernen und bei der Einführung und Umsetzung neuer Maßnahmen mehr Sensibilität zeigen. Die Vorgangsweise der österreichischen Regierung beim „Schnüren" der „Sparpakete" vor einigen Jahren war in mehrfacher Hinsicht wenig geeignet, bei den Bürgern den Eindruck prozeduraler Gerechtigkeit hervorzurufen.[21]

Ungerechtigkeitswahrnehmungen

Wahrnehmungen von Ungerechtigkeit setzen sich aus mehreren Komponenten zusammen. Gemäß der Definition von Gerechtigkeit, daß Personen das bekommen, worauf sie ein Anrecht haben, bildet die Wahrnehmung einer Anrechtsverletzung das grundlegendste Element des Ungerechtigkeitsempfindens. (Derartige Anrechtsverletzungen können sich gleichermaßen auf distributive und prozedurale Anrechte beziehen). Weitere wichtige Komponenten des Ungerechtigkeitserlebens stellen die Identifikation eines Akteurs, der für die Anrechtsverletzung verantwortlich wahrgenommen wird, und das Fehlen einer ausreichenden Rechtfertigung dar. So gesehen können Ungerechtigkeitsurteile als Spezialfall eines Schuldvorwurfs verstanden werden, eines Schuldvorwurfs gegenüber einem Akteur, der ohne ausreichende Rechtfertigung Anrechte einer Person oder einer Gruppe von Personen verletzt hat.[22][23] In Anbetracht des subjektiven Charakters von Gerechtigkeitsurteilen sind systematische Divergenzen in der Einschätzung der Gerechtigkeit gegebener Situationen wahrscheinlich. Das skizzierte Schuldattributionsmodell von Ungerechtigkeitsurteilen macht deutlich, daß Meinungsverschiedenheiten über das Vorliegen von Ungerechtigkeit an verschiedenen Punkten ansetzen können, und es sagt auch, welches diese Punkte sind. Meinungsverschiedenheiten können sich darauf beziehen, worauf eine bestimmte Person oder Gruppe ein Anrecht hat, ob bestehende Anrechte verletzt wurden oder nicht, ob jemandem, und wem, für eine wahrgenommene Anrechtsverletzung Verantwortung zuzuschreiben ist und ob für die Anrechtsverletzung eine ausreichende Rechtfertigung gegeben ist. Empirische Untersuchungen bestätigen die Existenz systematischer Interpretations- und Bewertungsunterschiede in Abhängigkeit von der Perspektive, aus der ein Tatbestand gesehen wird[24]. Zusätzlich zeigen sie, daß die Interpretationen und Bewertungen vielfach dahingehend erfolgen, daß sie zum Vorteil des jeweiligen Betrachters sind.

Diskussionen über die Angemessenheit bestehender wohlfahrtsstaatlicher Maßnahmen und geforderte Änderungen derselben liefern ausreichend Beispiele für derartige Meinungsverschiedenheiten. So etwa die aktuellen Diskussionen zur Frage, ob Sozialleistungen wie das Karenzgeld von der Erwerbstätigkeit abgekoppelt und auch nicht berufstätigen Frauen gewährt werden sollen und ob die Gewährung von Karenzgeld bzw. dessen Höhe von der Höhe des Einkommens abhängen soll. In diesen Diskussionen wird deutlich, hinsichtlich wievieler unterschiedlicher Facetten Meinungsunterschiede bestehen können. Außerdem zeigt sich, daß höchst unterschiedliche Lösungen unter Bezugnahme auf Gerechtigkeit legitimiert werden können.

Zur Rolle von Gerechtigkeit im Rahmen sozialer Konflikte

Es wurde bereits mehrfach gesagt, daß das Argument der Gerechtigkeit und Ungerechtigkeit in Diskussionen und Konflikten zwischen verschiedenen Interessengruppen vielfach als Argument zur Begründung von Ansprüchen und Forderungen und zur Kritik von Entscheidungen eingesetzt wird. Dies kann als *Argumentationsfunktion* von Gerechtigkeit bezeichnet werden. Daneben erfüllt Gerechtigkeit (teils in Form von Gerechtigkeitsauffassungen, teils in Form von Gerechtigkeitsrhetoriken) noch eine Reihe weiterer Funktionen für die Genese, den Verlauf und das Management von Konflikten[25]. Ungerechtigkeitswahrnehmungen und Meinungsverschiedenheiten in der Einschätzung von Anrechten und deren Verletzung können soziale Konflikte auslösen *(Auslösefunktion)*. Gerechtigkeit als sozialer Wert und die Gerechtigkeitsprinzipien und -regeln können Konflikte beschränken und dazu beitragen, Mittel und Wege zur Konfliktlösung zu finden *(Konfliktlösungsfunktion)*. Schließlich kann die Etikettierung einer gemeinsam erzielten Konfliktlösung als gerecht zur Erhöhung ihrer Akzeptanz beitragen *(Akzeptanzfunktion)*.

Gremien, die Verteilungsentscheidungen fällen, scheinen ein implizites Wissen von der Akzeptanzfunktion der Gerechtigkeit zu haben. Sie sind vielfach bemüht, Lösungen, die nach mehr oder weniger langen Diskussionen ausgehandelt wurden, als gerecht zu bezeichnen und mit ihrer Gerechtigkeit zu rechtfertigen. Dies geschieht auch in Fällen, wo Gerechtigkeitsprinzipien (und -argumente) im Prozeß der Entscheidungsfindung keine oder nur eine untergeordnete Rolle gespielt haben. Gremien, die mit Verteilungsentscheidungen befaßt sind, gehen häufig folgendermaßen vor. Sie beginnen damit, daß die Verhandlungsparteien Variablen und Kriterien vorschlagen, die ein Anrecht am zu verteilenden Gut begründen und daher berücksichtigt werden sollen. Darüberhinaus wird diskutiert, wie die einzelnen Variablen operationalisiert, welches relative Gewicht ihnen beigemessen und wie sie kombiniert werden sollen. In einem nächsten Schritt werden versuchsweise die Anteile berechnet, die einzelne Rezipienten aufgrund des vorläufigen Berechnungsschlüssels erhalten würden. Wenn die errechneten Anteile und die resultierende Gesamtform der Verteilung nicht den (vielfach nur in impliziter Form vorhandenen) Vorstellungen der Parteien von einer angemessenen Verteilung entsprechen, werden die Auswahl der Variablen, ihre Messung und ihre Gewichtung erneut diskutiert und in einzelnen Punkten abgeändert. Dann erfolgen erneute Berechnungen und kritische Bewertungen der resultierenden Verteilung. Dieser Prozeß wird so lange iteriert, bis die resultierende Verteilung den Zielvorstellungen der Parteien annähernd entspricht. Sobald eine allseits akzeptable Verteilung ausgehandelt wurde, werden die ihr zugrundeliegenden Regeln extrahiert und als „gerecht" etikettiert, eventuell sogar als die einzig gerechte Lösung für das Verteilungsproblem. In so einem Fall, der in der Praxis nicht selten ist, dient die Berufung auf Gerechtigkeit zur Rechtfertigung der gefällten Entscheidung und zur Förderung von deren Akzeptanz. Das skizzierte Beispiel weist zugleich darauf hin, daß die Bedeutung von Prinzipien distributiver Gerechtigkeit für die Findung von Verteilungsentscheidungen möglicherweise geringer ist als vielfach angenommen wird.

Aufteilung von Familienarbeit, Gerechtigkeit und Gleichstellung von Mann und Frau

Im letzten Teil dieser Ausführungen werden einige Aspekte der Verteilung von Familienarbeit zwischen den Geschlechtern angesprochen. Die Verteilung der Familienarbeit ist unter dem Gesichtspunkt des Geschlechtervertrages bedeutsam und weist zugleich enge Bezüge zur Gerechtigkeitsthematik auf. Von zusätzlichem Interesse ist dabei, daß es hier um die Verteilung von Pflichten und Lasten geht und nicht wie bei den bisherigen Beispielen um die Verteilung positivwertiger Güter.

Studien aus verschiedenen Ländern zeigen übereinstimmend, daß Frauen einen Großteil der Familienarbeit erledigen, und dies selbst dann, wenn die Frauen berufstätig sind[26]. Die Größenschätzungen der Anteile der Männer an der Haushaltsarbeit schwanken zwischen 20% und 35%, jene für die Kinderbetreuung liegen geringfügig höher. Neben diesen Unterschieden in der Quantität gibt es auch deutliche Unterschiede in der Qualität der von Frauen und Männern geleisteten Haushalts- und Kinderbetreuungsaufgaben. Typisch „weiblich" sind repetitive und zeitintensive Routinetätigkeiten, die tagtäglich erledigt werden müssen, während die typisch männlichen Tätigkeiten eher selten anfallen und keine Routine sind, nicht prompt erledigt werden müssen und auch eher wenig Zeit in Anspruch nehmen. Die Verteilung der Familienarbeit ist umso unausgewogener, je größer die Unterschiede in der außerhäuslichen Arbeitsbelastung und im Einkommen von

Mann und Frau sind und je traditioneller die vorherrschenden Geschlechtsrollenvorstellungen sind. Von allen untersuchten Faktoren, die mit der Größe der zur Familienarbeit geleisteten Beiträge zusammenhängen, ist das biologische Geschlecht aber mit Abstand die entscheidendste Variable.

Studien, in denen Gerechtigkeitseinschätzungen der Aufteilung von Familienarbeit erhoben wurden, zeigen durchgehend, daß die Arbeitsaufteilung trotz der stark ungleichen Beiträge von Frauen und Männern von einem Großteil der Frauen (je nach Untersuchung sind es zwischen 70% und 80%) nicht als ungerecht beurteilt wird. Für diesen für manche überraschenden Befund bieten sich verschiedene, einander gegenseitig nicht ausschließende Erklärungen an, von denen nachstehend einige skizziert werden sollen[27]. Frauen könnten die ungleiche Arbeitsaufteilung deshalb nicht als ungerecht empfinden, weil sie darin keine Verletzung ihrer Anrechte erblicken. Tatsächlich äußern viele Frauen, daß es ihrer Meinung nach angemessen sei, daß sie einen größeren Anteil der Familienarbeit erledigen als ihr Partner – wenngleich ihr Partner etwas mehr und sie selbst etwas weniger tun sollten, als es der Fall ist.[28] Daß keine Anrechtsverletzung wahrgenommen wird, kann auch darin liegen, daß Frauen die Familienarbeit nicht als etwas Negatives erleben, sondern die darin zum Ausdruck kommende Sorge für die Familienmitglieder als wichtigen Bestandteil ihrer Identität als Frau empfinden. In dem Zusammenhang ist darauf hinzuweisen, daß die symbolische Bedeutung der von Frauen und Männern geleisteten Beiträge zur Familienarbeit für die Beurteilung der Arbeitsaufteilung allem Anschein nach entscheidender ist als die dafür aufgewendete Zeit. Manche Frauen mögen auch die mit der Verantwortung für die Erledigung der Familienarbeit einhergehende Macht positiv erleben. Weiters könnte eine Rolle spielen, daß Frauen bezweifeln, daß ihr Partner in der Lage ist, die Familienarbeit in einer für sie zufriedenstellenden Weise zu erledigen. Außerdem können soziale Vergleiche, wie zuvor bereits erwähnt, entscheidend sein. In dem Maße, in dem Frauen ihre Beiträge zur Familienarbeit mit jenen anderer Frauen und die Beiträge ihres Partners mit jenen anderer Männer vergleichen, nehmen sie keine wesentlichen Unterschiede und daher auch keine Anrechtsverletzung wahr. Und selbst wenn Frauen sich durch ihre großen

Beiträge zur Familienarbeit in ihren Anrechten verletzt wahrnehmen, müssen sie keine Ungerechtigkeit empfinden, wenn sie den Tatbestand auf nicht beeinflußbare Umstände zurückführen oder ausreichende Rechtfertigungen dafür wahrnehmen. Schließlich könnte es auch sein, daß Frauen mit dem Etikett „ungerecht" zurückhaltend umgehen, weil dies als Schuldvorwurf an den Partner aufgefaßt wird und zu Beziehungskonflikten führen könnte, die sie vermeiden wollen.

Von einem feministischen Standpunkt aus mag das mangelnde Ungerechtigkeitserleben von Frauen als fatal empfunden werden. Konflikte, die durch Ungerechtigkeitswahrnehmungen seitens der Frauen ausgelöst werden, könnten einen wichtigen Schritt in Richtung auf einen Abbau der unausgewogenen Aufteilung der Familienarbeit darstellen.[29] Eine diesbezügliche Änderung wäre im Hinblick auf eine Neudefinition des Geschlechtervertrages und eine Gleichstellung von Frauen und Männern in der beruflichen Erwerbsarbeit wünschenswert und könnte zum Abbau einseitiger Abhängigkeitsverhältnisse beitragen.

Konflikte über die Umverteilung der Familienarbeit sind aber natürlich nicht der einzige Weg, um der Zielvorstellung einer Gleichstellung von Frau und Mann im Erwerbsleben näherzukommen. Die im Zunehmen begriffenen Maßnahmen, die Familien- und Erwerbsarbeit durch Schaffung bzw. Verbesserung von Kinderbetreuungseinrichtungen besser vereinbar zu machen, sind eine Möglichkeit. Eine weitere Möglichkeit kann darin gesehen werden, die geringere gesellschaftliche Wertschätzung der Familienarbeit im Vergleich zur Erwerbsarbeit zu verändern und abzubauen.[30] Eine stärkere Einbindung der Männer in die Familienarbeit könnte eventuell hiezu beitragen.[31] Ein anderer möglicher Weg zur Aufwertung und Wertschätzungssteigerung der Familienarbeit ist die immer wieder diskutierte Einführung einer Bezahlung für Familienarbeit. Im diesem Fall gälte es zu entscheiden, welche Tätigkeiten der Familienarbeit als gesellschaftlich relevant anzusehen sind und daher Anrechte auf Entlohnung begründen sollen. Die Erziehung und Betreuung von Kindern sowie die Pflege alter und kranker Menschen haben eine unmittelbar einsichtige gesellschaftliche Relevanz. Nichtphysische aufmerksamkeitswidmende Tätigkeiten hingegen nicht, obwohl sie vermutlich eine wichtige Voraussetzung für das persönliche Wohlbefinden und damit für ein effizientes Funktionieren in anderen Lebensbereichen wie z.B. der Erwerbsarbeit sein können. Dies verdeutlicht einmal mehr die Schwierigkeit der konsensualen Festlegung anrechtsstiftender Attribute von Personen.

Abschließende Bemerkungen

Ziel der vorliegenden Darstellung war es, einige zentrale Themen und Ergebnisse der sozialpsychologischen Gerechtigkeitsforschung zu skizzieren. Diese Forschung ist für Diskussionen der Wohlfahrtsstaatsthematik relevant, weil die untersuchten subjektiven Gerechtigkeitsvorstellungen, Ungerechtigkeitswahrnehmungen sowie der Umgang mit dem Gerechtigkeitskonzept auch in Entscheidungen über wohlfahrtsstaatliche Maßnahmen und Bewertungen derselben zum Tragen kommen. Schwerpunkte der Darstellung waren die Wurzeln subjektiver Anrechtsvorstellungen, die eingeschränkte Angemessenheit von Prinzipien distributiver Gerechtigkeit für bestimmte Kontextbedingungen, die Bedeutung sozialer Vergleiche und der Wahl konkreter Vergleichspersonen für Anrechtsvorstellungen und Gerechtigkeitsbeurteilungen, die Wahrnehmung prozeduraler Gerechtigkeit als wichtige Voraussetzung für die Akzeptanz von Entscheidungen sowie die vielfältigen Funktionen von Gerechtigkeit im Zusammenhang mit sozialen Konflikten. Die berichteten Befunde der sozialpsychologischen Gerechtigkeitsforschung und die skizzierten Beispiele machen deutlich, daß eine umfassende Auseinandersetzung mit der Wohlfahrtsthematik subjektive Gerechtigkeitsvorstellungen und Ungerechtigkeitserlebnisse berücksichtigen sollte und diesbezüglich von den sozialpsychologischen Forschungsbefunden profitieren kann.

Anmerkungen

1 J. S. ADAMS, Inequity and social exchange, in: L. BERKOWITZ (Hg.), Advances in Experimental Social Psychology , Band 2, New York: Academic Press 1965, 267-297; George C. HOMANS, Social Behavior: Its Elementary Forms, New York: Harcourt Brace Jovanovich 1961.

2 Für Übersichtsdarstellungen siehe H.W. BIERHOFF, R.L. COHEN, J. GREENBERG (Hg.), Justice in Social Relations, New York: Plenum 1986; D.M. MESSICK, K.S. COOK (Hg.), Equity Theory: Psychological and Sociological Perspectives, New York: Praeger 1983, 61-94; R. FOLGER (Hg.), The Sense of Injustice. Social Psychological Perspectives, New York: Plenum 1984; L. FURBY, Psychology and Justice, in: R.L. Cohen (Hg.), Justice. Views from the Social Sciences, New York: Plenum 1986, 153-203; J. GREENBERG, R.L. COHEN (Hg.), Equity and Justice in Social Behavior, New York: Plenum 1992; M.J. LERNER, S.C. LERNER, The Justice Motive in Social Behavior, New York: Plenum 1981; M.L. LERNER, G. MIKULA (Hg.), Entitlement and the Affectional Bond. Justice in Close Relationships, New York: Plenum 1994; E.A. LIND, T.R. TYLER, The Social Psychology of Procedural Justice, New York: Plenum 1988; G. MIKULA (Hg.), Gerechtigkeit und soziale Interaktion, Bern: Huber 1980a; H. STEENSMA, R. VERMUNT (Hg.), Social Justice in Human Relations, Band 2, New York: Plenum 1991; K.Y. TÖRNBLOM, The social psychology of distributive justice, in: K.R. Scherer (Hg.), Distributive Justice from an Interdisciplinary Perspective, Cambridge: Cambridge University Press 1992, 177-236; T.R. TYLER, H.J. SMITH, Social justice and social movements, in: D. Gilbert, S.T. Fiske, & G. Lindzey (Hg.). Handbook of Social Psychology (4[th]ed.), Boston: McGraw-Hill 1998, 595-629; T.R. TYLER, R.J. BOECKMAN, H.J. SMITH, Y.J. HUO, Social Justice in a Diverse Society, Boulder: Westview 1998; R. VERMUNT, H. STEENSMA (Hg.), Social Justice in Human Relations, Band 1, New York: Plenum 1991.

3 Zum Beispiel R.L. COHEN, Introduction, in: R.L. COHEN (Hg.), Justice. Views from the Social Sciences, New York: Plenum 1986, 11-45.

4 M. WENZEL, Soziale Kategorisierungen im Bereich distributiver Gerechtigkeit, Münster: Waxmann 1997.

5 Vgl. M. DEUTSCH, Equity, equality, and need: What determines which value will be used as the basis for distributive justice?, in: Journal of Social Issues 31, 1975, 137-149; G.S. LEVENTHAL, What should be done with equity theory? New approaches to the study of fairness in social relationships, in: K. GERGEN, M. GREENBERG, R. WILLIS (Hg.) Social Exchange, New York: Plenum 1980, 27-55; G. MIKULA, Zur Rolle der Gerechtigkeit in Aufteilungsentscheidungen, in: G. MIKULA (Hg.) Gerechtigkeit und soziale Interaktion, Bern: Huber 1980b, 141-183; K.Y. TÖRNBLOM, The social psychology of distributive justice, in: K.R. SCHERER (Hg.). Distributive Justice from an interdisciplinary perspective, Cambridge: Cambridge University Press 1992, 177-236.

6 Zusammenfassend: TÖRNBLOM, Distributive justice.

7 Vgl. DEUTSCH, Equity; MIKULA, Aufteilungsentscheidungen.

8 K.A. DIEKMAN, S.M. SAMUELS, L. ROSS, M.H. BAZERMAN, Self-interest and fairness in problems of resource allocation: Allocators versus recipients, in: Journal of Personality and Social Psychology 72, 1997, 1061-1074; D. M. MESSICK , K. P. SENTIS, Fairness, preferences, and fairness biases, in: D.M. MESSICK, K.S. COOK

300

(Hg.), Equity Theory: Psychological and Sociological Perspectives, New York: Praeger 1993, 61-94; G. MIKULA, Justice and fairness in interpersonal relations: Thoughts and suggestions, in: H. TAJFEL (Hg.). The Social Dimension, Band 1, Cambridge: Cambrige University Press 1984, 204-227.

9 D. FREY, D. DAUENHEIMER, O. PARGE, J. HAISCH, Die Theorie sozialer Vergleichsprozesse, in: D. FREY, M. IRLE (Hg.), Theorien der Sozialpsychologie, Band 1: Kognitive Theorien, Bern: Huber 1993, 81-122; J.C. MASTERS, W.P. SMITH (Hg.), Social Comparison, Social Justice, and Relative Deprivation, Hillsdale: Erlbaum 1987; J. M. OLSON, C. P. HERMAN, M. P. ZANNA (Hg.), Relative Deprivation and Social Comparison, Hillsdale: Erlbaum 1986.

10 B. MAJOR, From social inequality to personal entitlement, in: M.P. ZANNA (Hg.) Advances in Experimental Social Psychology , Band 26, New York: Academic Press 1994, 293-355.

11 ADAMS, Inequity; HOMANS, Social Behavior; E. WALSTER, W.G. WALSTER, E. BERSCHEID, Equity: Theory and Research, Boston: Allyn and Bacon 1978.

12 B. MAJOR, Gender, entitlement, and the distribution of family labor, in: Journal of Social Issues 49, 1993, 141-159; G. MIKULA, Division of household labor and perceived justice: A growing field of research, in: Social Justice Research 11, 1998, 215-241; G. MIKULA, H. H. FREUDENTHALER, Aufteilung von Familienarbeit als Gegenstand von Ungerechtigkeitswahrnehmungen und sozialen Konfikten: Zur Bedeutung sozialer Vergleiche, in: W. LUTZ (Hg.), Kompednium der Familienforschung in Österreich 1999, Wien: Österreichisches Institut für Familienforschung 1999, 37-60; L. THOMPSON, Family work: Women's sense of fairness, in: Journal of Family Issues, 12, 1991, 181-196.

13 N.K. GROTE, M.S. CLARK, Changes in fairness processes and in marital quality across the transition to parenthood. Zur Veröffentlichung eingereicht 1999; MIKULA, Division of household labor.

14 In einer weiter gefaßten Begriffsverwendung bezieht sich prozedurale Gerechtigkeit nicht nur auf Verfahren von Verteilungsentscheidungen, sondern alle Arten von Entscheidungen über die Behandlung von Personen.

15 J.W. THIBAUT, L. WALKER, Procedural Justice: A Psychological Analysis, Hillsdale: Erlbaum 1975.

16 E. A. LIND, T. R. TYLER, The Social Psychology of Procedural Justice, New York: Plenum 1988; T. R. TYLER, A. E. LIND, A relational model of authority in groups, in: M.P. ZANNA (Hg.) Advances in Experimental Social Psychology , Band 25, New York: Academic Press 1992, 115-191; T. R. TYLER, H. J. SMITH, Social justice and social movements, in: D. GILBERT, S. T. FISKE, G. LINDZEY (Hg.), Handbook of Social Psychology (4th ed.), Boston: McGraw-Hill 1998, 595-629; T. R. TYLER, R. J. BOECKMAN, H. J. SMITH, Y. J. HUO, Social Justice in a Diverse Society, Boulder: Westview 1997.

17 LIND, TYLER, Social Psychology; TYLER, LIND, Authority in groups; TYLER, BOECKMAN, SMITH, HUO, Social Justice.

18 D.M. MESSICK, S. BLOOM, J.P. BOLDIZAR, C.D. SAMUELSON, Why we are fairer than others?, in: Journal of Experimental Social Psychology 21, 1985, 480-500; G. MIKULA, B. PETRI, N. TANZER, What people regard as unjust, in: European Journal of Social Psychology 20, 1990, 133-149; S. D. CLAYTON, The experience of injustice: Some characteristics and correlates, in: Social Justice Research 5, 1992, 7-91; I.M. LIPKUS, A heuristic model to explain perceptions of unjust events, in: Social

Justice Research 5, 1992, 359-384.

19 U. MEES, Ärger-, Vorwurf- und verwandte Emotionen, in: U. MEES (Hg.), Psychologie des Ärgers, Göttingen: Hogrefe 1992.

20 LEVENTHAL, Equity Theory.

21 Zugegebenermaßen war das angesprochene Schnüren der Sparpakete nicht nur ein prozedurales, sondern auch - und in erster Linie - ein distributives Problem. Anders als bei den bisherigen Beispielen für die Verteilung von sozialstaatlichen Leistungen ging es hier aber um die Verteilung von Kürzungen.

22 G. MIKULA, On the experience of injustice, in: W. STROEBE, M. HEWSTONE (Hg.) European Review of Social Psychology, Band 4, 1993, 223-244.

23 Dieses Schuldattributionsmodell von Ungerechtigkeitsurteilen wurde in unserer Forschung zu Ungerechtigkeitserlebnissen im interpersonalen Bereich entwickelt, wo Anrechtsverletzungen zumeist als Folge von Handlungen oder Unterlassungen von prinzipiell identifizierbaren Akteuren resultieren. Dementsprechend dürfte das Modell auch primär für diesen Bereich angemessen sein. Dort, wo Anrechtsverletzungen nicht Folge expliziter und identifizierbarer Handlungen oder Unterlassungen sind, wo kein personaler Verursacher ausgemacht werden kann (oder allgemeiner gesagt, wo die angesprochenen Attributionen nicht mehr sinnvoll vorgenommen werden können), verliert das Modell vermutlich an Bedeutung.

24 Zum Beispiel G. MIKULA, U. ATHENSTAEDT, S. HESCHGL, A. HEIMGARTNER, Does it only depend on the point of view? Perspective-related differences in justice evaluations of negative incidents in personal relationships, in: European Journal of Social Psychology 28, 1998, 931-962.

25 K. A. HEGTVEDT, K. S. COOK, The role of justice in conflict situations, in: E. J. LAWLER, B. MARKOWSKY (Hg.), Advances in Group Processes , Band 4, Greenwich, CT: JAI Press 1987; H. LAMM, Justice considerations in interpersonal conflict, in: H.W. BIERHOFF, R.L. COHEN, J. GREENBERG (Hg.), Justice in Social Relations, New York: Plenum 1986; G. MIKULA, M. WENZEL, Justice and social conflicts. The impact of justice, perceptions of injustice, and justice arguments on the emergence, course, and resolution of social conflicts, in: International Journal of Psychology, im Druck 1999; M. WENZEL, G. MIKULA, G. FABER, M. AVCI, W. ENGE, H. LIEKEFEDT, A. MUMMENDEY, P. SCHULTZ, Funktionen von Gerechtigkeitsauffassungen und Gerechtigkeitsrhetoriken für die Genese, Verlauf und Mangement von Konflikten, in: Zeitschrift für Sozialpsychologie 27, 1996, 137-147.

26 F. HÖPFLINGER, M. CHARLES, Innerfamiliäre Arbeitsteilung: Mikro-soziologische Erklärungsansätze und empirische Beobachtungen, in: Zeitschrift für Familienforschung 2, 1990, 87-113; G. SPITZE, Women's employment and family relations: A review, in: Journal of Marriage and the Family 50, 1988, 595-618; S.C. THOMPSON, A.J WALKER, Gender in families: Women and men in marriage, work, and parenthood, in: Journal of Marriage and the Family 51, 1989, 845-871; B.A. SHELTON, D. JOHN, The division of household labor, in: Annual Review of Sociology 22, 1996, 299-322; MIKULA, FREUDENTHALER, Aufteilung von Familienarbeit, 1999.

27 Für eine aktuelle Literaturübersicht vgl. MIKULA, Division of household labor.

28 Hinsichtlich der Soll- oder Idealvorstellungen scheinen allerdings deutliche Unterschiede zwischen verschiedenen Bevölkerungsgruppen zu bestehen. Weibliche Studierende erachten überwiegend eine gleichanteilige Arbeitsaufteilung als angemessen; berufstätige Frauen aus der Mittelschicht und Arbeiterschicht finden es hingegen angemessen,

wenn sie mehr als ihr Partner tun, wobei Frauen der Arbeiterschicht eine stärker un-
ausgewogene Arbeitsverteilung adäquat finden als Frauen aus der Mittelschicht (H. H.
FREUDENTHALER, Gerechtigkeitspsychologische Aspekte der Arbeitsaufteilung in
Doppelverdienerhaushalten: Zum (Un)Gerechtigkeitsempfinden von Frauen. Unver-
öffentlichte Dissertation. Graz: Karl-Franzens-Universität 1998; H.H. FREUDENTHA-
LER, G. MIKULA, From unfulfilled wants to the experience of injustice: Women's
sense of injustice regarding the lop-sided division of household labor, in: Social Justice
Research 11, 1998, 289-312; G. MIKULA, H.H. FREUDENTHALER, S. SCHRÖP-
FER, R. SCHMELZER-ZIRINGER, Distributions of burdens in close relationships.
Women's sense of injustice concerning unequal division of household labor. Paper pre-
sented at the 8th International Conference of Personal Relationships. Banff 1996.).

29 E.S. KLUWER, Marital conflict over the division of labor: When partners become
parents, Enschede: Print Partners Ipskamp 1998; J.M. STEIL, Equality and entitlement
in marriage: Benefits and barriers, in: M.J. LERNER, G. MIKULA (HG.), Entitlement
and the Affectional Bond. Justice in Close Relationships, New York: Plenum 1994, 229-
258; L. Th. THOMPSON, Family work: Women's sense of fairness, in: Journal of
Family Issues, 12, 1991, 181-196.

30 Familienarbeit wird nicht im gleichen Maße als Arbeit angesehen wie Erwerbsarbeit
(SHELTON, JOHN, The division of household labor). Die gilt insbesondere für die
nicht-physischen, nicht sichtbaren aufmerksamkeitswidmenden und koordinativen
Tätigkeiten - die übrigens von Männern kaum übernommen werden.

31 Zu bezweifeln ist allerdings, ob die ex cathedra verfügte Einführung einer Halbe-Halbe-
Regelung, wie sie vor einiger Zeit proklamiert wurde, eine diesbezüglich zielführende
Strategie darstellt.

Arbeitslosigkeit und Gerechtigkeit
Beschäftigungssicherung und Mindesteinkommen
Peter Koller

Vorbemerkungen

Dass Arbeitslosigkeit für die meisten Menschen, die von ihr betroffen sind, ein schlimmes *persönliches* Übel ist, ist offensichtlich. So gut wie unbestritten ist auch, dass Arbeitslosigkeit, sofern sie ein erhebliches Ausmaß erreicht, ein *soziales* Übel darstellt, weil sie eine Vergeudung produktiver Ressourcen bedeutet und enorme soziale Kosten mit sich bringt. Weniger Übereinstimmung scheint aber darüber zu bestehen, dass sie auch eine gravierende *Ungerechtigkeit* ist. Viele Leute neigen immer noch dazu, Arbeitslosigkeit dem freien Willen, dem eigenen Verschulden oder dem schicksalhaften Unglück der Betroffenen zuzuschreiben und damit die Gesellschaft von jeder moralischen Verantwortung freizusprechen. Ich möchte dieser Einstellung entgegentreten und die Auffassung verteidigen, dass die Verteilung beruflicher Arbeit eine Frage der sozialen Gerechtigkeit ist und dass eine gerechte Gesellschaft nicht nur soziale Sicherheit garantieren, sondern auch die Beschäftigung sichern muss.

Meine Ausführungen gliedern sich in zwei Teile, die jeweils wieder aus zwei Abschnitten bestehen. Im ersten Teil möchte ich die *moralischen Grundlagen* offenlegen, von denen ich ausgehe: hier werde ich zuerst die moderne Vorstellung der sozialen Verteilungsgerechtigkeit in groben Strichen skizzieren und danach versuchen, diese Vorstellung auf die Organisation und Verteilung von Arbeit anzuwenden und einige grundsätzliche Erfordernisse der gerechten Arbeitsteilung zu formulieren. Im zweiten Teil wird es dann um die Bewertung *wirtschaftlicher Ordnungen* gehen: zu diesem Zweck werde ich verschiedene Typen wirtschaftlicher Ordnung unterscheiden und sie im Lichte der genannten Erfordernisse gerechter Arbeitsteilung vergleichen; ich werde die These vertreten, dass eine marktwirtschaftliche Ordnung dann, aber auch nur dann vorzugswürdig ist, wenn sie die Arbeitslosigkeit in engen Grenzen hält und den von ihr Betroffenen ein hinreichendes Maß an sozialer Sicherheit bietet, was meiner Ansicht nach eine aktive Beschäftigungspolitik und ein allgemeines Grundeinkommen erforderlich macht.

1. Moralische Grundlagen

1.1 Die Idee sozialer Verteilungsgerechtigkeit

Die Grundforderung der sozialen Verteilungsgerechtigkeit ist, dass jedes Mitglied der Gesellschaft bekommt, was ihm gebührt. Wie diese Forderung im Einzelnen zu verstehen ist, hängt ganz maßgeblich von bestimmten Grundannahmen über den grundsätzlichen moralischen Status der Einzelmenschen ab. In einer Gesellschaft zum Beispiel, in der manche Menschen – etwa wegen ihrer Abstammung oder ihrer Rasse – von vornherein als höherwertig und andere als minderwertig gelten, wird es als gerecht erscheinen, dass die höherwertigen Mitglieder soziale Privilegien beanspruchen können, die den minderwertigen verwehrt bleiben müssen. In der Neuzeit hat sich jedoch die Vorstellung der *natürlichen Gleichheit* aller Menschen durchgesetzt, die Vorstellung also, dass alle Menschen von Natur aus gleichwertige Wesen sind und daher Anspruch auf gleiche Achtung haben. Diese Vorstellung führt unmittelbar zu einem ganz allgemeinen Grundprinzip der sozialen Verteilungsgerechtigkeit, das in der Moderne zunehmende Verbreitung gefunden hat und heute weithin anerkannt wird: das ist das *Prinzip der sozialen Gleichheit.*

Dieses Prinzip besagt, dass alle Mitglieder einer Gesellschaft an den Gütern und Lasten, die sich aus ihrem gemeinsamen Zusammenwirken ergeben und wesentlich durch die soziale Ordnung verteilt werden, gleichen Anteil haben sollen, sofern eine Ungleichverteilung nicht durch allgemein annehmbare Gründe gerechtfertigt ist. Solche Gründe liegen nur dann vor, wenn angenommen werden kann, dass eine Ungleichverteilung aus unparteiischer Sicht im wohlüberlegten Interesse aller Beteiligten liegt, sei es deswegen, weil die Ungleichverteilung solcher Güter und Lasten zum Zwecke einer Ertragssteigerung der sozialen Kooperation erforderlich ist, die allen Gesellschaftsmitgliedern zugute kommt, oder deswegen, weil die Ungleichbehandlung dazu dient, auch den weniger leistungsfähigen Mitgliedern zu einem auskömmlichen Dasein zu verhelfen.[1]

Das Prinzip der sozialen Gleichheit rechtfertigt zwar keine Ungleichverteilung der bürgerlichen Grundrechte, d.h. der Grundfreiheiten und der politischen Rechte, es schließt aber eine *Ungleichverteilung der sozialen Positionen und wirtschaftlichen Ressourcen* nicht rundweg aus. Denn anders als bei der Verteilung der bürgerlichen Freiheiten und der politischen Rechte scheint es einige Gründe zu geben, die Ungleichheiten der sozialen Position und der wirtschaftlichen Lage zu rechtfertigen vermögen. Im Allgemeinen werden soziale und wirtschaftliche Ungleichheiten bis zu einem gewissen Grade für legitim gehalten, wenn sie den ungleichen Leistungen oder Beiträgen der beteiligten Personen zur sozialen Kooperation entsprechen, auf die Befriedigung ungleicher Grundbedürfnisse von Menschen zielen oder sich aus dem verschiedenen Gebrauch wohlbegründeter Rechte ergeben. Allen diesen üblichen Rechtfertigungsgründen für soziale Ungleichheiten liegt ein und derselbe Grundgedanke zugrunde.

Das wirtschaftliche System einer Gesellschaft ist kein Nullsummenspiel, bei dem jede Besserstellung einiger Mitglieder notwendig zu einem Nachteil anderer führt. Tatsächlich gibt es mehrere Konstellationen, in denen eine Ungleichverteilung sozialer oder wirtschaftlicher Güter und Lasten aus unparteiischer Sicht dem Interesse aller Beteiligten entspricht und damit als allgemein annehmbar erscheint. So ist es bis zu einem gewissen Grade möglich, den Ertrag der wirtschaftlichen Arbeitsteilung zu steigern, indem man die Leistungsbereitschaft der Beteiligten durch entsprechende Ungleichheiten stimuliert; und solche Ungleichheiten scheinen dann und insoweit legitim, wenn der durch sie erzielte Ertragszuwachs – verglichen mit einer gleichen oder gleicheren Verteilung – allen Beteiligten zugute kommt, vor allem auch den jeweils schlechter gestellten Personen. Aus einer unparteiischen

Perspektive, unter der sich jeder in die Lage jedes anderen versetzt, erscheint eine Ungleichverteilung wirtschaftlicher Güter und Lasten ferner dann als legitim, wenn sie erforderlich ist, um jenen Menschen, die infolge persönlicher oder gesellschaftlicher Umstände nicht für sich selber sorgen können und Hilfe benötigen, eine angemessene Lebensgrundlage zu verschaffen. Und schließlich scheinen wirtschaftliche und soziale Ungleichheiten auch dann akzeptabel, wenn sie sich unvermeidlich aus individuellen Rechten ergeben, die – wie z.B. einigermaßen stabile Eigentumsrechte – insgesamt notwendig sind, um den Gesellschaftsmitgliedern eine selbstbestimmte Lebensgestaltung zu gewährleisten oder eine effiziente Wirtschaftsordnung zum allgemeinen Vorteil zu ermöglichen.[2]

Alle diese Überlegungen laufen stets auf dasselbe Ergebnis hinaus: Soziale und wirtschaftliche Ungleichheiten sind dann und insoweit gerechtfertigt, wenn sie – von einem unparteiischen Standpunkt aus betrachtet – im längerfristigen Interesse aller Gesellschaftsmitglieder liegen bzw. allen Betroffenen zum Vorteil gereichen. Nimmt man zu diesem Ergebnis einige weitere plausible Annahmen hinzu, so gelangt man zu einem spezifischeren Grundsatz der sozialen Verteilungsgerechtigkeit, der im Großen und Ganzen dem berühmten *Differenzprinzip* von John Rawls entspricht. Dieser Grundsatz besagt, dass Ungleichheiten der sozialen Position und der wirtschaftlichen Lage dann und insoweit gerechtfertigt sind, wenn und soweit sie langfristig allen Gesellschaftsmitgliedern, soweit wie möglich aber den schlechtergestellten, zugute kommen.[3]

Die Klausel, dass soziale und wirtschaftliche Ungleichheiten vor allem den *schlechtergestellten* Gesellschaftsmitgliedern zugute kommen müssen, kann meines Erachtens viel besser als bei Rawls durch zwei relativ unproblematische Annahmen begründet werden. Diese Annahmen sind die eines abnehmenden Grenznutzens wirtschaftlicher Güter einerseits und die Annahme eines Eigenwerts der sozialen Gleichheit andererseits. Die *Annahme des abnehmenden Grenznutzens*, der zufolge ein Zuwachs an wirtschaftlichen Gütern umso geringeren Nutzen bringt, je mehr man schon davon hat, trifft zwar empirisch sicher nicht immer zu, aber sie macht bei Einnahme des moralischen Standpunkts, der eine allgemeine und unparteiische Erwägung verlangt, guten Sinn. Denn da man von diesem Standpunkt aus nicht die persönlichen Wünsche bestimmter einzelner Personen, sondern die grundlegenden und verallgemeinerungsfähigen Interessen aller Menschen berücksichtigen muss, scheint es ganz natürlich, dass man den jeweils dringlicheren und grundlegenderen Bedürfnissen derer, die wenig haben, ein größeres Gewicht beimessen sollte als den tatsächlichen Vorlieben der Glücklicheren, die ohnehin schon die besseren sozialen Chancen haben. Zum gleichen Ergebnis führt die zweite Annahme, nach der *soziale Gleichheit einen Eigenwert* hat, der nicht einfach durch jede beliebige Pareto-Verbesserung, die allen einen absoluten Gewinnzuwachs bringt, aufgewogen wird. Es ist ganz offensichtlich, dass die Präferenzen der Menschen entgegen der Unterstellung des Pareto-Prinzips nicht voneinander unabhängig sind, sondern vielmehr in der Weise zusammenhängen, dass ein absoluter Gewinn umso weniger zählt, je geringer er im Verhältnis zu den gleichzeitigen Gewinnzuwächsen der Mitmenschen ausfällt. Infolgedessen können soziale Ungleichheiten nicht allein damit begründet werden, dass sie allen Gesellschaftsmitgliedern irgendwelche Vorteile gegenüber einem Zustand größerer sozialer Gleichheit bringen, sondern es ist vielmehr zu zeigen, dass diese Ungleichheiten den Schlechtergestellten hinreichende Vorteile bringen, welche die ihnen aus der Verschlechterung ihrer relativen sozialen Position erwachsenden Nachteile überwiegen. Und das mindeste Erfordernis, das sich daraus für soziale Ungleichheiten ergibt, ist wohl dies, dass sie den Inhabern der jeweils schlechteren sozialen Positionen soweit wie möglich zugute kommen müssen.

Davon ausgehend möchte ich nun versuchen, das genannte Prinzip der sozialen Verteilungsgerechtigkeit – ich nenne es der Kürze halber einfach *Differenzprinzip* – auf die Bedingungen entwickelter, nämlich durch ein hohes Maß an arbeitsteiliger Kooperation gekennzeichneter Gesellschaften anzuwenden, um auf diesem Wege zu etwas spezifischeren Erfordernissen der gerechten Gestaltung des Arbeitslebens – oder sagen wir kurz: der gerechten Arbeitsteilung – zu gelangen.

1.2 Erfordernisse der gerechten Arbeitsteilung

Arbeit – ganz allgemein verstanden als jede Anstrengung von Menschen, die auf die Beschaffung der Mittel ihres Überlebens und Wohlergehens zielt – ist seit jeher vor allem als eine *Bürde* betrachtet worden, als eine Last, die umso schwerer wiegt, je mühsamer die Arbeit ist und je weniger Ertrag sie den Arbeitenden bringt. Die Schwere der Last, welche die Arbeit den Menschen bereitet, hängt dabei ebenso wie der Ertrag, den sie ihnen bringt, ganz entscheidend von der gesellschaftlichen Organisation und Verteilung der Arbeit ab, die sich vor allem aus den Rechtspositionen der Individuen, den Eigentumsverhältnissen und aus der Regelung des Arbeitslebens ergibt. Die Organisation und Verteilung der Arbeit war denn auch stets ein zentraler Gegenstand gesellschaftlicher Machtkämpfe, die häufig zu krassen Ungleichheiten der Arbeitsverteilung, ja zur Unterjochung und Versklavung der Schwächeren durch die Stärkeren führten. Angesichts solcher Bedingungen, unter denen die einen die harte Arbeit tun, während die anderen im Müßiggang leben, wird besonders augenfällig, dass jede Arbeit, die im Rahmen eines Systems sozialer Arbeitsteilung verrichtet wird, *gesellschaftlichen Charakter* hat und in dem Maße, in dem sie den Arbeitenden zur Last gereicht, eine *soziale Last* darstellt. Dies deshalb, weil sie den Menschen maßgeblich von der sozialen Ordnung zugeteilt wird, sei es direkt durch herrschaftlichen Zwang (wie etwa im Fall der feudalwirtschaftlichen Fronarbeit) oder indirekt über die Rechts- und Eigentumsverhältnisse (wie bei der kapitalistischen Lohnarbeit).[4]

Insoweit Arbeit hauptsächlich als eine soziale Last begriffen wird, erhebt sich die Forderung nach einer gerechten Verteilung der Arbeit in dem Sinne, dass deren Lasten und Früchte in einem ausgewogenen Verhältnis stehen sollten. Diese Forderung bildet den versteckten normativen Gehalt der *Arbeitswertlehre* der klassischen politischen Philosophie und Ökonomie von John Locke bis Karl Marx. Denn wenn dieser Lehre folgend angenommen wird, dass die Dinge ihren Wert letztlich der zu ihrer Herstellung benötigten menschlichen Arbeit verdanken, drängt sich die Folgerung auf, dass jeder Mensch einen Anspruch auf Teilhabe am sozialen Reichtum in dem Ausmaß hat, in dem er zu diesem Reichtum durch seine Arbeitsleistung beiträgt. Und die herrschende Meinung war, dieser Anspruch sei erfüllt, wenn jeder Person ein ausschließliches Verfügungsrecht über ihren Körper und ihre Arbeitskraft zukomme.[5]

Dieser Gedanke greift jedoch in zwei Hinsichten zu kurz: zum einen, weil er die Arbeit nur als soziale Last begreift, an der niemals Knappheit besteht; und des weiteren, weil er nicht beachtet, dass die Erträge der Arbeit von diversen weiteren Bedingungen abhängen, die zum Teil ihrerseits der gesellschaftlichen Verteilung unterliegen, wie von den Besitz- und Eigentumsrechten der Individuen, von ihren Kenntnissen und Fertigkeiten. Zwar haben einige der klassischen Denker, wie z.B. Locke oder Marx, dieses zweite Problem durchaus erkannt und seine Lösung in einer entsprechenden – sei es privaten oder sozialistischen – Eigentumsordnung gesehen, die es allen Menschen ermöglichen sollte, aus ihrer Arbeit bestmöglichen Nutzen zu ziehen.[6] Aber alle diese Überlegungen waren nicht zielführend, wenn auch aus unterschiedlichen Gründen: die Annahme, eine gleichmäßigere Verteilung des privaten Eigentums an Land und Naturressourcen sei das taugliche Mittel, um jeder Person die ihr gebührenden Früchte ihrer Arbeit zu verschaffen, ging an den Funktionserfordernissen der sich entwickelnden kapitalistischen Wirtschaft mit ihrem wachsenden Bedarf nach Kapital und unselbständigen Arbeitskräften weit vorbei, während die Vorstellung, eine sozialistische Eigentumsordnung werde allen Menschen einen gerechten, ihren Arbeitsleistungen entsprechenden Anteil am gesellschaftlichen Reichtum bringen, wegen der unausrottbaren Effizienzmängel und Missbrauchsmöglichkeiten einer solchen Eigentumsordnung zum Scheitern verurteilt war.

In einer entwickelten Gesellschaft, in der sich die wirtschaftlichen Aktivitäten der Individuen zu einem komplexen Netzwerk differenzierter sozialer Arbeitsteilung verflechten und in der jede Person das Recht besitzt, über ihre Arbeitskraft frei zu verfügen und aus ihr bestmöglichen Nutzen zu ziehen, bekommt die Arbeit einen neuen Charakter: sie wird zur *beruflichen Erwerbsarbeit*, die für die meisten Menschen nicht nur die wichtigste Quelle des Einkommenserwerbs, sondern überdies das maßgebliche Kriterium der sozialen Anerkennung, ein Medium der sozialen Gemeinschaftsbildung sowie eine wesentliche Grundlage der persönlichen Selbstachtung darstellt.[7] Damit wird aber die Arbeit selber zu einem Gut, das umso begehrter ist, je mehr Vorteile – Einkommen, soziale Anerkennung, befriedigende Sozialkontakte und Selbstentfaltungschancen – eine berufliche Tätigkeit verspricht. Mit der Transformation der Arbeit zur Erwerbsarbeit verliert auch das Eigentum von Land und Naturressourcen an Bedeutung, was die Verteilung der individuellen Lebenschancen betrifft, und andere Faktoren treten in den Vordergrund: vor allem Kapitalvermögen, Schulbildung, Berufsausbildung, fachliche Qualifikation und die Lage am Arbeitsmarkt. Insoweit die Verteilung von Arbeit von diesen Faktoren abhängt, ist Arbeit ein *soziales Gut*, das zu einem wesentlichen Teil aus sozialer Kooperation entsteht und durch die gesellschaftliche Ordnung, nämlich durch das Bildungssystem und den Arbeitsmarkt, verteilt wird. Und da Arbeit nicht ohne weiteres durch andere soziale Güter, etwa durch Eigentum und Einkommen, ersetzt werden kann, ist sie zugleich ein *grundlegendes* soziales Gut, das einer gerechten Verteilung bedarf.[8]

Insoweit die Erwerbsarbeit ein soziales Gut darstellt, weicht sie jedoch von anderen sozialen Gütern – wie Freiheit, Vermögen, Einkommen, Macht – nicht unerheblich ab. Das ist ihr *Doppelcharakter*, der Umstand also, dass sie sowohl ein soziales Gut als auch eine soziale Last darstellt und daher mit anderen sozialen Gütern – etwa mit dem der Freizeit und des Müßiggangs – in einem Konkurrenzverhältnis steht. Wegen dieses Umstandes ist eine Abwägung zwischen ihren positiven und negativen Komponenten erforderlich, deren relatives Gewicht von verschiedenen – teils objektiven, teils subjektiven – Faktoren abhängt: vom Ausmaß der Arbeitszeit, vom Einkommen und dem sozialen Ansehen, das eine Arbeit bringt, von der Mühsal, die sie bereitet, von der Befriedigung, die sie verschafft, und von den Fähigkeiten und Ambitionen der Individuen. Die Abwägung aller relevanten Komponenten einer beruflichen Arbeit kann deshalb zum Ergebnis führen, dass sie nicht für alle Menschen den gleichen Wert besitzt, sondern für manche Personen ein mehr oder minder begehrenswertes Gut, für andere aber eine mehr oder weniger drückende Last darstellt. Aus diesem Grunde kann eine gerechte

Verteilung von Arbeit auch nicht durch eine mechanische Zuteilung von Arbeitsplätzen bewerkstelligt werden, sondern nur im Wege eines *fairen Verfahrens*, das den ungleichen Fähigkeiten, Leistungen und Ambitionen der Individuen Rechnung trägt.

Auf der Grundlage dieser Vorüberlegungen lassen sich, so denke ich, aus dem Differenzprinzip zwei Erfordernisse der gerechten Gestaltung gesellschaftlicher Arbeitsverhältnisse – kurz: der gerechten Arbeitsteilung – ableiten. Das erste betrifft die Verteilung jener sozialen Güter, von denen in fortgeschrittenen Gesellschaften der Zugang zur beruflichen Erwerbsarbeit wesentlich abhängt, das zweite die Verteilung der Güter und Lasten der wirtschaftlichen Kooperation.

(1) Alle Gesellschaftsmitglieder haben Anspruch auf eine angemessene *Grundausstattung mit den sozialen Gütern, die für ihre gleichberechtigte Teilnahme am Wirtschaftsleben erforderlich sind*, wozu neben den für das wirtschaftliche Handeln erforderlichen bürgerlichen Rechten und Freiheiten insbesondere der Zugang zu Bildungsmöglichkeiten und beruflichen Qualifikationen, die Vererbung von Kapitalvermögen und eine finanzielle Grundsicherung gehören. Diese Güter sind gleich zu verteilen, sofern ihre Ungleichverteilung nicht zur Mobilisierung individueller Fähigkeiten, Leistungen und Ambitionen notwendig ist, deren Vorhandensein im Interesse aller Gesellschaftsmitglieder, einschließlich der schlechtergestellten, liegt. Ungleichheiten, z.B. der Bildungsmöglichkeiten oder der Kapitalvererbung, sind darum nicht schlechthin ausgeschlossen, aber eben nur dann und insoweit gerechtfertigt, wenn sie zur Gewährleistung einer effizienten Wirtschaftsordnung dient, deren Wertschöpfung nicht nur den erfolgreichen, sondern vor allem auch den schlechtergestellten Mitgliedern zugute kommt. Diesem Erfordernis zufolge muss also jede Person annähernd *gleiche Chancen* haben, entsprechend ihren Fähigkeiten und Ambitionen zur wirtschaftlichen Kooperation beizutragen und daraus größtmöglichen Nutzen zu ziehen.

(2) Alle Gesellschaftsmitglieder haben Anspruch auf *Zugang zum und Teilnahme am Wirtschaftsleben* und auf einen *gebührenden Anteil an dessen Ergebnissen*. Da diese Ergebnisse nicht vom Himmel fallen, sondern

erst durch die Anstrengungen der Gesellschaftsmitglieder hervorgebracht werden, muss der Anteil jedes Mitglieds in einem angemessenen Verhältnis zu seinen Beiträgen und Leistungen stehen, und zwar in dem Verhältnis, in dem diese Beiträge und Leistungen zu einer Steigerung der wirtschaftlichen Wertschöpfung führen, die allen Beteiligten, insbesondere auch den schlechtergestellten, zugute kommt. Ungleichheiten der sozialen Position und der ökonomischen Lage sind demnach insoweit zulässig, als sie mit einer leistungsfähigen Wirtschaftsordnung, die dem Vorteil aller dient, notwendig oder unvermeidlich verbunden sind, sei es deshalb, weil sie zur Bereitstellung hinreichender Leistungsanreize erforderlich sind, oder deswegen, weil sie sich von selber aus dem unterschiedlichen wirtschaftlichen Erfolg der einzelnen Gesellschaftsmitglieder ergeben. Dieses Erfordernis lässt eine Vielfalt von Formen der individuellen Lebensgestaltung und ein hohes Maß an wirtschaftlichen Ungleichheiten zu, aber aus ihm ergibt sich doch so etwas wie ein *moralisches Recht auf Arbeit* einerseits und auf eine *leistungsgerechte Vergütung der Arbeit* andererseits.

Soweit die zwei Erfordernisse gerechter Arbeitsteilung, die ich als die moralischen Maßstäbe betrachte, an denen wirtschaftliche Ordnungen im Allgemeinen und die wirtschaftspolitischen Maßnahmen der Staaten im Besonderen zu messen sind. Damit erhebt sich die Frage, ob und inwieweit die geläufigen Wirtschaftssysteme in der Lage sind, diesen Forderungen zu entsprechen. Mit dieser Frage will ich mich im Folgenden beschäftigen.

2. Wirtschaftliche Ordnungen

2.1 Gerechte Arbeitsteilung und Wirtschaftsordnung

Ich nehme an, dass eine Wirtschaftsordnung Legitimität nur dann beanspruchen kann, wenn sie die genannten Erfordernisse der gerechten Arbeitsteilung so weit wie möglich erfüllt, d.h. besser oder jedenfalls nicht viel schlechter als andere mögliche Wirtschaftsordnungen. Dies macht es notwendig, die verschiedenen möglichen Formen wirtschaftlicher Ordnung daraufhin zu vergleichen, ob und inwieweit sie den Erfordernissen gerechter Arbeitsteilung Rechnung tragen.

Für eine ganz allgemeine idealtypische Klassifikation wirtschaftlicher Ordnungen bieten sich zwei Kriterien an: die ihnen zugrunde liegende *Eigentumsordnung* einerseits und der von ihnen benutzte Mechanismus der *Güter-allokation* andererseits. In Hinsicht auf die Eigentumsordnung kann man unterscheiden zwischen Wirtschaftssystemen, in denen die Produktionsmittel im *privaten Eigentum* der Wirtschaftssubjekte stehen, und solchen mit *öffentlichem Produktionsmitteleigentum*. Bezüglich des Allokationsmechanismus ist zu unterscheiden zwischen Systemen, in welchen der Güterkreislauf auf *dezentrale* Weise durch das Zusammenwirken unabhängiger individueller Transaktionen, also durch den Marktmechanismus, reguliert wird, und solchen, in denen die Güter durch *zentrale* bürokratische Entscheidung den einzelnen Wirtschaftssubjekten zugeteilt werden. Nimmt man beide Unterscheidungen zusammen, so ergeben sich vier mögliche Wirtschaftsordnungen, die aber freilich nur idealtypische Grundformen darstellen: nämlich freie Marktwirtschaft (oder Kapitalismus), zentralgeleitete Marktwirtschaft (z.B. Kriegswirtschaft), Marktsozialismus (oder Syndikalismus) und sozialistische Planwirtschaft.[9] Dazu die folgende schematische Übersicht:

	Markt	Staat
Privates Eigentum	Freie Marktwirtschaft (Kapitalismus)	Zentralgeleitete Marktwirtschaft
Öffentliches Eigentum	Marktsozialismus (Syndikalismus)	Sozialistische Planwirtschaft

Diese vier Formen wirtschaftlicher Ordnungen stellen freilich nur Idealtypen dar, zwischen denen es vielfältige Zwischenformen und Mischvarianten gibt. Eine mögliche (und gerade in Österreich wohlbekannte) Mischform ist z.B. eine marktwirtschaftliche Ordnung, die mit einem ausgedehnten Sektor der öffentlichen Gemeinwirtschaft in Gestalt staatlicher oder semistaatlicher Betriebe verbunden ist. Eine andere, vielleicht vorzugswürdige Variante ist eine Marktwirtschaft, die in ihrer Operationsweise durch den Staat mit ordnungspolitischen Mitteln eingeschränkt und reguliert wird, kurz: eine *soziale Marktwirtschaft*, die mit einem Wohlfahrtsstaat kombiniert ist. Da hier nicht der Platz ist, um alle erwähnten Grundmodelle und ihre diversen Mischformen im Einzelnen zu vergleichen, werde mich darauf beschränken, die beiden bekanntesten Grundmodelle wirtschaftlicher Ordnung in aller Kürze zu betrachten, nämlich die sozialistische Planwirtschaft und die kapitalistische Marktwirtschaft.

Was die *sozialistische Planwirtschaft* angeht, so gehe ich zunächst nicht von der abschreckenden Variante des realen Sozialismus der ehemaligen Oststaaten aus, sondern von einem politisch liberalen Sozialismus, der politische Freiheit mit einer Wirtschaftsordnung verbindet, die von einer hierarchisch organisierten staatlichen Bürokratie zentral geplant und geleitet wird. Die wesentlichen Entscheidungen über die Produktion und Distribution wirtschaftlicher Güter werden also von einer zentralen Behörde getroffen. In einem derartigen Wirtschaftssystem scheint es zwar grundsätzlich möglich, die wirtschaftliche Kooperation so zu gestalten, dass jede Person in den Prozess wirtschaftlicher Kooperation einbezogen ist und eine ihren Beiträgen entsprechende Vergütung erhält, aber es spricht alles dafür, dass eine solche Wirtschaftsordnung an unbehebbaren *Effizienzdefekten* leidet.

Wie insbesondere Friedrich August von Hayek unablässig betonte, ist eine zentrale bürokratische Organisation einfach nicht in der Lage, die Fülle der Informationen zu sammeln und zu verwerten, die für eine den Präferenzen der Menschen auch nur einigermaßen entsprechende Produktion und Distribution wirtschaftlicher Güter vonnöten sind. Ein planwirtschaftliches System muss daher unvermeidlich zu einer beträchtlichen *Fehlallokation von Ressourcen* und damit zu einer Vergeudung von natürlichen Gütern und menschlichen Anstrengungen führen. Ein weiteres Defizit ist die *dynamische Ineffizienz* eines solches Systems, die sich mit einiger Wahrscheinlichkeit aus der Schwerfälligkeit bürokratischer Entscheidungsprozesse und dem damit verbundenen Mangel an wirschaftlichem Wettbewerb ergibt.[10] Des weiteren ist zu bedenken, dass ein planwirtschaftliches System wegen der enormen Konzentration an staatlicher Macht eine erhebliche Gefahr in sich birgt, sich in ein despotisches, ja totalitäres Regime zu verwandeln, das die politische Freiheit der Bürger unterdrückt. Die Folge eines solchen Systems ist also günstigstenfalls eine einigermaßen gerechte Verteilung der allgemeinen Armut bzw. eine Nivellierung nach unten, im schlimmsten Fall aber ein riesiges Zwangsarbeitslager unter der Führung einer allmächtigen Nomenklatur. Das ist vielleicht etwas grob geschnitzt, und es mag auch sein, dass akzeptablere Varianten einer sozialistischen Wirtschaftsordnung möglich sind, etwa in der Gestalt eines Marktsozialismus.[11] Aber erstens gibt es mit solchen Varianten wenig Erfahrung, und zweitens nähern sie sich in den Hinsichten, die mich hier interessieren, sehr stark einer marktwirtschaftlichen Ordnung an, der ich mich nun zuwende.

In einer *kapitalistischen Marktwirtschaft* werden die Entscheidungen über die Produktion und den Konsum wirtschaftlicher Güter auf dezentrale Weise von den einzelnen Personen bzw. Unternehmen getroffen, deren Aktivitäten durch den Marktmechanismus koordiniert werden. Dass diese Wirtschaftsordnung - trotz mancher Mängel, den sogenannten Marktversagen - in puncto Effizienz ein außerordentlich leistungsfähiges System darstellt, ist kaum zu bestreiten: der Marktmechanismus bewerkstelligt im Großen und Ganzen nicht nur eine effiziente Allokation der Wirtschaftsgüter, sondern er führt wegen des mit ihm verbundenen Wettbewerbs zumindest der Tendenz nach zu einer effizienten Güterproduktion, zu steigender Arbeitsproduktivität und zu einer Vermehrung des gesellschaftlichen Reichtums.[12]

Andererseits aber ist die kapitalistische Marktwirtschaft alleine schwerlich in der Lage, eine gerechte soziale Ordnung zu garantieren: sie leidet an gravierenden *Gerechtigkeitsdefekten*. Ohne eine entsprechende politische Rahmenordnung, die das Marktgeschehen begrenzt und reguliert, gerät die Marktordnung mit den genannten Erfordernissen der gerechten Arbeitsteilung unvermeidlich in Konflikt, und zwar aus den folgenden Gründen: (1) Der Markt kann von sich aus weder eine gerechte Verteilung der anfänglichen Güterausstattung sichern, die jeder Person annähernd gleiche Chancen im wirtschaftlichen Wettbewerb bietet, noch ist er imstande, eine solche Verteilung, wenn sie einmal bestehen sollte, auf Dauer zu generieren. (2) Die Marktwirtschaft ist, wie die historische Erfahrung zeigt, auch nicht imstande, zumindest allen jenen Menschen, die offensichtlich arbeitswillig sind, eine entsprechende Beschäftigung zu garantieren. Sie führt immer wieder und unvermeidlich zu erheblicher Arbeitslosigkeit, durch die viele Menschen von der Teilhabe am System der wirtschaftlichen Kooperation ausgeschlossen werden. (3) Der dem Markt immanente Wettbewerb hat – gerade wegen seiner Effizienz – oft destruktive Konsequenzen, die die Erfordernisse gerechter Arbeitsteilung krass verletzen: so vor allem die Ausbeutung der Lohnabhängigen (falls entsprechende Rahmenbedingungen des Arbeitsmarktes ihr nicht entgegenwirken); die soziale Ausgrenzung und Verarmung derer, die im Wettbewerb unterliegen (sofern sie nicht hinreichenden sozialen Schutz genießen); und die Verschwendung von natürlichen Ressourcen zulasten künftiger Generationen (wenn ihr nicht durch rechtliche Beschränkungen Einhalt geboten wird).[13]

Eine freie, nicht durch einen geeigneten ordnungspolitischen Rahmen begrenzte und regulierte Marktordnung führt demnach unvermeidlich zu gravierenden Ungerechtigkeiten, die eine solche Ordnung vielleicht noch weniger annehmbar machen als einen auch nur halbwegs funktionierenden Sozialismus. Gegen diesen Befund wird von manchen Vertretern eines weitgehenden Wirtschaftsliberalismus der folgende Gegeneinwand erhoben: Das Marktsystem sei eine dezentrale, spontane Ordnung, auf die die Forderungen der Verteilungsgerechtigkeit schon deshalb keine Anwendung finden können, weil es in ihm keine zentrale Instanz gebe, die wirtschaftliche Güter und Lasten verteilen könnte. Außerdem sorge der Markt, wenn man ihn nur ungestört arbeiten lasse, zumindest auf lange Sicht ohnehin dafür, dass alles wieder ins Lot komme und dass schließlich alle am besten fahren.[14]

Was den zweiten Teil dieses Arguments betrifft, so ist er nicht mehr als ein bloßes Glaubensbekenntnis, dem die empirische Erfahrung entgegensteht und für das es nach meiner Kenntnis auch keine überzeugenden theoretischen Gründe gibt. Der erste Teil des Arguments ist zwar interessanter, aber ebenso unbegründet. Auch wenn es in einem Marktsystem keine zentrale Verteilungsagentur gibt, bringt der Markt faktisch eine Verteilung der wirtschaftlichen Güter und Lasten vermittels seines Allokationsmechanismus hervor. Wie der Markt solche Güter und Lasten verteilt, hängt dabei ganz wesentlich vom *Ordnungsrahmen des Marktprozesses* und von der jeweiligen *Anfangsausstattung der Teilnehmer* ab. Es müsste daher in einem gewissen Ausmaß durchaus möglich sein, die Verteilungseffekte der marktlichen Güterallokation durch entsprechende ordnungspolitische Rahmenbedingungen und durch geeignete Maßnahmen der steuerlichen Umverteilung zu regulieren.

Damit stellt sich die Frage, ob und inwieweit es möglich ist, das Operieren des Marktes mit ordnungspolitischen Mitteln und steuerpolitischen Maßnahmen in eine Richtung zu lenken, die den Erfordernissen gerechter Arbeitsteilung zumindest annäherungsweise entspricht, jedenfalls nicht viel schlechter als eine sozialistische Wirtschaftsordnung. Ich möchte diese Frage nun am Beispiel des Problems der Arbeitslosigkeit bzw. der Beschäftigungssicherung diskutieren.

2.2 Beschäftigungspolitik und Grundeinkommen

In einer Marktwirtschaft ist ein gewisses Maß an Arbeitslosigkeit, etwa in Gestalt der friktionellen und der Sucharbeitslosigkeit, ganz unvermeidlich, weil sie eine notwendige Folge der Dynamik des wirtschaftlichen Wettbewerbs ist, aus der ja die Effizienz des Marktes resultiert.[15] Wenn diese Effizienz allgemein erwünscht ist, und ich denke, sie ist bis zu einem gewissen Grade allgemein erwünscht, dann ist dafür ein Preis zu zahlen, der nicht zuletzt im Risiko der Arbeitslosigkeit besteht. Dieser Preis ist, da das Risiko der Arbeitslosigkeit ja nicht alle Gesellschaftsmitglieder im gleichen Maße trifft, moralisch nur dann und insoweit akzeptabel, wenn er den von Arbeitslosigkeit bedrohten Personen zugemutet werden kann. Und das ist meines Erachtens nur unter den folgenden zwei Bedingungen der Fall: 1. wenn das Risiko der Arbeitslosigkeit auf ein Ausmaß beschränkt bleibt, das mit dem Anspruch der Betroffenen auf gleichberechtigte Teilhabe am Wirtschaftsleben vereinbar ist, und 2. wenn die Arbeitslosen von den Nutznießern des wirtschaftlichen Wettbewerbs auf eine Weise entschädigt werden, die ihre Nachteile kompensiert.

Aus diesen Bedingungen lassen sich einige spezifischere Anforderungen an eine kapitalistische Marktordnung ableiten, die ein entsprechendes Handeln des Staates zum Zwecke der Regulierung des Marktgeschehens verlangen. Aus der ersten Bedingung folgen zwei Anforderungen: das Risiko der Arbeitslosigkeit muss jedenfalls hinreichend gering sein, um den Betroffenen eine längerfristige Lebensplanung möglich zu machen, und die Chance, im Falle der Arbeitslosigkeit wieder einen annehmbaren Arbeitsplatz zu finden, muss hinreichend groß sein, um einen dauerhaften Ausschluss der Betroffenen aus dem Arbeitsleben zu verhindern. Beides verlangt nach einer *aktiven Beschäftigungspolitik* des Staates, die auf eine weitestmögliche Begrenzung der Arbeitslosigkeit zielt. Die zweite Bedingung impliziert die Forderung nach einem geeigneten System der *sozialen Sicherung* für jene, die aus dem Arbeitsprozess für einige Zeit oder möglicherweise sogar auf Dauer herausfallen, einem System, das die Betroffenen vor wirtschaftlicher Not und Ausbeutung schützt und sie für die ihnen aus dem wirtschaftlichen Wettbewerb erwachsenden Nachteile entschädigt.[16]

Davon ausgehend möchte ich zur politischen Umsetzung jeder dieser Forderungen einige Bemerkungen machen, die jedoch wegen meiner begrenzten ökonomischen Kenntnisse mehr oder minder laienhaft und darum entsprechenden Vorbehalten unterworfen sind.

Zuerst zur Forderung nach einer *aktiven Beschäftigungspolitik*, die das Risiko der Arbeitslosigkeit in annehmbaren Grenzen halten soll. Die vordringlichste Aufgabe einer solchen Politik ist sicher die Bekämpfung einer hohen Dauerarbeitslosigkeit, die aus konjunkturellen oder strukturellen Ursachen resultiert, wie etwa aus einer durch den technischen Wandel induzierten Steigerung der Arbeitsproduktivität, die nicht durch ein entsprechendes Wachsen der Gütermärkte aufgefangen werden kann. Dass ein Zustand der Dauerarbeitslosigkeit vieler Menschen vom Standpunkt der Gerechtigkeit unerträglich ist, scheint offensichtlich. Denn ein solcher Zustand bedeutet nicht nur, dass alle diese Menschen auf Dauer von jeder Teilhabe am System wirtschaftlicher Kooperation ausgeschlossen sind, sondern er führt auch unvermeidlich dazu, daß die Familienmitglieder und Nachkommen jener Menschen in ihren sozialen Chancen schwer beeinträchtigt werden.[17]

Um einer hohen Dauerarbeitslosigkeit entgegenzuwirken, sind sicher erhebliche Eingriffe in den freien Lauf des Marktsystems vonnöten, die aber schließlich darauf zielen, ein solches System überhaupt erst annehmbar zu machen. Welche Möglichkeiten gibt es hier? Zur Diskussion steht ein breites Spektrum von Maßnahmen, das bei einem gesetzlichen Recht auf Arbeit beginnt und bis zum Bekenntnis zu einer Vollbeschäftigungspolitik durch die Beschleunigung des wirtschaftlichen Wachstums reicht. Ein gesetzliches Recht auf Arbeit ist ein zu starkes Instrument, das in einer Marktwirtschaft nicht gut funktionieren kann: es führt nur zur Etablierung eines zweiten, bürokratisch organisierten Arbeitsmarktes, der ineffizient ist und vom ersten finanziert werden muss.[18] Dagegen ist das bloße Bekenntnis der herrschenden Parteien zu einer Politik der Vollbeschäftigung durch Wachstum viel zu schwach, weil es gerade in Krisenzeiten nicht eingelöst werden kann.

Zielführender scheinen diverse andere Maßnahmen, die zwischen diesen Extremen liegen und auf verschiedene Weisen kombiniert werden können. Dazu gehören vor allem die folgenden: (1) die breitere Verteilung der Arbeit durch eine Verkürzung der Arbeitszeit ohne vollen Lohnausgleich: diese Maßnahme ist unentbehrlich infolge der ständig wachsenden Arbeitsproduktivität, die nicht durch ein Wachstum der Gütermärkte kompensiert wird; (2) die Stimulierung der Massenkaufkraft durch geeignete Maßnahmen der steuerlichen Umverteilung von oben nach unten, die überdies vom Standpunkt einer gerechten Verteilung des gesellschaftlichen Reichtums dringend geboten erscheinen; (3) die Entlastung der Arbeitskosten und stattdessen eine Verteuerung der technischen Rationalisierung durch ökologische Steuern, was auch eine Verlangsamung des ökonomischen Wandels zur Folge haben könnte, der für viele Menschen das Maß des Erträglichen ohnehin schon überschritten hat; (4) eine nachfrageorientierte Wirtschaftspolitik, die nicht nur auf Geldwertstabilität und hohe Zinssätze im Interesse der Vermögenden und Spekulanten setzt, sondern stattdessen die Investitionsbereitschaft stimuliert, selbst wenn dafür eine etwas höhere Inflationsrate in Kauf genommen werden muss; und (5) die Steigerung der Flexibilität der

Menschen durch berufliche Weiterbildung und Umschulung, um ihnen die Anpassung an die sich wandelnden Anforderungen des Arbeitsmarktes zu ermöglichen (nicht aber die heute vielgepriesene und auch betriebene Flexibilisierung der Arbeitsverhältnisse, die bloß eine Verlängerung der Arbeitszeit und eine Leistungssteigerung der Arbeitskräfte bedeutet, was zwar den Unternehmen Arbeitskosten spart, aber keine Arbeitsplätze schafft).[19]

Vielleicht gibt es noch weitere Maßnahmen einer aktiven Beschäftigungspolitik, welche die genannten ergänzen und unterstützen können. Ganz sicher aber gibt es kein Patentrezept, mit dem die Arbeitslosigkeit vollständig kuriert werden kann, ja wahrscheinlich nicht einmal eine Therapie, mit der sie sich immer in den moralisch gebotenen Grenzen halten lässt. Aber nehmen wir an, dass es mit den Mitteln einer aktiven Beschäftigungspolitik möglich ist, die Arbeitslosigkeit zumindest soweit zu begrenzen, dass sie angesichts der sonstigen Vorzüge der Marktordnung in Kauf genommen und den von ihr Betroffenen zugemutet werden kann. Dies führt zur zweiten Forderung, derzufolge die Gesellschaft den von Arbeitslosigkeit Betroffenen eine *angemessene Entschädigung* für die Nachteile schuldet, die ihnen im Interesse einer effizienten Wirtschaftsordnung auferlegt werden.

Gefordert ist demnach ein angemessenes System der *sozialen Sicherung* gegen die Risiken der sozialen Ausgrenzung, wirtschaftlichen Ausbeutung und Verelendung, die mit einer marktwirtschaftlichen Ordnung verbunden sind. Hier gibt es wiederum eine ganze Reihe verschiedener Möglichkeiten, die von diversen Formen der privaten Unterstützung und Selbsthilfe bis zu den bekannten Systemen der gesetzlichen Sozialversicherung und staatlichen Transferzahlungen reichen. Ich kann mich hier auf einen Vergleich dieser Möglichkeiten, von denen einige – so vor allem die privaten – offensichtlich unzureichend sind, nicht einlassen. Ich möchte daher ohne Umschweife sagen, welches System der sozialen Sicherung nach meinem Dafürhalten vorzugswürdig ist: das ist ein aus Steuermitteln finanziertes *allgemeines Grundeinkommen*, auf das alle Gesellschaftsmitglieder unabhängig von ihren sonstigen Einkommen Anspruch haben.[20]

Was das Niveau des allgemeinen Grundeinkommens betrifft, so hat der belgische Sozialphilosoph Philippe van Parijs eine meines Erachtens überzeugende Regel vorgeschlagen. Nach dieser Regel, die an das Differenzprinzip erinnert, soll das Grundeinkommen das *größtmögliche Ausmaß* haben, in dem es unter den jeweils gegebenen wirtschaftlichen Verhältnissen *nachhaltig*, d.h. auf lange Sicht, gewährt werden kann. Oder anders ausgedrückt: das Grundeinkommen soll das maximale Niveau haben, bis zu dem es unter den bestehenden wirtschaftlichen Verhältnissen aller Voraussicht nach finanziert werden kann, ohne dass es zu einer Verringerung der wirtschaftlichen Wertschöpfung kommt, infolge welcher auch das Grundeinkommen wieder reduziert werden müsste.[21]

Ein derartiges Grundeinkommen hat eine Reihe von Vorzügen, es ist aber auch verschiedenen Einwänden ausgesetzt. Die *Vorzüge* sind sowohl moralischer als auch praktischer Art. Einer seiner moralischen Vorzüge besteht darin, dass es allen Mitgliedern der Gesellschaft einen hinreichenden sozialen Schutz gegen die Kontingenzen des Marktsystems – gegen Not, Ausbeutung und Ausgrenzung – gewährt und, zumindest in der vorgeschlagenen Form, den Anforderungen der sozialen Verteilungsgerechtigkeit entspricht. Ein weiterer moralischer Vorzug ist, dass es den Opfern des wirtschaftlichen Wettbewerbs einen Anspruch auf ein sicheres Einkommen verleiht, der sie vor den Demütigungen bürokratischer Kontrolle bewahrt. Dazu kommen drei praktische Vorzüge: erstens, weil es die Existenzgrundlage aller Gesellschaftsmitglieder nicht nur im Falle der Arbeitslosigkeit, sondern auch in anderen Fällen – etwa im Falle des Alters, der Unfähigkeit, ja selbst der Faulheit – sichert; zweitens, weil es zeitlich begrenzte und schlechter bezahlte Beschäftigungsverhältnisse attraktiver macht, da es bei einem Erwerbseinkommen nicht sofort entfällt, sondern erst mit dessen Steigen nach und nach wieder weggesteuert wird; und drittens, weil seine administrative Umsetzung viel einfacher und sparsamer als alle anderen Sicherungssysteme ist.

Gegen die Idee eines garantierten allgemeinen Grundeinkommens werden aber auch immer wieder verschiedene *Einwände* erhoben, die sie in den Augen vieler als irreale Utopie erscheinen lassen. Einer dieser Einwände lautet, ein solches Grundeinkommen sei nicht finanzierbar. Dazu zwei knappe Bemerkungen: Erstens muss sich das Niveau des Grundeinkommens gemäß der früher erwähnten Regel ohnehin daran orientieren, dass es aus der laufenden ökonomischen Wertschöpfung langfristig finanziert werden kann. Zweitens spricht gar nichts dafür, dass in den entwickelten kapitalistischen Gesellschaften die finanziellen Mittel fehlen, um ein Grundeinkommen in einer Höhe zu finanzieren, das eine einigermaßen anständiges Auskommen ermöglicht; da diese Mittel aber äußerst ungerecht verteilt sind, wird ein solches Grundeinkommen sicher nicht ohne ökonomische Umverteilung möglich sein. Ein anderer Einwand ist, es sei nicht einzusehen, warum alle ein Grundeinkommen erhalten sollen, und nicht nur die Bedürftigen, die es wirklich brauchen. Auch dieser Einwand ist schnell erledigt. Dass das Grundeinkommen grundsätzlich allen Gesellschaftsmitgliedern unabhängig von ihrer wirtschaftlichen Lage zustehen soll, hat nur den verwaltungstechnischen Grund, dass es dann viel einfacher zu handhaben ist. Tatsächlich wird es denen, die über ein hinreichendes Erwerbseinkommen verfügen, im Wege der Besteuerung wieder entzogen, durch die das allgemeine Grundeinkommens ja finanziert werden muss.

Ein dritter Einwand ist ernster zu nehmen, weil er die moralische Berechtigung eines allgemeinen Grundeinkommens in Frage stellt, das jedem zukommen soll, gleichgültig, ob er bereit ist, sich an den Lasten der wirtschaftlichen Kooperation zu beteiligen oder nicht. Es geht dabei vor allem um den *Unterschied zwischen unfreiwilliger und freiwilliger Arbeitslosigkeit.* Es scheint unmittelbar plausibel, dass jemand, der ohne eigenes Verschulden arbeitslos ist, also schuldlos den Kontingenzen des wirtschaftlichen Wettbewerbs zum Opfer fällt, viel eher Unterstützung verdient als jemand, der deswegen keine Arbeit hat, weil er entweder nicht arbeitswillig oder aus eigenem Verschulden nicht arbeitsfähig ist. Da Arbeit außerdem eine Last darstellt, sollte das Grundeinkommen ferner so beschaffen sein, daß es nicht jeden Anreiz zur Arbeit untergräbt, sofern danach Bedarf besteht. Vom Standpunkt der Gerechtigkeit spricht daher alles dagegen, das vorgeschlagene Grundeinkommen auch denjenigen in vollem Ausmaß zu gewähren, die aus freier Entscheidung oder aus eigenem Verschulden nichts zur wirtschaftlichen Wertschöpfung beitragen.

Dieser Einwand hat, theoretisch betrachtet, sicher einiges Gewicht. Aber ich bezweifle, dass er in der Praxis funktioniert. Auch wenn es in vielen Fällen möglich sein mag, zu entscheiden, ob freiwillige oder unfreiwillige Arbeitslosigkeit vorliegt, dürfte das bei der Mehrzahl der Fälle nicht einfach sein. Denn die Grenzen zwischen Freiwilligkeit und Unfreiwilligkeit sind häufig fließend, weil es ja wesentlich von den verfügbaren Optionen abhängt, ob jemand zwar an sich arbeitswillig ist, aber keine ihm zumutbare Arbeit finden kann, oder ob er tatsächlich gar nicht arbeiten will. Und natürlich hängt das auch von der Höhe des Grundeinkommens und den jeweils erreichbaren Arbeitseinkommen ab. Doch selbst wenn es in der Regel möglich sein sollte, zwischen freiwilliger und unfreiwilliger Arbeitslosigkeit zu unterscheiden, sind erhebliche bürokratische Verfahren vonnöten, um diesen Unterschied festzustellen. Und diese Verfahren sind nicht nur sehr kostenaufwendig, sondern überdies irrtumsanfällig und insbesondere für diejenigen degradierend, die unfreiwillig arbeitslos sind. Was schließlich den Anreiz zur Arbeit betrifft, so schneidet gerade ein allgemeines Grundeinkommen besser als andere Sicherungssysteme ab, weil es, wie gesagt, bei Aufnahme einer Beschäftigung grundsätzlich erhalten bleibt und erst mit einem wachsenden Arbeitseinkommen nach und nach weggesteuert wird.

Schlussbemerkungen

Soviel über soziale Gerechtigkeit, gerechte Arbeitsteilung und die Erfordernisse, die sich daraus für die soziale Ordnung kapitalistischer Gesellschaften ergeben, damit eine solche Ordnung Legitimität beanspruchen kann. Ich bin mir bewusst, dass die angestellten Überlegungen manche Schwächen aufweisen und diverse skeptische Bedenken provozieren, die weitergehende Erörterungen erfordern. Doch selbst dann, wenn diese Überlegungen im Großen und Ganzen überzeugend scheinen mögen, kann man gegen sie den Einwand ins Treffen führen, sie seien nichts weiter als graue Theorie, die in der Praxis zum Scheitern verurteilt ist, weil es sich unter den bestehenden Bedingungen der internationalen Konkurrenz keine Gesellschaft alleine wird leisten können, die erhobenen Forderungen nach einer aktiven Beschäftigungspolitik und einem allgemeinen Grundeinkommen in die Realität umzusetzen. Dieser Einwand ist berechtigt, greift aber dennoch zu kurz.

Es ist sicher richtig, dass die fortschreitende wirtschaftliche Globalisierung den politischen Handlungsspielraum der Staaten immer weiter begrenzt und ihnen eine von Gerechtigkeitsgesichtspunkten geleitete Politik der Beschäftigungssicherung und des sozialen Ausgleichs zunehmend unmöglich macht. Da eine solche Politik mit Sicherheit eine merkbare Umverteilung des gesellschaftlichen Reichtums von oben nach unten erfordern dürfte und sehr wahrscheinlich auch eine Steigerung der Faktorkosten der wirtschaftlichen Produktion zur Folge hätte, würde ein Land, das sie unabhängig von den anderen verfolgt, eine Schwächung seiner internationalen Wettbewerbsposition und eine Kapitalflucht riskieren. Infolgedessen ist heute eine zukunftsorientierte Beschäftigungs- und Sozialpolitik in einem einzelnen Land tatsächlich kaum noch möglich. Was hier vorliegt, das ist ein *internationales Kooperationsproblem*, welches die Einzelstaaten um der Wahrung ihres eigenen Vorteils willen zu einem Handeln zwingt, dessen Ergebnisse letztlich ihrem langfristigen Interesse widersprechen.

Doch dieses Problem ist weder neu noch unlösbar. Seine Lösung besteht in der Etablierung geeigneter politischer Institutionen, welche alle beteiligten Akteure zu einem koordinierten Zusammenwirken veranlassen, das zu einem für sie alle besseren Ergebnis führt. Eine, wenn auch keineswegs die einzige Institution dieser Art ist der Staat, mit dessen Hilfe es gelungen ist, nach und nach immer größere Menschenzahlen zu halbwegs funktionierenden sozialen Ordnungen zu vereinigen. Und es spricht gar nichts dafür, dass die heutige Staatenlandschaft den Endpunkt der politischen Entwicklung darstellt. Im Gegenteil: die wachsende ökonomische Globalisierung treibt die Formierung übernationaler Gesellschaften, ja in gewissen Hinsichten sogar einer Weltgesellschaft, sichtbar voran, deren Regulierungsbedarf nur durch eine *trans- und supranationale Politik* bewältigt werden kann.

1 Vgl. John Stuart MILL, Der Utilitarismus (engl. Erstausgabe 1871), Stuttgart 1976, 72 ff; John RAWLS, Eine Theorie der Gerechtigkeit (amerikan. Erstausgabe 1971), Frankfurt 1975, 83 ff; David MILLER, Social Justice, Oxford 1976, 17 ff; J.R. LUCAS, On Justice. Oxford 1980, 163 ff; Peter KOLLER, Soziale Güter und soziale Gerechtigkeit, in: H.-J. KOCH, M. KÖHLER, K. SEELMANN (Hg.), Theorien der Gerechtigkeit, Stuttgart 1994, 79 ff.

2 Vgl. Peter KOLLER, Soziale Gleichheit und Gerechtigkeit, in: Hans-Peter MÜLLER, Bernd WEGENER, Soziale Ungleichheit und soziale Gerechtigkeit, Opladen 1995, 53 ff.

3 Siehe dazu John RAWLS, Eine Theorie der Gerechtigkeit (Anm. 1), 95 ff; vgl. Peter KOLLER, Die Grundsätze der Gerechtigkeit, in: Otfried HÖFFE (Hg.), John Rawls. Eine Theorie der Gerechtigkeit, Berlin 1998, 54 ff.

4 Zur Geschichte und zum Begriff der Arbeit siehe Helmuth SCHNEIDER (Hg.), Geschichte der Arbeit, Frankfurt–Berlin–Wien 1983; Hans Georg ZILIAN, Die Zeit der Grille? Eine Phänomenologie der Arbeit, Amsterdam 1999, 11 ff.

5 Zur Arbeitswertlehre und den ihr zugrunde liegenden normativen Annahmen siehe Gunnar MYRDAL, Das politische Element in der nationalökonomischen Doktrinbildung (erste dt. Ausgabe 1932), 2. Aufl., Bonn–Bad Godesberg 1962, 1976, 51 ff.

6 Vgl. John LOCKE, Zwei Abhandlungen über die Regierung (1690), hg. von Walter Euchner, Frankfurt 1977, 215 ff; Karl MARX, Kritik des Gothaer Programms (1875), in: Karl MARX, Friedrich ENGELS, Ausgewählte Schriften in zwei Bänden, Bd. 2, Berlin 1968, 11 ff.

7 Vgl. Marie JAHODA, Wieviel Arbeit braucht der Mensch? (engl. Originalausgabe 1983), Weinheim 1983.

8 Vgl. Philippe van PARIJS, Real Freedom for All, Oxford 1995, 89 ff.

9 Siehe dazu B. GAHLEN, H.-D. HARDES, F. RAHMEYER, A. SCHMID, Volkswirtschaftslehre, Tübingen 1978, 15 ff; Helmut LEIPOLD, Wirtschafts- und Gesellschaftssysteme im Vergleich, 5. Aufl., Stuttgart 1988.

10 Siehe dazu z.B. die folgenden Werke von Friedrich A. HAYEK: Collectivist Economic Planning. Critical Studies on the Possibilities of Socialism, London 1935; Der Weg zur Knechtschaft (engl. Originalausgabe 1944), München 1976; Individualismus und wirtschaftliche Ordnung, Erlenbach–Zürich 1952, 49 ff; Die Verfassung der Freiheit (amerikan. Originalausgabe 1969), Tübingen 1971, 323 ff; The Fatal Conceit. The Errors of Socialism, London 1988.

11 Siehe dazu David MILLER, Market, State, and Community. Theoretical Foundations of Market Socialism, Oxford 1989; John E. ROEMER, A Future for Socialism, London 1994.

12 Vgl. Paul A. SAMUELSON, William D. NORDHAUS, Volkswirtschaftslehre (15. amerikan. Ausgabe 1995), Wien 1998, 315 ff; E.K. HUNT, H.J. SHERMAN, Ökonomie (amerikan. Originalausgabe 1972), Bd. 2, Frankfurt 1974, 11 ff.

13 Siehe dazu Gunnar MYRDAL, Ökonomische Theorie und unterentwickelte Regionen (engl. Originalausgabe 1956), Frankfurt 1974; K. William KAPP, Soziale Kosten der Marktwirtschaft (engl. Erstausgabe 1963), Frankfurt 1979; Fred HIRSCH, Die sozialen Grenzen des Wachstums (amerikan. Originalausgabe 1976), Reinbek bei Hamburg

1980.

14 Vgl. Friedrich A. HAYEK, Law, Legislation and Liberty, Vol. II: The Mirage of Social Justice, London 1976; ders., The Atavism of Social Justice, in: New Studies in Philosophy, Politics, Economics and the History of Ideas, London 1978.

15 Vgl. Kurt W. ROTHSCHILD, Theorien der Arbeitslosigkeit, München–Wien 1988; Gudrun BIFFL, Theorie und Empirie des Arbeitsmarktes am Beispiel Österreichs, Wien–New York 1994; Horst FRIEDRICH, Michael WIEDEMEYER, Arbeitslosigkeit – ein Dauerproblem, Opladen 1998.

16 Ähnlich Philippe van PARIJS, Real Freedom for All (Anm. 8), 186 ff; Peter ULRICH, Die Zukunft der Marktwirtschaft: neoliberaler oder ordoliberaler Weg?, in: Archiv für Rechts- und Sozialphilosophie, Beiheft 62, Stuttgart 1995, S. 33 ff; Karl Georg ZINN, Sozialstaat in der Krise, Berlin 1999.

17 Siehe dazu Manfred PRISCHING, Arbeitslosenprotest und Resignation in der Wirtschaftskrise, Frankfurt–New York 1988; Hans Georg ZILIAN, Helmut KUZMICS, Die soziale Bedeutung von Arbeit und Arbeitslosigkeit (Forschungsschwerpunkt S 44 "Dynamik der Arbeitslosigkeit und Beschäftigung, Forschungsbericht Nr. 34), Linz-Graz 1990; Hans Georg ZILIAN, Christian FLECK, Die verborgenen Kosten der Arbeitslosigkeit, Frankfurt 1990; Horst FRIEDRICH, Michael WIEDEMEYER, Arbeitslosigkeit – ein Dauerproblem (Anm. 15), 43 ff.

18 Vgl. Jon ELSTER, Is There (or Should There Be) a Right to Work?, in: Amy GUTMANN (Hg.), Democracy and the Welfare State, Princeton, N.J. 1988, 53 ff.

19 Siehe dazu Kurt W. ROTHSCHILD, Arbeitslose: Gibt's die?, Marburg 1990, 131 ff; Johano STRASSER, Die Zukunft der Arbeit, in: ders. (Hg.), Die Wende ist machbar. Realpolitik an den Grenzen des Wachstums, München–Zürich 1994, S. 203 ff; Peter ULRICH, Die Zukunft der Marktwirtschaft (Anm. 16); Horst FRIEDRICH, Michael WIEDEMEYER, Arbeitslosigkeit – ein Dauerproblem (Anm. 15), 179 ff; Hans Georg ZILIAN , Jörg FLECKER (Hg.), Flexibilisierung – Problem oder Lösung?, Berlin 1998.

20 Siehe dazu Herwig BÜCHELE, Lieselotte WOHLGENANNT, Grundeinkommen ohne Arbeit, Wien 1985; Michael OPIELKA, Georg VOBRUBA (Hg.), Das garantierte Grundeinkommen, Frankfurt 1986; Georg VOBRUBA (Hg.), Strukturwandel der Sozialpolitik, Frankfurt 1990; Philippe van PARIJS (Hg.), Arguing for Basic Income, London 1992.

21 Vgl. Philippe van PARIJS, Why Surfers Should be Fed: The Liberal Case for an Unconditional Basic Income, in: Philosophy & Public Affairs 20, 1991, 101 ff; ders., Real Freedom for All (Anm. 8), 30 ff.

Rationale Strategien und irrationale Märkte
Anmerkungen zu „Arbeitslosigkeit und Gerechtigkeit"
Irene Dyk

Es ist verdienstvoll, das Phänomen Arbeitslosigkeit aus dem Blickwinkel sozialer Verteilungsgerechtigkeit zu analysieren, und es erscheint nicht inkonsequent, ein allgemeines Grundeinkommen als Lösungsmöglichkeit vorzuschlagen. Auf dem Weg zu dieser Schlußfolgerung liegen allerdings – beim Versuch der Integration philosophischer und ökonomischer Paradigmen – einige Stolpersteine[1]...

Bei der Auseinandersetzung mit marktwirtschaftlichen Prinzipien ist zunächst zu bedenken, daß den *Markttheorien* (oder besser: *Marktideologien*) hartnäckige Irrtümer[2] zugrunde liegen, die gleichwohl Systembestandteile der Ökonomie darstellen: Ihr formalwissenschaftliches Modelldenken führt zu einer isolierenden Abstraktion eines Teils des sozialen Handelns – das Wirtschaftshandeln wird quasi absolut gesetzt und sozialen Wirkungszusammenhängen (die nie einfache lineare Ursache-Wirkungs-Relationen darstellen) „entzogen"[3]; eine spezifische Form von „Reduktion von Komplexität". Mit der ceteris-paribus-Klausel werden soziale Situationen sozusagen zementiert, laufende Prozesse respektive sozialer Wandel vorweg ausgeklammert und multifaktorielle Phänomene negiert. Dann wird ein Menschenbild implementiert, das ausschließlich zweckrational nach persönlicher Gewinnmaximierung strebt, das heißt unter optimaler Verwertbarkeit aller verfügbaren Mittel, Fähigkeiten und Informationen im totalen Wettbewerb Kosten und Nutzen abwägen kann. Dieser *homo oeconomicus* agiert auf einem immer zum Gleichgewicht tendierenden (wenngleich dieses nie erreichenden) Markt, auf dem Angebot und Nachfrage einerseits der Lenkungsfunktion des Preises und andererseits Substitutionsmechanismen unterliegen. Schon im Falle reiner Warenmärkte hat dieses Modell unverkennbare Schwächen, selbst dann, wenn von der Fiktion sowohl geschlossener wie auch transparenter Marktsituationen ausgegangen wird. Noch stärker treten diese Mankos zutage, wenn man mit dem Marktmodell die Verteilungsproblematik (bzw. auch Preisbildungsproblematik) immaterieller Güter analysieren will – ein Dilemma, mit dem sich die Ökologie ebenso konfrontiert sieht wie – in besonderem Maße – die Arbeitsmarktforschung.

Heute wieder aktuelle bzw. aktualisierte klassische respektive neoklassische Ansätze negieren die seit mehr als einem Jahrhundert bekannte Tatsache, daß der *Arbeitsmarkt* prinzipiell ein *„unvollkommener Markt"* ist, innerhalb dessen und um den herum so viele „Teilmärkte" für Arbeitsleistungen existieren, wie es Leistungsqualitäten gibt. Es handelt sich niemals um Nachfrage nach Arbeitskraft schlechthin, sondern um Nachfrage nach Arbeitsleistung bestimmter Qualität(en) im Sinne von „non-competing-groups".[4] Hier greifen denn auch keynesianische Ansätze zu kurz, da Nachfragestimulierungen nicht gleicherweise und kontinuierlich in allen oder auch nur mehreren (Arbeits-)Marktsegmenten durchführbar und wirksam sein können – zumal Segmentation sowohl horizontal (im Hinblick auf primäre und sekundäre Teilarbeitsmärkte) wie auch vertikal (in bezug auf externe und interne Segmente) gesehen werden muß.[5] Zu alledem kommt, daß ein marktlogisches Kalkül auch deshalb nicht angebracht sein kann, weil der Anbieter seiner Arbeitskraft dem Nachfrager allein schon dadurch unterlegen ist, daß er in aller Regel seine „Ware" Arbeitskraft verkaufen muß, also einem strukturellen Verkaufszwang untersteht. Im Gegensatz zu vielen Gütern ist die Arbeitskraft nicht geeignet zur Lagerung (ganz im Gegenteil, Qualifikationen veralten rasch, wie man an der Problematik Langzeitarbeitslosigkeit sieht), und während Kapital und Produktionsmittel meist durchaus gewinnbringend bzw. kostensenkend auf andere Märkte ausgelagert werden können, ist dies beim Produktionsfaktor Arbeit in der Regel mit zahlreichen Ein- und Beschränkungen verbunden, die unmittelbar an die menschliche Substanz gehen. Die vielfältigen regionalen Mobilitätshindernisse könnten indes zumindest noch schneller abgebaut als qualifikationale Flexibilität aufgebaut werden: Je höher und komplexer der Anspruch an Qualifikatio-

nen ist, desto geringer sind Substitutionsmöglichkeiten und Substitutions-
bereitschaft und umso eher tritt (noch stärker als beim Schweinepreiszyklus
am Agrarmarkt) das Cobweb-Phänomen zutage.[6] Die Chance, daß ein (vor
allem gehobenes und spezialisiertes) Qualifikationsangebot zu einem akzep-
tablen Preis quasi „marktautomatisch" Nachfrage induziert, ist jedenfalls
viel geringer als das Risiko, time-lag-bedingt Qualifikation „auf Halde" zu
produzieren.

Dieser Einwand richtet sich nicht gegen die Forderung Peter Kollers
nach besserer *Synchronisation von Ausbildungssystem und Arbeitskräften-
achfrage*, relativiert sie aber: zumal auch die vorgeschlagenen Instrumente
wenn schon nicht fragwürdig, so doch diskussionswürdig sind. Eine Verbesserung der Berufsberatung setzt ein prognostisches Potential voraus, das
derzeit in Wissenschaft und Praxis schlichtweg nicht gegeben ist. Und diri-
gistische Maßnahmen im (Aus-)Bildungsbereich widersprechen, gerade in
Anbetracht der mangelnden Arbeitsmarkttransparenz bzw. des rapiden
Wandels, nicht nur einem wie immer formulierten Freiheits-, sondern auch
einem Gerechtigkeitsprinzip.

Dies umso mehr, als im selben Atemzug eine Erhöhung der *Flexibilität
der Arbeitskräfte* durch berufliche Weiterbildung und Umschulung gefordert wird – ohne diesen Vorschlag sozusagen reziprok auch an die Nach-
frageseite, die Arbeitgeber, zu richten. Gerechterweise sollte die Bereitschaft zur Flexibilität keine Einbahnstraße sein, sondern auch in bezug auf
Substitutionsmöglichkeiten und berufsbegleitendes, in den betrieblichen
Arbeitsablauf integriertes (und honoriertes) *upgrading* von Qualifikationen
interpretiert werden. Dafür spricht unter anderem die Tatsache, daß sich
neben der staatlichen mittlerweile eine recht erfolgreiche private Arbeitsver-
mittlung etabliert hat, deren Strategien letztlich auf einer breite(re)n Auslegung von Qualifikation und vor allem auf einem Ausloten potentieller
Qualifikationsfähigkeit von Arbeitskräften basieren und nicht auf einem
Aus-dem-Hut-Zaubern maßgeschneiderter Mitarbeiter. Im übrigen bestätigen die Erfahrungen sowohl der staatlichen wie auch der privaten Vermitt-
ler, daß die Zusammenführung von Arbeitsmarktangebot und -nachfrage
nicht nur durch Mankos des Arbeitskräftepotentials, sondern auch durch

spezifische Merkmale offener Stellen („Drehtürarbeitsplätze") erschwert werden kann.[7] Darauf sollte übrigens auch bei der Subvention von Einstellungen von Problemarbeitslosen vermehrt Bedacht genommen werden – um nicht allenfalls nur eine kurzfristige statistische Beschönigung oder Verschleierung zu erzeugen.

Letzteres läßt sich auch im Hinblick auf die *Forderung nach Arbeitszeitverkürzung*[8] ins Treffen führen: Ein Kuchen wird nicht größer, wenn man immer kleinere Stücke davon abschneidet. Kürzere Arbeitszeit wird von den Betrieben erfahrungsgemäß nur marginal durch Neueinstellungen kompensiert, sondern eher durch Rationalisierungen bzw. ebenso wie bei Betriebszeitenausweitungen durch Kurzzeitarbeitsverhältnisse bewältigt. Damit verfestigt sich im übrigen das Arbeitsmarktparadoxon von gleichzeitig mehr Beschäftigten und mehr Arbeitslosen: Personen aus der „stillen Arbeitsmarktreserve" (Studierende, Pensionisten) nehmen Angebote wahr, die von anderen als nicht lebensunterhaltsichernd abgelehnt werden (müssen). Davon abgesehen: Eine generelle Arbeitszeitverkürzung mit Lohnausgleich verteuert die Arbeitskosten massiv und führt erst recht nicht zur Schaffung, sondern eher zu einer Auslagerung von Arbeitsplätzen in Billiglohnländer. Ohne Lohnausgleich aber ist Arbeitszeitverkürzung zumindest in den ohnedies gefährdeten Niedriglohnbranchen nach Gerechtigkeitskriterien unzumutbar und unmöglich, in allen anderen als solidarisches Instrument nur in überschaubaren Unternehmen und in übersehbarem Zeitrahmen durchführbar - wobei die Folgen des Kaufkraftverlusts bei gleichzeitig zunehmenden Freizeitkosten ökonomisch und soziologisch mitbedacht werden sollten.

Ähnliches trifft auf den *Vorschlag* zu, *Arbeitskosten zu senken* und *Ökosteuern* einzuführen.[9] Die steuerliche Entlastung von Arbeit beziehungsweise die Senkung von Lohnnebenkosten in größerem Umfange stellt wesentliche Elemente des Sozialstaats und damit der sozialen Sicherheit sowohl der Beschäftigten wie auch der Arbeitslosen in Frage, begleitet von infrastrukturellen Folgen – auch im Hinblick auf Beschäftigung –, die aus einem sozialen Rückbau resultieren. Um den sozialen Leistungsstandard, der im übrigen ja großteils auf dem Versicherungsprinzip und damit auf den Beiträgen von Arbeitgebern und Arbeitnehmern basiert, auch nur einigermaßen zu halten, wäre jedenfalls eine alternative Mittelaufbringung nötig. Eine Verteuerung der technischen Rationalisierung oder die Einführung von Ökosteuern hätte aber vermutlich (selbst wenn sie einheitlich in größeren Wirtschaftsräumen wie etwa in ganz Europa realisiert werden) ebenso wie eine Arbeitszeitverkürzung zuallererst Produktionsauslagerungen zur Folge, in weiterer Konsequenz käme es aufgrund eines Zurückbleibens bei technischen Innovationen zu weltweiten Wettbewerbsnachteilen. Diesen stünden im Inland in vermutlich wesentlich geringerem Ausmaß ökologisch induzierte Innovations- und Investitionsschübe gegenüber – und auch das erst mit entsprechender zeitlicher Verzögerung.

Umgekehrt verhält es sich mit der *Forderung* in bezug auf eine *nachfrageorientierte Geldpolitik*[10] – meist ohnedies, wie auch bei Peter Koller, unter Verweis auf die Inflationsproblematik nur eingeschränkt erhoben: Zum einen sind geldpolitische Instrumente, also Variationen von Zinssatz und/oder Geldmenge, primär bei kurzfristigen, das heißt konjunkturellen Schwankungen und nicht im Hinblick auf langfristige strukturelle Problemkonstellationen sinnvoll anwendbar, und dies auch in erster Linie in überschaubaren Wirtschaftsräumen bzw. auf nationaler Ebene. Zum anderen müßte man auch bei einer länderübergreifenden, etwa gesamteuropäischen Strategie damit rechnen, daß dieses sehr sensible Instrument relativ rasch kontraproduktive Wirkungen zeigt. Zwangsläufig würden die (inflationsbedingten) Einkommenszuwächse der Beschäftigten durch eine höhere Progression gemindert, und daher würde nicht unbedingt mehr konsumiert, sondern eher – und zwar gerade nicht investitionsorientiert – gespart: auch zuungunsten des Staates, der seinerseits höhere Steuereinnahmen benötigt, weil er budgetausgabenseitig ja auch selbst von inflationären Preissteigerungen betroffen ist ... eine absolut fatale Entwicklung, wenn gleichzeitig der Vorschlag realisiert werden sollte, eine *Koppelung der Arbeitseinkommen an die Höhe der Arbeitslosigkeit* durch entsprechende Besteuerung vorzunehmen. Dieser Idee liegen zunächst einmal zwei klassische Irrtümer der Ökonomie zugrunde, nämlich die Annahme eines mehr oder weniger linearen Zusammenhangs zwischen Lohnhöhe und Beschäftigungsniveau und die Prämisse eines rationalen Marktverhaltens mit Tendenz zum Gleichgewicht. Dem steht entgegen, daß sinkende Löhne eher in eine negative Konsumspirale führen und hohe „Solidaritätsabgaben" nicht unbedingt motivierend wirken müssen, wenn der Staat die höheren Einnahmen nicht arbeitsplatzwirksam investieren oder sinnvoll umverteilen kann, sondern zur bloßen Systemerhaltung verbrauchen muß. Wobei dieses System ohnedies aus den verschiedensten Gründen geschwächt ist – nicht zuletzt durch den externen wie internen Zwang zu Sparmaßnahmen, der, sofern er mehrere Länder eines Wirtschaftsraumes betrifft, einen konzertierten Abschwung herbeiführen kann: weil es dann nicht nur zu einem Nachfrageausfall in *einem* Land kommt, sondern auch zu Einschränkungen in den Exportmöglichkeiten. Und staatliche Sparmaßnahmen (parallel zu hoher Besteuerung), wie sie sich die Europäische Union etwa selber verordnet hat, verhindern oder behindern auch jene beiden Wege, die derzeit als Allheilmittel gegen hohe Arbeitslosigkeit propagiert werden.

Das „*linke*" bzw. „*Arbeitnehmermodell*" fordert (zumindest akzeptabel) hohe Löhne, um über steigende Nachfrage die Konjunktur zu beleben. Die Folge sollte steigende Investitionsbereitschaft und damit die Schaffung von mehr und neuen Arbeitsplätzen im Sinne einer Strukturverbesserung sein. Das „*liberale*" bzw. „*Arbeitsgebermodell*" geht vom Postulat Steuerfreiheit für nicht entnommene Gewinne und daraus resultierenden arbeitsplatzwirksamen Investitionen aus, wobei steigende Beschäftigungszahlen höhere Lohnsteuer- und Sozialversicherungseinnahmen und sinkende Zahlungen für Arbeitslosenentschädigungen auslösen sollen – und damit wieder Konsum- bzw. Nachfragesteigerungen. In ihrer auswechselbaren Einfachheit erinnern beide Rezepturen allerdings an das genau deshalb kritisierte (neo)klassische Marktmodell, das auch durch die Zusätze „global", „europäisch", „offen" und „ökosozial" nicht funktionsfähiger wird: zumal es demographische Entwicklungen ebenso negiert wie die langfristige Beharrungstendenz sozioökonomischer Strukturen im Kontrast zur technologischen Entwicklung.

Dementsprechend ist zunächst einmal Peter Kollers Forderung nach einer *effizienten staatlichen Beschäftigungspolitik*[11] zu unterstreichen. Das gilt auch für unterstützende Maßnahmen im Hinblick auf die erwähnten beiden

Ansätze, die (phasenabgestimmt) integriert und unter der Voraussetzung entsprechender ideologischer bzw. interessenspezifischer Kooperation und Koordination zumindest arbeitsplatzerhaltend wirken könnten. Diese Prozesse – unabhängig von den Prioritäten Nachfrageerhöhung respektive Investitionsanreiz – müssen ja *eingeleitet* werden, sei es durch gezielte Transferzahlungen oder durch focussierten Steuerverzicht. Beides erhöht allerdings zumindest kurzfristig die Staatsverschuldung[12] – ein Vorgang, der aber nicht irreversibel sein muß, wenn eine entsprechende Wechselkurspolitik die Wettbewerbsfähigkeit längerfristig sichert und verbessert.

Unerläßlich ist staatliche Vorsorgepolitik aber vor allem – und zwar gerade bezogen auf das Gerechtigkeitsprinzip – für diejenigen, die aus persönlichen und strukturellen Gründen nicht zu den Nutznießern der „marktorientierten" Beschäftigungspolitik gehören, das heißt, die auch von konjunkturellem Aufschwung und innovativen Arbeitsplatzinvestitionen nicht profitieren: ältere Langzeitarbeitslose, junge Menschen mit basalen Qualifikationsdefiziten, Frauen mit stark vermittlungseinschränkenden Betreuungspflichten, physisch, psychisch und sozial Gehandicapte und andere. Unabhängig von der von Peter Koller angeschnittenen Diskussion im Hinblick auf ein gesetzliches Recht auf Arbeit verwundert aber seine in diesem Zusammenhang geäußerte Befürchtung der *Etablierung eines zweiten Arbeitsmarktes*, den er als bürokratisch organisiert, ineffizient und als vom ersten Arbeitsmarkt finanziert beschreibt.

Abgesehen von der mißverständlichen Terminologie – die Segmentationstheorien unterscheiden primäre und sekundäre Märkte im Hinblick auf Qualifikation und Arbeitsbedingungen – eignet sich der staatliche Interventionismus (bzw. sein Ausmaß) kaum als Diskriminierungskriterium, solange auch der „erste Markt" seiner Impulse in beträchtlichem Maße bedarf. Bei der Frage der Finanzierung bleibt offen, ob es sich beim „zweiten Markt" eher um Beschäftigungstherapie oder Arbeitstraining unter geschützten Rahmenbedingungen handelt (was für arbeitsmarktpolitische Problemgruppen auch zu rechtfertigen wäre) oder ob hier Güter produziert und Dienstleistungen erbracht werden, nach denen Nachfrage besteht[13], die ver*wert*bar sind und daher einen „Markt*wert*" haben bzw. durch entsprechende Nachfragestimulierung und -stützung erzielen könn(t)en. In diesem Fall (und für einschlägige Gemeinwesen- und Ökologieprojekte, Gesundheits- und Sozialinitiativen, Kultur- und Freizeiteinrichtungen, Service- und Reparaturtätigkeiten und diverse alternative Produktionen trifft das zu) sollte man nicht (mehr oder weniger abschätzig) von einem „zweiten Markt", sondern von einer Erweiterung des tertiären Sektors bzw. einer Ergänzung durch den quartären und quintären Sektor sprechen[14]. Immerhin besteht ja auch neben dem „ersten" ein nicht unbeträchtlicher grauer und schwarzer Markt, der (nicht immer legitim) recht deutlich Allokationsmängel des sogenannten „ersten" aufzeigt und hinsichtlich der Finanzierung (Beispiel: die Sozialversicherung des pfuschenden Arbeitslosen, die vom Unternehmer „gedeckte" Schwarzarbeit) mit diesem ohnedies eng verwoben ist[15].

Insofern wäre die Etablierung eines „zweiten Arbeitsmarktes" – oder eben besser: eine Markterweiterung – durch die Implementierung und Institutionalisierung (inklusive Legalisierung) bisher nicht, nicht ausreichend oder in einer (sozial-)rechtlichen Grauzone erbrachten Arbeitsleistungen ordnungspolitisch ebenso wünschenswert wie aus wirtschafts- und arbeitsmarktpolitischen Erwägungen: auch aus gesellschaftspolitischer Sicht, im Sinne einer Reaktion auf neue bzw. veränderte Bedürfnisse im Zuge des sozialen und Wertewandels.[16] Ein durchaus positiver Nebeneffekt dabei wäre auch eine Monetarisierung und Professionalisierung mancher bisher im engeren Sozialverband erbrachter Leistungen (etwa hauswirtschaftlicher Art) und damit eine sozialökonomische Integration und Absicherung ihrer Erbringer(innen)[17]. Die Beobachtung des quartären und quintären Sektors zeigt im übrigen auch, daß gerade hier sowohl neue Arbeitsformen bzw. -qualitäten (in bezug auf vertragliche Bindung, Arbeitszeit und -ort) wie auch neue Selbständigkeit[18] entstehen – durchaus auch multiplikativ hinsichtlich der Beschäftigungseffekte.

Unter diesen Prämissen wäre ein *allgemeines Grundeinkommen*[19] (für alle diejenigen, die trotzdem zeitweise oder ständig aus dem ergänzten, erweiterten, neu definierten Beschäftigungssystem herausfallen – aus welchen Gründen auch immer) zwar noch ein mögliches und aufgrund vermutlich geringer Inanspruchnahme respektive Ausschöpfung auch finanzierbares

Hilfskonstrukt. Nötig wäre es vielleicht nicht mehr ... zumal es sich dabei doch um eine eher „resignative" Strategie handelt, die genaugenommen die klassische ökonomische Existenzminimumtheorie[20] aufgreift und sie nur vom „Markt" in die gesellschaftliche Verantwortungssphäre katapultiert.

Anmerkungen

1 Nicht unzutreffend formuliert Lester C. THUROW: "Die Ökonomie des Arbeitsmarktes muß grundlegend überdacht und neu formuliert werden, soll der Arbeitsmarkt nicht das Bermuda-Dreieck der Wirtschaftswissenschaft bleiben, auf dessen Grund sich die Wracks ökonomischer Theorien stapeln" (zitiert bei Stephan SCHLEICHER, Alexander van der BELLEN, Arbeit: Die neue Herausforderung, in: Karl VAK (Hg.), Austrian Chapter des Club of Rome, Wien 1989, 62)
2 Vgl. dazu George SOROS, Kritik der Wirtschaftswissenschaften, in: Die Krise des globalen Kapitalismus. Offene Gesellschaft in Gefahr, Berlin 1998, 61ff.
3 Daß das "Niederreißen der künstlichen Mauer zwischen Ökonomie und Soziologie", wie es Kurt W. ROTHSCHILD schon 1954 fordert (The Theory of Wages, Oxford), bis heute nur unvollkommen gelungen ist, mag unter anderem daran liegen, daß die physiokratischen Ursprünge der Nationalökonomie mit ihren einfachen biologi(sti)schen Verhaltenstheorien durch einen zeitweiligen behavioristischen Sündenfall der Sozialwissenschaften noch quasi verstärkt wurden.
4 J. E. CAIRNES, Some Leading Principles of Political Economy, London 1879.
5 Siehe dazu im Überblick: W. SESSELMEIER, G. BLAUERMEL, Arbeitsmarkt-theorien, Heidelberg 1990, 149.
6 H. SCHULTZ, The Theory and Measurement of Demand, Chicago 1938.
7 Sowohl die über Jahrzehnte geführten Dokumentationen des IAB (Institut für Arbeitsmarkt- und Berufsforschung der Bundesanstalt für Arbeit in Erlangen/Nürnberg) wie auch des ÖIAMP (Österreichisches Institut für Arbeitsmarktpolitik, Linz) weisen ein erheblich geringeres Forschungsinteresse an (längerfristig) offenen Stellen als in bezug auf Arbeitsuchende nach. Mit ein Grund dafür mag neben der "humanwissenschaftlichen" Ausrichtung der Arbeitsmarktwissenschaften die Tatsache sein, daß der Stellenmarkt nur in geringem Maße über die staatliche Arbeitsmarktverwaltung resp. das Arbeitsmarktservice abgewickelt wird und daher empirisch schwer greifbar ist. Vgl. dazu Irene DYK, E. LANGFELLNER, Problemgruppen am Arbeitsmarkt. Ergebnisse einer empirischen Untersuchung längerfristig Arbeitsloser und längerfristig offener Stelle, Linz 1981, 31.
8 Auch prominente Verfechter dieses Ansatzes, wie etwa Marie JAHODA, Wieviel Arbeit braucht der Mensch, Weinheim–Basel 1983 oder Joseph HUBER, Die zwei Gesichter der Arbeit, Frankfurt 1984, vermögen Beschäftigungseffekte von Arbeitszeitverkürzung weniger eindrucksvoll zu argumentierten als deren unbestrittenen Humanisierungsaspekt.

9 Vgl. dazu H. SCHUSTER, Das Phänomen der strukturellen Arbeitslosigkeit und Maßnahmen zu seiner Bekämpfung, in: W. AICHINGER (Hg.), Arbeit – ein knappes Gut, Linz 1997, 61.

10 SCHUSTER, Phänomen, 51ff.

11 Bemerkenswert ist, daß diese Forderung von der Ökonomie auch schon vor gut 100 Jahren erworben wurde: Im Hinblick auf eine "Ordnung des Arbeitsverhältnisses unter Mitwirkung der betheiligten Interessentengruppen, aber unter Führung und Leitung des Staates. Dadurch ist die Stellung des Arbeiters im Produktionsprozesse nicht mehr die eines bloßen Produktionsmittels ... Andere Maßregeln ... suchen die Stetigkeit der Arbeitsgelegenheit und des Arbeitseinkommens zu sichern ..." Eugen v. PHILIPPOVICH, Grundriß der politischen Ökonomie, Freiburg 1899, 201.

12 Vgl. dazu Ferdinand LACINA, Schulden sind nicht unanständig, in: Profil Nr. 9, 1.3.1999, 90f.

13 Dazu (in Zusammenhang mit der experimentellen Arbeitsmarktpolitik) der ehemalige Sozialminister A. DALLINGER: "Wir befinden uns weiter in der paradoxen Situation, daß wir aufgrund des allgemeinen materiellen Reichtums erstmals in größerem Ausmaß überlegen können, Arbeitsplätze verstärkt in Bereichen anzusiedeln, die sich zwar wirtschaftlich nicht selbst tragen können, aber mithelfen würden, soziale, bildungsmäßige und ökologische Mängel zu beseitigen" (in: Bundesministerium für soziale Verwaltung (Hg.), Basislohn/Existenzsicherung; garantiertes Grundeinkommen für alle, Forschungsberichte aus der Sozial- und Arbeitsmarktpolitik 12, Wien 1987, 10). Diese Aussage ist dahingehend zu ergänzen, daß es sich im Rahmen von alternativen Arbeitsprojekten vielfach auch um ökonomische Defizitbereiche handelt(e) und daß mittlerweile von Gemeinwesenprojekten erwartet wird, sich zu mindestens 2/3 selbst zu finanzieren. In Fällen enger Verschränkung (Zuarbeit) für den konventionellen Markt gelingt nicht selten auch eine 100%ige Autonomie.

14 Irene DYK, Entwicklungsmuster neuer Berufe: Arbeitsplätze durch job-design, Linz 1990, 37ff. Neue Arbeitsplätze bzw. Berufsfelder entstehen nicht nur in den „neuen Sektoren" (vgl. dazu auch Fritz W. SCHARPF, Strukturen der postindustriellen Gesellschaft, in: Soziale Welt 1, 1986, 3ff.), sondern auch an den Schnittstellen zwischen den (auch konventionellen) Sektoren bzw. sektorübergreifend.

15 JAHODA, Arbeit, 154ff. bezeichnet Schwarzarbeit als zwar destruktiv für die Wirtschaft, für den Arbeitnehmer aus psychologischer Sicht aber als vollwertige Alternative, die legaler Erwerbstätigkeit durch mehr Unabhängigkeit und Selbstbestimmung sogar überlegen sei.

16 DYK, Entwicklungsmuster, 30f

17 Hier ist allerdings noch mit Widerspruch sowohl seitens sozialdemokratischer wie christdemokratischer Sicht zu rechnen: Sowohl Caspar EINEM, Gegenwind. Auf der Suche nach der sozialdemokratischen Identität, Wien 1998, 167ff. wie auch Andreas KHOL, Mein politisches Credo. Aufbruch zur Bürgersolidarität, Wien 1998, sprechen sich dagegen aus, wenngleich mit unterschiedlichen Begründungen im Hinblick auf "Wertschätzung" und Qualität dieser Leistungen ....

18 Siehe H. BÖHM, Selbständigkeit – ein erfolgversprechender Weg aus der Arbeitslosigkeit, in: H. HANDLER (Hg.), Wirtschaftsstandort Österreich. Rahmenbedingungen im Umbruch, Wien 1998, 129ff.

19 Vgl. dazu u. a. O. GIARINI, P.M. LIEDTKE, Wie wir arbeiten werden, Der neue Bericht an den Club of Rome, Hamburg 1998, 176ff.

20 Der nicht geringen Zahl ihrer Vertreter in der Ökonomie – mit unterschiedlichstem ideologischen und historischen Background –- von Adam SMITH über David RICARDO bis Karl MARX (und auch einigen aktuellen "Neoliberalen" heute – vor allem den Verfechtern des amerikanischen und niederländischen "Jobwunders") ist Karl R. POPPERS Analyse entgegenzuhalten, daß gerade die allgemeine (durchaus auch materielle) Bedürfnissteigerung Ehrgeiz, Konkurrenz und Leistungsmotivation ausgelöst und damit ein effizientes Instrument im Kampf gegen Armut ist - unter der Voraussetzung von (bildungsspezifischer) Chancengleichheit ... (Woran glaubt der Westen? (1959), in: Karl R. POPPER, Auf der Suche nach einer besseren Welt, München 1983, 231ff.)

Wohlfahrtstaat – im Zwielicht
Integration versus Ausgrenzungsmechanismen von AusländerInnen
Josef Gunz

Einleitung

Unter wohlfahrtstaatlichen Maßnahmen werden landläufig *materielle Zuwendungen* verstanden. Es handelt sich dabei vornehmlich um finanzielle Transferleistungen vom Staat hin zu den Bürgerinnen und Bürgern. Je höher und je ausgewogener diese materiellen Transferleistungen ausfallen, desto bessere Noten wird ein Staat erhalten, vorausgesetzt, die Bewertungskriterien beschränken sich auf die materiellen Gaben. Aber die Wohlfahrtsstaaten haben Lücken. Es gibt Personengruppen, die nur einen erschwerten oder keinen Zugang zu den sozialstaatlichen Leistungen haben. Aber auch sie leben unter uns.

Keine oder zu wenig Berücksichtigung finden etwa die *immateriellen Leistungen des Staates*. Gemeint sind damit die Leistungen auf dem Gebiet des Rechts, des Einflusses und des Ansehens, um nur einige zu nennen. Einem Teil unserer Gesellschaft, dem diese immateriellen Leistungen besonders schwer zugänglich gemacht werden, sind die Fremden in unserem Lande. Iris Marion Young[1] hat diese These aufgestellt und an mehreren Beispielen diskriminierter Bevölkerungsgruppen in den Vereinigten Staaten nachgewiesen. Zu den diskriminierten Gruppen zählt Young unter anderen Lesben, Schwule, Behinderte und eben auch AusländerInnen. Ich möchte in diesem Beitrag die These diskutieren und die Ausgrenzungsmechanismen, die gegenüber AusländerInnen in Österreich wirksam werden, untersuchen. Österreich bietet einen Wohlfahrtsstaat mit Lücken: Diese Lücken betreffen nicht nur da oder dort unzureichende Leistungen (innerhalb eines ansonsten luxuriös ausgebauten Systems), sondern die Lücken entstehen durch die

Abdrängung von bestimmten Personengruppen an die Ränder dieses Wohlfahrtsstaates. Es gibt Gruppen, denen die wohlfahrtsstaatlichen Leistungen
schwer oder nicht zugänglich sind, und auch sie leben unter uns.

Wie sich zeigen wird, gehören in Österreich die Fremden – Flüchtlinge
und „Gastarbeiter" – zu diesen Gruppen. Den Beobachter der Szene wird
dies nicht überraschen. Obwohl Österreich in der Geschichte immer ein
Einwanderungsland war, ist der Umgang mit den Fremden gerade auf dieser
immateriellen Ebene – auf der Ebene des zwischenmenschlichen Umgangs
mit dem Fremden, auf der Ebene rechtlicher Gewährung und Versagung –
diskussionswürdig und revisionsbedürftig.

Die Verteilung immaterieller Güter

Die Kritik von Young am Verteilungsparadigma richtet sich auf jenen
Denkansatz, der Gerechtigkeit innerhalb der Gesellschaft mit „gerechter
Verteilung" gleichsetzt, wie es im Liberalismus, aber auch in der marxistischen Theorie der Fall ist. Dabei wird übersehen, daß Verteilung sich nicht
nur auf *materielle* Güter beziehen kann. *Immaterielle* Güter – wie zum Beispiel Macht, Einfluß und Kultur – können nicht wie Dinge (Geld, Reichtum
usw.) umverteilt werden. Es sind daher neue Paradigmen notwendig, um
soziale Gerechtigkeit in einer veränderten Gesellschaft zu definieren. Nicht
zu vernachlässigen ist natürlich die Tatsache, daß materielle und immaterielle Güter gemeinsam auftreten und voneinander nur unter bestimmten Umständen trennbar sind.

Als Ausgangspunkt der Debatte um die Verteilung immaterieller Güter
führt Young den *institutionellen Kontext* einer Gesellschaft an. In diesen
Kontext sind Fragen der immateriellen Gerechtigkeit eingebunden. Der
Kontext beinhaltet die Strukturen und Praktiken einer Gesellschaft. Regeln
und Normen beeinflussen den institutionellen Kontext, ebenso die Sprache
und die Symbole. Im institutionellen Kontext werden die Rahmenbedingungen geschaffen, innerhalb derer Recht und Unrecht beurteilt werden.

Beim Verteilungsparadigma werden die Individuen als Punkte in einem sozialen Feld gesehen, denen kleinere oder größere Pakete von materiellen Gütern zugeteilt werden. Eine solche Sichtweise wird von Young als ahistorisch kritisiert. Denn die Prozesse, die Güter und Verteilungsmuster schaffen, bleiben dabei unberücksichtigt. Würden diese Prozesse anders und gerechter funktionieren, so folgert Young, wäre das Ergebnis ebenso gerechter. Macht kann beispielsweise nur durch vernetzte Handlungen bestehen. Ein Richter braucht Gesetze, Wächter und Gebäude. Ein Beamter stützt sich auf Verordnungen, auf die Fremdenpolizei und auf andere Einrichtungen in einem vernetzten System. Unterdrückung kann entweder direkt oder durch entsprechende Strukturen geschehen. Als Kriterien der Unterdrückung sind anzuführen: Ausnützung, Ausgrenzung, Machtlosigkeit, kultureller Imperialismus und Gewalt. Waren früher diktatorische und tyrannische Gruppen am Werk, die eine Mehrheit unterdrückt haben, so existieren heute in der liberalen Gesellschaft neue Konzepte der Unterdrückung. Es handelt sich um eine systematische und strukturierte Unterdrückung durch unhinterfragte Normen, Symbole und Gewohnheiten, durch Vorurteile und Annahmen, durch bürokratische Hierarchien und Einrichtungen. Diese Art von Unterdrückung hemmt persönliche Fähigkeiten und damit Entwicklung von Sprache und Gefühlen.

Daraus ließe sich die Annahme ableiten, daß die Sprachschwierigkeiten der Flüchtlinge und ArbeitsmigrantInnen mit ihrer oft inferioren gesellschaftlichen Position zusammenhängen. Die Ausgrenzung aus dem Kulturbereich des Aufnahmelandes schränkt die Ausdrucksfähigkeit ein. In ihrer sprachlichen Kompetenz sind die MigrantInnen auf die Artikulation weniger Bedürfnisse reduziert. Der gesetzlich sehr schmale Zugang zu den Arbeitsplätzen unterbindet zusätzlich die Verbindungen zum sozialen und kulturellen Leben.

Dem gegenwärtigen Forschungsstand über die MigrantInnen entsprechend entsteht der Eindruck, daß die gegenwärtig in Österreich befindlichen AusländerInnen (das sind etwa 10% der Gesamtbevölkerung) aufgrund der prekären Gesetzeslage und deren Handhabung in ihrer sozialen und wirtschaftlichen Position instabil sind und Gefahr laufen, noch randständiger zu werden. Österreich hat sich in den letzten Jahren gesetzlicher Grundlagen bedient, die sich europaweit an Restriktivität hervortun und durch die Bandbreite der Auslegungsmöglichkeiten ein Klima der Unsicherheit und Angst unter den Fremden erzeugen. Integrative Maßnahmen seitens der Kommunen werden dadurch ebenso behindert wie Bemühungen seitens der Fremden, ihren Aufenthalt zu verfestigen.

Ich möchte die Konzepte der Unterdrückung gegenüber den Fremden in unserem Lande mit Beispielen aus einer laufenden Studie aufzeigen. Bei der Erforschung der sozialen Lage der MigrantInnen in einer oberösterreichischen Kleinstadt (Steyr) wurden zuerst Politiker, Lehrer, Priester und Betreuer von AusländerInnen interviewt, um einen ersten Überblick zu bekommen. Interviews mit MigrantInnen waren nur spärlich vorhanden. Die Einladungen an die Ausländervereine, mit uns ins Gespräch zu kommen, wurden nur sehr zögernd angenommen. Die Gesprächsbereitschaft hat sich im Laufe der Zeit verbessert, nicht zuletzt deswegen, weil die von uns bemühten Vermittlungspersonen ein hohes Vertrauen bei den Fremden genießen. Um zu demonstrieren, mit welchen Problemen Fremde in Österreich konfrontiert sind, möchte ich zuerst exemplarisch auf die gegenwärtige Situation einer Flüchtlingsfamilie aus dem Kosovo eingehen und in der Folge auf die Alltags- und Aufenthaltserfahrungen anderer MigrantInnen. Die Passagen über die Geschichte der Familie aus dem Kosovo sind in den folgenden Interviewausschnitten sehr kurz gehalten. Sie vermögen jedoch aufzuzeigen, wie im Laufe des Aufenthalts ihre Lebenssituation zusehends brüchiger wird und ihr Leben im Aufnahmeland Österreich bedrohlicher und unsicherer wird.[2]

Der Aufenthalt wird unsicherer

Die Schilderungen der Familie K wurden mit deren Einverständnis auf Tonband aufgenommen und transkribiert. Bei der Auswertung des Gesprächs wurde darauf geachtet, jene Punkte und Kommunikationsfiguren herauszugreifen, die auch in Interviews mit anderen Fremden vorgekommen sind. Das von uns interviewte Ehepaar K erwartet uns im Büro unserer Vermittlungsperson und zeigt sich sehr gesprächsbereit. Eingeleitet wird das Gespräch mit der Aufforderung der Interviewer, zu erzählen, wie die beiden nach Steyr gekommen sind. Der Mann berichtet ausführlich, die Frau knapper und im wesentlichen den Mann ergänzend. Die Schilderungen tendieren rasch in Richtung der in Steyr erfahrenen Hürden: Probleme mit der Wohnung, mit der Arbeit und letztendlich mit dem Aufenthalt. (Legende zu den folgenden Interviewausschnitten: die erste Zahl zeigt die laufende Intervieweinheit an (1, 2, usw.), der folgende Buchstabe zeigt an, wer spricht: I sind die beiden InterviewerInnen, M ist Herr K, F ist Frau K, FS ist die Leiterin des Volkshilfebüros in Steyr. Die letzte Zahl zeigt die laufende Intervieweinheit der am Interview Beteiligten).

1 I 1: Erzählen Sie uns ein wenig über sich, wie kamen Sie nach Steyr?
2 M 1: Ich war zuerst in Wien, seit neun Jahren bin ich in Österreich. Sechs Jahre blieb ich in Wien. Mit Arbeitsvisum. Jetzt ein Problem mit dem Visum, weil das Bundesasylamt will mir kein Visum mehr geben für meine Kinder. Kinder sind hier geboren, die kleine Tochter wurde hier geboren. Für die Kleine nicht und auch für den großen Sohn.- Sind jetzt in Steyr seit zweieinhalb Jahren. In Wien hatte ich Arbeit, aber hier nicht. So kein Visum, weil keine Arbeit in Steyr. Wir sind neun Personen in 69 m² Wohnung. Es ist ganz klein, zwei Zimmer sind kleiner und ein großes. Was soll ich machen? Kinder gehen in die Schule. Keinen Krankenschein. Ganz schwierige Situation.
3 F 1: Sohn seit gestern krank. Hat solche Schmerzen und ich habe keinen Krankenschein. Kein Geld.

In diesen drei Gesprächsabschnitten werden wir mit mehreren Szenarien der Familie K konfrontiert, die manches aufdecken, aber auch verbergen. Herr K ist seit 9 Jahren in Österreich. Davon verbrachte er 6 Jahre in Wien und hat dort gearbeitet. Welcher Arbeit er nachgegangen ist, geht aus dem Gespräch nicht hervor. Auch wird nicht klar, warum er nach Steyr übersiedelt ist. Um diese dunklen Punkte etwas aufzuhellen, müssen wir uns des Kontextes vergewissern.

Das Interview wurde im Dezember letzten Jahres (1998) aufgenommen. Herr K ist 1989 aus dem Kosovo geflüchtet, war bis 1995 in Wien und danach in Steyr. 1989 wird im Kosovo durch die Regierung in Belgrad der Autonomiestatus aufgehoben. Die im Kosovo überwiegend albanische Bevölkerung gerät unter serbischen Einfluß und wird wieder stärker an die Regierung in Belgrad gebunden. Die erste Flüchtlingswelle beginnt. Österreichs Grenzen stehen offen, ebenso die Arbeitsplätze. Der politische Wille dieser Zeit ist offener und toleranter vor allem gegenüber Flüchtlingen aus den Oststaaten. Die in den 90er Jahren zunehmende Flüchtlingswelle hat diesen politischen Willen verändert. Die Grenzen wurden dichter gemacht. Die Ausländerfrage wurde zu einem nationalen Problem hochstilisiert. Zugleich entstand auf den den AusländerInnen zugewiesenen Arbeitsplätzen ein Konkurrenzkampf. Es ist zu vermuten, dass Frau und Herr K in Wien aller Wahrscheinlichkeit nach ihre Arbeit verloren haben und deswegen nach Steyr übersiedelt sind. Andere Gründe sind kaum anzunehmen, weil das Gesetz in den ersten fünf Jahren die Aufenthaltsbewilligung sehr eng mit der Notwendigkeit einer Beschäftigung verknüpft. Andererseits sind die Zugangsmöglichkeiten zu einer Beschäftigung wiederum von Gesetzes wegen sehr schwierig gestaltet. AusländerInnen, die bereits mehr als acht Jahre in Österreich verbracht haben, können nicht mehr ausgewiesen werden, wenn sie keine Arbeit haben. Ausnahme: sie begehen eine strafbare Handlung.

Herr K weist auch darauf hin, dass der Aufenthalt seiner Kinder gefährdet sei. Das neue Fremdengesetz[3] (seit 1. 1. 98 in Kraft) besagt, dass Jugendliche nicht ausgewiesen werden dürfen, wenn sie von klein auf im Inland aufgewachsen und langjährig niedergelassen sind, das heißt, wenn sie die Hälfte ihres Lebens im Bundesgebiet verbracht haben und zuletzt seit mindestens 3 Jahren hier niedergelassen sind.[4] Herr K sieht die Aufenthaltsmöglichkeit aller Kinder gefährdet, obwohl zumindest die Tochter dem Gesetze nach Aufenthaltsrecht haben müßte, weil sie in Österreich geboren ist. Auch die beiden jüngeren Söhne (inzwischen 17 und 19 Jahre) könnten Aufenthaltsrecht haben, sofern sie bereits neun Jahre in Österreich wären. Die empfundene Rechtsunsicherheit wird durch die Tatsache genährt, daß die Fremdenpolizei in letzter Zeit schon mehrmals mit einer Ausweisung der Kinder gedroht hat[5]. Es ist anzunehmen, daß die Aufenthaltssicherheit vor allem der Söhne mangels kontinuierlichen Aufenthalts gefährdet ist. Erschwerend hinzu kommt, daß der älteste Sohn (23 Jahre) inzwischen verheiratet ist, Kinder hat und arbeitslos ist. Nachdem alle neun von Herrn K genannten Personen in einer 69 m² großen Wohnung sind, entspricht dies nicht mehr einer ortsüblichen Unterkunft, eine solche muß pro Person 10 m² aufweisen. Dieser Umstand und temporär entstehende Mietrückstände verdichten die Drohung der Delogierung der Familie K aus der Wohnung der S (S = anonymisierte Siedlungsgenossenschaft in Steyr). Dieses anhaltende Bedrohungsszenario wird noch verstärkt durch den Umstand, keinen Krankenschein zu besitzen. Wie aus den ersten drei Gesprächssequenzen zu entnehmen ist, handelt es sich bei dem Kranken um den 17jährigen Sohn und Schüler. Kann es denn möglich sein, daß durch die Arbeitslosigkeit des Vaters die gesundheitliche Versorgung der übrigen Familie zum Gnadenakt wird?

Ärztliche Versorgung wird zum Problem

Schon durch diese ersten Überlegungen wird der Unterschied zwischen Gesetzeslage und Realität klar (im Sinne der Handhabung der Gesetze). Dagegen könnte eingewandt werden, daß die Faktenlage von Frau und Herrn K nicht exakt dargestellt wurde oder daß Transkriptions- oder Verständnisfehler vorhanden sind. Zweifellos müßte die Sachlage diesbezüglich nochmals genau überprüft werden. Daß die vorgenommenen Interpretationen nicht so ganz unplausibel sind, beweisen die verbalen Interventionen von Frau S, der Leiterin des Volkshilfebüros (in der Transkription als FS angegeben). FS bestätigt die Aufenthaltsdauer von Herrn K (mehr als 8 Jahre), das Fehlen eines Krankenscheines und die kontinuierliche Bedrohung durch die Fremdenpolizei, um nur einige Härten aufzuzählen. In den folgenden Gesprächsabschnitten werden die angeführten Umstände näher erläutert:

4.I.2: Gibt es eine Möglichkeit Hilfe zu bekommen?

5.M.2: Mhhm, gestern war er in der Schule und heute nicht.

6.I.3: Wo haben Sie hier in Steyr eine Wohnung gefunden?

7.M.3: Von der S.

8.I.4: Und dort wohnen alle neun Personen?

9.M.4: Alle neun Personen.

10.I.5: Wie geht das jetzt weiter, wenn Ihre Kinder krank sind?

11.M.5: Nichts, ein zwei Tage gebe ich Tee und Aspirin. Kaufe Medikamente in Apotheke. Zwei, drei Tage halt.

12.FS.1: Ich muß sagen, daß diese Familie sehr selten krank ist. Da gibt es ganz andere Familien. Er hat gerade gesagt, daß er einen Arzt braucht. Es gibt Ärzte in Steyr, die hin und wieder umsonst behandeln. Aber die darf man auch nicht überstrapazieren und nur alle paar Monate jemanden vorbei schicken. Und die, z. B. Zahnarzt, behandeln dann auch wirklich nur den schmerzenden Zahn.

Hilfestellungen sind offensichtlich keine in Sicht. Nicht unmittelbar. Frau S hebt die Familie K als eine solche hervor, die – ganz im Gegensatz zu anderen Familien – sehr selten krank ist. Wäre dies der Fall, so läßt dieser Hinweis von Frau S vermuten, bräche die offensichtlich freiwillig gestaltete Gesundheitsversorgung zusammen. Als ich diesen Zustand der gesundheitlichen Versorgung der MigrantInnen unter Kollegen in Linz erwähnte, meinte ein Kollege, das könne nicht wahr sein. Seine Frau sei Ärztin in Linz, und von ihr wisse er, daß ein Anspruch auf Behandlung vorhanden sein müsse. An solchen Details zeigt sich auch die regional unterschiedliche Handhabung institutioneller Leistungen, die in irgendeiner Verordnung geregelt sein mögen, während die tatsächliche Durchführungspraxis sowohl lokal als auch temporär unterschiedlich sein dürfte. Erschwerend hinzu kommt noch die wahrscheinlich mehr erzwungene als errungene Einvernehmlichkeit halboffizieller Stellen, die naturgemäß alles tun müssen, um das Wohlwollen der Entscheidungsträger nicht gänzlich aufs Spiel zu setzen.

Damit können wir eine erste These formulieren: *Der flächendeckende österreichische Wohlfahrtsstaat, von dem unterstellt wird, daß er die ganze im Lande lebende Bevölkerung erfaßt, weist im Bereich der ansässigen Ausländer Lücken auf. Selbst Grundbedürfnisse – wie ärztliche Versorgung – werden nicht unbedingt abgedeckt.*

Eine weitere Fußangel für die Fremden in Österreich erfahren wir im nächsten Interviewabschnitt. Es handelt sich um die Arbeitslosenunterstützung bzw. um deren zeitliche Dauer im Verhältnis zur Beschäftigungsbewilligung. Um dieses kameralistische Kuriosum österreichischer Provenienz durchschaubar zu machen, ist der nun folgenden Interviewphase eine Erklärung vorauszuschicken: Die Arbeitslosenunterstützung ist an die Beschäftigungsbewilligung gekoppelt – ohne Beschäftigungsbewilligung keine Arbeitslose. Die Auszahlung der Arbeitslose wird jedoch zeitlich länger gewährt (wie lange konnte noch nicht in Erfahrung gebracht werden), als die Beschäftigungsbewilligung erteilt wird. Der Verlust der Arbeitslose ist die Folge.

13 I 6: Gibt es eine Möglichkeit, eine Arbeit zu bekommen?
14 M 6: Keine Arbeit. Ich hab nicht gewußt, das ist nicht meine Schuld. Aber ich hab es nicht gewußt. Die Arbeitslose, ich hab es nicht gewußt. Und dann Arbeitslosenunterstützung weg.
15 F 2: Nichts gewußt.
16 FS 2: Ja, das ist auch sehr irreführend. Sie bekommen die Arbeitslose länger als die Beschäftigungsbewilligung. (...) Die Bewilligungsverfahren müssen ganz neu begonnen werden. Das ist ganz schwierig. Aber für diese Familie gibt es jetzt einen Lichtblick, das ist das Integrationspaket. Sie sind jetzt schon acht Jahre in Österreich und für Leute, die schon so lange in Österreich sind, die werden jetzt

bei der Arbeitsplatzsuche ein wenig nach vorne gereiht (...). Da gibt es eben eine
ganz neue Verordnung.

Wie schon oben erwähnt, hat diese Regelung der unterschiedlichen Ge-
schwindigkeiten von Unterstützung und Bewilligung jenen Verlust zur Folge, der einer weiteren Beschäftigung im Wege steht. Denn die nachteilige
Kettenreaktion geht weiter. Wer keine Beschäftigungsbewilligung mehr hat,
bekommt keine Arbeit und fällt damit wieder aus dem sozialen Netz. Der
von Frau S aufgezeigte Lichtblick, bei der Arbeitsplatzsuche ein wenig nach
vorne gereiht zu werden, ist angesichts der angespannten Lage am Arbeitsmarkt ein schwacher Trost.

17 I 7: Wäre Arbeit vorhanden?
18 FS 3:Er hat neun Anträge – alles negativ. Also das sind Jobs, die würde man
keinem Österreicher anbieten (...), er hätte die Jobs genommen. Auch die Frau
bekommt vielleicht etwas in einer Fischzucht.

Die Möglichkeiten, überhaupt eine Arbeit zu finden, auch eine solche, die
schwer, gefährlich oder was immer ist, sind trotz der erwähnten neuen Verordnung sehr gering. Herr K und seine Familie sind während der acht Jahre
Aufenthalt in Österreich in eine soziale Spirale nach unten geraten. Es erhebt sich die Frage nach dem Anteil am persönlichen Verschulden, denn die
bisher beschriebenen Fakten erzeugen eine Wirkung, einen Sog, aus dem
nur schwerlich zu entrinnen ist. Es sind einmal die geschilderten strukturellen Bedingungen, die sich in den subjektiven Verhaltensweisen niederschlagen. Umgekehrt vermögen individuelle Überlegungen und Anpassungs-
mechanismen zu Verhaltensweisen zu führen, die Nachteile mit sich bringen
und dem Wunsch entgegenwirken, sich und seine Angehörigen aus der Ma-
laise zu befreien.

In den folgenden Interviewpassagen wird klarer, was damit gemeint ist.
Herr K läßt sich auf eine Arbeitsvereinbarung ein, aus der – aus welchen
Gründen auch immer – letztlich nichts wird. Die risikobehaftete Arbeitsver-

einbarung wird parallel mit der ebenso risikoreichen Kreditaufnahme geschildert. Abgesehen davon, dass die kreditvergebende Bank mit der Kreditvergabe an eine Flüchtlingsfamilie ebenso ein Risiko eingegangen ist, wenn auch ein unvergleichbar kleineres, ist Herr K mit der Kreditaufnahme eine doppelte Bindung eingegangen. Er hat sich im Aufnahmeland an eine langjährige Rückzahlung gebunden, um sich im Herkunftsland eine Bleibe zu schaffen. Die Folgen dieses Kalküls werden im nächsten Gesprächsabschnitt beschrieben. Herr K hat neben der Beschäftigungsbewilligung auch die Aufenthaltsgenehmigung verloren: Ein weiterer Schritt nach unten in der Sozialspirale.

19 I 8: Und die Aufenthaltsgenehmigung?
20 FS 4: Die hat er verloren.
21 M 7: Ich habe eine Firma gefunden, die Firma hat gesagt, ich nehme dich, o. k. Gab mir Arbeitserlaubnis und hat gesagt, ich soll hier warten. Wenn warte, dann kann ich nach Deutschland. Muß fünf Monate warten, dann bekomme ich Visum für Deutschland, wo ich Geld verdienen kann. Ich hab gesagt, ich warte, kein Problem. Dann am nächsten Tag gesagt, nein. Ist nichts geworden. Ich habe Kredit. Ich hab mir 300.000,-- Schilling genommen. Das ist viel. Ich hab Haus im Kosovo gebaut. Haus jetzt weg. Kaputt, Feuer gemacht. Kein Haus jetzt. Jetzt 450.000,-- Schilling zu bezahlen. Mit Zinsen 450.000,-- .
22.I.9: Hat diesen Kredit eine Bank gegeben?
23.M.8: Bank Austria hat mir Kredit gegeben. 300 000,-- Schilling für Haus. Und jetzt weg.
24.F.3: Keinen Onkel, keinen Vater, keine Mutter – alle tot.
25.I.10: Und was macht jetzt die Bank Austria?
26.M.9: Ich muß zahlen. Wenn ich Arbeit bekomme, muß ich zahlen.

Die Hoffnungen auf eine Rückkehr ins Herkunftsland sind aus unterschiedlichen Gründen weggebrochen. Es herrscht Krieg im Herkunftsland, das aufgebaute Haus ist zerstört, die Angehörigen sind umgekommen. Die angestrebte Balance zwischen Aufnahmeland und Herkunftsland, diese immer wieder feststellbare Zwitterstellung der MigrantInnen, läßt sich nicht halten.

Andererseits fußt die Aufenthaltsfestigkeit der Familie K im Aufnahmeland inzwischen auf einer äußerst fraglich gewordenen Basis. Diese Basis hat sich auf die Rückzahlungsverpflichtung des aufgenommenen Kredites reduziert. Diese Verpflichtung wiederum mindert die Motivation, bezahlte Arbeit zu bekommen. Dann beginnt nämlich die Kreditabzahlung der inzwischen beträchtlich gestiegenen Verschuldung.

Der Rechtsstatus bleibt unklar

Herr K ist anerkannter Flüchtling in Österreich. Da er sich bereits mehr als acht Jahre in Österreich befindet, ist er nach dem Fremdengesetz von Abschiebung nicht mehr bedroht. Seinem Antrag auf Niederlassungsbewilligung wird aber aus nicht ersichtlichen Gründen nicht stattgegeben.

27 I 11: In welchem Status sind Sie, was ist Ihr Rechtsstatus? Sind Sie noch Flüchtling hier in Österreich?
28 M 10: Ich bin Flüchtling. Bin als Flüchtling gekommen.
29 FS 5(...) Er hat noch ein Verfahren laufen, weil er um Niederlassungsbewilligung angesucht hat. Die Fremdenpolizei macht uns schon Schwierigkeiten. (...) Sie strafen wegen nicht vorhandener Aufenthaltsbewilligung. Die Familie hat schon öfters Mietrückstände gehabt. Die LAWOG vermietet Wohnungen. Es droht dann sofort die Delogierung.

Trotz eines vorhandenen Rechtsanspruchs, nicht mehr abgeschoben werden zu können, urgiert die Fremdenpolizei die nicht vorhandene Aufenthaltsbewilligung. Der Mangel dieses Dokumentes reicht offensichtlich aus, um von einer ohnehin am Existenzminimum lebenden Flüchtlingsfamilie Strafgelder einzuheben – eine weitere Schikane, die der Familie K die Existenzgrundlage noch mehr gefährdet. Der Hinweis auf die Mietrückstände und die drohende Delogierung macht deutlich, daß die Lebensexistenz für die Familie K in Österreich sehr eng geworden ist.

Die zweite These lautet daher: *Beim rechtsstaatlich etablierten Wohlfahrtsstaat wird unterstellt, daß es klare Abgrenzung über Ansprüche und Leistungen gibt; besonders für Ausländer gibt es aber auch „Grauzonen", in denen die Ansprüche unklar bleiben.*

Die hier geschilderten Interview-Passagen mögen ausreichen, um klar zu machen, daß sich für die Familie K mit zunehmender Aufenthaltsdauer die *gesellschaftliche Marginalität* im Aufnahmeland drastisch verschärft hat. In einer weiteren Interview-Passage (die hier nicht mehr aufgenommen wurde), schildert Frau K gravierende Mängel in der Ernährung der großen Familie aufgrund ihrer Geldnot.

Die reduzierte Wohlfahrtsstaatlichkeit

Welche allgemeinen Zusammenhänge lassen sich aus diesem Einzelinterview erkennen, die auch auf die anderen durchgeführten Interviews zutreffen? Das kontinuierliche Abdriften ins soziale Out korrespondiert mit der Tatsache, daß die zunehmende Pauperisierung im Aufnahmeland, wie sie hier geschildert wurde, einhergeht mit einer starken Bindung an das Herkunftsland, ungeachtet dessen, in welchem Zustand sich das Herkunftsland befindet und welche Chancen zur Rückkehr vorhanden sind. Belege dafür sind in der Kreditaufnahme für einen Hausbau im Kosovo und in den finanziellen Transferleistungen an die im Herkunftsland Verbliebenen zu sehen. Im konkreten Fall kommt noch erschwerend hinzu, daß die wirtschaftlichen und emotionalen Bindungen an das Heimatland durch den anhaltenden Kriegszustand sich dramatisch verändert und natürlich verschlechtert haben[6]. Durch diese mißglückte Doppelbindung ist bisweilen jene wirtschaftliche Not und jene soziale Deprivation erklärbar, in die auch andere InterviewpartnerInnen geraten sind. Erschwerend hinzu kommt noch die Tatsache, daß die gegenseitige Hilfe innerhalb der Ethnien Grenzen hat und dort auszubleiben beginnt, wo die interethnische Akzeptanz brüchig geworden ist.

Behördenwillkür und Degradierung

Die vorhandene Gesetzesmaterie verleitet zu Behördenwillkür und damit zur Degradierung der AusländerInnen zu Menschen zweiter Klasse. Bei der Auswertung weiterer Interviews in Steyr (es liegen bisher mehr als 40 verschriftete Interviews über die Studie in Steyr/OÖ vor) wurde darauf geachtet, welche allgemeinen Zusammenhänge in den vorhandenen Gesprächsphasen festgestellt werden konnten. Dabei wurde durchgehend eine starke Abhängigkeit der AusländerInnen von den Entscheidungen der Behörden festgestellt.

Eine dritte These lautet: *Neben der Ebene des offiziellen Rechtes gibt es für AusländerInnen auch eine zweite Ebene der Interaktion mit österreichischen Instanzen. Auf dieser zweiten Ebene wird mit Drohungen und Anspielungen, mit der Verweigerung von Ansprüchen, mit der Auslegung von Ermessenbestimmungen agiert. Daraus ergibt sich für diese Gruppe ein gewisses Maß an Rechtlosigkeit.*

Welche Folgen diese Abhängigkeiten zeitigen, soll anhand weiterer Interviewsequenzen in Verbindung mit daraus abzuleitenden Thesen ausgeführt werden.[7] Die folgenden Interviewsequenzen stammen aus einer Gesprächsrunde in Steyr. Anwesend waren 7 Männer (M1 - M7) und eine Frau (F) aus Bosnien, eine Mitarbeiterin (M) aus dem Verein zur Betreuung der AusländerInnen, die Übersetzungsdienste geleistet hat und 3 InterviewerInnen (I). Die Männer und die Frau aus Bosnien sind seit mehr als 8 Jahren in Österreich. Frau F schildert ihre Probleme bei der Arbeitssuche, (Frau M übersetzt):

F.: Seit den 90iger Jahren bin ich in Österreich, zweieinhalb Jahr habe ich bei der Firma K. gearbeitet, die Firma ist in Konkurs gegangen und ich gleichzeitig in Karenz. Ich habe meine Karenz unterbrochen und habe in einer anderen Firma angefangen, zweieinhalb Monate habe ich dort gearbeitet, die Firma ist dann auch in Konkurs gegangen. Nach 17 Tagen, weil die Arbeitsbewilligung nur 17 Tage gültig war, habe ich alle Rechte verloren.
I.: Das Karenzgeld auch?

F.: Nein, der Karenz war unterbrochen. Seit Oktober 95 bemühe ich mich, daß ich eine Arbeit finde, daß ich eine Firma finde, ich lüge nicht, aber mindestens 50 negative Bescheide habe ich vom Arbeitsmarkt bekommen, von verschiedenen Firmen - also ich habe eine Firma gefunden, die hat einen Antrag gestellt, aber mindestens 50 ablehnende Bescheide habe ich zu Hause.
I.: Mhm. Also die Firma hat einen Antrag gestellt und das Arbeitsmarktservice hat dann nein gesagt?
F.: Also ich möchte arbeiten, ich habe Kraft, und ich will nicht zu Hause sitzen und jemanden zur Last fallen. Also ich habe in Bosnien auch neun Jahre gearbeitet, und hier wollte ich dann weiterarbeiten, daß ich dann irgendwann später für meine Pension vorsorge, aber mir wird nicht die Möglichkeit gegeben, also ich habe nicht die Chance.

Die zunehmenden Schwierigkeiten der MigrantInnen, am Arbeitsmarkt unterzukommen, sind an die herrschenden Verordnungen des AMS gekoppelt. Wenn nach vielen Versuchen eine Firma einen Antrag an das Arbeitsmarktservice stellt, besteht wieder die Gefahr, daß dieser Antrag an der von Gesetzes wegen vorgeschriebenen Einhaltung der Reihenfolge scheitert.

Von einer zunehmenden Verschärfung der Gesetzeslage ist in einer weiteren Interviewsequenz die Rede. Diese Passage unterstützt die These, daß die Chancen auf die Wahrung persönlicher Interessen mit zunehmender Aufenthaltsdauer schlechter werden. Einer der anwesenden Männer spricht aus, was ihn bedrückt (Frau M übersetzt):

M.: Es gibt Probleme, aber ihm ist bewußt, daß diese Probleme nicht hierher gehören, also die Gesetzeslage und diese Verschärfungen, er hätte da schon etwas zu sagen, aber was nützt es, wenn er uns jetzt hier beschimpft und jammert, das gehört nicht hierher.
Es ist viel schlimmer geworden, es ist viel schlimmer geworden, als es früher war. Es hat sich viel geändert, nehmen wir nur ein Beispiel, ein Visum bzw. eine Aufenthaltsgenehmigung, früher war es so, daß der Chef bzw. die Firma alles erledigt hat, alles gemacht, er hat sich nicht Urlaub nehmen müssen oder Zeitausgleich nehmen müssen, die Firma hat das gemacht und es ist leichter gegangen, es war menschlicher. Jetzt ist das überhaupt nicht mehr so, er muß sich Urlaub neh-

men, wenn er etwas erledigen will, er muß beim Chef bitten und betteln, daß er Urlaub bekommt, aber er muß die Sachen erledigen.

Zum Beispiel er stellt jetzt einen Antrag, um eine Verlängerung seiner Auf- enthaltsgenehmigung, dann wird ihm gesagt, dort bekommst du einen Termin, dann bekommt er keinen Termin, dann hat er Angst, es könnte zu spät sein, seine Aufenthaltsgenehmigung rennt ab, dann geht er noch einmal, nimmt sich noch einmal frei, dann heißt es, nein, du bist zu bald hier, der Antrag ist noch nicht erledigt, mußt du noch einmal kommen. Es hat sich da vieles geändert...

Ein jeder fürchtet sich, daß er den Termin versäumt, dass das Ablaufdatum nicht darüber ist, denn sonst wissen sie schon, daß sie Koffer packen können.

Diese Gesprächssequenzen lassen erkennen, daß die Aspekte der Verände- rung bzw. der Verschlechterung mit solchen der Willkür vermischt sind. Die Änderungen haben die AusländerInnen nicht begünstigt.

Wer es von den MigrantInnen geschafft hat, annähernd stabile Aufenthalts- und Beschäftigungsbedingungen zu erreichen, ist bisweilen in Probleme der Familienzusammenführung verwickelt. Aus dem turbulent verlaufenden Gesprächszusammenhang übersetzt Frau M:

Was Familienzusammenführung betrifft, das ist eine Katastrophe. Die Männer sind schon länger hier, und jedem ist es möglich, seine Gattin, seine Frau zu ernähren oder Sozialversicherung zu bezahlen oder was sie braucht, sie würde nicht dem österreichischen Staat zur Last fallen. (...) Das verstehen sie nicht, das ist eine Katastrophe, und das ist nicht menschlich, dass Ehepartner nicht zusammen leben können.

Obwohl MigrantInnen gesetzliche Anforderungen für Familienzusammen- führung erfüllen, werden diesbezügliche Anträge über Jahre nicht erledigt oder abgewiesen. Noch prekärer entwickelt sich die Lage, wenn MigrantIn- nen keine Aufenthaltsgenehmigung vorweisen können. Dann erhalten sie auch keine Arbeitsbewilligung und umgekehrt. Dieser circulus vitiosus hat zur Folge, dass die MigrantInnen mit leeren Händen dastehen und von Ab- schiebung bedroht sind.

Unsere vierte These lautet: *Ausgrenzungsprobleme entstehen oft durch unterschiedliche Gesetzesmaterien, die wechselseitige Abhängigkeiten festlegen. Ihre Inkonsistenz führt zuweilen in Teufelskreise.* Nicht abschiebbare Flüchtlinge sind sogenannte Non-refoulement-Flüchtlinge, die eine fragwürdige Existenz im Aufnahmeland fristen und zum Teil in Schubhaft landen. Sie sind Rechtlose und nur so lange geduldet, so lange sie in ihrer inferioren Existenz nirgends anecken. Die folgenden Interviewausschnitte stammen aus einem Interview mit einem Flüchtling (F) aus dem Kosovo:

F.: Ich lebe seit 7 Jahren in Österreich. Habe vorher in der Steiermark gewohnt. In der Steiermark habe ich am Anfang noch eine Arbeitsgenehmigung gehabt, aber jetzt nicht mehr. Ich habe keine Aufenthaltsgenehmigung und keinen Reisepaß. Ich habe also viele Probleme gehabt, schwer neue Arbeit, neuen Job zu kriegen. Ich weiß nicht warum.

I.: Haben Sie zur Zeit eine Arbeit oder nicht?

F.: Na, jetzt momentan, ich arbeite im Cafe da oben.

(Zwischenruf einer Mitarbeiterin der Volkshilfe: Er hat wirklich große finanzielle Probleme. Zur Zeit arbeitet er im Cafe für 36,-- ATS in der Stunde, dafür braucht er keine Arbeitsbewilligung).

Die zunehmende Randständigkeit läßt bei den AusländerInnen das Gefühl aufkommen, daß sie sich dafür rechtfertigen müssen, daß sie sich in Österreich aufhalten. Deswegen empfinden MigrantInnen dieses oben beschriebene Minderwertigkeitsgefühl. Die anhaltende Abhängigkeit von den Hilfeleistungen ausländerfreundlicher Einrichtungen drängt geradezu die im Zuge unserer Ermittlungen geäußerte Vermutung nach einem auf Gegenseitigkeit beruhenden Wechselspiel auf.

Beeinträchtigung anderer Lebensbereiche

Im Zusammenhang mit der Handhabung der skizzierten Gesetzesmaterie werden noch andere Lebensbereiche der MigrantInnen beeinträchtigt. In Anlehnung an die geschilderten Unzulänglichkeiten sind existenzbedrohende Folgewirkungen registrierbar. Sie ergeben sich aus dem Zusammenwirken von Arbeitslosigkeit und Ausweisung. Aus Angst vor Arbeitslosigkeit und Ausweisung fühlen sich MigrantInnen eher als InländerInnen gezwungen, den Wünschen ihrer ArbeitgeberInnen zu entsprechen.

Gächter[8] hat innerhalb der rechtlichen Rahmenbedingungen auf Konsequenzen hingewiesen. Die interne Struktur des Mechanismus der Aufenthaltsbeendigung bis Ende März 1998 sieht folgendermaßen aus: Wenn kein Anspruch auf Notstandshilfe besteht, droht Unterhaltslosigkeit. Wenn dies der Fall ist, könnte das Aufenthaltsrecht verlorengehen. Alles das führt zur Unsicherheit des Aufenthalts und setzt den Arbeitslosen unter Zeitdruck. Er hat auch kein passives Wahlrecht zum Betriebsrat. Alle diese Umstände führen zu einer ganz besonderen „Arbeitswilligkeit".

Die Konsequenzen, die hier aufgezeigt werden, zeigen ein Prinzip der *Ausschließung* auf. Das Prinzip der Ausschließung folgt einer inneren Struktur. Drittstaatenangehörige stehen als Arbeitslose unter Zeitdruck und als Beschäftigte unter dem Zwang, nicht arbeitslos zu werden. Die Angst vor Arbeitslosigkeit führt dazu, daß AusländerInnen nicht nur jede Art von Beschäftigung annehmen. Sie arbeiten zu niedrigeren Löhnen als die InländerInnen, machen unbezahlte Überstunden, arbeiten an Sonn- und Feiertagen. Ein Interviewpartner erzählte uns, er habe für die Abgeltung geleisteter Überstunden unterschreiben müssen, aber kein Geld dafür bekommen. Auch von erheblichen Lohnrückständen war die Rede.

Damit läßt sich die fünfte These formulieren: *Die aufgezeigten Mechanismen führen zu einer „Unterschichtung" der heimischen Arbeitnehmerschaft. Sie schaffen eine Gruppe von Menschen, die aufgrund ihres prekären Rechtsstatus, aufgrund ihrer Ausgrenzung und aufgrund des Drucks auf existentielle Mindesterfordernisse bereit ist, zu beliebigen Bedingungen zu arbeiten. Diese Sachlage verstärkt wiederum ihre Ausgrenzung, weil sie Bitterkeit bei den einheimischen Arbeitnehmern erzeugt.*

Die hohe Abhängigkeit vom eingenommenen Arbeitsplatz erzeugt naturgemäß Druck auf die einheimischen Beschäftigten. Sie kritisieren die totale Unterordnung der AusländerInnen, weil damit auch ihnen gegenüber der Leistungs- und Anpassungsdruck steigt. Der unternehmerische Druck basiert auf einer Gesetzeslage, auf deren Basis auch die politische Diskussion um die Ausländerfrage, vor allem um die Einwanderung angesiedelt ist. Die geschilderten Umstände am Arbeitsmarkt sind ein weiterer Grund dafür, warum die AusländerInnen sich nur schwer aus der Armutsfalle zu befreien vermögen.

Im Aufnahmeland herrscht weitgehend ein Integrationsverständnis vor, das Einwanderung nur jenen zubilligt, welche durch ihren Leistungswillen und ihre Anpassung an das ökonomische und soziale System eine Bereicherung in diesem Sinne darstellen. Diese These ist im Zusammenhang mit der oben beschriebenen Situation am Arbeitsplatz zu verstehen. Die Anpassung an das soziale System hat zu tun mit einer möglichst unauffälligen Verhaltensweise. Der Wunsch der ansässigen Bevölkerung, keine Lärm-, Geruchs- oder sonstigen Belästigungen ertragen zu müssen, ist so unverständlich nicht, wenngleich solche Auffälligkeiten vielfach durch unzureichende Wohnverhältnisse und/oder Freizeiteinrichtungen entstehen. Anstatt infrastrukturelle Verbesserungen vorzunehmen, hat die kommunale Verwaltung an unserem Untersuchungsort Steyr eine zusätzliche Polizeistation eingerichtet, die allerdings inzwischen wieder geschlossen wurde. In die Kette sozialer Anpassungsforderungen der Aufnahmebevölkerung sind auch die oberflächlichen Auffälligkeiten einzureihen. Die andere Hautfarbe, das Kopftuch oder sonstige Äußerlichkeiten vermögen unter Umständen jene negativen Assoziationen zu erzeugen, die in der kontextuell konstruierten Ungleichheit ihren Ursprung hat. Die dem Blick und anderen Sinnen offenbarten Details sind zweifellos Teile identitätsstiftender Persönlichkeitsmuster. Sie vermögen im Laufe des Integrationsprozesses zu überdauern und wie bei allen Menschen nur soweit kaschiert zu werden, als damit die Identitätsbalance zwischen Persönlichkeit und Umwelt nicht gefährdet erscheint.

Die auftretenden Schwierigkeiten bei der Bewältigung von Alltagsproblemen der MigrantInnen läßt Bedürfnisse nach sozialen Kontakten in den Hintergrund treten.

Einem Integrationsverständnis auf Gegenseitigkeit steht die Tatsache entgegen, daß die sozialen Kontakte mit der Bevölkerung des Aufnahmelandes gering sind. Vorhandener Integrationswille seitens der AusländerInnen wird von den NGOs (Caritas, Volkshilfe und anderen) gefördert und mitgetragen. Das auf Gegenseitigkeit bauende Integrationsverständnis darf jedoch nicht außer acht lassen, dass die verschiedenen Ethnien ganz unterschiedlich auf Kontaktangebote der InländerInnen reagieren.

Europäische Wohlfahrtstaaten – Einheiten mit Ausschließungsmechanismen

Dem gegenwärtigen Forschungsstand zufolge dürfte die Annahme nicht verfehlt sein, daß die hier behandelten Ausschließungsmechanismen durch den institutionellen Kontext, den wir eingangs ausgeführt haben, begründet sind. Die zitierten gesetzlichen Maßnahmen sind eine Folge dieses Kontextes und nicht die Ursache.

Die soziale Ungleichheit der MigrantInnen – bedingt durch immaterielle Gegebenheiten – kann natürlich durch Gesetzesänderungen im Sinne von Verbesserungen und Vereinfachungen gemildert werden, weil die Gesetze eine Teilmenge des institutionellen Kontextes darstellen. Ein viel wesentlicheres Ergebnis der Untersuchung scheint mir darin zu liegen, dass die die immaterielle Ungleichheit begründenden Parameter verringert werden müssen, um nur annähernd Gleichheit zu erzielen, und zwar jene Gleichheit, die einem modernen Integrationsverständnis zu entsprechen vermag. Ich neige zu der Annahme, daß schon eine *faire Handhabung* des neuen, 1997 beschlossenen Fremdengesetzes positive Auswirkungen haben würde. Warum die Fremdengesetze nicht fair gehandhabt werden, hängt unter anderem damit zusammen, daß sie für Laien sehr schwer verständlich formuliert sind. Selbst Fachkundige haben mit der Auslegung der Fremdengesetze Schwierigkeiten, was dazu führt, daß ihre Handhabung unterschiedlich ausfällt.

Den Spielräumen des Ermessens hängt der Geruch der Willkür an. Daher bestünde auch für eine Vereinfachung und im Zusammenhang damit auch für eine Veränderung der Gesetzesmaterie Handlungsbedarf, um sich dem europäischen Gesetzesniveau anzunähern. Dadurch würde sich das Sicherheitsgefühl der Fremden verbessern, ihre persönliche Befindlichkeit würde angehoben werden. Daß damit mittel- oder langfristig eine kontinuierliche Anhebung der materiellen Lage der Fremden einherginge, ist anzunehmen. Es ist – wie gesagt – ein *Wohlfahrtsstaat mit Lücken*. Unter diesen Lücken leiden identifizierbare Personengruppen; eine von ihnen sind die im Inland lebenden Ausländer. Die Wahrnehmung moralischer Defizite dieses Wohlfahrtsstaates aber wird allzu oft durch Verdrängung bewältigt: durch Wegschauen.

Anmerkungen

1   Iris Marion YOUNG, Justice and the Politics of Difference, Pittsburgh H. 1990.
2   Jedes ausgewertete Gespräch mündet in eine spezifische Hypothesengenerierung. Die erstellten Hypothesen aller Gespräche werden miteinander verglichen und abgeglichen. Am Ende dieses Prozesses werden die noch verbliebenen Aussagen auf ihre Generalisierbarkeit überprüft. Diese Auswertungsmethode entspricht der Methode der objektiven Hermeneutik, wie sie Oevermann und andere entwickelt haben. Vgl. zum Beispiel Ottomar BAHRS, Wolfgang FREDE, Rüdiger LITZBA, Ist ja schon mal, das erste Mal mit vierzehn Jahren. Lebensgeschichte in standardisierter und biografischer Befragung, in: Detlef GARZ (Hg.), Die Welt als Text, Frankfurt a.M. 1994, 247ff; Siegfried LAMNEK, Qualitative Sozialforschung, Band 2, Methoden und Techniken, München 1989, 213ff.
3   Fremdengesetz 1997 – FrG-Bundesgesetz über die Einreise, den Aufenthalt und die Niederlassung von Fremden.
4   Vgl. Direkt – Ein Informationsblatt des Vereins zur Betreuung der AusländerInnen in OÖ, Nr. 2/97, Jg. 3 Linz, 5.
5   Vgl. Gesprächssequenz 29 w. u.
6   Vgl. Interview-Sequenz 21-24.
7   Vgl. Zwischenbericht: Soziale Lage und Integrationsperspektiven von MigrantInnen in Steyr OÖ, Linz 1999. Forschungsbericht aus dem Hauptpraktikum mit StudentInnen der Soziologie.
8   August GÄCHTER, Rechtliche Rahmenbedingungen und ihre Konsequenzen, in: AusländerInnen in Österreich. Migrationspolitik und Integration, AMS (Hg.), Wien 1998, 14.

Autoren

Irene Dyk

Professorin für Gesellschaftspolitik und Fernstudienentwicklung am Instititut für Gesellschafts-und Sozialpolitik an der Johannes Kepler-Universität Linz. Schwerpunkte: Wissenschaftstransfer, Planung, Ideologiegeschichte und -vergleich; Berufs-und Betriebssoziologie, Arbeitsmarkt-und Bildungsforschung, Sozialpolitik (Randgruppenforschung), Frauenfragen. Veröffentlichungen zum Tagungsthema: Schriftenreihe des Österreichischen Instituts fuer Arbeitsmarktpolitik, Linz 1970 - 1993.

Karsten Fischer

Wissenschaftlicher Mitarbeiter und Koordinator der von Prof. Herfried Münkler (Humboldt Universität zu Berlin) geleiteten interdisziplinären Arbeitsgruppe "Gemeinwohl und Gemeinsinn" an der Berlin-Brandenburgischen Akademie der Wissenschaften. Jüngste Veröffentlichungen u.a.: "Totalitarismus als komparative Epochenkategorie - Zur Renaissance des Konzepts in der Historiographie des 20. Jahrhunderts", in: *Totalitarismus. Eine Ideengeschichte des 20. Jahrhunderts*, Berlin 1997.

Josef Gunz

Professor für Soziologie an der Fakultät für Sozial- und Wirtschaftswissenschaften der Johannes Kepler-Universität, Linz. Leiter der Abteilung für Theoretische Soziologie und Sozialanalysen am Institut für Soziologie. Arbeitsgebiete: Handlungsforschung, Kommunikationsforschung, Gemeindeforschung, Armuts- und Migrationsforschung. Neuere Forschungsberichte in Kooperation mit anderen Autoren: *Jenseits vom Glück - Aber Frau der*

Lage, Linz 1998; *Soziale Lage der AusländerInnen in Oberösterreich - Perspektiven einer Integrationspolitik*, Linz 1999.

Susanne Heine
Professorin für Praktische Theologie und Religionspsychologie an der Evangelisch-theologischen Fakultät der Universität Wien. Arbeiten zum Theorie-Praxis-Verhältnis, zum interreligiösen Dialog und zur neuzeitlichen Ideengeschichte u.a. im Kontext des Feminismus. Veröffentlichungen u.a.: *Wieberbelebung der Göttinnen? Zur systematischen Kritik einer feministischen Theologie*, Göttingen 2. Aufl. 1990 (Übersetzung ins Englische und Koreanische); (Hrsg.) *Islam. Zwischen Selbstbild und Klischee. Eine Religion im Österreichischen Schulbuch*, Wien-Köln 1995.

Ronald Hitzler
Professor für Soziologie an der Universität Dortmund. Arbeiten über Kultursoziologie. Veröffentlichungen u.a.: (Hrsg.): *Expertenwissen. Die institutionalisierte Kompetenz zur Konstruktion von Wirklichkeit*, Opladen 1994; *Sinnwelten. Ein Beitrag zum Verstehen von Kultur*, Opladen 1988; (Hrsg.): *Sozialwissenschaftliche Hermeneutik. Eine Einführung*, Opladen 1997.

Franz Kolland
Professor für Soziologie an der Universität Wien, Mitarbeiter des Ludwig Boltzmann-Instituts für Sozialgerontologie und Lebenslaufforschung in Wien. Veröffentlichungen u.a.: *Kulturstile älterer Menschen. Jenseits von Pflicht und Alltag*, Wien-Weimar 1996.

Peter Koller
Professor für Rechtsphilosophie und Rechtssoziologie an der Universität Graz. Arbeiten mit dem Schwerpunkt Sozial- und Rechtsphilosophie: Gerechtigkeit, Vertragstheorie u.a. Veröffentlichungen u.a.: *Neue Theorien des Sozialkontrakts*, Berlin 1987; *Theorie des Rechts. Eine Einführung*, Wien u.a. 1997.

Gerold Mikula
Professor am Institut für Psychologie der Universität Graz. Arbeiten zur empirischen Gerechtigkeitsforschung, etwa über Gerechtigkeit und Ungerechtigkeitserleben in Freundschaft und Ehe, in der Familie und in der Partnerschaft.

Eckart Pankoke
Professor für Soziologie an der Universität-Gesamthochschule Essen. Veröffentlichungen u.a.: *Sociale Bewegung - Sociale Frage - Sociale Politik*, 1970; *Arbeitslosigkeit und Wohlfahrtspolitik*, 1989; *Die Arbeitsfrage. Arbeitsmoral, Beschäftigungskrisen und Wohlfahrtspolitik im Industriezeitalter*, Frankfurt a.M. 1990.

Birger B. Priddat
Professor für Volkswirtschaftslehre und Philosophie an der Universität Witten-Herdecke. Arbeiten über ökonomische Rationaltheorie, Sozioökonomie und zur ökonomisch-soziologischen Ideengeschichte. Veröffentlichungen u.a.: *Hegel als Ökonom*, 1990; *Der ethische Ton der Allokation*, 1991; *Zufall, Schicksal, Irrtum*, 1993; *Ökonomische Knappheit und moralischer Überschuß*, 1994; *Die andere Ökonomie*, 1995; *Moralischer Konsum*, 1998.

Manfred Prisching
Professor am Institut für Soziologie der Universität Graz und wissenschaftlicher Direktor der Technikum Joanneum Graz. Arbeiten über sozialwissenschaftliche Ideengeschichte, Wirtschaftssoziologie, Soziologie der Politik, Kultursoziologie. Veröffentlichungen u.a.: *Krisen. Eine soziologische Untersuchung*, Graz-Wien-Köln 1986; *Arbeitslosenprotest und Resignation in der Wirtschaftskrise*, Frankfurt-New York 1988; *Soziologie*, Wien-Köln-Graz 1990; *Die Sozialpartnerschaft*, Wien 1996; *Bilder des Wohlfahrtsstaates*, Marburg 1996; *Die McGesellschaft*, Graz 1998.

Richard Sturn

Professor am Institut für Finanzwissenschaft an der Universität Graz. Arbeiten über Ideengeschichte, Wirtschaftstheorie, Rolle des Staates. Veröffentlichungen u.a.: *Individualismus und Ökonomik. Modelle, Grenzen, ideengeschichtliche Rückblenden*, Marburg 1997.